《孔子文化与人类发展》丛书

徐九庆　主编

陶德宗　主审

和谐共生与竞争博弈

罗安宪　著

当代中国出版社
Contemporary China Publishing House

2018 年 · 北京

图书在版编目(CIP)数据

和谐共生与竞争博弈 / 罗安宪著 . -- 北京 : 当代中国出版社 , 2018.12
（《孔子文化与人类发展》丛书 / 徐九庆主编）
ISBN 978-7-5154-0898-9

Ⅰ. ①和… Ⅱ. ①罗… Ⅲ. ①儒学—研究 Ⅳ. ① B222.05

中国版本图书馆 CIP 数据核字（2018）第 282945 号

出 版 人　曹宏举
责任编辑　袁又文
责任校对　康　莹
装帧设计　观止堂_未　氓　孔舒琴
出版发行　当代中国出版社
地　　址　北京市地安门西大街旌勇里 8 号
网　　址　http: //www. ddzg. net　邮箱：ddzgcbs@sina. com
邮政编码　100009
编 辑 部　（010）66572264　66572154　66572132　66572180
市 场 部　（010）66572281　66572161　66572157　83221785
印　　刷　北京润田金辉印刷有限公司
开　　本　720 毫米 × 1020 毫米　1/16
印　　张　24.25 印张　386 千字
版　　次　2018 年 12 月第 1 版
印　　次　2018 年 12 月第 1 次印刷
定　　价　98.00 元

总序：儒家文明当代价值思考

徐九庆

一、对儒学当代价值的求索

我并非一个专业学者，十几年前开始系统了解中国传统文化，产生兴趣之后，又开始学习西方历史与哲学，并且到世界各国去体验感受，到国外多所大学考察取经，略有所得。再后来又搞起家族文化，开始思考人类社会整个进程中的一些问题。五年前，想编一套儒学丛书，所定各分册是可以为当代人之借鉴的重要内容。由于各种原因，原定的五本书只完成三本。五年来，我个人又偏好科学与生物，原来的观念被自己否定一遍。当要为此丛书写序之时，又多添了些想法，发现了认识世界维度的多样性。传统学者研究的角度大多是就文明而研究文明，现代大学的学科分类又让人们认识世界的方式变得支离破碎。近代西方的一些哲学家因为受科学主义影响把物理、生物方法机械地套用到人类学中，角度倒是一新，但是否正确难以确定。再者古代“经史子集”皆精英所作，也只代表官方的思想而非古代文明的全部，这点我在学习各姓氏家族史中有很深的体会。例如，二十四史皆文人、士大夫所为，结论是太监皆为负面之人物。儒家文明以汉民族为中心强化儒家之意义，其实中华文明是草原文明、中亚文明、海洋文明相互交汇的综合体，而非一种文明形态。由于人类天生的身份认同原因，使得到今天为止，依然呈中西文明对立之局面。另外，简单地把人类历史分割成各种阶段，也是十分幼稚的认知方法。再者人类的文明进程原本有无数随机现象，是无数能量参数共同的结果，人脑天生对海量数据无能为力，总想找到一种放之四海而皆准的真理，这种想法无疑是可笑的。但如果我们带着一种谦卑的心态去认识世界，是可以认知世界的一个局部的，有了一个局部的认知，慢慢就会有更多的信息，逐步增加对世界的了解，但永远无法得到全部。遗憾的是“专家们”的认知明知是错误的，依然会被广大社会接受，其中有人性的问题、有秩序的问题、安全感与归属感的问题，也有利益的问题。面对真实的痛苦不如面对虚拟的快乐。再者心智模式也阻碍人类的进步，人类更愿意在财富科技上去努力，却缺乏勇气去面对整个人类命运的思考。

从社会模型建立说角度观之，人类文明史就是一个建立模型的历史。模型不一定是真理，但能为日常所用。比如易经是一个二进制模型，它把世间各种物质分为金、木、水、火、土五种属性，彼此相互影响，把人分为五种人格，相生相克，两千年来对中国社会的政治、经济、农业、军事、医学产生深远影响，中医到今天依然有实用性。又比如中央集权、民主政治是一种模型，市场经济是一种模型，宗教是一种模型，各种模型通过达成共识的方法而形成秩序，秩序的稳定性满足人类的安全感。随着人工智能大数据的实现，原有的模型和秩序被快速破坏，结局就是人类严重的身份焦虑和无所适从的茫然。

儒家文明是建构在汉民族传统农业生产方式上的文明模型，是汉民族自己认同的根基，在西方文明冲击下不断后退。在历史长河里如何确定其现实价值与意义，现代儒学大师通过长期思考提出了各种解决方案，本人不敢认同也难有结论。本丛书只是客观阐述个人的一些观点而已。

本丛书从儒家的道统、政统、学统、家庭、教育、政治各种维度来讨论其当代价值和意义，当然也包括其中的困局和对整个人类之思考。

二、人类文明是一种认知模型

很多学者对文明都有过各种定义，我认同的定义是：人类创造的物质和精神的总和并被人类享用。简单来讲是人类作为地球生物生活的轨道，充其量就十万年历史，和其他的生物相比，只算一个年轻的物种，因为我们自命不凡，也是为了身份认同，于是把我们和其他物种对立起来称呼。文明只是一个名词而已，真正被记录的文明，只占整个人类生活经历的百分之一不到，而这百分之一不到的东西又成为古今东西学者作为思考与研究的依据。大体上来讲，无非两个原因，一是人类为了方便认知，把百分之一的数据代替整个人类进程的全部。进一步来讲留存下来的东西，不知其真伪和数据的准确。自然、战争把历史变得面目全非而难以考证。二是没有记录下来的是广大普通群众的历史，广大群众的生活同其他物种没有两样，只是为了生存和繁殖，所以不被记录看重，至于非人类活动的因素，由于认知水平，无法记录。

人类文明形成的原因，有很多学者研究，我比较认同的是自然竞争选择的结果。科学证明人类并非地球上最强大的物种，要在地球上生存，群体生活是唯一的选项，于是便诞生了以母系或父系为中心的部落。群体生活中的互助和协作是必然的生存法则，于是秩序便产生了，其他的群体物种也是同理。至于人类为何进化成智慧生物，不得而知。有学者认为是语言的力量，但我以为是一种随机因素造成的。从这个意义上来讲，人类是幸运的。当部落越来越大，人类之间的关系便复杂起来。为了争夺资源，便产生了部落内部的分工与互助和对外的“丛林法则”，战争因此而产生。由于对大自然不理解便产生了宗教；宗教的产生，又促进了秩序的建立，人类社会进入了文明时代。其中语言也丰富起来，语言的丰富，更有利于建立生存的优势，情感交流和物种的繁殖，于是又产生了文明、艺术。所有因素相加，使人类进化进入快车道。整体来讲，智慧生命的出现没有必然的逻辑关系，就像有的文明繁荣，有的文明灭亡，也有随机的成分。落后文明消灭高级文明事件也时有发生。文明之间的进化有无数原因，在早期文明中，气候、细菌、生态变化、地质变化应该是重要的变量。人类决定自己命运的路程是漫长而遥远的，到今天为止，我们依然无法确定去向。人类自己的力量没有想象的那么强大，我们只是高估了自己。而很多学者只把人类自己作为唯一变量，这是很偏颇的。

人类文明出现以后，一个最大的冲动便是解释世界，于是模型出现了。为了方便认识世界，人类必须建立模型，模型的建立是人类最有效认识世界的手段，如中国的阴阳模型和古希腊的“地火水风”。宗教也是人类最成功的模型。早期人类最大的敌人可能并非其同类，而是使人类深受其苦的不确定的天灾、瘟疫等，这种深深的恐惧，到今天依然存留在人类基因之中。人类宗教的诞生是一次巨大进步，无论用何种方式，人类相信世界是可以认知的。于是各种神话传说便应运而生，人类把不能掌控的部分，多用神话来给予解释，譬如远古的洪水神话、日月神话和人类诞生的神话，等等。

模型的作用和意义，是为了认知复杂的世界，人类的文明史便是一个模型史，那些描述非自然状态而形成的形而上的东西，也可以归纳为模型设计。模型不是真理，人类无法知道真理，但人类会构建模型，用模型解释世界，因而模型是有用的，有用在人类看来就是真理。宗教、政治制度、经济文明、艺术、纸币等，这些都是用于解决复杂社会自然关系，被人类创造出来的，构成整个文明的基石。而今天文明的冲突来自不同模型之间的冲突，人类盲目相信本民族、种族或族群自身的认知模型而排斥其他，其根本原因是人类的身份认同。身份认同所产生的优越感，是人性的本质。过去汉民族会理所当然地认为自己是世界文明中心，甲午战争后，日本不承认大清国为中国，而认定日本才是亚洲的中心，中央这种词汇也是身份认同的产物。过去两百年来，西方人认为他们才是地球上最高的文明形式，打击和消灭其他民族、种族不存在罪恶感。日本也想建立“大东亚共荣圈”，美国的传教士角色和“世界警察”身份皆是如此。

模型设计成型有长期的稳定性，地心说、基督教、佛教、易经都影响了几千年历史。文艺复兴以后，上帝死了，人类的精英不断制造新的人类模型来代替原有的认知模型。在西方社会学领域便产生了资本主义、乌托邦等，出现市场经济的《国富论》《互助论》。古代模型大多以压制人欲为目标，达到社会认知统一，新模型解放人的欲望。人的欲望本质是一种动物欲、对更多的财富地位的追求。这种欲望的打开，便产生了三百年世界大掠夺和两次世界大战。人类面临着自我假说的社会实验，所有传统文明都被卷进一场被动改造的历史洪流。

原有模型带来原有的人类秩序，新模型必然形成新的秩序。第二次世界大战以后，资本主义模型与社会主义模型形成了世界的严重对立，这种对立再加上与民族主义国家的原来模型之间的对立，构成了当时复杂的国际关系。到今天为止，世界文明之间依然没达成共识，没人会相信自己的模型有错误，而是以消灭其他模型为目标。

人类创造模型的本质所在，是为了建立秩序。秩序的建立是为了争取更多的生存资源。世界秩序是人类稳定的基石，人类寻求在所有食物链取得竞争优势，人类的敌人只能是其他人类。

秩序的结果一定是有受益者和受害者，没有一种秩序是让所有国家受益的，解决问题无非是妥协和战争，战争的代价太大，今天秩序的制定者会选择战争威胁的方式和其他经济手段。当然最坏的秩序好过没有秩序，各民族之间自我利益最大化是个难以调和的矛盾。古代中国和草原民族的矛盾解决之道，大多是战争与和亲，或是财富的再分配。

如果一个国家本民族有共同价值观，解决矛盾便容易得多。没有共同价值认同，只是财富的再分配，只能靠力量的对比。当然，同样信仰的国家也会分裂成不同派系，本质上依然是身份认同。派系内是共同的身份和利益，对外则以竞争方式进行。而秩序是人类金字塔的维护手段，法律和规则功不可没。如果再细分下去，地域原因，特殊身份认同，如血缘、战友、某个企业员工皆是如此。所以中国人讲的圈子、儒家文明的“亲亲”，从里到外的身份体系皆是如此。当某个因素变化，身份认同也会随之变化，人便选择重新归类。

文艺复兴以后，个人权利和欲望被空前放大，必然会造成个人和整个社会的生存矛盾。自由竞争重新让一部分人进入食物链的上层，这种竞争如果没有规则和秩序则天下大乱。所以规则的坚守是现代文明不可动摇的基石，规则的修改必然造成混乱。今天世界如果只按本民族意愿行事，而没有国际规则，后果难以想象。从另一个角度看规则是被强权所保障。强权者也必然是最大受益者，这也许是物种生存法则。

三、儒家文明的基本特点

儒家文明是东方文明中最强大的一支文明，中华民族从夏商周开始，便建立了完整的国家体系和制度体系。中国封建体系始于商周。周王朝八百年的历史，成功之处在于分封制，把天子财富分割给各利益集团，同时保护自己利益，而且形成固定的国家管理机制。在周朝分封的国家中，我们的祖先遵守共同的规则，并且对不遵守者给予处罚，共同防守草原民族的冲击。到了春秋战国时期，随着诸侯实力的扩大和周王朝的衰落而天下大乱。孔子就出生在这样一个时期，孔子一生都努力恢复周礼，结局当然不如人意。但由于历史的选择，儒家文明模型被汉王朝采用成为古中国核心精神治理体系。

儒家文明是一套完备的国家治理模型，其核心思想为仁、义、忠、恕。儒家思想和中央集权制本质上是矛盾的，儒家是古代封建治理原则。中央集权制最早选择法家思想和黄老思想作为治理国家的手段，但历时八百年，周文明已深入人心。汉王朝以后选择了儒家文明作为手段是妥协的结果，统治者看到强权治理国家有很大局限性，而儒家文化更有利于国家稳定。儒家文明有强烈忧患意识和入世精神，可以说是社会学的一大成就。儒家知识分子始终抱有对天下不可推卸的社会责任感和历史使命感，有了这种精神，就可以抵制一切邪恶、在道德层面限制皇权。子思认为能批评君主的臣子才是忠臣。贾谊在《陈政事疏》中也说："进言者皆曰天下已安已治矣，臣独以为未也。曰安且治者，非愚则谀，皆非事实知治乱之体者也。"他认为"礼治"和"法治"对国家不可或缺。

儒家的天人合一思想，敬天爱人。朱熹讲："天即人，人即天。人之始生，得于天也；既生此人，则天又在人矣。"(《朱子语类》)《中庸》也讲："仁者，人也，亲亲为大。"孟子讲："亲亲而仁民，仁民而爱物。"(《孟子·尽心上》)孟子又讲："民之为道也，有恒产者有恒心，无恒产者无恒心。"(《孟子·滕文公上》)儒家认为，身心合一，要修身。所以《大学》讲：修身、齐家、治国、平天下。"自天子以至于庶人，壹是皆以修身为本，其本乱而末治者否矣"，儒家把人性认识通透，是对中央治理体系的道德约束，具有很强的民本思想。所以传统中国治理皆是外儒内法，道德与法制共存。

要理解儒家思想，可从传统学者所说三统入手，即儒家的政统、儒家的道统、儒家的学统。

儒家的政统：儒家建立一套完整的国家管理体系，君君臣臣，父父子子。做君王，要像个君王的样子，这是在道德层面上约束皇权的重要手段。

儒家的道统：以传承中国商周文明为己任，包容道家、佛家，主张万物并育而不相害，道并行而不相悖，成就儒家中华主流价值观。中华民族之所以没有倡行像其他民族那样的排他性宗教，便是这个原因。

另外，这跟中国人的实用主义价值观分不开。儒家虽不是宗教，但具有宗教性质和价值，它是中国人的精神追求，孝敬父母和先人，仁义礼智信，成就了几千年中国人的核心价值观，在中国最高要求是做圣人、贤人、君子，而非神仙文化和贵族精神。

儒家的学统：可以这样讲，孔子作为最早的教育家，他弟子三千，不分贵贱，修编《左传》《易经》，为后世形成了学术思想的传统。儒家的学统是一个开放的平台，它接受佛教文明和其他文明，注重“立德、立功、立言”，体现了一个早熟文明的包容性。

儒家文明的理论模型体现在易经中，其符号为⚊、⚋，一阴一阳，象征天、地，白天、黑夜，太阳、月亮。万物相生相克，这些术数思想是中国人认识世界最理想的手段，金、木、水、火、土五种属性，相互影响，构成大千世界，“道生一，一生二,二生三,三生万物”（《道德经》）。解释宇宙万物运行规律，由阴阳而八卦、六十四卦，把时间、空间和人类连成一个整体，时时变化，是比辩证法更加高级的思想。现代计算机设计无非二进制思路，同易经相似，只是量级上和运算不同。易经对中国古文明具有决定性的意义，中国的农业、军事、医学、政治，以及预测、城市建设都源于这一理论模型。比如，中医用中药，植物、动物、矿物皆可入药，相生相克。产地不同，药效不同；时辰不同，药效不同；两种有毒药物可以放在一起成药。得病早晚用药不同，无不体现中国人的智慧。中国医学的“气”以及中医利用各种非药物治疗手段，都非西医所能理解。另外中国没有心理学分类，但是传统中医理论包含大量心理治疗手段。

哲学是一门爱智的学问，中华民族是个讲实用的民族，中国的学问都是为解决现实问题而形成的，这也是中国文化模型的不同之处。中国讲智慧而非哲学，中国儒家少有思辨的成分，如果要把哲学强加给中国儒家是很可笑的。中国佛学中虽有大量思辨成分，也没能发展成现代科学。我个人认为现代科学出现，除了文化传统以外，也有偶然因素。当然，中国传统思维方式也在一定程度上阻碍着科学技术的发展。

中国有技术史，没有科学史，现代中国依然受其强大影响，时至今日，也依然少有原创的科技，而多是应用。科学思维促进国家实力强大，中国的教育和文化并没有真正接纳科学思维，教育有不可推卸的责任。

四、儒家文化是一种关系文化

儒家文化模型，本质上是一种关系模型，特别是人与人的关系。孔子从周礼而来，向往和谐的世界、有秩序的世界。认为世界是一个整体，因此要生活得好，便要处理好关系。以中医为例，中医认为人的身体是一个完整的系统，我们之所以生病，是系统内出了问题。心肝脾肺肾，金木水火土，每个器官各司其职，又受外界影响，相互关联，相生相克。一个器官出了“寒”症“热”症，一定影响另一个器官，补好“相生”的器官，就得在关系作用下治病，只要相互和谐，病就好了。儒家认为，天下万物应各归其位，人与自然的关系也是一样。如果哪个地方出了灾害，一定是皇帝失职或者是地方官贪腐，影响了上天，于是皇帝和地方官就要自我检讨并改正错误。从今天的科学水平来看，这种价值模型也不无道理，只是大自然的关系是另一个数量级上的关系，是古代人类无法认知的。以人体为例，我们体内有千亿级的细胞，千亿级其他生物。相互组织之间关系非常之复杂，一个细胞内部的线粒体和细胞核的能量消耗转化之间无不是平衡共生关系。正如现代儒家代表梁漱溟认为的，“所谓变化就是由调和到不调和，或由不调和到调和。……又调和与不调和不能分开，无处无时不是调和，亦无处无时不是不调和者”[①]。梁漱溟认为调和的平台是绝对的。梁漱溟当然是从人的角度来看问题，是一个小的维度。从宇宙世界来看，所有的星系之间，恒星与卫星之间也是一种关系，所谓的牛顿定律、相对论也只是一种关系的表达。而这种关系秩序在非常复杂的变量影响下，也会变化。大到宇宙万物，小到每一个微生物，人类的认识都非常有限。到今天为止，我们依然难以理解我们大脑细胞的运行规律及学习过程中是如何让细胞产生连接和记忆功能的。

儒家关系文化最大的成就在人与人的关系上，孔子所向往的是一种秩序井然的人与人的关系，人与社会关系，这种关系靠“礼乐”来约束，可惜他出生在一个“礼崩乐坏”的时代。这种关系在朱熹时代称为“天理”、“人欲”。儒家之所以被国家治理者采纳，它本质上符合金字塔的社群管理方式。基层社会由宗族和道德的规则自我管理，国家由职业官员治理。中国的地方官吏被称为父母官，父母与子女是一种关系，大人与小人是一种关系，这种关系维系的前提是一种自我约束。“大学之道，在明明德，在亲民，在止于至善”（《大学》）。所有官员都要进行道德教育。

---

① 梁漱溟：《东西文化及其哲学》，《梁漱溟全集》第 1 卷，山东人民出版社 1989 年版，第 445 页。

同时，儒家认为人是天地的代表，人只要事做好了，老天就能看见，所谓“人在做，天在看”。人与天地是一体的，帝王被称为天子便是如此，当然也代表君权神授。中国文化很讲正统身份，“大一统”便是身份的认同。同时，儒家文化模型相信人的力量，远古神话中的传说，无论是大禹治水，还是愚公移山、后羿射日，都与西方的“大洪水”神话传说以神为中心完全不同。

千百年来，中国一直是世界文明中心，所谓中心之国，至少在汉民族心中是如此。我个人以为在东方大地上这是个不争的事实。近代中国儒家文化模型的崩塌，我以为有三个原因。第一个原因是中华帝国的自生命周期，遇见西方文明上升时期。中华帝国有自我的生命逻辑，其三百年必有王者兴，清王朝衰落没有遇见西方炮火，依然会崩塌，为何如此？这是个“熵增”现象，所有事物复杂到一定程度，都会自我崩塌。所有事物皆有其生命周期，强大的罗马帝国、阿拉伯帝国、奥斯曼帝国等莫不如此。第二个原因是骄傲几千年的中国知识分子被西方文化模型洗脑和现代精英集团的自我毁灭。打倒孔家店成为新文化运动的旗子。第三个原因是近代中国长期的战争状态。尽管如此，在中国人的基因里，儒家文化模型长期存在，并且主导中国人的价值观和世界观，只是自用而不自知。与此同时，我们基因里又增添了不少的西方基因和斗争基因，这些基因没有很好地结合，以致在处理事物上相互矛盾。造成中国社会心态安全感和归宿感的失落。个人以为这种不稳定期是一个正常现象，在历史长河中，都存在过渡期。文化模型的冲击和转型是人类社会必须付出的代价。未来中国会选择何种模型一定是多种参数，偶然与必然的结果，人们需要在价值模型上达成共识，至少是平衡。但我相信儒家文化模型依然对未来人类有不可取代的价值，一定是中国人的精神内核，值得我们去研究和传承。

在当今科技和军事占相对优势的西方社会，形成了“西方文明中心论”，骄傲自大地认为西方文明才是最优秀的文明，这对西方世界的人来讲是可以理解的。实际上，文明中的中心论并非西方独有。古代犹太社会和中国社会均是如此。汤因比的《历史研究》认为：重要原因是民族心理，往往和一个国家与地区的经济、文化都有很大关系。一个地方，群体的文化发展越完善，越能够自成体系，它所体现出来的以自我为中心的倾向就越强烈。早在西周时期，当时人们都认为自己所在的国家是天下的中心，所谓的“中国”就是世界文明最高水平的地方，是世界中心。在汤因比看来，如果文明主动权缺失，就会成长为另一种能力。比如犹太社会，犹太人被驱逐而流亡，长期形成了他们的商业贸易能力和精神文化凝聚力。他们深深相信他们是上帝的选民。又比如韩国会叫大韩民国，日本会叫大日本，民间艺人会认为自己是正宗传人，以此来强调身份认同和自豪感。

我认同汤因比的“技术落后并不是文明衰落的原因，而是文明衰落的结果”（《历史研究》）这个观点，我认为技术不是文明衰落的根本原因，只是关联因素，没有必然因果关系。一个文明的衰落来自自身的崩溃，来自自身文明模型设计缺陷，比如恒星的崩塌，一定是自我能量的消耗，外来星球撞击的可能性很小。当一个文明崩塌到一个阶段以后，才会被外来影响打击，最后走向衰落，古罗马、古中华儒家文明皆是如此。但如果文明之间技术能力差距巨大，一种文明消灭另一种文明也是常发生的现象，如美洲印第安文明被消灭便是如此。

文明是一个民族的身份，身在衰落处境中的人们有更加强烈的身份焦虑，特别是一个曾经强大的文明世界中的人。可以理解陈独秀、胡适等这批五四新文化运动先驱者的焦虑。在现在社会，这种现象更加明显，人是群体动物，在群体动物里，身份代表着地位和价值。阿兰·德波顿的《身份的焦虑》中讲：我们之所以爱比较，比较之后又容易感受巨大的压力，是因为我们所在的社会有一套判断成功的标准，我们只有达标了，才能获得身份，从而获得他人的尊重。因此在诸多因素影响下，你的身份就成了你的焦虑开关。当年李小龙因一句“华人与狗不得进入”被深深伤害就是这个道理，于是通过自身努力奋斗成为一代拳王，其争取的就是身份认可。

从历史长河来看，由于人类自身的狭隘，每个人都会把自己归于某个文明族群。每个文明模型都有其自身不足，这些文明的相互对峙是造成今天国际社会秩序不稳定的核心因素。其背后是具有动物原始性的食物链排名、是地位的认同。今天地球上主要的文明包括西方文明、中华文明、伊斯兰文明、印度文明，文明的冲突难以避免，以今天的力量对比，一种文明要消灭另一种文明基本是不可能的事情，人类要解决这种矛盾，需要更加智慧和理性。中国儒家文化模型中“和而不同”、“求同存异”应该是一种解决之道，遗憾的是儒家文明在世界文明中处于弱势状态，就连部分中国人自己也不认同其价值。如果不解决这类问题，人类社会秩序难以建立，世界不稳定性的结果必然是丛林法则。

五、本套丛书的编写初衷与现状

本套丛书设计之时，是受现代儒学大师影响，如梁漱溟、冯友兰、钱穆、熊十力、唐君毅、徐复观等人，希望从文化层面找到本民族的文化归宿和精神归宿。五年来，本人认真学习历史，又学习生物、科技、哲学、宗教知识，在认知层面有一些改变。认为文化并非学者心目中的文化，文明也非历史书籍之中的文明，一个复杂系统不是只受几个因素的影响，难以简单得出历史结论，但本丛书依然有出版的价值。

本丛书最初分为五册：《和谐共生与竞争博弈》《孔子之道与中国信仰》《传统家庭与现代社会》《书院与大学》《民本与民主》，由于种种原因，后两本书没能按期完成编写。在此简单介绍本套丛书编写的基本思路与框架。

《和谐共生与竞争博弈》这本书的目的是想从世界观的维度来阐述中西文化的差异。当年本人认为中华文明不是一个好斗的文明，这跟中华文明是农业文明有关，所以中国才会建造长城，郑和下西洋才会只宣传王道，今天来看，这种观点是受了历史书籍的影响。中华帝国在历史上拥有地球上的优质资源，很早实现了农耕文明。中国人不爱战争是可以理解的。后来学习《国富论》《互助论》明白一个道理，所有族群内部的秩序和互助是一种生存手段，对外则适应丛林法则。由于中国人以实用主义精神权衡得失，用和亲和财富换取和平成为常用的手段。中国儒家思想也更加强调此点，王道精神被理解成一种文明形态，客观来讲，西方文明也是一个从霸道到王道的过程。19 世纪以前，西方社会为重建世界秩序和提高在食物链的地位，采用丛林法则。一旦建立起自己的生存地位后，也开始有部分“治国平天下”的做法。此分册更多地从哲学角度阐释二者之间的关系，希望世界大同，这是个美好的愿望。本人认为和谐与竞争是一对孪生兄弟，你中有我，我中有你，如果只从这些来理解人类社会难免过于简单，当然认知世界都是通过模型而来，模型必然是简易的。本分册由中国人民大学哲学院副院长、孔子研究院副院长、博士生导师罗安宪教授负责编写。

《孔子之道与中国信仰》这本书题目是从儒家的道统来理解，当年我有一个不解的问题：为什么世界上大多数国家和民族选择了宗教，而中国人没有。当然这里表达的“没有”并不包括中国的佛教、道教，而是讲处于中心价值观的儒家的“中国”，这也足见世界文化的多样性。这里我觉得有必要阐释一下本人的观点，宗教是人类文明的重要表现，也是人类秩序的选择，地球上可能只有人类这个物种产生了宗教，它是人类创造的认知模型，通过宗教族群达成共识，形成秩序和稳定关系。其中，最难的关系是与未知世界的关系，我们只有认清这种关系，人类才会忘掉恐惧，从而带来安全感，并使现实和灵魂世界达成和谐，族群内部才能达成身份认同和共识。那为什么中国人会走到另一条道路上呢？这跟孔子的儒家文化模型有极大关系。“未知生，焉知死”，儒家文化模型的入世精神和实用主义以及宗法制度，达到了宗教同样的目的。中国的先人崇拜和血缘关系，让中国人达成共识，形成秩序。周王朝把土地分封给子孙和各个族群，各个族群以血缘为纽带，同时建立强大的礼乐制度，形成了稳定的关系与秩序。汉朝以后，儒家文化被认可，就这样中国文化中道德代替了宗教。这在世界民族中是少有的现象。同样原因，在中国道教眼中，神仙跟人没什么区别，崇拜神仙是有条件有好处的，而人是可以成为神仙的，鬼怪是可以消灭的，《搜神记》就是很好的说明。在西方和其他宗教中，神是具有绝对权威的，人只是神的奴仆，在基督世界里人是有原罪的。从这些事实上看，人类生活的方式是具有多样性的。同样，几千年的大一统国家治理模式，在地球文明史上也不多见。历史上虽然也出现过马其顿帝国、罗马帝国、阿拉伯帝国、奥斯曼帝国，但这些帝国的时间长度没法跟中国相比。这里儒家文化应该是关键因素之一。本分册由中国孔子研究院院长、博士生导师杨朝明教授负责编写。

《传统家庭与现代社会》这本书的编写目的是解剖儒家衰落的原因。我受一些学者的影响，认为儒家文明衰落是传统乡土中国受城市化工业化的影响造成的，是因果论的观点，从而想找到一条解决儒家文明的复兴之路。今天本人观点有所改变，城市化并不是儒家文明衰落的决定因素，只是具有一定关联性因素。古代唐宋两个王朝，城市相当发达，特别是南宋时期，海外贸易非常繁荣，为何没能让儒家文明衰落，那么衰落一定是别有原因。其一是受草原蒙古的冲击，明清两代，儒家秩序被进一步破坏。五四新文化运动以来，摧毁了原有文明的秩序和身份认同，激进的文化颠覆带来民族主流价值的失落。当前，随着城市化进程和市场经济到来，个性张扬，以及西方文化的强势影响，产生严重的价值混乱，中国家庭的独生子女化，进一步冲击以血缘为纽带的关系秩序。中华民族需建立新的价值共识，以凝聚国人达成新的身份认同。此分册由儒学研究领域泰山学者、山东大学博士生导师曾振宇教授负责编写。

《书院与大学》分册当时的初衷是想对比中西教育的差异。从孔子时代开始，中国就是一个重视教育的国家，孔子本人弟子三千，贤者七十二人，从《论语》中我们见到孔子的教育思想。唐代的教育更是形成各门各类，就连医学院就多达万人。唐以后的书院和官学更是被高度重视，明朝还一度形成义务教育。西方的大学是在一千多年前，由学生、教师、教会创办，如博洛尼亚伦沙的大学；中国书院多是由名人（孔子模型）所创，这真是完全不同的道路。至于西方当年城邦青年为何创办大学，由于知识有限，不得而知。当年所学《逻辑学》《法律》，也多受教会以及古希腊哲学影响。中国书院多传授思想、政治、社会等课程，所谓“传道授业解惑也”。至于技术类学科都是师徒制，因技术和生存有关系，往往核心技术只传给某个特定接班人，这让很多工艺失传，再加上中国人是实用主义民族，没能产生哲学。中国古文字表达也是极其简练，不利于逻辑思辨，加上中国以士为尊，人们视做官为最高理想，使中国没能在科技上有大的进步，严格来讲中国没有科学只有技术。西方大学则不然，西方大学在哲学的基础上分化出物理、化学、数学、天文等，现代科学加以实证传统、记录传统，更加上新教改革，个性得以解放。人们拼命追求财富，大航海时代的到来，加上战争的力量，人们对科技的需求巨大。两个世界的教育越走越远。

受传统思想的影响，今天中国的教育依然没能从“标准答案”中走出来，这可能在基因里受科举制度影响。有关高考制度更是传统文化的具体体现，启迪教育、创造教育无从谈起。人才选拔的单一性决定个性单一性。西式教育的精华便是个性教育，发挥个人所长，启迪个人对世界的认知，主张创造和质疑以及冒险精神。现代随着留学人数增多，教育理念有所改进，但是民族身份认同和价值观更加复杂，大一统的管理模式使中国教育严重落后。改变这种状况的唯一出路是放弃大一统高考制度，把权力放给高校。

《民本与民主》的编写意图旨在说明：儒家文化下的民本思想和民主并无根本不同之处，现代生物学证明，人是否有自由意志都难以确定。所有政治制度下的个人权利，只是关系中的一环。两千年来各个王朝的各个时期对此理解各不相同。美国式的民主并非没有等级，由于身份认同，白人与黑人，北方与南方，精英与民众，依然矛盾重重，美化的宣传故事和现象之间差异巨大。儒家的民本思想是在承认这种差异的基础之上的平等，我认为秦汉以降实现郡县制后，中国就开始出现了半公民社会因素，特别是宋朝，个人自由流动，经济繁荣。我们只要把精英权利装进制度笼子里去，制定公平的游戏规则，多数人达成共识，一个新的时期就会到来。

六、用谦卑的心感知世界

我学习研究历史文化常用的方法是用“旁观者”视角，很多生物学家研究问题基本如此。但社会学家、历史学家、哲学家一旦研究人类的问题，便自觉地选边站队，认为人是地球的主宰，或者本民族、本文化是世界的中心，这是有害的陷阱。我认为研究任何问题，包括自己，一定要有一个旁观者的身份，客观是研究学问的基石。当然这种客观是相对的，研究者自己受文化基因、无意识、语言和自己已有的思维模型的限制，以及学科门类的限制，结论一定是不准确的。

另外，科学主义最大的问题是学科分类过分细致，当我们把科学从哲学分离出来那一刻开始，我们就难以从整体看待世界，而整体看待世界正是中国文化的精髓所在，也是中华文明的短板。那些你所拥有的强大一定是你衰落的原因。恐龙曾经是最强大的动物，而细菌是如此弱小，这世界的进化并非只是“物竞天择”，而是有随机选择的成分。科学主义从不同学科研究万物，用实证来认识世界，又走到另一个极端，即使你认识人的每一个基因、每一个细胞的工作原理，你依然无法认识人这个生物是怎样运作的。人类认识世界方法是一种简化的模型和假说，离世界本来的面貌相去甚远。比如宇宙大爆炸学说解释宇宙的形成，那大爆炸之前又如何解释？我认为这种理念的原型是创世学说的翻版，当然从局部找到某个证明并不难，宇宙中产生过爆炸也属正常，但这绝不是问题的全部。当然，我们的研究和假说是有意义的，一方面让人类认识世界更进了一步，另一方面可以增加人类生存的优势。

易经认为万物都是变化的，核心又是不变的，要结合各要素的影响和自身要素的变化来看待事物。最近二十年出现的混沌学派，很有中国易经的味道，它是科学的一个分支。认为一个偶然的微小的原因，会使系统产生完全不同的结果，正所谓蝴蝶效应。巴西的一只蝴蝶轻轻扇动翅膀，会带来北美的龙卷风。这其实很好理解，天平的两边只要加上一点重量，天平就会倒向一边。天气如此，人类社会也是如此。有人研究两个少年同学，一个比另一个有 5% 的优势，长大以后两个人的收入水平会差 500 倍。当然这种研究是一种线性研究，我们认为研究文明时，应该想到各个要素，包括自然变化、微生物，甚至我们还不知道的原因。

人工智能的出现，可能在认知世界上有一个大的进步，结局会是它们更能了解世界的真相，但人和智慧机器将如何相处又是另一个问题，人类开始恐慌自己创造出来的物种，人工智能是没有文化影响的基因，但具有强大的征服世界、了解世界的能力。从另一个角度来看，这或许是一件好事。人类在对峙人工智能的时候，会放弃人类文明的冲突，人类社会要生存下去，唯一的选项是合作，合作唯一的手段是达成共识，人类文明十万年来创造的一切规则都将重新洗牌。人类的身份认同会将人类紧密团结起来，为人类这个物种的存继而战。当然一个物种的出现对另一个物种是否具有毁灭性没有必然关系，何况人工智能是人类的孩子，但领导权之争可能会有，当然这些都是未来人类的事情，在 21 世纪可能会有结果。

由于本人非历史学家，也非文化学者，很多观点难免有误。但这并不影响作为一个普通人的思考。有时候也会被“大家”嘲笑，这其实也没什么关系，在认识世界万物的道路上，每一个人都十分渺小，何况整个人类都十分渺小。但愿我们能用一颗谦卑的心去理解世界，去认真生活，这就够了。

目　录

总序：儒家文明当代价值思考……………………………… 1

第一章　共生意识与竞争意识……………………………… 1
第一节　共生意识……………………………… 1
一、共生……………………………… 1
二、共在……………………………… 6
第二节　竞争意识……………………………… 12
一、竞争……………………………… 13
二、博弈……………………………… 21

第二章　个体的人与社会的人……………………………… 27
第一节　单个人的共同体……………………………… 27
一、社会是单个人组成的共同体……………………………… 27
二、作为契约成员的人……………………………… 33
第二节　社会成员的人……………………………… 39
一、人是社会的动物……………………………… 39
二、作为社会成员的人……………………………… 45
三、以德治国与以道治国……………………………… 57

第三章　和谐共生的基本原理……………………………………………… 73
第一节　和生原理……………………………………………………………… 74
一、天地之大德曰生………………………………………………………… 75
二、和生共在是世界的根本………………………………………………… 81
三、万物并育而不相害……………………………………………………… 88
四、一阴一阳之谓道………………………………………………………… 91
第二节　和处原理……………………………………………………………… 97
一、人与自然和处…………………………………………………………… 98
二、君子和而不同…………………………………………………………… 101
三、道并行而不相悖………………………………………………………… 104
第三节　和立原理……………………………………………………………… 107
一、己欲立而立人…………………………………………………………… 107
二、厚德载物………………………………………………………………… 112
第四节　和达原理……………………………………………………………… 117
一、己欲达而达人…………………………………………………………… 117
二、共同繁荣………………………………………………………………… 121
第五节　和爱原理……………………………………………………………… 124
一、泛爱众…………………………………………………………………… 124
二、仁民而爱物……………………………………………………………… 127

第四章　竞争博弈的基本原理……………………………………………… 135
第一节　自由原理……………………………………………………………… 135
一、自由与生命同在………………………………………………………… 136
二、积极的自由与消极的自由……………………………………………… 146
三、政治自由与经济自由…………………………………………………… 150
第二节　平等原理……………………………………………………………… 156
一、人人生而平等…………………………………………………………… 157

二、不平等的起源与基础…………………………………………………… 161
三、作为权利与观念的平等………………………………………………… 167
第三节　公正原理…………………………………………………………… 172
一、公平正义是神圣的……………………………………………………… 173
二、公平是前提不是权宜…………………………………………………… 184

第五章　和谐共生的基本理念…………………………………………… 188
第一节　人心和善…………………………………………………………… 188
一、人人都有一颗善良的心………………………………………………… 189
二、为人忠诚而信…………………………………………………………… 200
三、做君子不做小人………………………………………………………… 215
第二节　家庭和睦…………………………………………………………… 224
一、有亲、有别而有序……………………………………………………… 224
二、孝者，百行之首………………………………………………………… 233
第三节　人际和顺…………………………………………………………… 244
一、和睦相处………………………………………………………………… 245
二、直以待人………………………………………………………………… 250
第四节　社会和谐…………………………………………………………… 255
一、社会公德与规范………………………………………………………… 256
二、人与人的合作…………………………………………………………… 259
第五节　世界和平…………………………………………………………… 263
一、化解文明冲突…………………………………………………………… 263
二、协和万邦………………………………………………………………… 270
第六节　宇宙和美…………………………………………………………… 273
一、天人同构的宇宙意识…………………………………………………… 273
二、万物平等的生态观念…………………………………………………… 277

第六章　竞争博弈的基本理念………………………………………… 288
第一节　自力更生…………………………………………………… 289
一、人是他自己的作品………………………………………… 289
二、人能依靠的只有他自己…………………………………… 294
第二节　自强不息…………………………………………………… 296
一、人必须依靠自己获得自己所需要的……………………… 297
二、生命不息、奋斗不止……………………………………… 300
第三节　捍卫权利…………………………………………………… 306
一、维权是正义的……………………………………………… 307
二、合法权益不可剥夺………………………………………… 313
第四节　严守法律…………………………………………………… 316
一、法律是秩序的保障………………………………………… 316
二、自觉遵守法律……………………………………………… 322

第七章　共生与竞争的和谐均衡………………………………………… 326
第一节　共生与竞争的均衡………………………………………… 326
一、共生并非否定矛盾………………………………………… 326
二、竞争不是你死我活………………………………………… 329
三、竞争与合作的均衡………………………………………… 330
第二节　权利与责任的均衡………………………………………… 334
一、权利与义务并存…………………………………………… 334
二、享有权利必承担义务……………………………………… 336
三、担当义务必享受权利……………………………………… 338
第三节　和生与自由的均衡………………………………………… 339
一、和生不否认自由…………………………………………… 340
二、和生的世界也是自由的世界……………………………… 341
三、个体性自由与整体性和生………………………………… 342

第四节　和处与平等的均衡…………………………………… 345
一、要和处先要平等…………………………………… 345
二、人人平等与相互和处…………………………………… 348
三、众生平等和谐共处…………………………………… 350
第五节　和达与博爱的均衡…………………………………… 352
一、博爱必得有和立、和达的意识…………………………………… 352
二、和立、和达以至于和爱…………………………………… 354
三、和爱既是仁爱，也是博爱…………………………………… 357

儒家文化研究的新收获
——写在《孔子文化与人类发展》丛书编后…………………………………… 360

第一章　共生意识与竞争意识

人类生活于世界之中。世界上除人类之外，还有着各种各样的事物。人类以及各种事物的存在是一种什么样的存在？不同文化、不同民族、不同时代，以至于不同人等，会对此有截然不同甚至完全相反的认识，由此形成截然不同，以至于完全相反的思想意识与思维方式。其中最为典型的是两种不同的思想意识与思维方式，一种是和谐共生的思想意识与思维方式，一种是竞争博弈的思想意识与思维方式。

第一节　共生意识

和谐共生的思想意识与思维方式的基本观点、基本态度是认为世界上的一切事物的存在都是共生、共在的，因此也是并且应当是和处、和谐的。共生、共在是事物的本然，和处、和谐是事物的应然。本然是强调本来如此，应然是强调应当如此。

一、共生

“共生”（symbiosis）一词来源于希腊语。字面意义就是“共同”和“生活”，这是两生物体之间生活在一起的交互作用，也包含不相似的生物体之间的吞噬行为，意义可扩大为指不同种属生活在一起的状态。小丑鱼居住在海葵的触手之间，吃海葵消化完的残渣，协助其清理身体；也当作海葵捕食其他鱼类的“诱饵”，而海葵有刺细胞的触手，可使小丑鱼免于被掠食，小丑鱼本身则会分泌一种黏液在身体表面，保护自己不被海葵伤害。这是自然界典型的互利共生。

哲学意义的“共生”，是以人类的视角，对生态系统、社会系统二者之间的关系，以及这些系统中包含的各层次的“共生”现象作探讨。把世界作为一个开放的系统，构成的各分支、各元素间相互独立又相互联系，不仅有同质也包括异质，是多样性的融合。各单元内部及其相互之间进行着能量、信息、物质的交流和转化，承认异己者的生存权利和存在价值，“我”与“他”互依互存，自由共在。

共生、共在是事物的本然，是事物真实如此的存在样态，是事物间相互关系的真实。

共生、共在的核心是“共”。“共”是相对于“个”以及“独”而言的。将一事物孤立起来，将其与其他事物的关系割裂开来、分离开来，这个事物就成为个体的、独立的事物。

一方面，任何事物都是个体的、独立的事物，任何事物的存在都是个体的、独立的存在。我们所看到的一个人、一辆车、一座建筑，我们所面对的一座山、一棵树、一条河，孤立地看，都是个体的、独立的。

另一方面，任何事物的生成、发育、成长、壮大，以至于毁灭，任何事物的存在，总是与其他事物的存在发生着密切的关系，总是有赖于其他事物的存在才得以生发和存在。其他事物的存在是此一事物生发的基础和前提，只有其他事物在，此一事物才可能生。此一事物的生，是其他多种事物同生共在的结果，其他多种事物共同产生了某一具体事物，就此一具体事物而言，可以谓之共生。

“共生”是说多种因素，共同生成了某一具体事物，任一事物，都是多种因素共同生产的结果。一株树木的生成、生长，不仅需要种子、土壤，还需要阳光、水分。一件好的瓷器，不仅需要优良的土质作为基础，还需要工匠精心的制作，需要严格认真的焙烧。一艘船舶、一辆汽车、一台机器，是由多个系统、各个部件组成的复杂的结构，要使其正常运作，必须所有部件处于正常状态，任何一个部件出现问题，都会使整个系统无法工作。表面看来，这是一座房子，仔细观看，这座房子有墙、有门、有窗、有梁、有柱、有檩、有椽、有屋檐、有屋脊，房屋是多种多样的因素、材料、部件共生的。墙坏了，门、窗、梁、柱依然完好，但只是因为墙坏了，房屋也随之坏了；门坏了，墙、窗、梁、柱、檩依然完好，但只是因为门坏了，房屋也随之而坏了；窗坏了，墙、门、梁、柱依然完好，但只是因为窗坏了，房屋也随之而坏了。房屋之所以为房屋，房屋之所以能发挥它的功能，是因为各个部分、各个因素均处于完好的状态。[①]只要一个部分、一个部件出现问题，整个系统就会瘫痪，就不能发挥其功能。一个部件坏了，不只是坏了一个部件，而是破坏了整个系统。身体健康，是说身体的各个系统全部健康，而不是说大多数器官处于健康状态。一个器官、某一系统的不健康，不只是部分不健康，而是整个说来，不健康。长寿，是要使身体的全部器官处于健康状态，而不只是一些器官处于健康状态。不管其他器官如何健康完好，只要一个器官出现问题，就随时会使人面临死亡。一座房屋、一台机器、一棵树、一个人，不仅是多种因素共同造就的，而且各个组成部分、各种因素都必须处于完好的状态。

共生的基础是多元和合，多元和合是事物的根本，也是世界的根本。

中国古人早就认为世界上的各种事物均是多元和合的结果。五行理论即是关于世界本原的理论。《尚书·洪范》最先提出“五行”的观念。

> 五行：一曰水，二曰火，三曰木，四曰金，五曰土。水曰润下，火曰炎上，木曰曲直，金曰从革，土爰稼穑。润下作咸，炎上作苦，曲直作酸，从革作辛，稼穑作甘。

何以谓之五行，汉人董仲舒说：“行者，行也，其行不同，故谓之五行。”（《春秋繁露·五行相生》）五行是宇宙间常行的五项最基本的东西。五行观念在春秋时代已很盛行。周太史史伯就说：

> 夫和实生物，同则不继。以他平他谓之和，故能丰长而物归之，若以同裨同，尽乃弃矣。故先王以土与金木水火杂，以成百物。是以和五味以调口，

---

① 佛教华严宗法藏大师讲解“六相圆融”，以房屋为例，指出：房屋虽由多种部件及材料组成，但任何一部分坏，则房屋坏。就此而言，房舍即是椽，椽即是房舍。“问：舍既即是椽者，余板、瓦等应即是椽耶？答：总并是椽。何以故？去却椽即无舍故。所以然者，若无椽即舍坏，舍坏故不名板、瓦等，是故板、瓦等即是椽也。若不即椽者，舍即不成，椽、瓦等并皆不成。今既并成，故知相即耳。一椽既尔，余椽例然。”（法藏：《华严一乘教义分齐章》卷四）

刚四支以卫体，和六律以聪耳，正七体以役心，平八索以成人，建九纪以立纯德，合十数以训百体。(《国语·郑语》)

以史伯的观点，天下事物都是由五行杂合而成的。这一观念在后代更为延续与发展。秦国医师医和认为："天有六气，降生五味，发为五色，征为五声，淫生六疾。"(《春秋左传·昭公元年》)郑国大夫子大叔说："天地之经，而民实则之。则天之明，因地之性，生其六气，用其五行。气为五味，发为五色，章为五声。淫则昏乱，民失其性，是故为礼以奉之。"(《春秋左传·昭公二十五年》)

到汉代，董仲舒对此有更为清楚的表述：

天有五行：一曰木，二曰火，三曰土，四曰金，五曰水。木，五行之始也，水，五行之终也，土，五行之中也，此其天次之序也。木生火，火生土，土生金，金生水，水生木，此其父子也。(《春秋繁露·五行之义》)

按照董仲舒的说法，五行之间的关系并不是一种静态的平行的关系，而是有着严格的序次，此其所谓"天次之序"，这个顺序就是木、火、土、金、水。这样的一个序次表达的是五行之间一种相生相克的关系，即"比相生而间相胜"(《春秋繁露·五行相生》)。木生火，火生土，土生金，金生水，水生木，这是"比相生"，比邻的前者生后者；木胜土（间隔火），土胜水（间隔金），水胜火（间隔木），火胜金（间隔土），金胜木（间隔水），这是"间相胜"。世间的一切事物不仅是由多种元素和合而成的，而且不同事物、不同因素也是相生相克的、相互依存的。

其实，西方哲学也有这样一种认识。古希腊哲学家恩培多克勒（Empedocles）认为，火、土、气、水是组成世界万物的根，它们结合在一起便组成万物，而事物的消失也是由四根分解造成的。恩培多克勒指出："它们有时从多中生一，有时从一中生多。"[①] 这里，"多"即是世界上具体的、众多的事物，而"一"则是指组成万

① 北京大学哲学系外国哲学史教研室编译：《西方哲学原著选读》上卷，商务印书馆1981年版，第43页。

物的单一的根。万物皆由四根组合生成，也由四根分解而消亡。另一位古希腊哲学家阿那克萨戈拉（Anaxagoras）同样认为万物是由元素组成的，只是他将这种元素称为“种子”。世间万物皆由这些种子组成，而事物有多少性质，便有多少类种子。因此，在他的理论中，组成万物的种子数量是不可穷尽的，阿那克萨戈拉认为:“我们是不能知道那些分离出来的东西的数目，无论用理性还是用行动都不能知道。”[①]在“种子说”的基础上，阿那克萨戈拉的学生德谟克利特（Democritus）又进一步提出了原子论。在原子论者看来，“原子”（atom）是不可分割的微粒，万物即是由这些微粒组成。德谟克利特说：“原子在大小和数量上都是无限的，它们在宇宙中处于漩涡运动之中，因此形成各种复合物：火、水、气、土。这些东西其实是某些原子集合而成的。”[②]无论是四根说、种子说，还是更为精细的原子论，这些理论都是某种程度上的元素论。在古希腊的哲学家们看来，万物都是由这众多的元素组合而成的。

近代以来，随着现代科学的发展，人们对世界的认知达到了一个新的高度。著名物理学家理查德·费曼（Richard Feynman）曾说过，如果不得不将科学史压缩成一句话，那一定是:“一切东西都是由原子构成的”。[③]1808 年，英国科学家约翰·道尔顿（John Dalton）在其名著《化学哲学的新体系》中第一次阐述了近代原子论。他说:“一切具有可感觉到大小的物体，不管是液体还是固体，都是由极大数目的极其微小的物质质点或原子所构成。”[④]不同于古希腊的原子论哲学，道尔顿的原子论是建立在近代实验科学基础上，并最终由实验仪器验证的科学理论。同时，道尔顿还探讨了基于原子理论的元素。迄今为止，人类已经发现了 118 种元素，最为常见的如氢、氮、碳等。这些元素都是由原子组成的，只是各自原子核电荷数的多少不同而已。如果说原子是构成事物的最基本微粒，那么元素的排列组合则最终形成了丰富

---

① 北京大学哲学系外国哲学史教研室编译:《西方哲学原著选读》上卷，商务印书馆 1981 年版，第 39 页。

② 北京大学哲学系外国哲学史教研室编译:《西方哲学原著选读》上卷，商务印书馆 1981 年版，第 47 页。

③ [美] 比尔·布莱森:《万物简史》，严维明、陈邕译，接力出版社 2005 年版，第 118 页。

④ [英] 约翰·道尔顿:《化学哲学新体系》，李家玉、盛根玉、潘道皑译，武汉出版社 1992 年版，第 87 页。

多彩的万物。如对生命最为重要的水，其化学公式是 H_2O，也就是由氢元素和氧元素组成的；而我们人体是由 24 种化学元素组成的，尽管组成元素如此之多，但占绝大多数比重的仍然是氢、氧、碳三种元素。在现代科学实验高度发达的今天，我们借助高科技仪器再次印证了古人天才式的猜想——任何事物均是由多种元素构成的——也是我们现今所知的最基本定理。

任何事物都是由多种元素共同组成的，所以，任何事物在本质上都是共生的。

二、共在

从事物纵向发展过程来看，从事物自身的经历来看，事物的存在，是“共生”；从事物横向关系来看，从一事物与他事物的位置来看，事物的存在，是“共在”。“共生”强调事物的“既然”。“既”所突出的是事物的历时性、持续性、绵延性，是事物的生成、生长、发育。“共在”强调事物的“实然”。“实”所突出的是事物的实存性、已然性、关系性，是事物的现实状态、是一事物与他事物的关系。

表面看来，任何一种事物、任何一个部件都是各自独立的，但其实，一件事物的所有组成部分都是紧密联结在一起的，都是不能与其他部分割裂开来的。房屋的门和窗是安置在墙壁上的，墙壁毁坏了，门、窗虽然完好也不成其为门、窗。门，只是因为与一座完好的建筑物联结在一起，才成其为门。没有窗、没有墙，不仅仅只是没有窗、没有墙。因为没有窗、没有墙，所以房子将不成其为房；因为房子不成其为房，所以虽有门，门也不成其为门。门与房是共在的，门与墙是共在的，门与窗也是共在的。有此一，才有彼一；有彼一，才有此一。

首先，任何事物并不是单独存在的，它总是有赖于他物的存在才得以存在，存在从总体上来讲是物与物的共在。物与物的共在性有四种表现形式：

第一，物与物之间的平行关系。如门与窗。门与窗是平行的，它们之间虽然不直接发生关系，但是没有门的房将不成其为房，没有窗的房也不成其为房，因为只有在房子真正是房子的时候，门才成其为门，窗才成其为窗。所以，没有门，虽有窗，窗也不成其为窗；没有窗，虽有门，门也不成其为门。就人体而言，肝与肺属于不同的系统，本身并不直接发生关系，但是，肝功能出现障碍，肺功能也会因此无法正常工作。

第二，物与物之间的依附关系。如墙与门、梁与檩、檩与椽、椽与瓦。没有墙，不可能有门；没有梁，不可能有檩；没有檩，不可能有椽；没有椽，不可能有瓦。后者总是依附于前者的，没有前者，后者就无法依附。植物生长发育离不开土壤，鱼类的生长养育离不开江河湖泊。土壤遭到破坏，水源受到污染，直接遭受影响的是植物、是各种鱼类。

第三，物与物之间的因果关系。人类由于狭隘利益驱动，而对森林乱砍滥伐。乱砍滥伐导致森林、草原面积减少，森林、草原面积减少导致土地沙漠化，同时导致气候干燥，导致大批动物生存环境恶化，甚至濒临灭绝。狼与土质恶化表面看来并不存在关系，但是，由于狼感染上某种疾病而使狼大量死亡，由此而导致羊与兔过快增加，羊与兔的无节制增加导致草原变成荒漠。人类只顾眼前利益而扑食野生青蛙，因为青蛙扑食蚊虫，青蛙减少，致使蚊虫猖虐。

第四，物与物之间的功能关系。一物之为一物，并非只是因为其具备各种因素就成为一物，而且还必须现实地发挥其功能，才使一物真正成为一物。一只不能发挥现实功能的船，还不是一只真正的船；一辆不能发挥现实功能的车，还不是一辆真正的车。船并不是因为它看起来是一只船就是一只船，车并不是因为它看起来是一辆车就是一辆车，它也许是一只概念船、玩具船，也许是一辆概念车、玩具车。而概念船、玩具船不是船，概念车、玩具车不是车。一只破了的船已经不是船，一辆坏了的车已经不是车。只有当一个物件能够并且现实地发挥它特有的功能的时候，它才是一个真正的物件。所以，物总是与它特有的功能联系在一起的。

其次，任何事物并不是孤立存在的，只有在集体之中、在群体之中与同类物保持紧密的关系，它才可以存在，这种存在是群体性共在。群体性共在是一事物存在的必要基础。当森林里只剩下一只狼的时候，这只狼迟早是要灭亡的。当草原上只剩下一只羊的时候，这只羊是根本无法生存的。当树上只剩下一片树叶的时候，这片树叶必然也会脱落。只有当人在群体之中的时候，他才是一个现实的人，才是一个真实的人。脱离人群的人，也许他还会生存，但他的生存已经不再是人的生存，他只是生存，只是活着，但却不是生活。飘落在孤岛上的鲁滨孙，其生活已不再是真正意义上的人的生活。事物存在的基本样态是群体性存在，只有在一定量的群体中，事物才得以正常地生存。

任何事物并不是单独存在的，它总是和其他事物发生紧密的联系；任何事物并不是孤立存在的，他只有在群体之中才可以生存。正因为如此，任何事物的存在，都是共在。

世界是由多元素构成的，这是人类认知史上最基本的归结。同时，事物的存在本身也是多元的，正是由于众多物质、生物的存在，地球生态圈才能如此异彩纷呈。在宇宙产生之初，多元并立就是整个宇宙存在的写照和运行的密钥。关于宇宙的产生，各个文化都有相关神创传说和故事演义。在科学尚未发达之时，这些传说和故事是人们解读宇宙存在和运行秘密的猜想。而近代科学昌明后，关于宇宙的理论和学说不断被提出，但是迄今为止只有宇宙大爆炸理论得到了大多数人的认同。依照大爆炸理论，宇宙产生于一个起点，时间与空间皆由此开始。在爆炸的刹那间，大量光子、质子、电子、中子等物质出现，多元存在就是宇宙发展的关键。随后，这些不同的物质开始互相之间发生作用，氢、氮等化学元素产生出来。在最初的一段时间内，宇宙内充满着气体物质，之后逐渐在自引力作用下聚集在一起，形成了恒星和星系。[①] 在这一过程中，作为多元存在的不同物质是宇宙产生之初的存在状态。这意味着从宇宙诞生那一刻起，多元并立就成为事物存在的基本状态。同时，这些物质又是宇宙进一步扩张发展的基础。特别是在星体出现之后，星体之间的引力使得各自维持着有规律的运行，而各个星系之间遵循同样的规律运行在浩瀚的宇宙太空。在久远的古代，人们就仰望星空感叹造物主的神奇伟力，并创造出各种关于星空的神话。一直到天文学发达的现代，人们仍旧会为神奇的宇宙和星空惊叹不已。其实，无数星球和星系的存在，包括我们生活于其中的地球，都依赖于其他星球和星系才能运行。以我们所在的太阳系为例，太阳和八大行星为主的星体共同组成了太阳系，无法想象只有一个地球存在的景象，那绝不会有人类的出现。同样道理，地球与月球也是互相依存的多元存在，地球的引力使月球成为卫星并环绕自身运行，而月球的存在又影响着地球的潮汐和生态。因此，宇宙存在和运行的所有秘密就在于多元并立。

在地球形成过程中，太阳系中众多飘浮物质起了关键作用，是无数尘粒的碰撞

---

① [美] 比尔·布莱森：《万物简史》，严维明、陈邕译，接力出版社 2005 年版，第 4 页。

汇聚才逐渐形成了行星体，从而最终完成太阳系的布局，其中就包括我们可爱的地球。[①] 而在地球形成之后，众多元素的存在同样成为其发展和演化的基石。我们知道，氧气是由两个氧原子组成的，氮气是由两个氮原子组成的，二氧化碳则是由两个氧原子和一个碳原子组成的，而这些气体又共同组成了地球的大气。同样道理，水是由两个氢原子和一个氧原子组成的，陆地上更是含有多种元素。就这样经过亿万年的变迁，地球逐渐形成了大气、海洋和陆地，具备了生命出现的基础环境。在这一环境中，经过漫长的寂寞时间之后，生命终于出现了。尽管生命的起源非常复杂，但是与大气、海洋一样，生命的组成依然遵循着多元原则，其体内就包含碳、氢、氧、氮以及其他多种微量元素。[②] 从生命的最初出现，经历过单细胞生物、无脊椎动物以及庞然大物的恐龙直至哺乳动物时代，生命的进化过程曲折而丰富，形式复杂而多样，但是组成生命的元素却并没有变化。一言以概之，生命的组成是多元元素的集合，也就是多元并立的高级体现形式。

生态圈的基础环境本身就是一个共在平台。在这里，空气、土壤、水等自然资源与动植物之间形成了牢固的依存关系。在基础环境中，空气、土壤和水是生命赖以生存的三要素。空气是由 78% 的氮气、21% 的氧气以及二氧化碳和其他稀有气体组成的。其中，氧气是地球上所有需氧生物生存发展所必需的物质，而二氧化碳则是参与植物光合作用的重要物质。更重要的是空气对紫外线的吸收以及对地球表面温度的维持，这对于地球生态圈有着极为重要的保护作用。在地球形成之初，大气中充满着致命的物质。随着火山的不断喷发，大量甲烷、水蒸气被喷入大气中。而空气中的各种气体比例改善，特别是氧气的大量出现主要归功于地球上的有机体，是这些最早的有机体持续不断地释放氧气，才有了更加适宜生命生存的大气。尤其在绿色植物出现之后，通过光合作用吸收二氧化碳释放氧气，由此植物不再是单向度依赖空气，同时也反过来改良空气构成。土壤是一个多物质组成的统一体，是矿物质和有机物的混合体，存在着固体、液体和气体等状态。土壤为植物提供营养和水分，同时也为细菌微生物和一些动物提供生存空间。土壤是一种特殊的混合

---

① [美] 比尔·布莱森:《万物简史》，严维明、陈邕译，接力出版社 2005 年版，第 31 页。

② [美] 比尔·布莱森:《万物简史》，严维明、陈邕译，接力出版社 2005 年版，第 260 页。

物，其产生得益于有机物的分解。特别是绿色植物对土壤的改良，它主要是通过落叶以及朽木的形式重新融入土壤中，不断增加着土壤的肥力。当然，还有一些动物如蚯蚓对土壤进行疏松，改善土壤的结构。在亿万年的时间里，土壤与生长于其中的动植物之间不断地实现物质的交换循环，形成了一个完整的共生共在生态圈。水是由氢原子和氧原子组成的，覆盖了大部分地表。水对于生命来说具有决定性的意义，水是生命之源，不仅为地球生物提供生存资源，同时也是生物自身的重要组成部分，水占人体比重将近 70%。水除了承担滋润万物的功能外，也从众多生物的活动中受益。植物通过根茎吸收土壤中的水分，然后又经过叶片蒸发到空气中，最后以降雨的形式重新回到地表。这一过程对于水自身的净化起着重要的作用，也带动了整个生态圈的水循环。基础环境中的三要素为生物提供了最基本也是最重要的能量来源。

在第二层环境中，植物之间也存在这种共生关系，并对物种繁衍起着重要作用。在任何一个花圃或公园中，我们都可以在拔出草根后发现附着在上面的小球，这些小球就是使植物获取氮的固氮菌。对于更高大的树来说，甚至有多达 300 种以上的真菌共生物。[①] 还有随处可见的地衣，这就是藻类与真菌共生的典型。菌根向植物提供土壤中的磷、氮等矿物营养，而植物则向其提供液汁等光合作用形成的食物。这种共生共在关系甚至可以使地衣生长在南极洲的极限恶劣环境中。[②] 如果我们的视野不再局限于单个植物，而是扩展到一个群落，那么我们就会注意到整片植物群落都存在这种共生共在关系。在茂密的热带雨林中，无论是高耸入云的乔木，还是附着在树干底部的蕨类和苔藓，它们都生长在一个共同的空间中，各取所需、相互依存，形成了完整的共生共在生态系统。在自然界，植物属于非常庞大的一个种类，植物的生长需要其中所含各种元素共同发挥效力。但是，在植物的生长发育过程中最为关键的是光合作用。光合作用是植物利用阳光以及体内具有的叶绿素，再加上水、矿物质和二氧化碳而产生的作用，最终使植物释放氧气，并产生葡萄糖

---

① ［美］林恩·马古利斯：《生物共生的行星——进化的新景观》，易凡译，上海科学技术出版社 2009 年版，第 1 页。

② ［美］林恩·马古利斯：《生物共生的行星——进化的新景观》，易凡译，上海科学技术出版社 2009 年版，第 97 页。

以供植物生长发育使用。茂盛的植物之所以能够覆盖地球表面，就是因为植物利用各种因素产生光合作用实现了自身生长。在这一过程中，植物自身具有的因素以及空气中的二氧化碳等物质都发挥了重要的作用，但是如果没有光合作用，那植物也仍然无法生存。

不仅植物如此，地球上的动物也是如此。动物的生长发育同样离不开自身以及周围环境中种种因素的影响，但是因为体内不具有产生光合作用的条件，动物只能通过对有机物的摄食来达到吸收能量的目的。这就要求动物具有独特的消化功能，才能将有机物转化为自身生长发育所需的能量。因此，对于地球上庞大的动物群体来说，其生长发育也不仅仅依靠多因素的组合，还必须拥有使这些因素转化的能力，而这也是经过漫长的进化发展出的重要功能。与植物的共生共在相比，动物之间的共生共在显得更为直接。例如，犀牛和犀牛鸟之间就通过互助形成良好的共生共在关系，犀牛皮肤上有很多寄生虫，会使其痛痒难忍，而犀牛鸟则可以啄食犀牛皮肤上的小虫，由此犀牛解决了自身的疾患，而犀牛鸟也有了充足的食物来源。与此相同的还有鳄鱼和千鸟、小丑鱼和海葵等，可以说在动物界，这种良好的共生共在伙伴关系处处可见。这种共生共在关系对于人类肌体来说也同样如此，在人类肠胃中生存着无数的细菌和微生物，它们的存在不仅仅是寄生在人类体内，同时还帮助人类消化食物，由此实现了真正的共生共在。除了动物之间，动物与植物之间也普遍存在共生共在关系，最著名的就是蜜蜂与鲜花。植物开花时，吸引蜜蜂前来采集花粉，而这一行为不仅为蜜蜂酿造蜂蜜提供了原料，还使植物完成了受精过程，顺利实现了种群的繁衍。如果一旦失去了蜜蜂，地球上的植物就会大规模灭绝，而蜜蜂与植物之间的共生共在关系防止了这一悲剧的发生。

生命的形式是丰富多彩的，其中包括众多的植物、动物，而植物、动物又可以进一步分种属。据统计，世界上现存植物包括藻类、蕨类、种子植物等共 35 万种，而动物包括 40 多万种脊椎动物和 140 多万种无脊椎动物，以及不计其数的单细胞生物。但是，这也仅仅是人类迄今为止所发现的部分生物，在人类能够探索到的范围之外，还有无数生物等待被发现。地球生态圈就是由这些物种组成，并成为多元存在的鲜活展示平台。这种多样性不仅是地球亿万年进化的结果，同时还是保持地球现有生态圈平衡的重要保证。

无论是从宇宙的演化角度，还是从地球生态圈的发展来看，共在始终是事物存在的基本状态。就状态描述而言如此，从效用功能来看也如此，多元共在对于地球生态圈的保护同样发挥着重要作用。总而言之，共在与多元并立不仅仅是事物存在的历史性和现实性常态，同时还是事物发展的重要性保障。

就世界的发生而言，世界是共生的；就世界的存在而言，世界是共在的。世间所有物，包括人在内，均是共生的；世间所有物，包括物与物，也包括人与物，均是共在的。多元并立、多元共在，而非一元独立、而非二元对立，才是世界的根本，才是事物的根本，这是中国传统文化最基本、最根本性的思想与观念。

第二节　竞争意识

“竞争”语出《庄子·齐物论》，庄子云：“有竞有争”。郭象注：“并逐曰竞，对辩曰争。”竞争是一种广泛存在的现象，也是许多学科的研究对象。一般意义上说，是不同主体争夺有限资源的过程。如果资源充足，就不存在竞争；如果没有多个主体对资源争夺，也不存在竞争；如果不同主体之间争夺的资源种类不同，也不存在竞争。竞争是基本的生物原则，也是事物发展的主要动力。当所需要的东西，一般就是指所需要的资源相同或相近时，生物彼此便会竞争这一份资源。资源需求越接近的物种，竞争的状况就越激烈。即便是拥有互利共生关系的生物间也仍然有可能会竞争。这取决于彼此之间是否有共同想要追求的利益。

在哲学、经济学中，竞争泛指人与人，团体与团体，以至于国与国、民族与民族、文化与文化之间的竞争。竞争是经济主体在市场上为实现自身的经济利益和既定目标而不断进行的角逐过程。市场经济就是竞争经济，竞争是推动市场经济发展的力量。

农业社会，自然经济突出和强调人与自然之间的和谐统一，突出和强调人与人之间的合作，所以突出和强调共生意识。工业社会，商品经济突出和强调人战胜自然、征服自然的勇气和毅力，突出和强调个人的努力与奋斗，所以更突出和强调竞争意识。

竞争博弈的思想意识与思维方式的基本观点、基本态度是：世界上存在的各种事物之间的关系是对立、对抗的，每一物为了自己的生存或自身的利益，总会与他物展开各种各样的竞争，而在竞争过程中，为了实现利益的最大化，则不得不行使博弈。物与物的关系是如此，人与人的关系也是如此。所以有物群、有人群，就有竞争、有博弈。

一、竞争

竞争的前提与基础是事物的个体性与独立性。将一事物孤立起来、将其与其他事物的关系割裂开来、分离开来，这个事物就成为个体的、独立的事物。个体，意味着存在物的存在是有着相对固定的形状、颜色、体积，有着他自己的边际，有着稳定的大小，甚至于有着固定的位置。一个人是个体的，意味着他有着自己特定的年龄、体格、体貌、性别等种种外在特征，他是被人称作“张强”的具体的人。一辆车是个体的，意味着它是一个具体品牌的车，它是一辆“奔驰”，或者是一辆“宝马”，它有着具体的款式、颜色，有着具体的生产日期。一座建筑是个体的，意味着它有着自己固定的形态，有着自己固定的位置，有着自己明确的建设年代，无论它是一所教堂，还是一座剧院、一间牌坊、一个灯塔，它都有着自己的名号。一座山是个体的，意味着它有着自己的历史，有着自己的位置，有着自己的名称。说起泰山，人们知道它在山东；说起黄山，人们知道它在安徽；说起阿尔卑斯山，人们知道它在欧洲中南部。一棵树是个体的，意味着它有着自己的树龄，属于特定的目、特定的科，它也许是一棵杨树，也许是一棵松树，但它并非只是一棵树。一条河是个体的，意味着它有着特定的起源，有着具体的流域，甚至于有着特有的水质。说起黄河，人们知道它流经中国北方；说起多瑙河，人们知道它流经欧洲九个国家。个体性，指明事物的存在是界限分明的、是可以一一区分的、是可以通过单数一一指示的。

独立，意味着存在物的存在是脱离开他物的存在，是与其他事物分离开来的存在，是有着自己独特品性的存在，甚至是不可复制、不可重复的存在。一个人是独立的，意味着他在生理上、肉体上是一个完整的存在，他可以自主地生活，他可以独自作出决断。一辆车是独立的，意味着它已经现实地存在着，它的各个系统可以正常地工作，它经历了一定的历程，并且还将继续自己的历程。一座建筑是独立的，意味着它的存在已经有一定的时日，如果不发生大的自然灾害，诸如强烈地震、飓风、洪水之类，它还将一如既往地继续存在。一座山是独立的，意味着它自形成以来，虽然遭受过不少地质运动的变迁，但却一直顽强地继续存在着。一棵树是独立的，意味着不管它是生长，还是死亡，它所经历的一切、它所遭遇的一切，是其他任何事物不能替代的。一条河是独立的，意味着不管时代如何变迁、社会如何演变，但它就是它，过去如此这般，将来还要如此这般。

独立性的重点是“独”。“独”意味着独一无二、不可重复、不可再现。人可以形成群，而为人群。但人群中的任何一个人作为个体来对待，都是“独”。作为独自的个体，任何一个人都是独一而无二的，都是不可重复的。狼也可以形成群，而成为狼群。虽然人看待狼，觉得每一只狼都是如此。其实，狼看待人也是如此，觉得每一个人都是如此。但狼群中的任何一只狼，就如人群中的任何一个人，都是独特的，都是各个不同的，都是唯一的。所以，一只陌生的狼，想要混入一个狼群，一定马上会被发现，因为别的狼会立即嗅到一种陌生的体味。人类可以批量地生产汽车、桌子、茶杯等物件。批量生产的汽车、桌子、茶杯，似乎只具有类与量的意义，但是，每一辆具体的车、每一件具体的桌子、每一只具体的茶杯，因为被不同的人所使用，其所经历的过程不同，其所遭遇的对待不同，无须多时，都会成为不同的个体。所以，独一无二是个体事物的基本特性。

竞争的直接起因是有一个异己的“他者”。以共生、共在为基本观念的人，没有真正意义上的“他者”的概念。

一棵树的旁边必然有另一棵树，在这棵树看来，旁边有另一棵树是理所当然的，是本来如此的，而且在它看来，正是因为有了其他的树，才可以共同抵御风沙的侵袭。一条鳄鱼在觅食时遇到另外一条鳄鱼，一点也不会感到惊讶，虽然它之前也许从未见过这条鳄鱼，但它知道在这一区域遇到别的鳄鱼是不足为奇的，它必须接受它在觅食时别的鳄鱼也在觅食这一事实。一个 5 岁的男孩发现母亲生了一个小弟弟，没有感到忧虑，而是认为家里多了一位成员，甚至认为这位成员将来会和自己一起玩，甚至认为自己有责任保护这位小弟弟。在这一家庭第三个孩子降生时，这个男孩的这一意识会变得更加明确和强烈。当一棵树、一条鳄鱼、一位小男孩有如此意识的时候，他们没有“他者”的概念。

“他者”首先是一外在于己的同类者。当一只狼发现另一只陌生的狼时，它努力想要驱逐这只陌生的狼，它感到这只狼侵犯了自己的领地，还会抢夺它的食物，它就有了“他者”的概念。外在于己的同类者，既可能是族群之外的陌生者，如狼面对本狼群之外的狼，雄狮面对本狮群之外的雄狮；也可能是族群内部的同类者，如狼王（公狼）面对族内其他公狼的挑战，猴王（公猴）面对族内其他公猴的挑战。所以，公狗见到公狗才可能会打架，公狗与母狗一般并不会打架。本族的母狮一般也不会与陌生的雄狮一见面就打架。

“他者”是对本者的地位、财产带来威胁或危害的同类者。在本者看来为外在于己的“他者”，看待他之外的“他者”也是自己的“他者”，“他者”的“他者”也是“他者”。

“他者”是竞争的基础，有“他者”才会有竞争。“他者”之间的关系是一种竞争关系。“竞争”之“竞”是角逐、追逐；“竞争”之“争”是争夺、是抢取。

19世纪中期，英国生物学家达尔文（C.R.Darwin）创立进化论，认为地球上的所有生物包括植物与动物，并不是本来如此的，而是不断进化的，进化的基本原则就是优胜劣汰，适者生存。而进化论的基本理论基础，就是生物间的竞争。

> 一切生物都有高速率增加的倾向，因此不可避免地就出现了生存斗争。各种生物在其自然的一生中都会产生若干卵或种籽，在它生命的某一时期，某一季节，或者某一年，它们一定要遭到毁灭，否则按照几何比率增加的原理，它的数目就会很快地变得非常之多，以致没有地方能够容纳。因此，由于产生的个体比可能生存的多，在各种情况下一定要发生生存斗争，或者同种的这一个体同另一个体斗争，或者同异种的个体斗争，或者同物理的生活条件斗争。①

生存地总是有限的，生存资源、生存环境总是有限的，因此，生物的增长不可能是无限的，由此生物之间必有竞争，同类的以及不同类之间的竞争。“在美国南部的

---

① [英]达尔文：《物种起源》，周建人等译，商务印书馆1995年版，第78页。

印第安的废墟上……呈现了同样美丽的多样性和同样比例的各类植物来。在悠长的若干世纪中，在每年各自散播成千种籽的若干树类之间，必定进行了何等激烈的斗争；昆虫和昆虫之间进行了何等激烈的斗争……它们都努力增殖，彼此相食，或者吃树，或者吃树的种籽和幼苗，或者吃最初密布于地面而抑制这些树木生长的其他植物！”① 相比较而言，同类、同属之间的竞争更为激烈。“因为同属的物种通常在习性和体质方面，并且永远在构造方面，是很相似的（虽然不是绝对如此），所以它们之间的斗争，一般要比异属的物种之间的斗争更为剧烈。”② 其实，从严格的意义上来讲，所谓竞争，就是同类、同属之间的竞争。因为竞争并不是吃掉对方，老虎和兔子之间的关系不是竞争关系，老虎和老虎、兔子和兔子之间的关系才是竞争关系。竞争是通过自身的优越而使自己在自然环境的生存与发展活动中处于优势，而不是依靠暴力打败或杀死对方。

由于生存竞争，生物的某些优良品质会得以遗传，或因为环境而发生变异。这就是达尔文所谓的“自然选择”。

> 变种，即我们所谓的初期物种，终于怎样变成为良好的、明确的物种呢？在大多数情形下，物种间的差异，显然远远超过了同一物种的变种间的差异。那些组成所谓不同属的种群间的差异比同属的物种间的差异为大，这些种群是怎样发生的呢？所有这些结果，可以说都是从生活斗争中得来的，下章将要更充分地讲到。由于这种斗争，不管怎样轻微的、也不管由于什么原因所发生的变异，只要在一个物种的一些个体同其他生物的，以及同生活的物理条件的无限复杂关系中多少有利于它们，这些变异就会使这样的个体保存下来，并且一般会遗传给后代。后代也因此而有了较好的生存机会，因为任何物种按时产生的许多个体，其中只有少数能够生存。我把每一个有用的微小变异被保存下来的这一原理称为“自然选择”，以表明它和人工选择的关系。但是，斯潘塞先生所常用的措词“最适者生存”，更为确切，并且有时

① ［英］达尔文：《物种起源》，周建人等译，商务印书馆 1995 年版，第 89 页。
② ［英］达尔文：《物种起源》，周建人等译，商务印书馆 1995 年版，第 90 页。

也同样方便。[①]

生存竞争伴随着自然选择，自然选择的基本原则就是“最适者生存”。自然选择与最适者生存导致生物不断得以进化。“自然选择在世界上每日每时都在仔细检查着最微细的变异，把坏的排斥掉，把好的保存下来加以积累；无论什么时候，无论什么地方，只要有机会，它就静静地、极其缓慢地进行工作，把各种生物同有机的和无机的生活条件的关系加以改进。”[②] 以达尔文的观点，正是因为竞争，生物才得以进化，竞争是生物进化的基本推动力。就此而言，竞争不仅是生物界的常态，是基本的状态，也是正义的状态。

竞争是生物界的常态，以霍布斯的观点，竞争也是人类的常态。霍布斯（Thomas Hobbes）认为，人类与其他生物一样，本质上是自私的。在国家产生之前，人们生活在自然状态之中。“自然使人在身心两方面的能力都十分相等，以致有时某人的体力虽则显然比另一个强，或是脑力比另一人敏捷；但这一切总加在一起，也不会使人与人之间的差别大到使这人能要求获得人家不能像他一样要求的任何利益，因为就体力而论，最弱的人运用密谋或者与其他仍在同一危险下的人联合起来，就能具有足够的力量来杀死最强的人。”[③] 自然能力方面的近乎相等以及人本质上的自私，形成了人与人之间的竞争。

> 由这种能力上的平等出发，就产生达到目的的希望的平等。因此，任何两个人如果想取得同一东西而又不能同时享用时，彼此就会成为仇敌。他们的目的主要是自我保全，有时则只是为了自己的欢乐；在达到这一目的的过程中，彼此都力图摧毁或征服对方。[④]

并且，从某种意义上讲，每个人都有理由认为自己比别人更强、更聪明。“在这一

① [英]达尔文：《物种起源》，周建人等译，商务印书馆 1995 年版，第 76 页。
② [英]达尔文：《物种起源》，周建人等译，商务印书馆 1995 年版，第 98—99 页。
③ [英]霍布斯：《利维坦》，黎思复、黎廷弼译，商务印书馆 1985 年版，第 92 页。
④ [英]霍布斯：《利维坦》，黎思复、黎廷弼译，商务印书馆 1985 年版，第 93 页。

方面，几乎所有的人都认为自己比一般人强；也就是说，都认为除开自己和少数因出名或赞同自己的意见而得到自己推崇的人以外，其他所有人都不如自己。因为根据人类的本性来说，不论他们承认有多少人比自己机灵、比自己口才好、比自己学问好，但却不会相信有很多人能像自己这样聪明。”[①]霍布斯认为，在自然状态下，“在没有一个共同权力使大家慑服的时候，人们便处在所谓的战争状态之下。这种战争是每一个人对每个人的战争。因为战争不仅存在于战役或战斗行动之中，而且也存在于以战斗进行争夺的意图普遍被人相信的一段时期之中。”[②]霍布斯所谓的战争，是一宽泛的概念，并不一定是指真实的战斗或战役，凡是具有战斗意图的都算作战争。一切为了争夺权力和财富而进行的斗争，包括密谋、暗算、陷害、栽赃、相互排斥等都是战争。在自然状态下，人与人之间之所以是“每一个人对每个人的战争”状态，根本原因在于人与人之间的关系是一种竞争的关系。

> 所以在人类的天性中我们便发现：有三种造成争斗的主要原因存在。第一是竞争，第二是猜忌，第三是荣誉。
>
> 第一种原因使人为了求利、第二种原因使人为了求安全、第三种原因则使人为了求名誉而进行侵犯。在第一种情形下，人们使用暴力去奴役他人及其妻子儿女与牲畜。在第二种情形下则是为了保全这一切。在第三种情形下，则是由于一些鸡毛蒜皮的小事，如一言一笑、一点意见上的分歧，以及任何其他直接对他们本人的藐视。或是间接对他们的亲友、民族、职业或名誉的藐视。[③]

霍布斯认为：“财富、荣誉、统治权或者其他权势的竞争，使人倾向于争斗、敌对和战争。因为竞争的一方达成其欲望的方式就是杀害、征服、排挤、驱逐另一方。特别是赞誉的竞争使人倾向于厚古而薄今。因为人与生者竟而不与死者争，对死者

---

① ［英］霍布斯：《利维坦》，黎思复、黎廷弼译，商务印书馆 1985 年版，第 92—93 页。

② ［英］霍布斯：《利维坦》，黎思复、黎廷弼译，商务印书馆 1985 年版，第 94 页。

③ ［英］霍布斯：《利维坦》，黎思复、黎廷弼译，商务印书馆 1985 年版，第 94 页。

赋与过当之誉，就可以使生者之荣相形逊色。”[①] 自然状态下人与人之间的战争给人类带来了极其严重的后果。这种状态下，没有产业，没有土地培植，没有交通运输，没有舒适的建筑，没有科学，没有文学，没有艺术，也没有社会，一切都处于混乱之中，每个人都企图靠强力来保全自己。不仅如此，在这种状态下，没有道义的观念，没有公正与不公正，没有善良与邪恶，更无所谓是非曲直，有的只是武力与欺诈。“没有共同权力的地方就没有法律，而没有法律的地方就无所谓不公正。暴力与欺诈在战争中是两种主要的美德。”[②]

自然状态伴随着无序的竞争，而竞争猖獗的自然状态并非就是人类的理想状态。竞争在人类社会的意义何在？是否亦像生物界一样，竞争推动了生物的进化，竞争也推动了人类社会的进步？达尔文之后，英国社会学家斯宾塞（Herbert Spencer）将进化论推广到一切领域，用进化论解释一切自然现象和社会现象。

> 在整个自然界，我们可以看到有一条严格的戒律在起作用，这条戒律有一点残酷，可它也许是很仁慈的。在一切低级动物中保持的普遍战争状态使许多高尚的人大惑不解；归根到底，它们却是环境所允许的最慈悲的规定……由于毁灭了所有这类动物，不仅使生存在成为累赘以前结束，而且为能够充分享受的年轻一代腾出了地方；此外，对于食肉动物来说，它们的幸福正源于这种替代行动。请进一步注意，食草动物的食肉敌人不但除掉了它们群中那些已过壮年的，而且也把多病、残废、最不善奔跑和最没有力量的全都除掉了。由于这种净化过程的帮助，也由于在配偶季节如此普遍的争斗，阻止了因次劣个体繁殖引起的种族退化，并确保充分适应周围的环境，因而使最能产生幸福的素质得以保持。[③]

生物学界的自然竞争有助于物种的进化，自然界的状态是如此，包括人类在内的整个世界都是如此，世界就是一个弱肉强食的世界：

---

① [英]霍布斯：《利维坦》，黎思复、黎廷弼译，商务印书馆1985年版，第73页。

② [英]霍布斯：《利维坦》，黎思复、黎廷弼译，商务印书馆1985年版，第96页。

③ [英]赫伯特·斯宾塞：《社会静力学》，张雄武译，商务印书馆1996年版，第143页。

我们所曾考虑的动作对于目的的适应，大部分都是在同族的和异族的分子间进行“生存竞争”的因素；很普遍的，一种生物所作的成功的适应，也包含有同类的或不同类的生物的不成功的适应。为了使食肉动物可以生存，食草动物必需死；为使其后裔可得到抚养，弱的生物的后裔，必成孤儿。维持鹰及小鹰之生存，便包含着许多小鸟之灭亡；为使小鸟得以繁殖，其后裔必牺牲无数的蚯蚓和虫类为食料。同种分子间的竞争也相同，虽然其结果比较不明显。强者往往用武力夺去弱者之俘获品，独占了某些猎场；比较凶猛的，把其同类的别个分子，驱逐到较为不利的场所。①

在斯宾塞看来，人类社会所发生的战争以及一个民族对于另一个民族的屠杀，与生物界的自然竞争具有同样的性质。

那些正在发挥作用的力量会消灭人类中阻挡前进道路的部分，如同它们消灭猛兽和无用的反刍动物一样严厉。正如野蛮人取代了较低动物的地位一样，假如他作为一个野蛮人的时间持续得太久，也就必须让位于比他高级的人。而且，请看，在大多数情况下，他的确是让位了。因为什么是一个征服者种族的先决条件呢？数量上的优势，或更强有力的本性，或改进了的作战方法；它们全都是进步的标志……因此，显然，一个民族对另一个民族的征服，主要是社会性的人对反社会性的人的征服；或者，严格地说，是更加适应的人对较少适应的人的征服。②

人类社会存在着各种各样的竞争，人与人之间存在着各种各样的竞争，竞争也无疑推动了人类与社会的进步。但是，人与人之间的竞争、社会领域的各种竞争，必须遵循一系列基本的原则，必须有序地进行，必须合乎规则地进行。竞争必须坚守独立、自由、平等、公正，竞争必须与博爱有机结合。社会达尔文主义则无视人与其

① [英]赫伯特·斯宾塞：《伦理学原理》，周辅成编：《西方伦理学名著选译》下卷，商务印书馆1996年版，第302页。

② [英]赫伯特·斯宾塞：《社会静力学》，张雄武译，商务印书馆1996年版，第229页。

他生物之间的本质区别，将生物进化论的基本原理推行于人类社会领域，并与殖民主义、种族主义、沙文主义结合在一起，为种族歧视、殖民主义及侵略战争提供理论依据，是非常错误、有害的理论。

二、博弈

竞争必然伴随着博弈，有竞争的地方就有博弈。弈，即棋；博，有博取、争斗的含义。博弈是在一定条件下，一个或几个拥有理性思维的人或团队，遵守一定的规则，从各自允许选择的行为或策略中自主选择并加以实施，并从中取得相应结果或收益的过程。博弈论是现代数学的一个分支，是研究具有斗争或竞争性质现象的数学理论和方法。

博弈论作为现代数学的一个分支，虽然出现甚晚，但其思想萌芽却很早就有。中国战国时期，孙膑帮助齐国将军田忌与齐王赛马，以己下等马与对方上等马比赛，以己上等马与对方中等马比赛，以己中等马与对方下等马比赛，结果三局之中二胜一负，即是著名的博弈事件。

孙武于《孙子兵法》上所讲："知彼知己者，百战不殆。"（《孙子兵法·谋攻篇》）又讲："兵者，诡道也。故能而示之不能，用而示之不用，近而示之远，远而示之近。利而诱之，乱而取之，实而备之，强而避之，怒而挠之，卑而骄之，佚而劳之，亲而离之。攻其无备，出其不意。此兵家之胜，不可先传也。"（《孙子兵法·计篇》）这些都与博弈有关。流传甚广的"三十六计"，其主要内容也是博弈问题。

博弈的本质是使自身利益最大化。

法家代表人物韩非指出人与人之间的关系完全是自私自为的，其中也包含有博弈的思想。在韩非看来，每个人的所作所为，都是从自身的利益出发的。

> 王良爱马，越王勾践爱人，为战而驰。医善吮人之伤，含人之血，非骨肉之亲也，利所加也。故舆人成舆，则欲人之富贵；匠人成棺，则欲人之夭死也。非舆人仁而匠人贼也，人不贵则舆不售，人不死则棺不买，情非憎人也，利在人之死也。（《韩非子·备内》）

王良爱马，并不是无私地爱马；越王勾践爱人，也并不是无私地爱人，而是为了人与马为他们战斗和驰骋。医生给人看病，吮人之伤，也不是出于对于他们的爱，而是为了自身的利益。造车子的人总是希望人富贵，造棺材的人总希望人死得越多越好，不是因为造车子的人心肠好而造棺材的人心肠不好，他们都是从自身的利益出发的。

> 吴起为魏将而攻中山，军人有病疽者，吴起跪而自吮其脓。伤者之母立泣，人问曰：将军于若子如是，尚何为而泣？对曰：吴起吮其父之创而父死，今是子又将死也，今吾是以泣。(《韩非子·外储说左上》)

吴起为战士吸吮脓血，并不是因为他爱护士兵，而是希望战士能为他冲锋陷阵、视死如归。

普通人与人之间的关系是如此，夫妻之间、父子之间、君臣之间的关系也是如此。

> 卫人有夫妻祷者，而祝曰：使我无故，得百束布。其夫曰：何少也？对曰：益是，子将以买妾。(《韩非子·内储说下》)

妻子完全是站在维护自身利益的立场上来看待家庭的发展的，对自己有利的才为，对自己不利的就不为。

在韩非看来，君臣之间的关系不仅是利益关系，也是斗智斗勇的关系。

> 君以计畜臣，臣以计事君，君臣之交，计也。害身而利国，臣弗为也；害国而利臣，君不行也。臣之情，害身无利；君之情，害国无亲。君臣也者，以计合者也。(《韩非子·饰邪》)

“君臣之交，计也。”这里的“计”，既是计算之“计”，君臣均不做不利的买卖；也是计划之“计”，君臣之间时时刻刻总是做着各种各样的谋划与盘算。

黄帝有言曰："上下一日百战。"下匿其私，用试其上；上操度量，以割其下。故度量之立，主之宝也；党与之具，臣之宝也。臣之所不弑其君者，党与不具也。故上失扶寸，下得寻常。有国君，不大其都；有道之臣，不贵其家。有道之君，不贵其臣；贵之富之，彼将代之。备危恐殆，急置太子，祸乃无从起。内索出圉，必身自执其度量。厚者亏之，薄者靡之。亏靡有量，毋使民比周，同欺其上。亏之若月，靡之若热。简令谨诛，必尽其罚。(《韩非子·扬权》)

"下匿其私，用试其上；上操度量，以割其下。"这就是君臣每日的基本工作，这也是君臣关系的基本事实。正因为如此，所以君王要对大臣，以至后妃及王子时时保持警惕的态度。

凡奸臣皆欲顺人主之心以取亲幸之势者也。是以主有所善，臣从而誉之；主有所憎，臣因而毁之。凡人之大体，取舍同者则相是也，取舍异者则相非也。今人臣之所誉者，人主之所是也，此之谓同取；人臣之所毁者，人主之所非也，此之谓同舍。夫取舍合而相与逆者，未尝闻也。此人臣之所以取信幸之道也。夫奸臣得乘信幸之势以毁誉进退群臣者，人主非有术数以御之也，非参验以审之也，必将以曩之合己信今之言，此幸臣之所以得欺主成私者也。(《韩非子·奸劫弑臣》)

臣子每时每刻都在窥视和猜度着君王的心思和态度，并随时准备好了以投其所好。正因为此，君王要时刻保持清醒的头脑，不仅知己，而且知彼。

人主之患在于信人，信人，则制于人。人臣之于其君，非有骨肉之亲也，缚于势而不得不事也。故为人臣者，窥觇其君心也，无须臾之休，而人主怠傲处其上，此世所以有劫君弑主也。为人主而大信其子，则奸臣得乘于子以成其私，故李兑傅赵王而饿主父。为人主而大信其妻，则奸臣得乘于妻以成其私，故优施傅丽姬，杀申生而立奚齐。夫以妻之近与子之亲而犹不可信，

则其余无可信者矣。(《韩非子·备内》)

为人主者大信其子，则奸臣得乘于子以成其私；为人主者大信其妻，则奸臣得乘于妻以成其私，历史上有着无数此方面的惨痛教训。所以，为人主者不仅不能信任臣，甚至也不能信任和自己朝夕相处的妻妾，以及有着骨肉之亲的儿子。

> 且万乘之主，千乘之君，后妃夫人适子为太子者，或有欲其君之蚤死者。何以知其然？夫妻者，非有骨肉之恩也，爱则亲，不爱则疏。语曰："其母好者其子抱。"然则其为之反也，其母恶者其子释。丈夫年五十而好色未解也，妇人年三十而美色衰矣。以衰美之妇人事好色之丈夫，则身死见疏贱，而子疑不为后，此后妃夫人之所以冀其君之死者也。唯母为后而子为主，则令无不行，禁无不止，男女之乐不减于先君，而擅万乘不疑，此鸩毒扼昧之所以用也。(《韩非子·备内》)

每个人总是站在自己的立场上，以维护自身利益的态度来处理与他人的关系。如何使自己的利益最大化，这就是博弈论所面对以及所要解决的问题。

博弈有几个基本的要件，一是博弈者是理智健全的独立的行为支配者，二是博弈者只考虑自己而不顾及对方以谋求利益最大化，三是博弈者可以预见自己行为前后对方的行为。著名的博弈案例是所谓的"囚徒困境"。

有一天，一位富翁在家中被杀，财物被盗。警方在案件侦破过程中，捉到两个犯罪嫌疑人，并从他们的住处搜出被害人家中丢失的财物。但是，他们矢口否认曾杀过人，辩称是先发现富翁被杀，然后顺手牵羊偷了东西。警方将两人隔离，分别关在不同的房间进行审讯。由地方检察官分别和两个人单独谈话。检察官声称："由于你们的偷盗罪已有确凿的证据，所以可以判你们 1 年刑期。但是，我可以和你做个交易。如果你单独坦白杀人的罪行，我只判你 3 个月的监禁，但你的同伙要被判 10 年徒刑。如果你拒不坦白，而被同伙检举，那么你就将被判 10 年徒刑，而他则只判 3 个月的监禁。但是，如果你们两人都坦白交代，那么，你们都要被判 5 年徒刑。"两个犯罪嫌疑人该怎么办？他们面临着两难的选择——坦白或者抵赖。显然最好的策略是双方都抵赖，结果是大家都只被判 1 年。但是由于两人处于隔离状态下无法串供。所以，按照亚当·斯密的理论，每一个人都是从利己的目的出发，他们选择坦白交代是最佳的策略。因为坦白交代可以得到很短的监禁——3 个月，但前提是同伙抵赖，这显然要比自己抵赖要坐 10 年牢好得多；如果对方坦白而自己抵赖了，那自己就要坐 10 年牢，那肯定太不划算了！因此，在这种情况下应该选择坦白。即使两人同时坦白，也只判 5 年徒刑，总比被判 10 年好。最后的结果是两人都选择了坦白。原本对双方都有利的策略（抵赖）和结局（被判 1 年刑）并没有出现。这样一种两人都选择坦白的策略以及因此被判 5 年的结局被称为“纳什均衡”①，也叫“非合作均衡”。这样一种对所有人都不利的结局之所以发生，正是因为每个人只是选择对自己最有利的策略，而不考虑其他对手的利益，也不考虑社会利益，每个人只想保护自己的利益，其结果一定是不得不牺牲自己的利益。

类似的例子还有：两个人一起旅行，一个名叫麦克，一个名叫约翰。两人在旅行地各买了一个瓷花瓶。在他们提取行李时，发现花瓶破碎了，他们向航空公司索赔。航空公司估价花瓶价格在 80~90 元之间，但不知道准确价格。航空公司要求两位旅客在 100 元以内自己写下花瓶价格。若两人所写相同，说明他们说了真话，就按照他们所写的数额赔偿。如果两人所写的不同，那就认定写得低的人说的是真的，就按照低的价格赔偿，但是会对讲真话的人奖励 2 元，而对讲假话的人罚款 2 元。

事情会怎样进行？对两人最有利的当然是都写 100 元，这样两人都会得到 100 元。但是，如果麦克写出 100 元，而约翰写 99 元，则约翰实际得到 101 元，而麦克则只得到 97 元，所以麦克不会写 100 元。当麦克认为约翰会写 99 元的时候，他会写 98 元。约翰也会这样认为，当他认为麦克会写 98 元的时候，他会写 97 元。麦克认为约翰会写 97 元的时候，他会写 96 元。如此类推，以至于最后两个人都写 1 元。两个人都想比对方得到更多，结果只能是双方都得到更少。

博弈双方都想在博弈中得到更大的利益，但结果往往是适得其反。自以为是，

① 纳什均衡，Nash equilibrium，又称为非合作博弈均衡，是博弈论的重要术语，以美国博弈论者约翰·纳什（John Nash）的名字命名。其含义是：在一个策略组合中，任何参与人单独改变策略都不会得到好处。对于每一个参与者来说，只要其他人不改变策略，他就无法改善自己的状况。

自作聪明，其结果当然是自食其果。两个杜克大学的学生，平时学习成绩都很好，周末参加弗吉尼亚大学的聚会，由于太尽兴而在周日睡过了头，来不及准备周一上午的化学考试。他们向教授撒谎，说他们在回校途中汽车爆胎了，由于没有备胎，所以整夜在路边守候救援。现在他们太累了，没有时间备考，请求周二上午补考。教授答应了。两人周一做了一天准备，胸有成竹地参加周二的补考。教授安排他们在两间不同的教室考试。第一题在第一页，很简单，只有 10 分。两人都写出了正确答案。翻到第二页时，也只有一题，90 分，题目是："你们车子破的是哪只轮胎？"结果是两人不得不向教授承认撒谎并检讨。因为两人所答一致的概率只有 25%。与其如此，还不如向教授"坦白从宽"。

有竞争而有博弈。博弈是从自身立场出发追求利益的最大化，博弈所关注的更多的是技术层面的问题。竞争与博弈也必须坚守基本的理念与原则。最基本的原则包括自由、平等、公正，也包括对于法律自觉地遵守。

人，一方面是个体的，一方面又是社会的。人与人的关系，一方面是竞争的，有博弈；一方面又是共生、共在的，要协作、要合作、要和谐、要和睦。和谐共生与竞争博弈，应当有机地统一在一起，而不是互相敌视、互相对立、互相攻击。相对而言，中国传统文化更注重和强调人的社会性，以及人的责任与义务，更注重和强调人与人之间的共在与合作；西方文化更突出和强调人的个体性，以及个人的权利，更突出和强调人与人之间的对立与竞争。然而，时至今日，中西政治、经济、文化的交往日益频繁与发达，中西文化观念由对立、冲击、冲突，亦日趋走向正视差异、接受差别、相互吸收、相互协调的发展道路。

第二章　个体的人与社会的人

人是一种群居性的动物。单独来看，每个人都是一个一个的个体，是个体性存在；另一方面，任何单个人都必然、必须与他人发生这样那样的关系。不同的人，聚居在一起，成为一个整体，形成社会。一方面，社会是单个人组成的社会；另一方面，个体必然、也必须生存于社会之中，离开社会，就没有人。前者，是个体人的观念；后者，是社会人的观念。个体人的观念，强调人的个体性因素，突出人的个体性，突出个体的权利；社会人的观念，强调人的社会性因素，突出人的社会性，突出人的责任与义务。

第一节　单个人的共同体

从个体人的观念来看，社会只是单个人的共同体。社会作为单个人的共同体，并没有自身的利益。社会的作用，正是最大限度地保护每个人的个人利益。

一、社会是单个人组成的共同体

人与人之间，因为必须发生这样那样的关系，而结成社会。从个体人的观念出发，社会是因为人而有的，社会是因为人的活动才得以形成并存在的，社会并不是一个独立自在的实体，它只是一群个体的组合或者聚合而已。

英国哲学家洛克（John Lock）指出：

> 上帝既把人造成这样一种动物，根据上帝的判断他不宜于单独生活，就

> 使他处于必要、方便和爱好的强烈要求下，迫使他加入社会，并使他具有理智和语言以便继续社会生活并享受社会生活。最初的社会是在夫妻之间，这是父母与儿女之间社会的开端；嗣后又加上了主仆之间的社会。①

不同于霍布斯，洛克认为自然状态是一种自由而平等的状态。“为了正确地了解政治权力，并追溯它的起源，我们必须考究人类原来自然地处在什么状态。那是一种完备无缺的自由状态，他们在自然法的范围内，按照他们认为合适的办法，决定他们的行动和处理他们的财产和人身，而毋需得到任何人的许可或听命于任何人的意志。”② 自然状态是一种平等状态，人们的权利是平等的。既然人是生而平等的，因此“爱人”与“爱己”便具有相同的性质。如果一个人加害别人，那么，他所能期待的，只是惩罚。他没有理由要求别人对他比对其他人有更多的爱心。“如果我要求本性与我相同的人们尽量爱我，我便负有一种自然的义务对他们充分地具有相同的爱心。”③ 互助互爱的道德规范实际上就是这样建立起来的。

自然状态也是一种自由的状态。既然人们天生是平等的，人与人之间便没有高低贵贱之分，人们便无权彼此“侵害”。

> 自然状态有一种为人人所应遵守的自然法对它起着支配作用；而理性，也就是自然法，教导着有意遵从理性的全人类：人们既然都是平等和独立的，任何人就不得侵害他人的生命、健康、自由或财产。因为既然人们都是全能和无限智慧的创世主的创造物，既然都是唯一的最高主宰的仆人，奉他的命令来到这个世界，从事于他的事务，他们就是他的财产，是他的创造物，他要他们存在多久就存在多久，而不由他们彼此之间作主；我们既赋有同样的能力，在同一自然社会内共享一切，就不能设想我们之间有任何从属关系，可使我们有权彼此毁灭，好像我们生来是为彼此利用的，如同低等动物生来

① [英]洛克：《政府论》下篇，叶启芳、瞿菊农译，商务印书馆 1964 年版，第 48 页。
② [英]洛克：《政府论》下篇，叶启芳、瞿菊农译，商务印书馆 1964 年版，第 5 页。
③ [英]洛克：《政府论》下篇，叶启芳、瞿菊农译，商务印书馆 1964 年版，第 6 页。

是供我们利用一样。①

在自然状态中，自然法是人们自觉遵守的，每个人也都有权惩罚违反自然法的行为。由于权力是平等的，因此当抓获一个违反自然法的罪犯时，任何人并没有绝对或任意的权力，并不能按照感情或意志去行事，“而只能根据冷静的理性和良心的指示，比照他所犯的罪行，对他施以惩处，尽量起到纠正和禁止的作用”。②

在自然状态中，人们虽然平等地享受着生命、自由、财产等诸种权利，但是这种享受是不稳定的，有不断受到他人侵犯的危险。既然每个人都像他一样有王者的气魄，既然人与人完全平等，而大部分人又不严格遵守公道与正义，所以人们总是处于一种尽管自由但却充满着恐惧和经常性危险的状态。在此情况下，人们组成国家。“人们联合成为国家和置身于政府之下的重大的和主要的目的，是保护他们的财产。”③洛克认为，自然状态有三个主要的缺陷：

第一，“缺少一种确定的、规定了的、众所周知的法律，为共同的同意接受和承认为是非的标准和裁判他们之间一切纠纷的共同尺度”。④

第二，“缺少一个有权依照既定的法律来裁判一切争执的知名的和公正的裁判者”。⑤

第三，“缺少权力来支持正确的判决，使它得到应有的执行”。⑥

在自然状态，由于每个人都拥有惩罚别人的侵权行为的权力，而这种权力的行使既不正常又不可靠，这样会使他们遭受不利，这就促使他们托庇于政府的既定的法律之下，希望他们的财产由此得到保护。正是这种情形使他们甘愿各自放弃他们单独行使的惩罚权力，由专门的人来行使，而且要依照社会所一致同意的或他们为此目的而授权的代表所一致同意的规定来行使。这就是立法权和行政权之所以产生的原因，政府和社会正是在这种情况下起源的。人们参与到社会中，放弃他们的自

① ［英］洛克：《政府论》下篇，叶启芳、瞿菊农译，商务印书馆1964年版，第6页。
② ［英］洛克：《政府论》下篇，叶启芳、瞿菊农译，商务印书馆1964年版，第7页。
③ ［英］洛克：《政府论》下篇，叶启芳、瞿菊农译，商务印书馆1964年版，第77页。
④ ［英］洛克：《政府论》下篇，叶启芳、瞿菊农译，商务印书馆1964年版，第77页。
⑤ ［英］洛克：《政府论》下篇，叶启芳、瞿菊农译，商务印书馆1964年版，第78页。
⑥ ［英］洛克：《政府论》下篇，叶启芳、瞿菊农译，商务印书馆1964年版，第78页。

然权利而把它交给社会机关，这种放弃不仅是必要的，而且是公道的，因为社会的其他成员同样也是这样做的。国家政治权力是每个人交给社会的他在自然状态中所有的权力，由社会交给它设置在自身上面的统治者，附以明确的或默许的委托，即规定这种权力应用来为他们谋福利和保护他们的财产。人们订立契约把自然权力交给政府是为了保护自己的利益不受侵犯，政府一旦背离这一目的，人民便有权认为契约已被违背，便可以自动收回自己的权力。

人们组成家庭、社区、行会，以至于国家，不是要为社会组织服务，不是要为社会组织作贡献，而是社会能够保护、保卫个人的权利。人们参与社会活动，实际上是为了维护个人的权利。个体参与社会活动，非是出于"利他"的动机，而是出于"利己"的动机。个体从本质上来讲，都是自私的。普通人之间的关系是自私的，就是父子关系、兄弟关系、夫妻关系，从本质上来讲，也是自私的。爱他人，并不是出于对他人无私的爱，本质上还是爱自己。

人们组成社团，而社会团体的使命在于维护成员的利益。社会团体以至于国家、政府应该将什么样的利益看作是它应该维护的内容呢？洛克认为，每个人生来就有三种权利：生命、自由和财产。这些权利是自然权利，是与生俱来、与人的自然存在联结在一起的权利。人们尽管有民族、等级、宗教等方面的差别，但作为人，权利却是平等的。这些权利因为不是赋予的，而是天然具有的，所以也被称为天赋人权。因为这些权利是天赋的，而不是被授予的，所以也是不可剥夺和不可转让的。当人们依靠契约而建立国家时，这三种权利仍然保留在人们自己手中。

所谓生命权，即人的生存权利。它是三项人权的基础和前提。没有生命权，也就谈不上自由权与财产权。洛克指出，每一个人都没有创造自己生命的能力，人是上帝的制造物，是上帝的财产，所以他不能放弃自己的生命权，把自己置于别人的绝对权力之下，任其夺去生命。在洛克看来，人都是上帝的制造物，是上帝的作品，是上帝让人们来到世间。就此而言，人与人之间完全是平等的，任何人都无权剥夺他人的生命。即使是本人，也无权放弃或毁灭自己。否则，就是违背上帝，与上帝为敌。

所谓自由权，洛克认为，人是生而自由的。在自然状态下，人本来是自由的。"人的自然自由，就是不受人间任何上级权力的约束，不处在人们的意志或立法权之下，只以自然法作为他的准绳。处在社会中的人的自由，就是除经人们同意在国家内所建立的立法权以外，不受其他任何立法权的支配；除了立法机关根据对它的委托所制定的法律以外，不受任何意志的统辖或任何法律的约束。”[①] 在建立了国家之后，自由不再是不受约束的任意，而是在法律许可范围内的自由，如此一来，自然自由便过渡到了公民自由。“法律的目的不是废除或限制自由，而是保护和扩大自由。这是因为在一切能够接受法律支配的人类的状态中，哪里没有法律，哪里就没有自由。这是因为自由意味着不受他人的束缚和强暴，而哪里没有法律，哪里就不能有这种自由。但是自由，正如人们告诉我们的，并非人人爱怎样就可怎样的那种自由（当其他任何人的一时高兴可以支配一个人的时候，谁能自由呢？），而是在他所受约束的法律许可范围内，随心所欲地处置或安排他的人身、行动、财富和他的全部财产的那种自由，在这个范围内他不受另一个人的任何意志的支配，而是可以自由地遵循他自己的意志。”[②] 自由并非不受一切限制与约束，而是在法律许可范围内的行动上的自由。

所谓财产权，就是占有和支配自己财产的权利。洛克指出，自然界的一切，包括土地，本来是归一切人所有的。“土地和其中的一切，都是给人们用来维持他们的生存和舒适生活的。土地上所有自然生产的果实和它所养活的兽类，既是自然自发地生产的，就都归人类所共有，而没有人对于这种处在自然状态中的东西原来就具有排斥其余人类的私人所有权。”[③] 但是通过劳动，一个人使原来的东西脱离自然状态，他就有了对于这种东西的所有权。

> 只要他使任何东西脱离自然所提供的和那个东西所处的状态，他就已经掺进他的劳动，在这上面参加他自己所有的某些东西，因而使它成为他的财产。[④]
>
> 劳动使它们同公共的东西有所区别，劳动在万物之母的自然所已完成的

① [英]洛克:《政府论》下篇，叶启芳、瞿菊农译，商务印书馆 1964 年版，第 16 页。
② [英]洛克:《政府论》下篇，叶启芳、瞿菊农译，商务印书馆 1964 年版，第 36 页。
③ [英]洛克:《政府论》下篇，叶启芳、瞿菊农译，商务印书馆 1964 年版，第 18 页。
④ [英]洛克:《政府论》下篇，叶启芳、瞿菊农译，商务印书馆 1964 年版，第 19 页。

作业上面加上一些东西，这样它们就成为他的私有的权利了。[①]

但是，对于从自然所获取的财产的所有权还有一个限制，就是它不至于遭到损坏。“凡是经过耕种、收获、贮存起来的东西，在败坏之前予以利用，那是他的特有权利；凡是圈入、加以饲养和利用的牲畜和产品也都是他的。但是，如果在他圈用范围内的草在地上腐烂，或者他所种植的果实因未被摘采和贮存而败坏，这块土地，尽管经他圈用，还是被看作是荒废的，可以为任何其他人所占有。”[②]

洛克认为，财产权是先于国家而产生的，是合乎理性的生存必须的权利。从某种意义上说，国家的建立以及国家的存在，正是为了保护人的财产权。“人们联合成为国家和置身于政府之下的重大的和主要的目的，是保护他们的财产。”[③]“既然保护财产是政府的目的，也是人们加入社会的目的，这就必须假定而且要求人民应该享有财产权，否则就必须假定他们因为参加社会而丧失了作为他们加入社会的目的的东西；这种十分悖理的事是无论何人也不会承认的。”[④]所以，向人民征税而没有取得人民的同意，就是侵犯了人民的财产权。

人们加入社会，建立国家的目的不是因为别的，而是为了保护自己的权利。正因为如此，国家必须依法行事。

虽然人们在参加社会时放弃他们在自然状态中所享有的平等、自由和执行权，而把它们交给社会，由立法机关按社会的利益所要求的程度加以处理，但是这只是出于各人为了更好地保护自己、他的自由和财产的动机……所以，谁握有国家的立法权或最高权力，谁就应该以既定的、向全国人民公布周知的、经常有效的法律，而不是以临时的命令来实行统治；应该由公正无私的法官根据这些法律来裁判纠纷；并且只是对内为了执行这些法律，对外为了防止或索偿外国所造成的损害，以及为了保障社会不受入侵和侵略，才得使

① [英]洛克:《政府论》下篇，叶启芳、瞿菊农译，商务印书馆 1964 年版，第 19 页。
② [英]洛克:《政府论》下篇，叶启芳、瞿菊农译，商务印书馆 1964 年版，第 26 页。
③ [英]洛克:《政府论》下篇，叶启芳、瞿菊农译，商务印书馆 1964 年版，第 77 页。
④ [英]洛克:《政府论》下篇，叶启芳、瞿菊农译，商务印书馆 1964 年版，第 86 页。

用社会的力量。而这一切都没有别的目的，只是为了人民的和平、安全和公众福利。①

国家是人们为了保护自己的权利而建立的，国家的使命就是保护人民的利益，没有独立的、凌驾于人民利益之上的所谓的“国家利益”。国家政府不得侵犯人们的天赋权利，如果政府侵犯了人的天赋权利，人民就有权利推翻它。

洛克认为，当人们联合成为社会的时候，通过自己委派的官吏来执行法律，这种政府形式就是民主政制；如果把制定法律的权力交给少数精选的人和他们的嗣子或继承人，这就是寡头政制；如果把种权力交给一个人，这就是君主政制；如果交给他和他的嗣子，这就是世袭君主制；如果只是交给他终身，在他死后，推定后继者的权力仍旧归于大多数人，这就是选任君主制。政府形式以最高权力，即立法的隶属关系而定，制定法律的权力归属于谁，决定国家是什么形式的国家。在洛克看来，政府所拥有的一切权力，既然只是为社会谋幸福，因而不应该是专断的和凭一时高兴的，而应该是根据公布的法律来行使。这样，一方面可使人民知道他们的责任，并在法律范围内得到安全和保障；另一方面，也使统治者被限制在适当的范围内，不致于为他们所拥有的权力所诱惑，以达到他们个人的目的或实现他们个人的利益。

社会与国家是单个人组成的共同体，人们组成社会共同体是为了保护他们个人的利益，国家作为社会共同体，其目的与使命正是保护社会成员的利益，这是洛克政治学说的基本内容。

二、作为契约成员的人

国家并不是从来就有的，是人们出于某种需要而建立起来的，国家的职能正是为了维护全体国民的利益，洛克如是看，法国思想家卢梭也如是看。洛克的《政府论》重在论述政府的职能，卢梭（Jean-Jacques Rousseau）的《社会契约论》重在论述国家与国民的关系。在《社会契约论》中，卢梭开宗明义指出：

① ［英］洛克：《政府论》下篇，叶启芳、瞿菊农译，商务印书馆 1964 年版，第 79—80 页。

> 人是生而自由的，但却无往不在枷锁之中。自以为是其他一切的主人的人，反而比其他一切更是奴隶。[①]

人本是自由的，但现实中的人却是不自由的，在卢梭看来，人类社会以及国家是怎样形成的？

与霍布斯、洛克一样，卢梭也认为在国家出现之前，人类处于一种自然状态。在自然状态，每一个人都是自由、独立、平等的，没有奴役与被奴役，没有统治与被统治，没有压迫与被压迫，自然状态是一种和平友好的状态。“自然状态是每一个人对于自我保存的关心，最不妨害他人自我保存的一种状态，所以这种状态最能保持和平，对于人类也是最适宜的。”[②] 自然状态，是人类的“黄金时代”。

在卢梭看来，人类曾经达到这样一种境地，当时自然状态下不利于人类生存的各种各样的障碍，已经达到了每个个人在那种状态下无法继续正常生存的境地，人类如果不改变其生存方式，就必然会走向灭亡。然而，人类既不能产生新的力量，只能是结合起来运用已有的力量，所以，人类没有别的办法，只能集合起来形成一种力量的总和，以克服各种各样的困难。于是，人们不得不进入共同协作的社会，人们必须成群地结合在一起。从此，自然状态宣告结束，人类开始进入社会状态。“卢梭认为，自然状态下流行的是自然感情和本能，那是一个没有理性的蒙昧时代，也就不需要正义、道德、权利、义务这样的观念。自然状态为何转化到社会状态呢？因为生理的、心理的、语言的、利益的交流的需要。人发现自己不是孤单的，还有别人的存在，他与别人的意志可能是相互冲突的，同时他在以上的方面也需要别人，否则自己的生存就难以得到保证。这样他就不能只关注自己的天然的自由，而去寻找另外的原则，以处理自己与他人的关系。他不再可能为所欲为，而是要‘在听从自己的欲望之前，先要请教自己的理性’是否妨碍了他人，是否合乎公意，因为不这样，他最终也要受到损害。当他按公意的原则行事时，虽然可能丧失自己天然的自由，但是他收获得更多：视野开阔了，情感高尚了……总之，他终于

---

① [法]卢梭：《社会契约论》，何兆武译，商务印书馆 2003 年修订第 3 版，第 4 页。

② [法]卢梭：《论人类不平等的起源和基础》，李常山译，商务印书馆 1962 年版，第 98 页。

脱离了蒙昧的自然状态，成为一个有智慧有理性的人。这是一种与自然状态不同的幸福，启蒙的幸福；是与天然的自由不同的自由，社会的自由。天然的自由以个人的力量为界限，社会的自由使个人能借助所有人的力量，使其享有的更多。”①

卢梭认为，家庭是最早最自然的社会组织。家庭中的孩子对家长有一种依附关系，而这种依附关系源于家长对于孩子的养育。现代社会也有类似的性质，政府好像是父亲，人民好像是孩子。但是，政府与人民之间并不存在自然的依附关系，每个人都是生而自由、平等的，没有人天然具有某种权力，使他可以凌驾于他人之上。人们可以服从强权，但人们服从强权不是出于义务。“强力并不构成权利，而人们只是对合法的权力才有服从的义务。”② 人们服从强力不是出于义务，而是出于恐惧和懦弱。“强力是一种物理的力量，我看不出强力的作用可以产生什么道德。向强力屈服，只是一种必要的行为，而不是一种意志的行为；它最多也不过是一种明智的行为而已。”③ 一旦有机会可以逃避处罚，人们就不会服从强权，强权并不是合法的权力，权利不是来自强权，而是来自约定。在卢梭看来，镇压一群人与治理一个社会，两者之间永远有着巨大的差别。即使分散着的人们一一相继被某个个人所奴役，无论被奴役的人数有多少，也只是一个主人和一群奴隶，而没有人民和他们的首领，那只是一种聚集，而不是一种结合。这里既没有公共幸福，也没有政治共同体。这个人，哪怕他奴役了半个世界，也永远只是一个个人，他的利益脱离了别人的利益，就永远只是私人的利益。

社会状态的核心问题是“社会契约”。社会契约论所要解决的主要问题是：

> 要寻找出一种结合的形式，使它能以全部共同的力量来卫护和保障每个结合者的人身和财富，并且由于这一结合而使得每一个与全体相联合的个人又只不过是在服从其本人，并且仍然像以往一样自由。④

---

① 叶秀山、王树人总主编：《西方哲学史》第 5 卷，凤凰出版社、江苏人民出版社 2005 年版，第 274 页。

② [法] 卢梭：《社会契约论》，何兆武译，商务印书馆 2003 年修订第 3 版，第 10 页。

③ [法] 卢梭：《社会契约论》，何兆武译，商务印书馆 2003 年修订第 3 版，第 9 页。

④ [法] 卢梭：《社会契约论》，何兆武译，商务印书馆 2003 年修订第 3 版，第 19 页。

人们通过社会契约自由地结合起来，人们结合起来只是为了保护自己的人身和财富，每个人只是为了个人的利益，才会转让自己的自由。社会契约的基本内容可以用一句话来概括："每个结合者及其自身的一切权利全部都转让给整个集体"。[①]卢梭从三个方面对这一内容作了具体的说明：

首先，每个人都把自己全部地奉献出来，所以对于所有的人条件便都是同等的，而条件对于所有的人既都是同等的，便没有人想要使它成为别人的负担了。

其次，转让既是毫无保留的，所以联合体也就会尽可能地完美，而每个结合者也就不会再有什么要求了。……

最后，每个人既然是向全体奉献出自己，他就并没有向任何人奉献出自己；而且既然从任何一个结合者那里，人们都可以获得自己本身所渡让给他的同样的权利，所以人们就得到了自己所丧失的一切东西的等价物以及更大的力量来保全自己的所有。[②]

社会契约论的核心词语是"转让"。每个人都把自己全部奉献出来，转让给整个集体。每个人都把自己转让出来，没有例外，在这个意义上，每个人都是平等的；这种转让是全部而不是有所保留；任何个人只是向整个集体转让自己，而不是向任何个人。正因为如此，人们虽然奉献出了自己，但是却没有向任何人奉献自己。转让后的人们既不是奴隶，也不是奴隶主，每个人仍然处在平等的地位。每个人把自己全部转让给集体，又平等地从集体那里得到了他所丧失的一切的等价物。卢梭说：

如果我们撇开社会公约中一切非本质的东西，我们就会发现社会公约可以简化为如下的词句：我们每个人都以其自身及其全部的力量共同置于公意

---

① [法]卢梭：《社会契约论》，何兆武译，商务印书馆2003年修订第3版，第19页。

② [法]卢梭：《社会契约论》，何兆武译，商务印书馆2003年修订第3版，第19—20页。

的最高指导之下，并且我们在共同体中接纳每一成员作为全体之不可分割的一部分。①

国家不是从来就有的，而是由人们建立起来的。国家的本质就是社会契约。社会契约不是“在上者”与“在下者”之间的约定，而是共同体各个成员之间一种平等的、公平的约定。“它是合法的约定，因为它是以社会契约为基础的；它是公平的约定，因为它对一切人都是共同的；它是有益的约定，因为它除了公共的幸福而外就不能再有任何别的目的；它是稳固的约定，因为它有着公共的力量和最高权力作为保障。”② 由于这一共同体是人们在平等的基础上自愿建立的，因此人们遵守自己的约定，只是在服从他们自己的意志，而不是服从他人的意志。

这一由全体个人的结合所形成的公共人格，以前称为城邦，现在则称为共和国或政治体；当它是被动时，它的成员就称它为国家；当它是主动时，就称它为主权者；而以之和它的同类相比较时，则称它为政权。至于结合者，他们集体地就称为人民；个别地，作为主权权威的参与者，就叫做公民，作为国家法律的服从者，就叫做臣民。③

人们结合起来组成国家，国家并不是统治人民的工具。人们服从国家，服从国家法律，不是服从于任何特定的人，而是服从自己也是其中之一的这一集体。

国家是依照社会公约建立起来的，国家的运行依照的是法律。法律并不是针对个别人或个别事件而设的，法律只考虑抽象的行为，而不考虑个别的人和个别的行为。什么是法律？卢梭说：“当全体人民对全体人民作出规定时……这种行为，我就称之为法律。”④ 法律是社会公意的行为，全体公民既然根据社会契约是人人平等的，所以全体就可以规定什么是全体所应该做的事。“我们无须再问应该由谁来制

① ［法］卢梭：《社会契约论》，何兆武译，商务印书馆 2003 年修订第 3 版，第 20 页。
② ［法］卢梭：《社会契约论》，何兆武译，商务印书馆 2003 年修订第 3 版，第 40 页。
③ ［法］卢梭：《社会契约论》，何兆武译，商务印书馆 2003 年修订第 3 版，第 21 页。
④ ［法］卢梭：《社会契约论》，何兆武译，商务印书馆 2003 年修订第 3 版，第 46 页。

订法律，因为法律乃是公意的行为；我们既无须问君主是否超乎法律之上，因为君主也是国家的成员；也无须问法律是否会不公正，因为没有人会对自己本人不公正；更无须问何以人们既是自由的而又要服从法律，因为法律只不过是我们自己意志的记录。”①人民是法律的创造者，但并不是人人都参与立法，因为个人往往是盲目的，限于各种局限，人们往往并不知道什么东西才是最好的，希望自己幸福但并不一定知道什么是幸福。为此，人民要选出一个能代表公意的机构，这个机构的成员要富有理性、知识与道德，他们既不受个别意志的诱惑，也不受眼前利益的诱惑，立法者的使命是发现社会最好的规则。立法的任务是缔造，而不是行政。行政不能干涉立法，立法也不能号令人。

立法权属于人民，它所针对的是全体而不是个别。行政权是执行法律的权力，它所针对的是个别的人和个别人的行为。行政权是由人民选出的代理人来实施的，政府是由这些代理人组成的。人民具有双重性的身份，从享有立法权而言，人民是主权者；从与自己选出的政府的关系来看，人民又是臣民。政府是夹在人民双重身份之间的中间体。“政府就是在臣民与主权者之间所建立的一个中间体，以便两者得以互相适合，它负责执行法律并维护社会的以及政治的自由。”②作为人民的代理人，政府服从人民制定的法律，是人民的公仆；作为法律的执行者，政府又管理人民。然而，更为重要的是，政府以及政府官员，必须服从人民的意志。

> 创制政府的行为绝不是一项契约，而只是一项法律；行政权力的受任者绝不是人民的主人，而只是人民的官吏；只要人民愿意就可以委任他们，也可以撤换他们。对于这些官吏来说，绝不是什么订约的问题，而只是服从的问题；而且在承担国家所赋予他们的职务时，他们只不过是在履行自己的公民义务，而并没有以任何方式来争论条件的权利。③

主权在民，人们结合在一起组成国家，国家的设立与运作，只是为了更好地保护人

① [法]卢梭：《社会契约论》，何兆武译，商务印书馆2003年修订第3版，第47页。
② [法]卢梭：《社会契约论》，何兆武译，商务印书馆2003年修订第3版，第72页。
③ [法]卢梭：《社会契约论》，何兆武译，商务印书馆2003年修订第3版，第127—128页。

们的利益。西方人关于国家、社会的基本观念就是如此。

第二节　社会成员的人

从社会人的观念来看，人总是处于社会之中，人总是处于各种社会关系之中，人总是某一社会成员。作为社会成员，人必须尽到自己的社会责任，必须努力扮演好自己的社会角色。

一、人是社会的动物

在自然界中，由于生存性原因，一般生物群落都会具有一定程度上的社会属性。但是，这种社会属性只是最低限度的种群结合。然而，可以被称为社会群落，只有等到人类进化完成之后才会出现。在这个意义上，我们可以说人区别于动物的最大特征就在于人的社会性。社会性是人之所以为人的最重要的属性。

先秦儒家代表人物荀子考察人兽之别，认为人“力不若牛，走不若马，而牛马为用，何也？曰：人能群，彼不能群也”（《荀子·王制》）。单就个体来说，人的确不如牛的力量大，也不如马跑得快，但却能将牛马收服为己所用，为何如此呢？荀子认为原因就在于人能群，而牛马等动物不能群。

何为“群”？《说文解字》：“羣，辈也。”段玉裁在注解中说：“朋也，类也，此辈之通训也。……引伸为凡类聚之称。……俗作群。”[①] 群也就是类聚之义，指人或物聚集在一起。《周易·系辞上》说：“方以类聚，物以群分。”在此，上下两句对仗，类与群同义，都含有群体、群落的意思。其实，群居类聚，并不只是人类的特权，在其他动物中也有这一现象。可以说，群居类聚是大多数动物为了在自然界生存下来而进化出的普遍性技能。面对这个严酷的世界，个体动物单凭一己之力是很难生存下来的。因此，为了个体生命，也为了种群繁衍，很多动物都有着群居的习性。有些动物群落还十分地发达，如蜂群和蚁群。一个蜂群由蜂王、工蜂和雄蜂组成，它们各有职能，共同维持着一个群落的生存。尽管很多动物都有这种群落，

① （汉）许慎撰，（清）段玉裁注：《说文解字注》，上海古籍出版社 1988 年第 2 版，第 146 页。

但是这种“群”与人之“群”仍然存在着本质的不同。对于动物来说，群居生活属于其进化出的本能，仅仅是为生存和繁衍而做出的无自主意识行为。在蜂群或蚁群中，虽然群居生活非常发达，但是它们的行为完全是由其自身基因决定的。在这种生理本能的支配下，蜂王和工蜂从事着各自的工作，扮演着在群体中的角色。而对于人类来说，群体生活是高度自由组合的结果。特别是对于自身在群体中的角色和职能，人是有自主选择权的。因此，在这个意义上可以说，人之群与动物之群是有着本质差别的。

对于人之群来说，依照群体的界限可分为两种，一是家，一是国。从人类社会发展史来看，二者可以说是人类最重要的两个群体。从本质上看，家是基于血缘的组织，而国则是一种政治组织。因此，家的出现时间远远早于国。当人类走出蒙昧时代，就已经有了家庭的观念，这在不断出土的古代聚落遗址中就可以观察到。而国则要等到人类聚落规模更大时，也就是城市时代才出现。在这一时期，人们的组织能力更加强大，已经可以聚集大量人工修建城墙和一些高大纪念物。国——这一大规模组织的出现是人类社会发展的必然结果。对于家这一概念来说，其含义还有古今差异。现代意义上的家以小家庭为主，大致包括父母子女等直系亲属，这种意义上的家庭是现代社会的最小单元。而在古代，家的含义却有所不同，甚至说有着很大差异。在古代，家的规模远比现代巨大。孔子曾说：“千室之邑，百乘之家。”（《论语·公冶长》）家竟然可以具备百乘的规模，这远非现代家庭可比。严格来讲，在春秋时期，所谓“家”是卿大夫的领地，而不是后世的核心家庭。所以，晋大夫师服说：“故天子建国，诸侯立家，卿置侧室，大夫有贰宗。”（《春秋左传·桓公二年》）这即表明卿大夫之“家”是由诸侯所立，是基于诸侯给予的领地建立起来的。

在古代中国，家国之间虽然存在着规模和组织上的差异，但是二者之间也有共同之处，家国同构，成为传统中国的一项重要特质。关于家国同构的表述，《大学》的说法最为中肯：“古之欲明明德于天下者，先治其国，欲治其国者，先齐其家。”而《孝经·广扬名章》中的“君子之事亲孝，故忠可移于君。事兄悌，故顺可移于长。居家理，故治可移于官”，也可作为极佳释例，对父母之“孝”可以移作对君主之“忠”，而对兄之“悌”可移作对上司之“顺”，由此齐其家便可治其国。在这种结构下，国被视为家，君被视为父，其间的感情、心理因素被认为是相通的。而将君比之于父母，在先秦时期非常普遍，如《国语·越语上》："越四封之内，亲吾君也，犹父母也。子而思报父母之仇，臣而思报君之仇，其有敢不尽力者乎？"《春秋左传》中的相关例证也比比皆是。"孝"可移为对君之"忠"，"悌"可移为对长之"顺"，不过这种"移情"并非单向，与宗族伦理的双向对等原则相同，为君为长者也应具备为父为兄之道。《春秋左传·襄公十四年》记载："良君将赏善而刑淫，养民如子，盖之如天，容之如地。民奉其君，爱之如父母，仰之如日月，敬之如神明，畏之如雷霆。"这一双向原则在这一段引文中非常明确，民爱君如父母，而君也需养民如子女。对此，《大学》相关的讨论更为清晰："孝者所以事君也，弟者所以事长也，慈者所以使众也。《康诰》曰：'如保赤子。'心诚求之，虽不中不远矣。……一家仁，一国兴仁；一家让，一国兴让；一人贪戾，一国作乱。"对父母之孝可用以事君，对兄之悌可用以事长，但同时君长使民也需具有为父母之慈。建立在血缘情感基础上的家庭较之国家更为稳固，因此古代中国这种家国同构利用了血缘情感来达成组织国家的目的，使得国家更加安定。

在人类社会中，人的群体性展露无遗，同时这也成为人有别于动物的重要特征。但是，人聚集在一起并不就意味着成为群体。换而言之，群体并非人的简单汇聚。群体的形成是由于其内部井然有序、层次分明的构成，也就是组成人员分工明确的协调组织是人类群体能够形成和存在的重要保障。对此，荀子也有明确的阐述。在提出了人区别于动物的重要之处，即"人能群"之后，荀子继续说道："人何以能群？曰：分。"（《荀子·王制》）"分"者为何？《说文解字》："分，别也。"分，也就是有所分别义。《国语·周语上》中有："兽三为群，人三为众。"当事物数量达到三个以上时，便可称为群。但是这种群只是单纯的数量累积，即使在数量上达到很高的等级，最多也是同质性事物的堆砌。对于这种群体来说，这种简单的数量增加并没有特别的意义，不仅不会增强群体的实力，有时还会导致群体的无序和混乱。所以，荀子说："故人生不能无群，群而无分则争，争则乱，乱则离，离则弱，弱则不能胜物。"（《荀子·王制》）又说："人之生不能无群，群而无分则争，争则乱，乱则穷矣。故无分者，人之大害也；有分者，天下之本利也。"（《荀子·富国》）在荀子看来，"争"、"乱"、"离"、"穷"、"弱"等充满贬义的词汇无疑就是"群而无分”的后果。其实，无论中西，抑或古今，一个没有任何规则和秩序的群体必然会落得崩溃的结局。因此，群体中的规则和秩序非常重要，而这就是荀子所说的“离居不相待则穷，群居而无分则争。穷者患也，争者祸也，救患除祸，则莫若明分使群矣”（《荀子·富国》）。如果一个群体没有秩序，其结果就是无休止的争斗。若要避免这种祸乱，那途径只有一条，即“明分使群”。

在一个正常的群体中，所谓“分”无处不在，体现在群体的方方面面。对此，荀子做了非常全面的梳理，阐明了蕴含在群体中各种各样的“分”。

> 强胁弱也，知惧愚也，民下违上，少陵长，不以德为政；如是，则老弱有失养之忧，而壮者有分争之祸矣。事业所恶也，功利所好也，职业无分；如是，则人有树事之患，而有争功之祸矣。男女之合，夫妇之分，婚姻娉内，送逆无礼；如是，则人有失合之忧，而有争色之祸矣。故知者为之分也。（《荀子·富国》）

依照荀子的区分，人群之中存在强弱、智愚、上下等区别，也有事业、职业等分别，还有男女、夫妇等分际，这些差别是人类天然存在的，因此必须认识到并遵从这些区分，否则便会引发群体分争，如争功、争色等各种祸乱，最终导致人类群体的崩溃。

依照荀子的论述，“分”应该包含三个方面，即等级、职业和人伦。

首先，从等级方面来说，强弱、智愚、上下等诸种分判都可由等级上下所规范。荀子说：“有天有地，而上下有差；明王始立，而处国有制。夫两贵之不能相事，两贱之不能相使，是天数也。执位齐而欲恶同，物不能澹则必争，争则必乱，乱则穷矣。先王恶其乱也，故制礼义以分之，使有贫富贵贱之等，足以相兼临者，是养天下之本也。”（《荀子·王制》）天地、上下都是天然存在的，并不能否认这种差别。而如果泯灭这种等级区分，那所谓“两贵”、“两贱”之间必定会发生争执，最终会导致混乱和贫穷。因此，在荀子看来，差等的出现是必然的，也是保证天下治平的重要手段。但需要注意的是，荀子的差等并非以力、以权为标准，而是主张以德、以能。他说：“论德而定次，量能而授官，皆使人载其事而各得其所宜，上贤使之为三公，次贤使之为诸侯，下贤使之为士大夫，是所以显设之也。”（《荀子·君道》）在等级的划分和官职的授予上，荀子的标准是德与能，这保证了等级之分一定程度上的公正性。

其次，从职业来说，群体中必须有职业上的划分，否则这个群体就无法存在和发展。只有各个职业之间合理分工、同心合作，才能维持整个群体的运作并推动群体的兴盛。荀子说：“农农、士士、工工、商商一也。”（《荀子·王制》）无论是农民、士人，还是工人、商贾，都是职业的区分。这些职业是根据群体发展的需要进行分工的，例如农民完成粮食的生产，士人进行行政的管理，工人则负责工程、工具的制造，商贾通过交易带动商品的流通。所有分工对群体都是必不可少的，如果没有职业分工的话，整个群体的运作将陷入停滞。所以，《管子·小匡》称：“士农工商四民者，国之石民也。”士农工商这四种职业对于国家来说非常重要，犹如国之柱石，所以称其为“国之石民”，可见其重要性。《淮南子·齐俗训》中也对农士工商的分工进行了论述：“农与农言力，士与士言行，工与工言巧，商与商言数。是以士无遗行，农无废功，工无苦事，商无折货，各安其性，不得相干。”农士工商的分工是必要且不得混淆的，只有各安其职，才能避免群体的无序。

最后，从于人伦来说，人的血缘关系是天然的，父子兄弟之分拥有着最坚实的基础。所以，荀子说：“父父、子子、兄兄、弟弟一也。”（《荀子·王制》）从人出生的那一刻起，就首先是一个家庭的成员，这是血缘关系决定的。依据血缘关系，人在家庭中占据着不同的位置，拥有各自的称谓，这种位置和称谓就是父子兄弟的分际。这种分际是有秩序在其中的，依照荀子所说就是“故尚贤使能，等贵贱，分亲疏，序长幼，此先王之道也。……亲疏有分，则施行而不悖，长幼有序，则事业捷成而有所休”（《荀子·君子》）。亲疏、长幼必须有所区分，亲者别于疏，而长者高于幼，这种秩序是群体运行的保证。在传统宗族社会中，亲疏长幼的区分非常重要，其中含有复杂的宗族礼法。在古人眼中，如果疏者贵于亲，幼者凌于长，那整个社会将陷入混乱。

人能群是人与动物的根本性区别，通过“分”，亦即通过等级、职业、人伦等方面的区分，人类群体实现了有机组合，这使得群体秩序得到维护，社会规则得到贯彻，有效地保证了群体的稳定和发展。只有良好的分工，才能保证群体内部秩序。而对于社会分工来说，如何实现有效分工是一个关键问题。对此，荀子在渐次提出人的“群”与“分”之后，进一步指出“义”对于保障分工有效性的重要作用。

对于“群”、“分”、“义”的完整关系，《荀子·王制》篇进行了全面论述：

> 力不若牛，走不若马，而牛马为用，何也？曰：人能群，彼不能群也。人何以能群？曰：分。分何以能行？曰：义。故义以分则和，和则一，一则多力，多力则强，强则胜物，故宫室可得而居也，故序四时，裁万物，兼利天下，无它故焉，得之分义也。

人通过“群”实现了对牛马等动物的超越，又进一步通过“分”保证了“群”的有序，而“分”也需要一个重要因素，即“义”。经过“义”、“分”、“群”的逐步打通，人最终变得强大，完成了对于外在世界的驾驭与支配。

在荀子的理论体系中，“义”处于一个非常关键的位置，它是整个推演的最初发动者。因此，荀子十分推重“义”，甚至将其置于影响天下兴乱的高度。他说：“有夫分义则容天下而治，无分义则一妻一妾而乱。”（《荀子·大略》）“义”的有无直接影响了天下之治，无义的话，即使一妻一妾都无法保证安定。同时，荀子还指出：“水火有气而无生，草木有生而无知，禽兽有知而无义，人有气、有生、有知，亦且有义，故最为天下贵也。”（《荀子·王制》）在荀子看来，世界万物可划分为四类事物，即水火、草木、禽兽和人。水火为非生物的代表，草木是指植物，禽兽则是指称动物，最后就是人。荀子在对比了四者之后，认为他们是逐层递进的关系，区别就在于气、生、知。而人为最高等级，所以是“天下贵”，其原因就在于人有“义”。“义”不仅成为天下兴衰之源，还成为人之为人之本。人之所以为人，在于人有“义”。“义”不仅有义务的含义，也有正义的含义，也有道义的含义，是应当如此，是行为准则的依据。正因为是行为准则的依据，所以是人之所以为人者。

荀子在《非相》篇中再次提到了人之为人的要点，他说：

> 今夫狌狌形状亦二足而无毛也，然而君子啜其羹，食其胾。故人之所以为人者，非特以其二足而无毛也，以其有辨也。夫禽兽有父子，而无父子之

亲，有牝牡而无男女之别。故人道莫不有辨。辨莫大于分，分莫大于礼，礼莫大于圣王。

人是“二足而无毛”的动物，然而猩猩与人拥有相同的体貌，但是却被人所驯服。因此，荀子认为人之所以为人并不仅仅在于“二足而无毛”，而是在于人有“辨”。杨倞注：“辨，别也。”[①] 也就是说，人之为人的独特之处就在于其有“辨”。这种“辨”并非简单的区分，例如对于禽兽来说，也有父子、性别之分，但是禽兽却没有父子之亲与男女之别。而所谓的“亲”与“别”恰恰是禽兽并不具备的，也正是人所独具的礼义。所以，荀子才会在最后总结说“辨莫大于分，分莫大于礼”。

荀子在谈及“分”时，曾从等级、职业、人伦等几个方面都进行过讨论。对于这些方面的“分”而言，礼无疑是其有效性和准确性的重要保证。关于礼的相关效用，荀子曾明确指出：“故先王案为之制礼义以分之，使贵贱之等，长幼之差，知愚、能不能之分，皆使人载其事而各得其宜。”（《荀子·王制》）礼义的作用就在于分判“贵贱之等”、“长幼之差”、“知愚、能不能之分”。韩非子也说：“礼者……君臣父子之交也，贵贱贤不肖之所以别也。”（《韩非子·解老》）在古代中国，上下等级、父子夫妇等方面都存在着极大的差别，而这些差别正是通过礼义来进行确定和实行的。《论语》记载孔子曾经对季氏“八佾舞于庭”十分不满，指出“是可忍也，孰不可忍也”。八人为列，八佾即是八八六十四人，而依照礼仪规定，只有天子可用八佾，之后随等级下降，人数相应减少，即诸侯六、卿大夫四、士二。所以，在等级方面，礼都有着严格的规定，不容混淆。同样，在家庭关系上，礼也有着明确规定，特别是在丧葬礼上，每个人根据死者与己关系亲疏的不同，而有不同的服饰、行为方面的规定。

二、作为社会成员的人

人是社会的动物，这是人区别于其他动物的最大特征。同时，这种社会属性也是人类社会超越于其他动物群体的重要因素。正是这种社会性凝聚起整个人类社

---

① （清）王先谦：《荀子集解》，沈啸寰、王星贤点校，中华书局 1988 年版，第 78 页。

会，并不断推动其发展前进。而这种社会性的体现，就在于使人人都承担起在社会中应担负的责任。从根底上说，社会是由个体人组成的。当千千万万原子般的人汇聚在一起，组合成各种群体直至形成整个社会时，个体人也就成为社会的一分子，并与之同呼吸、共兴衰。这就要求每个人在社会中都扮演好自己的角色，承担起自己的责任，最大限度地展现出其所具有的社会属性。

在社会中，每个人都有属于自己的角色，而最基础的角色是作为家庭成员的角色。尽管表面看来，家庭角色只是家庭一员，但是实际情况更为复杂。特别是在古代中国，家庭角色不仅仅局限在家庭中，甚至成为社会组成的重要部分。古代中国是一个宗族为主导的社会，这就导致所谓的家庭角色与整个社会相联通。人出生之后，其首先是一个家庭的成员，所担负的角色也必然在宗族之中，这是由传统宗法制度决定的。古代宗族内部实行严格的宗法制度，包含一系列实行并维护宗族秩序的规则。因为宗法制度是以宗族为单位的，所以非常强调血缘关系，由血缘作为纽带，并根据长幼等级划定相应的权力与责任，以此达到宗族内部的和谐与和睦。在《国语·郑语》中，史伯曾说："商契能和合五教，以保于百姓者也。"商契的功德在于能和合五教，并以此教养安抚民众。五教指的是父、母、兄、弟、子五类行为规范。依照韦昭的解释，五教的具体内容是："父义、母慈、兄友、弟恭、子孝。"[①]五教也是父、母、兄、弟、子所应具备的五种德行。由此，"和合五教"即指父、母、兄、弟、子五种家庭角色所代表的家族伦理关系和谐融洽，而关系融洽的关键在于父、母、兄、弟、子具有符合各自角色的德行。

关于宗族伦理的这一设定，在同一时期的《左传》中也有记述，"举八元，使布五教于四方，父义、母慈、兄友、弟共、子孝，内平外成"（《春秋左传·文公十八年》）。《国语》关于五教的论述在此进一步得到《春秋左传》的支撑，即"父义、母慈、兄友、弟共、子孝"。对于《春秋左传》《国语》中的"父义、母慈、兄友、弟恭、子孝"，即是关于父、母、兄、弟、子等五种角色的伦理定位。在先秦经典文献中，五教之称谓也经常出现，如《春秋左传·桓公六年》记载："故务其三时，修其五教，亲其九族，以致其禋祀。"杜预注曰："父义、母慈、兄友、弟恭、子

① 徐元诰：《国语集解》，王树民、沈长云点校，中华书局2002年版，第466页。

孝。”这与《国语》“和合五教”的表述是相同的，而且引文也显示出五教与九族的密切关系。父、母、兄、弟、子五种关系依血缘而定，应该很早便出现了，但是为其各自规定相应的伦理角色，则是宗法产生之后才有其可能性。除此之外，还有一些涉及五教的论述，如《春秋左传·隐公三年》：“君义，臣行，父慈，子孝，兄爱，弟敬，所谓六顺也。”《春秋左传·昭公二十六年》：“君令、臣共，父慈、子孝，兄爱、弟敬，夫和、妻柔，姑慈、妇听，礼也。”在这两处论述中，五教大致都有谈及，只是在此之外，又添加了君臣。君臣无疑已经超出了家庭的范围，但是君臣经常比之以父子，所以仍然可以置入宗法的视野中进行讨论。可以看出，五教在古代社会拥有普遍的代表性，其并不仅仅指称宗族家庭角色，甚至可以成为整个社会的角色代表。

五教也被称为五伦，《国语·郑语》中的“商契能和合五教，以保于百姓者也”，到《孟子》中则转换为“使契为司徒，教以人伦：父子有亲，君臣有义，夫妇有别，长幼有序，朋友有信”（《孟子·滕文公上》）。孟子对五教说有所改动，以“人伦”称诸种关系可与“教”互通。不过，相较于五教的父、母、兄、弟、子而言，孟子的父子、君臣、夫妇、长幼、朋友五伦扩大了角色指称的范围。五教中的父子、兄弟，以及父母可以划归到五伦中的父子、长幼、夫妇之中，而五伦的君臣、朋友属于家庭之外增加的社会角色维度。因此可以说，所有社会角色都可以划分为这五伦。对于五伦中各个角色所具有的定位，孟子分别以亲、义、别、序、信对应。在古代社会，人们在探讨自身的角色意识时，必须以亲、义、别、序、信相合。这是对社会角色的区分，同时也是对弱势角色的保护。

之所以称其为保护，主要是因为宗法给人们造成了一定程度上的负面印象。在角色定位中，对于各个角色的伦理判定应当是双向对等关系，而非单向要求或付出。详而言之，虽然在宗法的叙述语境下，所谓“父义、母慈、兄友、弟恭、子孝”中之父、母、兄、弟、子五者有尊卑之分，但是尊者如父也需合乎“义”的规范，母则需合乎“慈”，兄则是“友”。在此基础上，其相对位卑之一方便有相应的规范，如“子孝”、“弟恭”。同样道理，君臣之间的义以及朋友之间的信也是对应关系。因此，角色定位应是双向对等的，而绝非完全如后世三纲之父为子纲的偏执化。对此，孔颖达可能有不同理解。在《春秋左传·桓公六年》引文之下，孔颖达疏曰："父母于子并为慈，但父主教训，母主抚养。抚养在于恩爱，故以慈为名。教训爱而加教，故以义为称。义者，宜也。教之义方，使得其宜。弟之于兄亦宜为友，但兄弟相敬，乃有长幼尊卑，故分出其弟，使之为共，言敬其兄而友爱。"①依孔颖达所说，"父义"即是父教子以义，而"兄友弟共"则主要是讨论弟弟需"敬其兄而友爱"。孔氏的这种理解完全将对父、对兄的伦理规范颠倒为对子、对弟的单向判定，这无疑是以后世三纲观念作解。确切来讲，此处"父义"应是对父之伦理规定，而孔氏对"义"的理解有误。《孝经·谏诤章》：

> 曾子曰："若夫慈爱恭敬，安亲扬名，则闻命矣。敢问子从父之令，可谓孝乎？"子曰："是何言与！是何言与！昔者天子有争臣七人，虽无道，不失其天下；……父有争子，则身不陷于不义。故当不义，则子不可以不争于父，臣不可以不争于君。故当不义，则争之。从父之令，又焉得为孝乎！"

其中所说之"义"明显不是教子以义的意思，而是对父之行为的规范，父之行为合义则可，不合义，子便要谏诤，以免父陷于不义。至于君臣关系，《荀子·子道》中也有："从道不从君，从义不从父"的言论。因此，对于"父义"或"君义"来说，先秦诸子都以其为对父和君的伦理规范，而绝非孔颖达所理解的教子以义。对于这一点，至孔子之后也多有论及，特别是孔子所说"君君，臣臣，父父，子子"（《论语·颜渊篇》）。君要符合君的规范，否则便不能称为君，臣、父、子也是同样如此，这就是对双向对等规则的最佳诠释。

对于个人来说，其都在社会中扮演着一定的角色。这些角色可以是父或子，也可以是兄或弟，或者互为朋友，但是不管何种角色，都应有其相应的德行规范。个人所要做的就是履行这些规范，实现角色应有价值，为整个社会作出自己的贡献。

在社会中，每个人都有属于自己的角色定位。通过这种定位，人不仅实现了自我价值，同时还在某种程度上完成了社会责任。人终归是社会中的一员，生于其中，长于其中，概而言之，终其一生都与社会维持着密切的联系。因此，人不单是

---

① （晋）杜预注，（唐）孔颖达正义：《春秋左传正义》，北京大学出版社 2000 年版，第 203 页。

个体存在，还是社会的组织成员，这就要求每个人担负其应有的社会责任。对于个人来说，当面对他人和社会时，个人必须展现出应有的社会意识。只有在社会行为中，个人自身价值才能得到体现。“自我生命的人格理想，需要在自我生命的实践中得以凸显；个体或群体的生命价值的自我实现或群体实现，需要在社会生命价值中得以显现；内圣的心性道德理想，需要在社会道德精神的体验和实践中，实行外王之道；内圣的道德的形上学，需要在形而下的现实社会层面上得以落实和体现。”①因此，人必须在社会中有所担当，并通过这种责任担当实现个人的价值。

作为社会的一分子，人要自觉承担社会赋予的责任，同时也要具备相应的个人品德。这种个人品德并不仅仅是针对个人而言，还建立在社会共同体的普遍标准之上。尽管道德上的修养是个人行为，但是对道德的具体规范却是整个社会参与制定的。因此，作为社会成员的个人在德行方面必须严格遵守社会规范。这一基本社会规范即是所谓的仁、义、礼、智、信“五常之道”②。

在古代中国，如果有一个可以称为核心价值的概念，那么这个概念一定就是“仁”。自“仁”字出现并开始作为对个人品德描述用语之后，其就成了经典中常常可见的重要概念。特别是经过孔子的阐发和宣扬后，“仁”逐渐成为古代社会中的核心价值。对于“仁”字，《说文解字》解为：“亲也。从人二。”段玉裁注中说：“按人耦犹言尔我亲密之词。独则无耦，耦则相亲。故其字从人二。”③所谓“从人二”，即“仁”并非单指个人而言，应属于发生在两人间的概念指称。也就是说，“仁”是指对人而言的，对人亲密、友爱便可称为“仁”，即段氏所说的“独则无耦，耦则相亲”。《礼记》中也有相关论述，“上下相亲谓之仁”（《礼记·经解》）。这进一步说明，人与人相互亲爱就可以称为“仁”。当然，这是关于“仁”的较早用法，但是已经将其核心内涵呈现出来，即爱。同时，从字源来看，我们也可以知道“仁”的使用对象，即在和他人关系中呈现。概而言之，通过对“仁”字的初步考察，“仁”

---

① 张立文：《内圣外王新释》，《中共桂林市委党校学报》2001 年第 1 期。

② 在历史上，汉代思想家董仲舒首次完整提出了仁义礼智信，并将其置于五常之道的重要地位。他说：“夫仁谊（义）礼知（智）信五常之道，王者所当修饰也。”〔（汉）班固：《汉书》，中华书局 1962 年版，第 2505 页。〕

③ （汉）许慎撰，（清）段玉裁注：《说文解字注》，上海古籍出版社 1988 年第 2 版，第 365 页。

就是指对他人的友爱。

自孔子之后，“仁”成为儒家思想的核心范畴。在《论语》中，孔子关于“仁”的论述非常丰富。樊迟问“仁”，孔子答曰：“爱人。”在孔子看来，“仁”集中表现为对他人的友爱、亲善。作为一种德行，“仁”是发于己而施于人的。在孔子的论述中,“仁”处于诸种品德的核心位置，并且成为仁者的道路非常艰难。整部《论语》中,“仁”字共出现 109 次，可见孔子无时不在谈“仁”。但是，孔子对于“仁”的要求非常高，并不会轻许人以“仁”。对此，孔子曾说：“回也其心三月不违仁，其余则日月至焉而已矣。”（《论语·雍也》）对于孔子最得意的弟子颜回，孔子都认为其只是能做到三个月不违仁，至于其他弟子更是只能以日月来计了。不过，这种困难并不会阻挡人们对“仁”的追求，也不会妨碍“仁”成为终极价值指向。

孟子继续发展了关于“仁”的学说。“仁”原本是指人的一种至高品德，而孟子将“仁”建立在人心之上，为“仁”寻找了一个更为坚实的基础。孟子说：“人皆有不忍人之心。……所以谓人皆有不忍人之心者，今人乍见孺子将入于井，皆有怵惕恻隐之心，非所以内交于孺子之父母也，非所以要誉于乡党朋友也，非恶其声而然也。由是观之，无恻隐之心，非人也。……恻隐之心，仁之端也。”（《孟子·公孙丑上》）每个人都有不忍人之心，当见到小孩掉入井中时，人人都会有惊动恻隐的情感，这绝非是因为要结交小孩父母或者邀誉于邻居朋友，而是基于本心的情感自然抒发。这种恻隐之心是人之为人的特质，也是“仁”之端绪。孟子将“仁”建立在人人具有的最自然、最本根的人心之上，无疑为“仁”奠定了最稳固的基础。孟子一再强调“仁”的内在化，他说：“恻隐之心，仁也；羞恶之心，义也；恭敬之心，礼也；是非之心，智也。仁义礼智，非由外铄我也，我固有之也，弗思耳矣。”（《孟子·告子上》）以恻隐之心为根基的“仁”，是内在于我且为我所固有的，并不需要其他方式来获得。孟子甚至非常明确地指出“仁”即人心，他说：“仁，人心也；义，人路也。舍其路而弗由，放其心而不知求，哀哉！”（《孟子·告子上》）“仁”即人心，这是孟子对“仁”最清晰明确的定义。

通过将“仁”安于人心之上，“仁”作为一种德行具有了坚实的根基，进一步奠定了其作为核心价值的地位。对于至高德行来说，每个人都应该以其为道德修养目标。如孔子所言，“君子去仁，恶乎成名？君子无终食之间违仁，造次必于是，颠沛必于是”（《论语·里仁》）。作为志于仁的君子来说，必须始终将“仁”作为追求目标，即使“急遽苟且之时”、“倾覆流离之际”（朱熹语）也不能放弃自身的修养。而至于具体修养行为，因为“仁”本义指对他人的友爱，所以人们必须将这种情感在与他人交往中体现出来。从根本上说，“仁”是一种与他人关系中体现的德行，也必须在与他人相处中呈现。因此，作为社会成员的个人有责任在他人交往中追求“仁”的境界。

在“仁”主导的社会中，“义”也是一个重要的德行概念，因此在表述上常常出现“仁义”连用的固定搭配。不过，与“仁”不同，“义”的适用范围更为宽广一些。确切来说，“义”不仅仅指人与人之间的关系，其范围可扩展至整个社会，即应为之事和应当之理。当然，这仍然是围绕人展开的，也是人应具有的重要德目之一。

“义”是简化字，其楷书正体为“義”，从羊，从我。关于“义”的含义，许慎在《说文》中认为是指“己之威义也”，段玉裁说：“言己者，以字之从我也。……古者威仪字作义。今仁义字用之。仪者，度也。今威仪字用之。……有仪而可象谓之义，诗言令义令色，无非无义是也。……《毛诗》：威义棣棣，不可选也。传曰：君子望之俨然可畏，礼容俯仰各有宜耳。……义之本训谓礼容各得其宜。礼容得宜则善矣。”[①] 段氏对“义”字的注解非常详细。段氏认为，先秦时期威仪之仪字写作“义”，所谓“有仪而可象谓之义”，并举《诗经》的例子说明“义”字本训是“礼容各得其宜”，所以许慎才会说“己之威义也”。因此，“义”字原本就是指礼仪。又因为指“礼容各得其宜”，所以后世根据“各得其宜”的含义将“义”字解为道义，也就是道理上的得其宜。

在儒家思想中，“义”是一种非常重要的德行。孔子在《论语》中多次谈到“义”的重要性，他说：“君子之于天下也，无适也，无莫也，义之于比。”（《论语·里仁》）对待天下之事，都需要以“义”为标准。又说：“君子喻于义，小人喻于利。”（《论语·里仁》）君子行事为人，当以义为标准，而这也正是君子与小人的区别所在。“义”之所以如此重要，就在于其蕴含着公正与道义。孔子将“见得思义”列

① （汉）许慎撰，（清）段玉裁注：《说文解字注》，上海古籍出版社 1988 年第 2 版，第 633 页。

为君子九思之一，所谓“见得思义”就是指见到所得之利首先要考虑是否合义，如果此利不符合道义，那便属不应得之物。所以，孔子说“不义而富且贵，于我如浮云。”（《论语·述而》）一个人可以追求富贵，但是追求富贵必须以义为前提，在孔子看来，通过不义之途而实现富贵，这是我绝对不会干的事。人们不会对天上的浮云起贪念，我也不会对“不义而富且贵”动心，就像人们不会对浮云起贪念一样。

孟子继续在孔子的轨迹上推进“义”的内涵。孟子首先加深关于义利之辨的讨论，在他见到梁惠王时，反驳了梁惠王的重利说，指斥其不应“后义而先利”，并进而提出了“舍生取义”。“生，亦我所欲也；义，亦我所欲也，二者不可得兼，舍生而取义者也。”（《孟子·告子上》）宁可自我牺牲，也不能丢弃义。与“仁”相同，“义”也被孟子内在化，如其所说：“羞恶之心，义之端也。”（《孟子·公孙丑上》）“心之所同然者何也？谓理也，义也。”（《孟子·告子上》）“仁义礼智根于心。”（《孟子·尽心上》）“义”是人所本有的，是内在的而非外在的。在此基础上，孟子提出了“居仁由义”的思想。孟子说：“居恶在？仁是也；路恶在？义是也。居仁由义，大人之事备矣。”（《孟子·尽心上》）仁是所居处，而义则是所行处。孟子接着更为明确地指出：“仁，人心也；义，人路也。舍其路而弗由，放其心而不知求，哀哉！”（《孟子·告子上》）“仁，人之安宅也；义，人之正路也。旷安宅而弗居，舍正路而不由，哀哉！”（《孟子·离娄上》）孟子将“义”称为“人路”，是人所应遵循之正路。其实，对于“义”来说，人路的称谓只是属于比喻修辞，实质是孟子将人应当遵守的道义规则比为人所行之正路。不过，孟子的这种比喻非常恰当，形象地描述出了“义”的本质意义。作为个人而言，在实际处事中必须坚守道义规则。行为守“义”，也就是遵守社会规则，如此才能真正成为社会的一员。

社会成员千千万万，如此多的人聚拢在一起，如果各行其是，必然会导致秩序混乱，甚至引发整个社会的崩坏。因此，任何时期的社会都必然存在一定的规则，这种规则，就是“礼”。

在传统中国，“礼”是社会的大经大法，地位可谓至高无上。《春秋左传》记载郑国大臣子产说：“夫礼，天之经也，地之义也，民之行也。”（《春秋左传·昭公二十五年》）“礼”是天之经、地之义，而民必须遵行无逾。对于“礼”的这种重要性，孔子也曾说过：“不知礼，无以立也。”（《论语·尧曰》）“礼”是立人之本，不学礼、不知礼，人就失去了立身之本。荀子说："礼者，法之大分，类之纲纪也，故学至乎礼而止矣。夫是之谓道德之极。"（《荀子·劝学》）礼是大法，是纲纪，是道德之极，是人们必须遵守和践行的基本行为准则。《说文》对礼的解释是："礼，履也。所以事神致福也。"段玉裁注："履，足所依也。"[①]"礼"是人之所履、人之所依。《素书》也说："礼者，人之所履，夙兴夜寐，以成人伦之序。"（《素书·原始》）张商英注："礼，履也。朝夕之所履践而不失其序者，皆礼也。言、动、视、听，造次必于是，放、僻、邪、侈，何从而生乎。"[②]"礼"之所以被称为人之履，主要是因为其是人每天都需要遵行的规则。同时，这里也指出了"礼"对人伦秩序的规定，涉及"视听言动"各个方面。

孔子曾针对"视听言动"说过一段著名的话，即"非礼勿视，非礼勿听，非礼勿言，非礼勿动"（《论语·颜渊》）。对于"礼"所规定的条目，必须严格遵行，切勿逾越。这其实体现了"礼"对生活各个方面的涉及。这种涉及包括对等级、长幼、亲疏等区分判别，并依照各自的差别制定相符的礼仪。《礼记》明确指出："礼者，所以定亲疏，决嫌疑，别同异，明是非也。"（《礼记·曲礼》）荀子也说："故先王案为之制礼义以分之，使贵贱之等、长幼之差、知贤愚能不能之分，皆使人载其事而各得其宜。"（《荀子·荣辱》）"礼"是行为准则，作为行为准则，必与一定的仪式相联系，但"礼"并非简单的礼仪规则。《春秋左传》对于"礼"与"仪"有明确的区分。

> 子大叔见赵简子，简子问揖让、周旋之礼焉。对曰："是仪也，非礼也。"简子曰："敢问，何谓礼？"对曰："吉也闻诸先大夫子产曰：'夫礼，天之经也，地之义也，民之行也。'……是故为礼以奉之：为六畜、五牲、三牺，以奉五味；为九文、六采、五章，以奉五色；为九歌、八风、七音、六律，以奉五声。为君臣上下，以则地义；为夫妇外内，以经二物；为父子、兄弟、姑姊、甥舅、昏媾、姻亚，以象天明，为政事、庸力、行务，以从四时；为刑罚威

① （汉）许慎撰，（清）段玉裁注：《说文解字注》，上海古籍出版社 1988 年第 2 版，第 2 页。

② 黄石公：《黄石公素书》，京都大学藏和刻本。

狱，使民畏忌，以类其震曜杀戮；为温慈惠和，以效天之生殖长育。”简子曰：“甚哉，礼之大也！”（《春秋左传·昭公二十五年》）

所谓揖让、周旋之事，仅仅是细节性的礼仪规定，这只是仪。与其相比，“礼”有着更深远的影响。具体而言，“礼”起着判定五味、五色、五声的作用，而这些方面都有着深刻的符号意义。另外，“礼”对于君臣、夫妇、父子以及其他方面都有着影响力，这绝非简单的仪节可以限定的。其实，对于这一点，孔子也将其作为正确理解“礼”的关键，他说：“人而不仁，如礼何！”（《论语·八佾》）紧接着又说：“礼，与其奢也，宁俭；与其易也，宁戚。”（《论语·八佾》）礼节只是外在细节，人的真实情感才是内在支撑。因此，孔子要求外在的礼仪规定与内在的情感相符合，这样才是真正的“礼”。

在生命的历程中，人会面临着种种的问题，或大或小，或轻或重，但总会需要人去寻求解决之道。在这一过程中，“智”所起的作用尤为关键。不过，需要注意的是，“智”是“知”的后起字，先秦早期著作大多使用后者，之后才改用“智”。孟子曾经引用子贡颂扬孔子的话，“学不厌，智也，教不倦，仁也。仁且智，夫子既圣矣”（《孟子·公孙丑上》）。仁是很难达到的境界，连颜回都只能三月不违仁，而仁加之以“智”，就更是可称为圣了，由此可见“智”的作用。在《中庸》中，“智”与仁、勇两个价值范畴并称为三达德，“知、仁、勇三者，天下之达德也。”其实，三者的并列最早可追溯至孔子。孔子曾说：“知者不惑，仁者不忧，勇者不惧。”（《论语·子罕》）甚至将“智”列为君子三道之一，“君子道者三，我无能焉：仁者不忧，知者不惑，勇者不惧”（《论语·宪问》）。这可以说是《中庸》三达德说的直接渊源。

孔子关于三者的论述，不仅将“智”提升到与仁、勇相并列的地位，而且还道出了“智”的效用，即不惑。“智”之所以在儒家思想体系中如此重要，就是因为其对人的指引作用，可使人不困惑。在《论语》中，有很多关于“智”的论述，包括“仁者安仁，知者利仁”（《论语·里仁》），“知者乐水，仁者乐山；知者动，仁者静；知者乐，仁者寿”（《论语·雍也》）等等。关于对智者利仁、乐水等描述，其实质都在于阐明“智”使人不惑的效用。朱熹注：“知者达于事理而周流无滞，有似于水，故乐水。”[①] 尽管关于“智”的理解中有知识性的内容，如《释名》说：“智，知也。无所不知也。”[②] 这是从知识的角度对“智”进行解读，对于世间事物无所不知，这就可以称为“智”。但是，这种知识性的理解并不是重点，儒家思想对“智”的解读更多是从对是非的判别、对善恶的区分着手。

孟子关于“智”的理论，主要就是从其道德伦理方面扩展的。孟子在著名的四端论述中，将“是非之心”定为“智之端”。在此，“是非之心”并不是简单的知识性判断，其更多蕴含的是道德判断。面对一件事，以是非对其定性，其中隐含的其实是善恶之辨。孟子又说：“是非之心，智也。仁义礼智，非由外铄我也，我固有之也，弗思耳矣。”（《孟子·告子上》）是非之心即是“智”，而且这并非外界赋予或后天习得，而是我本身固有的。这进一步消解掉了“智”具有的知识属性，因为知识在很大程度上是后天习得的，而孟子将“智”内化于心，并称其为固有之物，这就增强了“智”在判别是非善恶时的能力。当然，“智”的这种能力还必须建立在仁的基础上。也就是说，必须有仁的修养才能保证“智”在作出判断时的正确性。对此，孔子曾指出：“知及之，仁不能守之，虽得之，必失之。知及之，仁能守之，不庄以莅之，则民不敬。知及之，仁能守之，庄以莅之，动之不以礼，未善也。”（《论语·卫灵公》）朱熹注：“知足以知此理，而私欲间之，则无以有之于身矣。”[③] 如果仅仅是“智”单方面的实现，却没有仁的基础，那虽然会一时得之，最后也必将失去。

对于个体人来说，人与人之间因原子式的分离状态而导致信任感的缺失。自古至今，这一现象始终存在于人际交往中。对于弥合这种分离状态来说，仁义礼智诸种价值都起着相应的作用。不过，最直接的则是“信”。信，是化解人际关系淡漠的关键，因此可以算作整个社会运行的润滑剂。

对于仁义礼智来说，四者在很早就已经完成词组组合，并列成为传统思想中的四大德目。孟子曾两次提出“仁义礼智”四德：“仁义礼智，非由外铄我也”（《孟子·告子上》），“仁义礼智根于心”（《孟子·尽心上》）。这可以说是“仁义礼智”首次

① （宋）朱熹：《四书章句集注》，中华书局 1983 年版，第 91 页。
② （汉）刘熙：《释名》卷四，中华书局 1985 年版，第 52 页。
③ （宋）朱熹：《四书章句集注》，中华书局 1983 年版，第 167 页。

组合出现。在这一时期，“信”并未与仁义礼智并称。最早将此五者组合在一起，并冠之以“五常之道”的是董仲舒。他在给汉武帝的策问中说道：“夫仁谊（义）礼知（智）信五常之道，王者所当修饬也。”[①] 这是仁义礼智信五者在历史上首次作为整体出现。董仲舒将此五者统一在一起，志在以此施行教化、变易风俗。随后，东汉时期的白虎观会议将董仲舒提出的五常之道作为大纲大法明确起来，其中有言：“五性者何谓？仁义礼智信也。……故人生而应八卦之体，得五气以为常，仁义礼智信也。”[②] 此时，“信”作为价值范畴与仁义礼智正式完成了组合，进入传统思想核心价值范畴行列。

“信”，《说文》：“诚也。从人从言。”段玉裁注：“人言则无不信者，故从人言。”[③]《白虎通》与此相同：“信者，诚也，专一不移也。”[④] 而《说文》又解“诚，信也”，因此诚与信可互训，其中都含有真实无妄的意思。对此，《墨子》的解释最为明确：“信，言合于意也”（《墨子·经上》）。“信”，主要指称对象是人言。人之言可真可假，如果是出于自己的真意，那就可称为“信”。

在孔子的思想中，“信”占据着重要的地位。对于“信”的重要性，孔子说：“人而无信，不知其可也。大车无輗，小车无軏，其何以行之哉？”（《论语·为政》）輗是古代大车车辕前端与车衡相衔接的部分，而軏是车上置于辕前端与车横木衔接处的销钉。如果没有这两样东西，车子是无法行驶的。而“信”的重要性就相当于这两个关键部件，人无信便无法立于世。“信”是为仁的重要条件之一，子张问“仁”，孔子说：“能行五者于天下，为仁矣。”这五者即“恭、宽、信、敏、惠”（《论语·阳货》）。信是其中重要一环。因此，孔子将“信”作为教育学生的主要内容，“子以四教：文，行，忠，信。”（《论语·述而》）。孔子甚至将“信”作为治民的核心举措，子贡问何以为政，孔子回答“足食，足兵，民信之矣”。而这三者是有先后轻重之分的。子贡问“必不得已而去，于斯三者何先？”孔子给其列出的顺序是兵、食、信。也就是说，“信”居于最高位置，孔子坚定地说：“自古皆有死，民无信不立。”

① （汉）班固：《汉书》，中华书局 1962 年版，第 2505 页。

② （清）陈立：《白虎通疏证》，吴则虞点校，中华书局 1994 年版，第 381—382 页。

③ （汉）许慎撰，（清）段玉裁注：《说文解字注》，上海古籍出版社 1988 年第 2 版，第 92 页。

④ （清）陈立：《白虎通疏证》，吴则虞点校，中华书局 1994 年版，第 382 页。

（《论语·颜渊》）孔子之后，孟子又进一步将信上升为“天爵”，他说：“有天爵者，有人爵者。仁义忠信，乐善不倦，此天爵也。公卿大夫，此人爵也。古之人修其天爵，而人爵从之。”（《孟子·告子上》）天爵即是自然赋予己身的，属于我固有之的范围，如同仁义礼智四范畴一样，“信”也被孟子内在化，成为人的内在德行。

“信”作为重要的价值范畴，是加深人与人之间信任感、整合社会凝聚力的关键举措。不仅于此，“信”还代表着真实、真诚的生活态度，是还原个人本质、提升道德修养的重要德目。在现代社会，人与人之间出现了种种的危机，特别是不信任感增强。面对这些情况，“信”的重要性逐渐为人们所认识，其现代价值也不断得到挖掘和发扬。

三、以德治国与以道治国

对于西方国家而言，国家是管理众人事务的工具，国家、政府管理众人事务，当然要依法治国。而对于古代中国而言，人是社会的动物，人只有在社会中才是人，对于众人事务的管理的权力并不是来自众人的授予，而是来自“天”、“神”，即所谓“君权神授”。而对于众人事务的管理、对于国家的治理，不仅有依法治国，还有以德治国与以道治国。

大体而言，道家提倡以道治国，儒家提倡以德治国，法家提倡以法治国。以往，人们对于以德治国与以法治国谈论较多，而对于以道治国则论之甚少。

明确提出以德治国与以法治国的是孔子。孔子说：

> 道之以政，齐之以刑，民免而无耻；道之以德，齐之以礼，有耻且格。（《论语·为政》）

道，即导，即指导、引导。“道之以政，齐之以刑”，即是以法治国。“政”为法制禁令，“刑”为刑律、刑罚。朱熹解释曰：“道之而不从者，有刑以一之也。免而无耻，谓苟免刑罚，而无所羞愧，盖虽不敢为恶，而为恶之心未尝忘也。”[①] 以法治国，以

① （宋）朱熹：《四书章句集注》，中华书局 1983 年版，第 54 页。

刑律、刑罚来约束民众的行为，人们可以依照法律做事，可以不做违法之事，但人们却不以违法为可耻，没有羞耻之心，甚至还会因此而投机取巧。所以，儒家不提倡、不赞同以法治国，儒家提倡以德治国。

“道之以德，齐之以礼”，即以德治国。孔子更为明确地指出：“为政以德。”（《论语·为政》）何谓“德”？德是相对于道而言的。老子曰：“孔德之容，唯道是从。”（《老子》第二十一章）又曰：“道生之，德畜之，物形之，势成之。是以万物莫不尊道而贵德。”（《老子》第五十一章）道是一般概念，德是具体范畴。《管子·心术上》曰：“德者道之舍，物得以生生，知得以职道之精。故德者，得也，得也者，其谓所得以然也，以无为之谓道，舍之之谓德。”德是道的具体落实，所以，“德者道之舍”。王弼说：“道者，物之所由也；德者，物之所得也。”[①]德即得，即所得之道。邢昺说：“德者，得也。物得以生，谓之德。”[②]朱熹说：“德之为言得也，得于心而不失也。”[③]“德者，得也，得其道于心而不失之谓也。”[④]“道者，人之所共由；德者，己之所独得。”[⑤]道是一般概念，是公共的概念，德是道的具体落实，是道的具体形态。

孔子多言“德”。“德”一字在《论语》中出现了 40 次。但孔子从未对“德”下定义。“德”在孔子的思想里实际上是德性、德行的意思。内在的道德观念是德性，外在的道德操守、道德行为是德行。“慎终追远，民德归厚矣”（《论语·学而》），“君子怀德，小人怀土”（《论语·里仁》），以及“吾未见好德如好色者也”（《论语·子罕》）中“德”字皆是德性、德行之义。

邢昺对于“道之以德，齐之以礼”的解释是：“言君上化民，必以道德。民或未从化，则制礼以齐整，使民知有礼则安，失礼则耻。如此则民有愧耻而不犯礼，且能自修而归正也。”[⑥]“道之以德”，“为政以德”，即以德治国，即治国教民，莫若

---

① （魏）王弼：《老子道德经注》，熊铁基、陈红星主编：《老子集成》第 1 卷，宗教文化出版社 2011 年版，第 226 页。

② （魏）何晏注，（宋）邢昺疏：《论语注疏》，北京大学出版社 1999 年版，第 14 页。

③ （宋）朱熹：《四书章句集注》，中华书局 1983 年版，第 53 页。

④ （宋）朱熹：《四书章句集注》，中华书局 1983 年版，第 94 页。

⑤ （宋）黎靖德编：《朱子语类》，王星贤点校，中华书局 1986 年版，第 101 页。

⑥ （魏）何晏注，（宋）邢昺疏：《论语注疏》，北京大学出版社 1999 年版，第 15 页。

以德。以德治国，其根本是以道德来教化民众。

以道德教化民众，首先要使民众树立良好的道德观念。

> 子适卫，冉有仆。子曰："庶矣哉！"冉有曰："既庶矣，又何加焉？"曰："富之"。曰："既富矣，又何加焉？"曰："教之"。(《论语·子路》)

为政者应当担当起教育民众的重任。教育民众如何？教育民众知礼、知义。邢昺曰："孔子言当教以义方，使知礼节也。"[①] 朱熹曰："富而不教，则近于禽兽。"[②] 人是可教的动物，人的德行、知识、智慧、才能基本上全是教育出来的。当政者首先应当教育民众知是非、知廉耻、知荣辱，而不能只是简单地责怪与惩罚。在孔子看来："不教而杀谓之虐，不戒视成谓之暴。"(《论语·尧曰》)为政者当以教育为本，以德教为先，邢昺曰："为政之法，当先施教令于民，犹复丁宁申敕之。教令既治，而民不从，后乃诛也。若未尝教告而即杀之，谓之残虐。"[③] "不戒视成"，即眼看其在错误的道路上前行，必将铸成错误，但却不予制止，等其错误已成而施加惩罚。孔子认为，不施教育而只是责罚，那只能称作残民、虐民、暴民。

以德治国的根本，是要使民众树立良好的道德观念。如何使民众树立良好的道德观念？孔子有两个基本的观点，一是当政者要爱民，二是当政者自己要以身作则。

孔子思想的核心是"仁"。"仁"的基本含义是"爱人"。爱人既是孔子哲学思想的根本，也是孔子政治思想的根本。孔子说：

> 道千乘之国，敬事而信，节用而爱人，使民以时。(《论语·学而》)

对于当政者而言，除了认真做事，取信于民之外，更为根本的是"爱人"。其实，"节用"也是"爱人"，因为人民群众是物质财富的实际创造者，节用、节约而不浪

---

① (魏)何晏注，(宋)邢昺疏：《论语注疏》，北京大学出版社 1999 年版，第 197 页。
② (宋)黎靖德编：《朱子语类》，王星贤点校，中华书局 1986 年版，第 143—144 页。
③ (魏)何晏注，(宋)邢昺疏：《论语注疏》，北京大学出版社 1999 年版，第 308 页。

费，才能不加重民众的负担；不加重民众的负担，就是对于人民的爱护。此外，“使民以时”，“时”为农闲之时，包咸曰：“作事使民，必以其时，不妨夺农务。”[①]“使民以时”其实也是爱人。孔子还强调：“君子惠而不费，劳而不怨。”（《论语·尧曰》）此处之“君子”，是政治概念，而非道德概念，此处之君子，实际上就是当政者。在孔子之前，君子一语主要是从政治上立论的，君子的主要意思是“君”。“君”，从尹，从口。“尹”，表示治事；“口”，表示发布命令。合起来的意思是：发号施令，治理国家。《诗经·谷风之什·大东》：“君子所履，小人所视。”孔颖达《诗经正义》曰：“此言君子、小人，在位与民庶相对。君子则引其道，小人则供其役。”《春秋左传·襄公九年》：“君子劳心，小人劳力，先王之制也。”此处君子、小人，仍着眼于地位而非道德品质。到孔子时代，君子一词开始具有道德品质的属性。但孔子此处之所谓君子，主要还是一政治术语。

何谓“惠而不费，劳而不怨”？孔子自己解释说：“因民之所利而利之，斯不亦惠而不费乎？择可劳而劳之，又谁怨？”（《论语·尧曰》）施惠于民而不浪费，劳役人民而不至于使民有怨，所要突出的还是对于人民的爱。在孔子看来，对于人民的爱，是为政者首先应当具备的品质，也是以德治国、为政以德的根本。

其次，以德治国，以德教民，当政者首先要以身作则，要为民众树立良好的榜样。孔子曰：“政者，正也。”（《论语·颜渊》）为政者首先要自身端正。“其身正，不令而行；其身不正，虽令不从。”（《论语·子路》）自身端正，方可正人；自身不正，又如何正人？“苟正其身矣，于从政乎何有？不能正其身，如正人何？”（《论语·子路》）季康子习惯于以法治国，所以他倾向于实行“杀无道，以就有道”，孔子对此表示反对。在孔子看来，“子为政，焉用杀？子欲善，而民善矣。君子之德风，小人之德草。草上之风，必偃”（《论语·颜渊》）。君子（君主、当政者）应当并且也可以树立和引领一代风气，而民众则必然会受到良好风气的感化。“上好义，则民莫敢不服；上好信，则民莫敢不用情。”（《论语·子路》）齐景公问政于孔子，孔子对曰：“君君，臣臣，父父，子子。”（《论语·颜渊》）君要像个君，要行君道。季康子患盗，问于孔子，孔子认为季康子应当对自己的所作所为有所反省，“苟子

---

① （魏）何晏注，（宋）邢昺疏：《论语注疏》，北京大学出版社 1999 年版，第 5 页。

之不欲，虽赏之不窃”。（《论语·颜渊》）

孟子进一步发展了孔子以德治国的思想。孟子认为，国君治理国家，应当以仁义为指导，而不应当以利害为向导。“苟为后义而先利，不夺不餍。”（《孟子·梁惠王上》）人与人的关系如果完全成为一种利益关系，那么，国家必然处于危险的境地。“上下交征利而国危矣。”（《孟子·梁惠王上》）“为人臣者怀利以事其君，为人子者怀利以事其父，为人弟者怀利以事其兄，是君臣、父子、兄弟终去仁义，怀利以相接，然而不亡者，未之有也。”（《孟子·告子下》）君臣、父子、兄弟之间的关系，本来主要是一种道义与情义的关系，如果这些关系完全成了利益关系，那么，国家也就要灭亡了。相反，如果以仁义治国，“为人臣者怀仁义以事其君，为人子者怀仁义以事其父，为人弟者怀仁义以事其兄，是君臣、父子、兄弟去利，怀仁义以相接也，然而不王者，未之有也”。（《孟子·告子下》）以仁义治国，就是以德治国。对于儒家而言，德性、德行的具体内容就是仁义，就是为仁行义。

对于为政者应当以身作则，孟子亦有所发挥。孟子对此的发挥主要还是表现在对于仁的张扬，认为国君应当好仁。“夫国君好仁，天下无敌。”（《孟子·离娄上》）“君仁莫不仁，君正莫不正，一正君而国定矣。”（《孟子·离娄上》）孟子认为国君应当正直无私，但孟子更强调国君应当仁。国君好仁，将无敌于天下。

国君好仁的具体表现，就是对于民众的爱护。孟子从历史事件中、从一个王朝的灭亡另一个王朝的兴起的历史大格局中吸取经验教训。在孟子看来：“桀纣之失天下也，失其民也。失其民者，失其心也。”（《孟子·离娄上》）夏朝之所以灭亡、商朝之所以灭亡，原因就在于失去民心，失去民心就失去了民，失去了民就失去了天下。所以，得民者得天下，失民者失天下。“得天下有道：得其民，斯得天下矣。得其民有道：得其心，斯得民矣。得其心有道：所欲与之聚之，所恶勿施尔也。”（《孟子·离娄上》）要得天下，就得要得民；要得民，就得要得民心；要得民心，就要做民众喜欢的事，而不能做民众不喜欢做的事。统治阶级不能无视民众的利益，不能无视民众的喜乐与疾苦，统治阶级不能任意作为，更不能胡作非为。否则，必将失去民心，而失去民心，就会失民；失民，就会失天下，就会改朝换代。在孟子看来，民众的利益并不是难于满足的。“民之归仁也，犹水之就下、兽之走圹也。”（《孟子·离娄上》）意思是说，只要统治者真正关注民众疾苦，关心民众利益，民众一定会感受到，民众一定会拥戴仁爱的君主。

《孟子》一书一开始就提到梁惠王。梁惠王对孟子说，河内出现了灾荒，我就把河内的百姓迁到河东；河东出现了灾荒，我就把河东的百姓迁到河内，但是，我国的民众为什么不见多？别国的民众为什么不见少？孟子生活的时代，诸侯国各自为政，统治者如果胡作非为，本国的民众就会跑到别的国家去，这样自己国家的人口就会越来越少，从而对国家的生存构成威胁。对于梁惠王的提问，孟子回答道："王好战，请以战喻。"并且用五十步笑百步的故事告诉梁惠王自己并没有做得很好，没有设身处地为民众着想，没有了解民众想要什么、不想要什么。孟子认为："乐民之乐者，民亦乐其乐；忧民之忧者，民亦忧其忧。乐以天下，忧以天下，然而不王者，未之有也。"（《孟子·梁惠王下》）乐民之所乐，忧民之所忧。设身处地解决民众所关心的切身问题，这是一个政权得以存在和延续的关键。

此外，孟子还提出与民同乐思想。他问梁惠王："独乐乐，与人乐乐，孰乐？"（《孟子·梁惠王下》）意思是说，一个人听音乐和与别人一起听音乐，哪个更快乐？梁惠王回答说，当然是和别人一起听更快乐。孟子接着说，同样是听音乐，能不能做到与民同乐很重要。如果不关心民众疾苦，不能与民同乐，"百姓闻王钟鼓之声，管钥之音，举疾首蹙頞而相告曰：'吾王之好鼓乐，夫何使我至于此极也？父子不相见，兄弟妻子离散。'"（《孟子·梁惠王下》）那么，民众饥寒交迫，妻离子散，而国王却在享受娱乐活动，这当然会引起民众极大的反感，因为他没有急民之所急，忧民之所忧。相反，如果能够与民众同呼吸、共命运，国王享受娱乐活动，不仅能得到的认同，而且，民众还因此而感到欣慰。"今王鼓乐于此，百姓闻王钟鼓之声，管钥之音，举欣欣然有喜色而相告曰：'吾王庶几无疾病与？何以能鼓乐也？'"（《孟子·梁惠王下》）所以，同一件事，如果能够与民同乐，则为民所接受；不能与民同乐，则无法得到民众的认可与接受。

得民者得天下，忧民之所忧、乐民之所乐，这是从技术层面讲的，"仁政"的根本是要树立一种观念，即"民为贵，社稷次之，君为轻"（《孟子·尽心下》）。所谓民，即民众；所谓君，是指某一具体的国君；所谓社稷，是指国土、国土上的资源以及依赖这些资源生存的人口，实际上也就是一个朝代。这三者中，孟子认为民众是最宝贵的。因为得民者得天下，失民者失天下。但是，在漫长的中国封建社会，民众的利益一直受到忽视。所以梁启超曾感慨说，一部中国史就是一部王朝的家族史。历史上统治者往往更强调江山社稷的根本利益。江山社稷的利益是重要的，有时为了江山社稷的根本利益，甚至不得不牺牲君王的某些意志。如三国时期的曹魏政权，曹操在世时是汉朝的丞相，他死后儿子曹丕建立了魏国。曹丕是曹操的第二个儿子，曹植是第三子，曹操曾动念想要将位子传给曹植，但他听从了谋士的劝谏。根据当时的社会形势，将王位传给曹丕，不会有任何问题；但是如果将王位传给曹植，国家一定会出问题。曹操后来坚决地将王位传给了曹丕，不是因为他不爱曹植，而是为了江山社稷，只能牺牲他自己的意志。

汉代赵岐解释“民贵君轻”说：“君轻于社稷，社稷轻于民。丘，十六井也。天下丘民皆乐其政，则为天子，殷汤、周文是也。得天子之心，封以为诸侯。得诸侯之心，诸侯能以为大夫。”① 历史上的贤君明主因为明白这个道理，所以能够取得天下。

宋代朱熹对上句话的解释为：“盖国以民为本，社稷亦为民而立，而君之尊，又系于二者之存亡，故其轻重如此。丘民，田野之民，至微贱也。然得其心，则天下归之。天子至尊贵也，而得其心者，不过为诸侯耳，是民为重也。诸侯无道，将使社稷为人所灭，则当更立贤君，是君轻于社稷也。”② 民众的利益是至为重要的，是高于一切的。得乎天子，最多只可为诸侯；而得乎丘民，则可以为天子。民为邦本，民众的利益就是国家的根本利益。③ 民众的利益就是君主的利益，

---

① （汉）赵岐注，（宋）孙奭疏：《孟子注疏》，北京大学出版社 1999 年版，第 388 页。

② （宋）朱熹：《四书章句集注》，中华书局 1983 年版，第 367 页。

③ “民为邦本”，原作“民惟邦本”，语出《尚书·五子之歌》，其文曰：“民惟邦本，本固邦宁。”为夏朝祖宗禹的训词。“民为邦本”与“民惟邦本”意同，意为民众乃国家之根本。“民为邦本”与近代意义的“民本”意思有差异。民本，意即国家的一切所作所为都是为了人民的利益。这一思想在中国古代社会是没有的。孟子之所言“得民者得天下”、“乐民之乐”，以及“民为贵”等思想，是“民为邦本”思想的重要体现，但却不能简单地称作“民本”。因为孟子之所言是对君主并且是为君主而言的，而不是对民众、为民众而言的。就像我们对一位牧羊人说：“你要好好爱护你的羊。有羊，你是一个富人；没有了羊，你就成为穷人。”我们不能说这番话的意义是“爱羊”，说此番话的人爱牧羊人甚于爱羊，更不能把这种思想称作“羊本”主义。孟子的思想在他的时代无疑是非常伟大的，但也不能被称作“民本”主义。

相对于民众的根本利益而言，朝廷的利益、君主个人的利益也要退居次要的位置。孟子对于孔子以德治国思想的重大发挥，最为主要的内容就是大力提倡对于民众的爱护。

与儒家提倡以德治国不同，道家提倡以道治国。道家提倡道，认为天下万事万物均由道而生，道是天下所有事物的最终根源。老子说："道冲，而用之或不盈，渊兮，似万物之宗。"（《老子》第四章）又说："有物混成，先天地生，寂兮寥兮，独立而不改，周行而不殆，可以为天地母。吾不知其名，字之曰道，强为之名，曰大。"（《老子》第二十五章）天下所有事物不仅由道而生，而且由道而成。

> 大道泛兮，其可左右。万物恃之以生而不辞，功成而不有。衣养万物而不为主，常无欲可名于小；万物归焉而不为主，可名为大。（《老子》第三十四章）

道是无处不在、无时不有的，万事万物因为道而生，因为道而成，但道生养万物却不以万物为己之私有，成就万物却不以万物的主宰自居，而是顺从于万事万物的自由生长。老子说：

> 人法地，地法天，天法道，道法自然。（《老子》第二十五章）

人不仅要效法地，还要效法天、效法道，而道以自然为法，所以，人也应当以自然为法。"道法自然"，是老子哲学的根本。何谓"道法自然"？"自然"并非就是一名词，"自"意即自己，"然"意为样态。"自然"也就是自生、自化、自成，也就是自本自根，没有外力强迫。"自然"一词在中国古代，并不是自然界"自然"之义，而是自以为然、自得其然、自己使自己成为如此，而无外力强迫的意思。"自然"并非实体性的存在，而是对某一状态或结果的描述与说明。吴澄曰："道之所以大，以其自然，故曰法自然，非道之外别有自然也。"[①]"道法自然"，并非是说道

① （元）吴澄：《道德真经注》，熊铁基、陈红星主编：《老子集成》第5卷，宗教文化出版社2011年版，第621页。

之外还有一独立的“自然”，“自然”不过是对道之状态与作为的形容。王弼曰：“道不违自然，乃得其性，法自然也。法自然者，在方而法方，在圆而法圆，于自然无所违也。”[①] 所以，“道法自然”，就是道以自己为法，“道法自然”，实际上就是“道性自然”。河上公曰：“道性自然，无所法也。”[②]“道法自然”，也就是道以因乎自然、顺乎自然为法。老子说：

> 道生之，德畜之，物形之，势成之。是以万物莫不尊道而贵德。道之尊，德之贵，夫莫之命而常自然。(《老子》第五十一章)

道生养万物，德畜养万物，万物莫不尊道而贵德，但道之所以为人所尊，德之所以为人所贵，正在于它们的“自然”。

“道法自然”，道的本性、道的一切所作所为，均是自然而然的。人以道为法，当然也须以自然为法。“自然”包括两个方面的含义：一是为其所当为，二是不为其所不当为。不为其所不当为，就是所谓的“无为”。由此，自然与无为常常联结在一起，而成为“自然无为”。道是自然的，道也是无为的。人君依道而行，故亦应当自然而无为。老子说：

> 太上，不知有之；其次，亲而誉之；其次，畏之；其次，侮之。(《老子》第十七章)

“太上”，即最上、至上，亦即最好的。最好的政治状态是：老百姓只知有统治者存在，但他却从不干预老百姓的事务，老百姓想怎么样就怎么样，这就是以道治国；所谓“亲而誉之”，是说统治者做了很多利国利民的事，他们爱民如子，所以赢得人民的一片赞誉，这就是以德治国；所谓“畏之”，是说统治者立法严格，执法

---

① （魏）王弼：《老子道德经注》，熊铁基、陈红星主编：《老子集成》第 1 卷，宗教文化出版社 2011 年版，第 217 页。

② （汉）河上公：《老子道德经注》，熊铁基、陈红星主编：《老子集成》第 1 卷，宗教文化出版社 2011 年版，第 150 页。

如山，人们都很畏惧，这就是以法治国；所谓“侮之”，是说老百姓敢于侮辱统治者，这是一个混乱的时代，是一个没有法度的国家。以道家的立场来看，最好的政治状态、最好的政治环境并不是爱民如子的以德治国，而是任民自然而为的以道治国。王弼曰：“以道治国则国平，以正治国，则奇正起也，以无事则能取天下也。”①

是以圣人处无为之事，行不言之教。万物作焉而不辞，生而不有，为而不恃，功成而弗居。夫唯弗居，是以不去。（《老子》第二章）

《老子》一书多言“圣人”。“圣人”一语在《老子》一书中共出现31次。但老子所言之“圣人”在大多数情况下，并非是一道德的术语，而是一政治的术语。

“圣人”一语，在先秦语汇中，并非是一纯粹的道德范畴，亦是一政治范畴；并非特指有道、有德之人，而是亦指统治者，亦指有位之人。老子此处所言之“圣人”，为政治用语，意即统治者，或有位之人。此一用法，在儒、道、墨、法各家均是如此。此与后代仅以“圣人”作道德范畴是很不同的。如《春秋左传·成公六年》曰：“圣人与众同欲，是以济事。”；《管子·乘马》“圣人所以成圣人者，善分民也。圣人不能分民，则犹百姓也，于己不足，安得名圣。”孔子曰：“君子有三畏，畏天命，畏大人，畏圣人之言。”（《论语·季氏》）孟子曰：“圣人治天下，使有菽粟如水火。”（《孟子·尽心上》）庄子曰：“故圣人之用兵也，亡国而不失人心。”（《庄子·大宗师》）墨子曰：“古者明王圣人，所以王天下，正诸侯者，彼其爱民谨忠，利民谨厚，忠信相连，又示之以利，是以终身不餍，殁世而不卷。”（《墨子·节用中》）韩非曰：“圣人之治国也，固有使人不得不爱我之道，而不恃人之以爱为我也。”（《韩非子·奸劫弑臣》）如上之所谓“圣人”，主要是从政治意义上而言的。

“圣人”并非道德修养达到极致的人，而是既有德又有位的人，而是一现实的统治者。天地间的一切皆由道而生发、而发育、而养成，但道生育万物却不以万物

① （魏）王弼：《道德真经注》，熊铁基、陈红星主编：《老子集成》第1卷，宗教文化出版社2011年版，第228页。

为自己的私有产品，养育万物却不希冀其报答，成就万物却不以功臣自居。范应元曰："万物之生育运为，皆由于道，而道未尝以为己有，亦未尝自恃。至于功成而未尝以自处。夫惟不以功自处，是以物不违也。圣人体道而立，故亦如是，岂有恶与不善继之哉。"[①] 人应当效法道，以道为法；人君更应当效法道，以道为法。以道为法落实于治国化民，就是以无为、无欲为根本，就是"处无为之事，行不言之教"。

在老子看来，以道治国表现在对于国家、民众的管理方面，不是要使民众变得聪明、多智，而是要使民众保守自然淳朴的心理状态。

> 古之善为道者，非以明民，将以愚之。民之难治，以其多智。故以智治国，国之贼；不以智治国，国之福。（《老子》第六十五章）

河上公《道德真经注》将此章命名为"淳德"，深得其意。此章所言，就是要使民众保持自然淳朴的心理状态。此章也曾很受非议。其之所以受非议，是因为其中有一个刺眼的"愚"字，由此有人认为老子提倡"愚民"政治。[②] 其实，"愚"字不能作此解。"愚"是相对于"明"而言的。"明"是智力方面的开化、开导，"愚"则是维持原始的自然与淳朴。河上公对此句的解释是："不以道教民明智巧诈也，将以道德教民，使质朴不诈伪。"[③] 王弼对此的解释是："明谓多见巧诈，蔽其朴也。愚谓无知守真，顺自然也。"[④] 可见，"愚"不是使民愚昧，而是使民质朴守真。苏辙说："吾以智御人，人亦以智应之，而上下交相贼矣。"[⑤] 正因为如此，所以老子

---

① （宋）范应元：《老子道德经古本集注》，熊铁基、陈红星主编：《老子集成》第 4 卷，宗教文化出版社 2011 年版，第 398 页。

② 古棣："这一章基本思想'一言以蔽之'，明明白白，就是主张实行愚民政策。"（古棣：《老子校诂》，吉林人民出版社 2005 年版，第 486 页。）

③ （汉）河上公：《道德真经注》，熊铁基、陈红星主编：《老子集成》第 1 卷，宗教文化出版社 2011 年版，第 170 页。

④ （魏）王弼：《道德真经注》，熊铁基、陈红星主编：《老子集成》第 1 卷，宗教文化出版社 2011 年版，第 231 页。

⑤ （宋）苏辙：《道德真经注》，熊铁基、陈红星主编：《老子集成》第 3 卷，宗教文化出版社 2011 年版，第 26 页。

曰："以智治国，国之贼；不以智治国，国之福。""愚"是不以智治国。"不以智治国"的要义，在于使民众保守住淳朴自然的心理状态。

在老子看来，人君坚守自然无为之道，是有裨益，亦大有功德的。无为可以成就大为，"无为而无不为"。

> 是以圣人抱一为天下式。不自见，故明；不自是，故彰；不自伐，故有功；不自矜，故长。夫唯不争，故天下莫能与之争。(《老子》第二十二章)

"不自见"、"不自是"、"不自伐"、"不自矜"，即是无为，因此而明、而彰、而有功、而长，这就是"无不为"。人君作为天下百姓的首领，应当为天下百姓树立一个榜样，应当守住无为之道。"圣人抱一为天下式"。"抱一"，也就是守一。一者，冲虚无为之道。唐明皇曰："圣人抱守淳一，故可以为天下法式。"[①] 在老子看来，君应当谨言慎行，君的所作所为，将对社会风气的养成造成直接的影响。

> 其政闷闷，其民淳淳；其政察察，其民缺缺。(《老子》第五十八章)

唐玄宗曰："闷闷，无心宽裕也。淳淳，质朴敦厚也。言无为之君，政教宽大，任物自成，既无苛暴，故其俗淳淳而质朴也。察察，有为严极。缺缺，凋弊离散也。有为之君，其政峻极，以法绳人，法令滋彰，盗贼多有，故凋弊而离散矣。"[②] 蒋锡昌认为："'缺缺'，机诈满面貌。"[③] 宽厚的政治气候可以培养淳朴的人民，而苛严的政治制度只会培养狡诈的人民。善良的人民要靠良好的政治制度来培育，而良好的政治制度依靠优良的领导者来引导。这就是老子的思想逻辑。

所以，老子非常强调领导者的所作所为。

---

① 《唐玄宗御注道德真经》，熊铁基、陈红星主编：《老子集成》第 1 卷，宗教文化出版社 2011 年版，第 426 页。

② 《唐玄宗御制道德真经疏》，熊铁基、陈红星主编：《老子集成》第 1 卷，宗教文化出版社 2011 年版，第 498 页。

③ 蒋锡昌：《老子校诂》，熊铁基、陈红星主编：《老子集成》第 14 卷，宗教文化出版社 2011 年版，第 661 页。

故圣人云：我无为而民自化，我好静而民自正，我无事而民自富，我无欲而民自朴。(《老子》第五十七章)

这里的“我”不是别的，而是有德之君的自称。唐明皇曰：“无为则清静，故人自化。无事则不扰，故人自富。好静则得性，故人自正。无欲则全和，故人自朴。此无事取天下矣。”[①]“无为”、“好静”、“无事”、“无欲”，这是人君所应当具有的行为品德；“民自化”、“民自正”、“民自富”、“民自朴”，这就是所当有，同时也会必然如此的良好的政治环境、政治状态。君的“无为”、“好静”、“无事”、“无欲”，这是无为；而民的“自化”、“自正”、“自富”、“自朴”，就是“无不为”。所以，“道常无为而无不为”。老子告诫统治者，只要能够做到自然而无为，就能够达到无不为。“道常无为而无不为。侯王若能守之，万物将自化。”(《老子》第三十七章)这里的“万物”，其意即万民。“万物将自化”，也就是“民自化”，以及“民自正”、“民自朴”。

儒家以德治国，突出仁义；道家以道治国，更突出道德。在儒家看来，仁义就是道德，就是道德的根本。而在老子看来，道德的根本并不是仁义，而是自然、素朴、纯真。

绝圣弃智，民利百倍；绝仁弃义，民复孝慈；绝巧弃利，盗贼无有。(《老子》第十九章)

有人以此认为儒家倡导仁义，而道家则反对仁义，其实非是。老子之“绝仁弃义”，非是要反对仁义本身，而是认为仁义并非就是道德的根本。追求仁义而忽略道德，无异于舍本逐末。《老子》第十八章讲：

---

① 《唐玄宗御注道德真经》，熊铁基、陈红星主编：《老子集成》第1卷，宗教文化出版社2011年版，第440页。

> 大道废，有仁义；智慧出，有大伪；六亲不和，有孝慈；国家昏乱，有忠臣。

因为大道荒废，因此不得不倡导仁义；人的智慧增加了，弄虚作假也随之而有了；六亲和睦，人人上慈下孝，由此而孝慈之名不彰；国家平泰，人人恪尽职守，由此而忠臣之节不显。这也就是《老子》第三十八章所讲的："失道而后德，失德而后仁，失仁而后义，失义而后礼。"道—德—仁—义，这是一个自高而低、自上而下的序次。有道何必讲德？有德何必讲仁？有仁何必讲义？有义何必讲礼？虽然仁义本身并不具有任何负面价值，但仁义并非就是根本，刻意追求仁义，反而是有问题的。陈景元曰："仁义之弊在乎亲誉。亲誉既行，则跂尚奔竞之心生，而性命之和失矣。性命之和失，则孝慈之行何由而有？今使绝而弃之，是欲人全性命，而复孝慈也。"① 所以老子在上文之后，紧接着言曰："此三者以为文不足，故令有所属。见素抱朴，少思寡欲，绝学无忧。"（《老子》第十九章）圣智、仁义、巧利，并不是道德的根本，用《老子》第三十八章的话来讲它们只是"道之华"，也可以说只是"文"，所以并不足以治国化民。范应元曰："圣知、仁义、巧利三事，所当弃绝者，以为文不足以化民，当反其本矣，不可使文胜质也。"② "三者以为文"，三者亦只是"文"；"故令有所属"，即要使上述三者有所依附，其所依附者就是道德本身。如何依附？就是"见素抱朴，少思寡欲，绝学无忧。"所以，"绝仁弃义"与"绝圣弃智"、"绝巧弃利"一样，还是要使民众保守自然淳朴的本性。守住自然淳朴的本性，才是国君治国的根本，才是以道治国的根本。

庄子进一步发挥了老子的思想，在庄子看来：

> 至德之世，不尚贤，不使能。上如标枝，民如野鹿。端正而不知以为义，相爱而不知以为仁，实而不知以为忠，当而不知以为信，蠢动而相使不以为

---

① （宋）陈景元：《道德真经藏室纂微篇》，熊铁基、陈红星主编：《老子集成》第2卷，宗教文化出版社2011年版，第597页。

② （宋）范应元：《老子道德经古本集注》，熊铁基、陈红星主编：《老子集成》第4卷，宗教文化出版社2011年版，第408页。

赐。(《庄子·天地》)

仁、义、忠、信，常为人主之所尚。而至德之世，人之行为端正，却不懂得此就是“义”；人与人相亲相爱，却不知道此就是“仁”；每个人待人实在诚恳，却没有关于“忠”的观念；每个人的行为都很正当，但却不知道“信”为何物。这就是至德之世，这也正是道家所倡导的“至德之世”。

老子提倡无为而治，在庄子看来，甚至连无为而治也没有必要。

闻在宥天下，不闻治天下也。在之也者，恐天下之淫其性也；宥之也者，恐天下之迁其德也。天下不淫其性，不迁其德，有治天下者哉？(《庄子·在宥》)

“在宥”即自在、自得。成玄英曰：“宥，宽也；在，自在也。”[①] 林希逸曰：“在者，优游自在之意。淫，乱也，静定则不淫矣。宥者，宽容自得之意。迁，为外所迁移也。使天下之人性皆不外乱，德皆不移于外物，又何用治之乎。”[②] 自在而自得，天下之人“不淫其性，不迁其德”，哪里还需要圣王君子费尽心神地治理天下呢？

以德治国，强调仁政爱民，强调爱民如子，强调国君以身作则，身体力行；以道治国，更强调自然淳朴的道德风尚的养成与维护，强调国君的无为而治，强调统治者对于民众事务的不干预，强调民众自为、自化、自然。

宋代邵雍将中国历史分为四个时代，即皇、帝、王、伯，亦即三皇、五帝、三王、五伯。皇的时代是“以道化民”。“以道化民者，民亦以道归之，故尚自然。夫自然者，无为、无事之谓也。”(《观物内篇》之四)帝的时代是“以德教民”。“以德教民者，民亦以德归之，故尚让。夫让也者，先人后己之谓也。”(《观物内篇》之四)王的时代是“以功劝民”。“以功劝民者，民亦以功归之，故尚政。夫政也者，正也，以正正夫不正之谓也。”(《观物内篇》之四)伯的时代是“以力率民”。“以力

① (清)郭庆藩：《庄子集释》，王孝鱼点校，中华书局 1961 年版，第 364 页。
② (宋)林希逸：《南华真经口义》，《中华道藏》第 13 册，华夏出版社 2004 年版，第 777 页。

率民者，民亦以力归之，故尚争。夫争也者，争夫利者也。取以利不以义，然后谓之争。”（《观物内篇》之四）邵雍并不认为皇、帝、王、伯只存在于过去。“所谓皇帝王伯者，非独三皇、五帝、三王、五伯而已。但用无为，则皇也；用恩信，则帝也；用公正，则王也；用智力，则伯也。伯以下，则苗蛮；苗蛮而下，是异类也。”（《观物外篇》之九）邵雍所言有对于上古时代美化的性质。但其所言在于指明：尚法不如尚德，而尚德不如尚道。这一思想与老子的思想是非常一致的，也是应当引起我们反省和深思的。

以法治国，突出和强调法制；以德治国，突出和强调爱民；以道治国，突出和强调淳朴道德风尚的养成。其实，以法治国、以德治国、以道治国，并不是截然对立的，而是可以相互补充的。无法无以为国，而法并非万能，法之外还须重视道与德。中国古人关于治国理民的智慧，于今还有现实的意义。法律与道德的协同与合作，仍然是一现实而重要的问题。

人，一方面是个体的人，社会理应为人的健康、全面的发展提供条件；另一方面，又是社会的人，人应当努力尽到自己作为社会成员的责任。

第三章　和谐共生的基本原理

在我们这个美丽的蔚蓝色星球上，汇聚着千千万万的生物和非生物，它们一起经历了漫长而艰难的进化，最终形成今天这个地球村式的生态圈。在这一历程中，翻天覆地、沧海桑田式的变化屡屡发生，地球甚至经历过数次物种大规模灭绝的事件。即使在人类文明高度发达的数千年间，地球也因为人类之间的战争和冲突时常处于危机中。尽管我们这个世界经历了很多磨难，现在也面临着种种危机，但是它仍然一步步发展向前，时至今日已经达到人类文明史的顶峰。我们的地球村之所以能够如此繁盛，最重要的原因就在于众多生物与非生物的和谐共生。只有世界上所有事物和谐共生，才能维护生态圈的平衡、推动文明的前进。和谐共生包含有五大基本原理，它们是维持世界繁荣的密钥。这五大基本原理即和生原理、和处原理、和立原理、和达原理，以及和爱原理。

和谐共生五大原理是由张立文提出来的。20 世纪 80 年代末，张立文提出并建构“和合学”。张立文认为，“和合学是时代精神的召唤，是中国人文精神的精髓和中国文化的生命智慧，也是回应人类所面临的三大挑战的最佳文化选择。它能合理地、道德地、审美地解决人类面临的五大冲突，而且能创造性地解决中西文化的价值和合，以及传统文化的现代转型，使中国文化以崭新的面貌走向世界。所谓和合的‘和’，是指和谐、和平、祥和；‘合’是结合、合作、融合。和合是指自然、社会、人际、心灵、文明中诸多元素、要素相互冲突、融合，与在冲突、融合的动态过程中各元素、要素和合为新结构方式、新事物、新生命的总和。和合是宇宙间普遍现象，而被和合学作为研究对象。建立在和合文化基础上的和合学，是以和合的义理为依归，既涵摄又超越冲突、融合的学问。”[①]

21 世纪，人类所共同面临的挑战与危机，概括起来有五个方面，即人与自然、人与社会、人与人、人自身心灵以及不同文明之间的冲突，并由此五大冲突带来五大危机，也就是生态危机、人文危机、道德危机、信仰危机以及价值危机。这五大冲突和五大危机是现代人类社会所面临的共同问题，为解决这一共同问题，张立文遂提出了五大原理。

第一节　和生原理

地球 45 亿年的演化史，就是生物从无到有、从简单到复杂的发展过程。经过这长久的演化和发展，才最终形成了适宜我们生存的生态圈。在这个生态圈中，众多的生物与非生物异彩纷呈，展现出多元并立的发展态势。无论是微小的细菌，还是庞大的海洋生物、陆地巨兽，这些生命体本身都是由多种元素组成的，同时它们作为个体或种群的出现也是多元和合的结果，都是和谐共生的结果。所有的生物与非生物都是大自然的创造物，人类也只是众多创造物中的一员。在大自然这个造物主面前，一切生物与非生物都是平等的，所有事物都有其存在的理由，所有生物只有在和他物的关系中，才能够确立和维护自身的生存，这就是和生原理。

张立文指出：“人类和一切生物、非生物，都由自然而生。至于生物、非生物的自身的差分，而形成彼此的差异，又与外缘内因相联系。自然制造了人的生命，而又异化了人，人成为自然的主宰者；人亦制造了人与自然关系的异化，自然主宰、支配人的生命。在这种互动中，人的生命与自然生命，应建构共生意识。”[②] 共生意识的根本是“和”，是“和生”。“和生意识是以‘地球村意识’与‘太空船意识’为基点和基础的。各民族、种族、国家、社会、文化、他人以及贫富、集团之间，都应在融突中和生，和生才能共荣共富；假如你单向地剥夺自然、他人，要使自然和他民族、种族、国家、社会、文化灭亡，那么，人类及你自己的民族、国

① 张立文:《儒家和合文化人文精神与 21 世纪》,《学习与探索》1998 年第 2 期。

② 张立文:《和合学概论——21 世纪文化战略的构想》，首都师范大学出版社 1996 年版，第 585 页。

家、社会、文化也会灭亡，最终可能造成世界的灭亡。和生必然有竞争、斗争、冲突，如优胜劣败，适者生存等。但这种竞争、斗争、冲突不是以共灭共亡为价值导向，而是以和谐、融合，即融突而和合为价值导向，它意蕴着新的生命的呈现，而能和荣和富。换言之，共生意识要提升为‘和生’意识，使生态环境、生态社会、人文环境、生态人际心灵、生态文明等，皆依和生原理实现。”①

一、天地之大德曰生

在地球45亿年的历史中，生命的出现已经属于地球演化史的高级阶段。美国人比尔·布莱森（Bill Bryson）曾经说过一个很著名的比喻，如果将地球从产生到现在的时间压缩成一天，那最简单的单细胞生物出现在凌晨4点钟，而人类则产生于午夜前1分17秒。② 这一比喻形象地指出，生命从最简单到极为复杂的形态经历了漫长的演化过程。时至今日，生命体已经进化出复杂的机体结构。但是从另一方面来看，漫长的进化以及复杂的机体只是生命体简单构成的表象而已，其实质则十分简单。准确地说，世界上的所有生命体都是由相同元素构成的。不仅是生命体，地球上的无机物也都是由这些元素组成的。甚至在现代科学出现之前，古人们就已经对此有了一定程度的觉察和认知。

生命的出现是地球亿万年演化史上的最大成就。从此时开始，地球便成为浩渺宇宙中最特殊的星球之一。特别是人类出现之后，地球揭开了文明史的序幕。在之后的数千年间，人类创造了缤纷璀璨的文明体，这更进一步展现了生命的可珍可贵。对于生命的重要性来说，我们的古人很早就认识到了，并将其上升为大本大道的高度。

《周易》是古代中国的重要典籍，常常被列为五经之首。《周易·系辞下》曰：“天地之大德曰生。”孔颖达疏曰：“天地之盛德在乎常生，故言曰生。若不常生，则德之不大。以其常生万物，故云大德也。”③ 天地之德大者就在于能够常生万物，而反过来亦可。常生万物至为重要，因此称为天地之大德。常生万物是天地之功，正

① 张立文：《和合学概论——21世纪文化战略的构想》，首都师范大学出版社1996年版，第586页。

② ［美］比尔·布莱森：《万物简史》，严维明、陈邕译，接力出版社2005年版，第302页。

③ （魏）王弼注，（唐）孔颖达疏：《周易正义》，北京大学出版社2000年版，第349—350页。

是因为有了天地才会有万物的生成与发展，“天地之大德曰生”首先表明的就是天地常生万物的这一效用。同时，使用“德”这一价值范畴来称谓，也将天地化生万物这一行为提升至道德层面，这再一次提示我们所谓“生”的重要性。天地本是物质性存在，可谓亘古长存之物，但是在生命出现之前，天地的存在并无特殊意义，只有生命才赋予了天地以价值。这正是“天地之大德曰生”试图为我们展现出的内涵。

其实，对于传统宇宙论来说，天地化生万物很早就成为整个社会的共识。万物何来？人类自出现之后就不断地追问这个问题。在上古时期，为回答这个问题，人们猜想有神灵创造了天地和万物，这一思考方式至今仍存留在很多宗教理论中。在古代中国，同样有创世神话，如盘古开天辟地、女娲造人等。但是这些神话很多都是故事性的叙述，对世界生成观念的影响并没有想象中明显。与此相反，传统宇宙论一般认为万物是天地化生而来。对此而言，《周易·系辞下》还有一段重要表述，即“天地细缊，万物化醇。男女构精，万物化生”。天地对于万物化生有着至关重要的作用，可以称之为万物之源。不过，天地只是化生万物的关键元素，仅二者的简单并存是无法导出万物的，也就是说，天地是万物化生的必要条件，而非充分条件。对于天地化生万物来说，还需要一个重要过程，即“细缊”。从其含义看，此处的“细缊”也就是和合，只有天地相和合，万物才能化生。荀子在《礼论》篇中对此曾有过明确论述，他说：“天地合而万物生，阴阳接而变化起。”天地与万物之间生生关系的重要环节在于“合”，此“合”就是和合。《吕氏春秋·有始览》中也曾明确说道：“天地合和，生之大经也。”与此相类似者，还有《淮南子·本经训》：“天地之合和，阴阳之陶化万物，皆乘人气者也。”这些典籍无一不在表述一个相同论点，即天地相和合而化生出万物。

在地球生态圈中，所有事物都是基于多元素的组合而成，这不仅是先民对世界最初的直观认知，更是现代科学严谨的实验观察所得。不过，多元素的构成并不是事物多元并立的唯一体现，元素间、事物间的多元并立与和合化成也成为事物生长发育、演变进化的重要推动力。

在古代中国的传统思维框架下，阴阳五行等多种元素的和合化生是天地运行、万物生成的关键因素。古人很早就认识到阴阳化生的力量，并将其作为解释世界万物生成和运行的重要原因。老子说：

> 道生一，一生二，二生三，三生万物。万物负阴而抱阳，冲气以为和。（《老子》第四十二章）

对于这段话的解释，学术界是有争议的，特别是其中的“一”、“二”、“三”等数字，而其中与阴阳相关的又集中于“二”字上。很多学者将此“二”理解为阴阳二气，但是陈鼓应认为，除本章之外，“阴阳”在《老子》中“从未他见”，而“天地”一词屡见，“从老子的原著中也可找到以‘天地’释‘二’的依据”，所以他认为“二”应解为“天地”，“一生二”即指混沌未分的统一体产生天地，而“二生三”则是指天地产生阴阳之气，“三生万物”指阴阳两气相交形成各种新生体。[①] 对于以“阴阳”释“二”还是“三”，陈氏的解释都有些调和折中之意。尽管我们并不能因此而最终确定，但是“阴阳”之于万物生成的作用可以从“万物负阴而抱阳，冲气以为和”中得到肯定的解答。在此，“阴阳”二气相互激荡而成和合状态，而这一阴阳和合对于万物生成而言是起着关键作用的。因此，《庄子》与《淮南子》两书都是在阴阳和合而万物生的意义上理解《老子》这一段对万物生成的论述。

在《庄子·田子方》中，作者借老聃之口说道：“至阴肃肃，至阳赫赫；肃肃出乎天，赫赫发乎地；两者交通成和而万物生焉，或为之纪而莫见其形。”对此，成玄英疏：“阳气下降，阴气上升，二气交通，遂成和合。”[②] 也就是说，阴气出于天，阳气发于地，阴阳二气交通和合而万物生。《庄子》的这一段论述明显是承继《老子》第四十二章思想而来，只是比其表述的更为直接和显明。到汉代时，《淮南子》已经完全是立基于阴阳和生并以更为浅白的语言阐释《老子》第四十二章，其中《天文训》篇说道：“道曰规，始于一，一而不生，故分而为阴阳，阴阳合和而万物生，故曰‘一生二，二生三，三生万物’。”对于《老子》的万物生成理论，《淮南子》认为“二”即是阴阳，而阴阳和合便可生成万物。这种明确以阴阳来解释万物生成的

① 陈鼓应：《老子今注今译》，商务印书馆 2003 年版，第 235 页。

② （清）郭庆藩：《庄子集释》，王孝鱼点校，中华书局 1961 年版，第 713 页。

思想，其中所反映的不仅是《老子》第四十二章中所显露出的阴阳多元和合生成万物的思想端绪，还是那个时代对于阴阳多元和合而生万物的普遍认同。

其实，对于阴阳和生的观点，不仅是老、庄这一条道家思想的脉络，儒家也同样受其影响。荀子说："列星随旋，日月递炤，四时代御，阴阳大化，风雨博施。万物各得其和以生，各得其养以成。"（《荀子·天论》）在荀子看来，天地运行并没有什么神秘性，只是日月四时阴阳变化而已，而万物即是此多元因素而生成。荀子在《礼论》篇中论述得更为明确，他说："天地合而万物生，阴阳接而变化起。"阴阳之间的多元和合是万物生长变化的根源。紧随荀子之后，集诸派大成的杂家代表《吕氏春秋》对于阴阳多元化生的论述同样是明确而直接，其中《大乐》篇说："太一出两仪，两仪出阴阳。阴阳变化，一上一下，合而成章。"也就是说，阴阳变化，多元和合而成有形之物。对于阴阳多元化生思想的表述，更为重要的还有《周易·系辞下》："天地细缊，万物化醇。男女构精，万物化生。"天地、男女都是多元存在，而其间的和合化生无疑是万物生成发育的关键。

在古代中国的阴阳化生理论中，阴与阳的结合也并不会必然出现"化生"的结果，其中还需要有一个关键性因素，即"和"。老子说："万物负阴而抱阳，冲气以为和。"（《老子》第四十二章）万物化生的原因在于阴阳二气，但是更重要的是所谓"冲气以为和"，也就是阴阳二气相互激荡才会有进一步的结果出现。所以《庄子》对此的解读中有"两者交通成和而万物生焉"，《淮南子》也有"阴阳合和而万物生"的论述。这些经典都在阐述一个理论关节，那就是多元素之间必须产生某种反应才能生成新事物。《易传》中的"天地细缊，万物化醇。男女构精，万物化生"同样是在表明这一道理，天地或男女属于多元元素，但是"化醇"或"化生"的结果需要"细缊"和"构精"的环节才能够实现。现代科学蓬勃兴起之后，传统理论也得到了科学性的验证。

随着近代科学的出现和发展，人们逐渐摆脱了传统宇宙论和世界观的局限，对事物的认识开始以现代实验科学的论证为基础。这种实验科学不仅拓宽了人类的认知领域，也提升了人类的认知水平。尽管一些传统理论在现代科学的重新审视下失去了原有的真理性，但是先民所开创的认知模式得益于现代科学的论证，从而得到更坚实的理论支撑。特别是对于"和合化生"这一传统理论来说，在长时间的实验观察下，人们对其有了更新的认识。在自然界中，所有事物都是由多种元素组成的，这是古今以来人类取得的基础性定理。但是，这许许多多的元素如果只是简单地堆放在一起，那是不会产生任何新事物的。我们知道，人体是由氢、氧、碳等元素组成的。但是如果我们将这些元素连带水都放入一个容器中，无论多剧烈、频繁地去摇晃它，这个容器中都不会出现一个完整的人。[①] 这一简单的归谬性试验告诉我们，尽管事物是由多元素构成的，但是多元素并不就必然导致事物的产生。因此，生命的出现、事物的生长不是元素的简单堆砌，而是需要多种因素的和合化生。

在自然界中，植物是非常庞大的一个种类，它的生长就需要其中所含各种元素共同发挥效力。但是，在植物的生长发育过程中最为关键的是光合作用。光合作用是植物利用阳光以及体内的叶绿体，再加上水、矿物质和二氧化碳，最终使植物释放氧气，并产生葡萄糖以供植物生长发育使用。茂盛的植物之所以能够覆盖地表，就是因为植物利用各个元素产生光合作用来实现自身的生长。在这一过程中，植物自身具有的元素以及空气中的二氧化碳等物质都发挥了重要的作用。如果没有光合作用，那植物也无法生存。因此，植物的生长发育是多种元素和合的结果，而其中所谓和合是最为关键的环节。不仅植物如此，地球上的动物也是如此。动物的生长发育同样离不开自身以及周围环境中种种元素的影响，但是因为动物体内不具有产生光合作用的元素，动物只能通过对有机物的摄食来达到吸收能量的目的。这就要求动物具有独特的消化功能，才能将有机物转化为自身生长发育所需的能量。因此，对于地球上庞大的动物群体来说，其生长发育也不仅仅依靠多元素的组合，还必须拥有使这些元素转化的能力，而这也是经过漫长的进化发展出的重要功能。总而言之，无论是植物，还是动物，其所具有的转化多种元素的作用就是和合。

在万物的演化史上，多元元素为其发展提供了良好的生存环境，但是如果只是元素的简单堆砌是无法实现万物进化的。在这一过程中，关键环节就在于多元元素的和合化生。只有组成事物的多种元素相互产生和合作用，才能达到推进其生长发

---

① [美] 比尔·布莱森:《万物简史》，严维明、陈邕译，接力出版社 2005 年版，第 259 页。

育的目的。

“天地之大德曰生”，不仅体现出天地存在的最大意义在于能够常生万物，同时还说明了生命之重要。“天地玄黄，宇宙洪荒”，若无生命的存在，天地仅是苍茫的所在，其间了无生机。而生命的出现则为这个世界带来了完全不同的面貌——万物生存在天地之间，使其中充满了灵性与乐动，由此成为宇宙间至珍至贵的存在。“鸢飞戾天，鱼跃于渊”（《诗经·大雅·旱麓》），古人就是以诗性的语言感触到这活泼泼的生命乐章。因此，对生命的热爱以及由此生发出的敬畏之心毫无争议地成为中国传统文化中的重要特质。

集汉初之前思想之大成的《淮南子》曾指出：“夫天之所覆，地之所载，六合所包，阴阳所呴，雨露所濡，道德所扶，此皆生一父母而阅一和也。”（《淮南子·俶真训》）天地之间、六合之内，万物皆天地所化生，因此就需要对世间万物多加养护。《淮南子·主术训》随后说道：

> 故先王之法，畋不掩群，不取麛夭，不涸泽而渔，不焚林而猎。豺未祭兽，罝罦不得布于野；獭未祭鱼，网罟不得入于水；鹰隼未挚，罗网不得张于溪谷；草木未落，斤斧不得入山林；昆虫未蛰，不得以火烧田。孕育不得杀，㲉卵不得探，鱼不长尺不得取，彘不期年不得食。是故草木之发若蒸气，禽兽之归若流泉，飞鸟之归若烟云，有所以致之也。

在自然界中，人不得不去采集狩猎，以满足自身生存和发展的需要。在这一过程中，不可避免地需要猎取食用其他动植物，但是这并不意味着人可以肆无忌惮地满足自己口腹之欲。人类在为自身生存和繁衍向大自然索取的同时，必须注意对自然界的养护。正如《淮南子》指出的那样，不能“涸泽而渔”、“焚林而猎”，诸如此类的禁令体现的就是古人对生命的热爱和敬畏，因此才成为《淮南子》书中所称的至高至正的“先王之法”。

对生命的热爱和敬畏，是对生命本身的热情歌颂和高度赞扬，也是人类自我精神的升华。生命伦理学的创立者阿尔贝特·史怀泽（Albert Schweitzer）曾指出，“敬畏生命绝不允许个人放弃对世界的关怀。敬畏生命始终促使个人同其周围的所有生命交往，并感受到对他们负有责任”。[①] 人生存在这个世界上，其所扮演的角色绝非简单的生存者。换而言之，人面对地球、面对自然时，并不是单向度的索取者，他还需要回馈自然，这不仅是对自身负责，同时还是对其他生命负责。因此，人敬畏的不只是自身生命，更需要敬畏其他生命。总而言之，人要敬畏生命本身。这就需要人对生命有一个深刻认识，那就是“天地之大德曰生”。在经过漫长的演化史后，特别是进入文明时代，人类对生命的认知已经达到了很高的层次，中国传统文化尤为如此。先哲对生命的透彻感悟只这一句论述便体现得淋漓尽致。南宋理学大师朱熹曾说：“天地别无勾当，只是以生物为心。”[②] 又说：“天地以生物为心者也，而人物之生，又各得夫天地之心以为心者也。”[③] 天地只是以生物为心，而人与物又以天地之心以为心。由此可见，人与物同是天地所生，同具天地之心，生命之可贵就在于此。人同是天地之间众多生物之一，但人又不局限于此，而是要对生命有更高层次的认知。换而言之，人不仅是作为天地所生之物，还试图超越这一界限，将自我边界扩大化，最终实现《周易·文言》所说的“与天地合其德，与日月合其明，与四时合其序，与鬼神合其吉凶”。

普天之下，可珍可贵的万物生存在一个共同的空间中。众多的种群、个体其间虽千差万别，但是从其源起来看，也都只是自然界中的普通一员。即使人类拥有区别于其他生物的特质，然而古圣贤哲并没有将人类置于万物之上，而是从一开始便主张人与天地的合一、与自然的合一。

二、和生共在是世界的根本

在自然界中，共生关系非常普遍，无论是植物之间，还是动物之间，甚至动植物之间都存着共生共存的现象。其实，我们不需要为这种共生现象的处处可见而惊叹，因为世界本身就是和生的。对于整个世界来说，和生是一种更为本根性的存在。对于这一点，先秦时期早已有了深刻认识，并以其作为视角观察、理解世界上的事事物物。

---

① [法]阿尔贝特·史怀泽：《敬畏生命》，陈泽环译，上海社会科学院出版社1992年版，第32页。

② （宋）黎靖德编：《朱子语类》，王星贤点校，中华书局1986年版，第4页。

③ 朱杰人等编：《朱子全书》第23册，上海古籍出版社2002年版，第3279页。

在记录先秦历史的典籍《国语》中，有一段郑桓公与史伯的对话，这一对话是如此重要，以至于后世反复谈及，开启了之后许多重要思想的端绪。这一对话就是著名的“和实生物”论述，史伯说：

> 夫和实生物，同则不继。以他平他谓之和，故能丰长而物归之，若以同裨同，尽乃弃矣。故先王以土与金木水火杂，以成百物。是以和五味以调口，刚四支以卫体，和六律以聪耳，正七体以役心，平八索以成人，建九纪以立纯德，合十数以训百体。（《国语·郑语》）

郑桓公向史伯求证周朝是否会衰败，史伯给其的回答是非常肯定的。史伯为何对周朝的衰败如此确定？他认为问题的关键就在于周幽王“去和而取同”，周朝由此必定会衰败。因此，“和实生物”论述其实是史伯在西周末世对其衰敝之因的思考成果，是从历史变迁中汲取的兴衰之理。也正因为建立在对历史积淀的深刻反思基础上，所以才会有“和实生物”这一重要思想的产生。

在“和实生物”论述中，“和实生物，同则不继”，无疑是其主要论点，正是通过这八字，史伯建立起整个思想理论的根基。

“和”作为一种思想观念，在中国有着非常久远的历史。甲骨文与金文均有“和”字，甲骨文接近于“龢”，金文接近于“咊”，后两个字合一。《说文解字》解说“咊”曰：“相应也，从口，禾声。”解说“龢”曰：“调也，从龠，禾声。”段玉裁《说文解字注》曰：“经传多假和为龢。”[①] 由此可知，和与龢本为二字，和的本字是咊，后演化为和，其义为相应，龢的本义是协调，二字后来合为一字。咊与龢的主体部分是口与龠。口是嘴、是孔，龠是笛类的乐器。所以，和最初的意思与声音有关，即声音的相应、协调与和谐。

“和”字在先秦典籍中已有非常广泛的使用。《周易》兑卦初九爻辞曰：“和兑，吉。”此处的“和”还是和谐的意思。《尚书·多方》有言曰：“不克敬于和，则无我怨。”此处的“和”既有和谐的意思，也有和顺的意思。至西周末年，史伯第一

---

① （汉）许慎撰，（清）段玉裁注：《说文解字注》，上海古籍出版社 1988 年第 2 版，第 85 页。

次将和提升到哲学的高度来加以论述。

在史伯看来，“和实生物”首要就在于“和”，这同时也是整个论述最为关键的地方。史伯以为“以他平他谓之和”，其中“以他平他”也就意味着“和”的参与者存在着差异性，其间是“他”与“他”的关系，从本质上说也就是多元存在。他物与他物的共存保证了多元性的存在，而此多元性又是万物生成且成长发育的关键。如果只是同质事物，以同益同，结果只是徒劳，如韦昭在注中所举的例子，“以水益水，水尽乃弃之，无所成也”，这无疑就是“同则不继”的最佳例证。紧接着，史伯又对“和”进一步加以解释，“和”不只是简单地“以他平他”，还可以更为细致地表述为“以土与金木水火杂”，韦昭注“杂”为“合”，也就是土、金、木、水、火五种元素相杂合。由此，他物与他物的多元性更为清晰地转换为“土与金木水火”等五种元素。细究其用词，数字“百”并非实指，而只是形容其多，所以史伯之意就是金木水火土等多元元素相和可生成万物。在这里，史伯将“和生”思想展现得淋漓尽致。

依照史伯的阐述，“和”之要义就在于多元存在相和，他随后列举了“和五味”、“刚四支”、“和六律”、“正七体”、“平八索”、“建九纪”、“合十数”等加以说明。韦昭对这七项都进行了详细注解，“五味”即是五种味道，“四支”则是身体四肢，“六律”是六种音律，“七体”是口耳等七窍，“八索”也是人身之首、腹、足等八体，“九纪”是人之九种内脏，“十数”是王、公、大夫等十个等级。这六类事物每一种都是多元性的存在，而正是因为其多元性所以才能取得应有的效用，即分别是“调口”、“卫体”、“聪耳”、“役心”、“成人”、“立纯德”、“训百体”。

就其本质而言，“和实生物”是对整个世界的根基性理解，因此其理论性也更为深刻。在古人眼中，万物生成的根本原因在于多元存在。以此为基础，古人将整个世界都纳入这一理论视野中，并加以进一步的解读。以“和五味”为例，就是关于人类最基本的生理需求——饮食的和生解读。在远古时期，人们并不懂得饮食之道，而仅仅通过茹毛饮血式的原始方式摄入事物。随着社会的进步，人们开始懂得烹饪之术，这就是“和生”之道。鲁昭公二十年，晏子为齐景公论“和同”之异，他说：

> 和如羹焉，水火醯醢盐梅，以烹鱼肉，燀之以薪，宰夫和之，齐之以味，济其不及，以泄其过。君子食之，以平其心。(《春秋左传·昭公二十年》)

羹就是用水、火、醋、酱、盐、梅等烹调鱼和肉，用柴烧煮，然后厨师调和其味，使其恰当适中，味不足则加之调料，味太过则加之水，如此才能做出美味的“羹”。晏子只是举这一个例子，但是却指出了烹饪饮食的秘诀就在于多元存在。调制羹的过程即是使多元性因素共存和生的过程，而同质因素是无法烹调成美味食物的。按晏子的话说便是：“若以水济水，谁能食之？”水、火、醋、酱、盐、梅以及鱼和肉等多元因素共存，最后和合为羹，这无疑是“和实生物”论述中“以土与金木水火杂，以成百物”的绝佳例证。对于调制美食来说，《吕氏春秋·本味》的论述也很经典，其中殷商大臣伊尹为商汤解释何为“至味”，他说：“凡味之本，水最为始。五味三材，九沸九变，火为之纪。时疾时徐，灭腥去臊除膻，必以其胜，无失其理。调和之事，必以甘酸苦辛咸，先后多少，其齐甚微，皆有自起。”在这一段论述中，至美之味的获得与“五味三材”即甘、酸、苦、辛、咸以及水、火、木的相互调和有关，或先或后，或多或少，最后达到齐和之味。因此，多元因素共同调和对于获得“至味”的作用是至为关键的，而这种“至味”是生成也就成为和生思想的现实体现。

除了“和五味”之外，“和六律”也同样是“和生”的具体体现。俗言单音不成调，动听悦耳的音乐必然是多音调组成的。只有通过不同音调的组合，才能演奏出美妙的音乐。晏子指出：

> 先王之济五味，和五声也，以平其心，成其政也。声亦如味，一气，二体，三类，四物，五声，六律，七音，八风，九歌，以相成也；清浊小大，短长疾徐，哀乐刚柔，迟速高下，出入周疏，以相济也。君子听之，以平其心。(《春秋左传·昭公二十年》)

依照晏子所说，饮食与音乐的原理是一样的，即史伯所说的“和实生物”。就晏子所提及的内容来看，“和羹”之关键就在于“济五味”，也就是五味的相互调剂。而音乐与此相同，同样是多元要素的相济相成，只不过要素由五味变成了五声。晏子此处所说的“五声”是指宫、商、角、徵、羽，大概相当于现代音阶，而六律则是指黄钟、大蔟、姑洗、蕤宾、夷则、无射。除此之外，还有七律说，不过此七律只是五声再加变宫、变徵，因此七律其实也就是晏子所说的七音。但是，不管是五声、六律，还是七律或七音，其间的相成相济都可演奏成美妙音乐，所以“和五声”或“和六律”只是称谓不同，在表述音乐之美的语境中其所指是一致的。对于音乐中的多元因素，不仅包括音律，还包括乐器。周王乐师伶州鸠曾说：

> 声以和乐，律以平声。金石以动之，丝竹以行之，诗以道之，歌以咏之，匏以宣之，瓦以赞之，革木以节之，物得其常曰乐极，极之所集曰声，声应相保曰和，细大不逾曰平。如是，而铸之金，磨之石，系之丝木，越之匏竹，节之鼓而行之，以遂八风。(《国语·周语下》)

韦昭注“和”为“八音克谐”。八音即是金、石、丝、竹、匏、土、革、木等八种乐器之音，所以“八音克谐”就是八种乐器之音可和谐演奏。也就是伶州鸠所说的“金石以动之，丝竹以行之，诗以道之，歌以咏之，匏以宣之，瓦以赞之，革木以节之”，诸种乐器间互相配合，各有次第，和谐而不杂乱，才能演奏出美妙的乐声。因此，音乐的完美演奏，不仅体现在宫、商、角、徵、羽等音节的多元化上，还体现在金、石、丝、竹、匏、土、革、木等乐器的多元化上。对于这一点，《诗经》中的例证很多。如“籥舞笙鼓，乐既和奏”（《诗经·小雅·宾之初筵》），“既备乃奏，箫管备举。喤喤厥声，肃雍和鸣”（《诗经·周颂·有瞽》），以及“鞉鼓渊渊，嘒嘒管声。既和且平，依我磬声”（《诗经·商颂·那》），等等，都是在描述多乐器、多乐音和谐演奏，而其中最为关键处就在于多元和生。

对于这个世界来说，很多现象都可以用“和生”进行解读。饮食、音乐，甚至可以说生活的方方面面都可以置于“和生”的视角下。细究之下，其中的关键点就在于多元。正是因为多元化的存在，世界才能和合化生出丰富多彩的万物，呈现出如此缤纷灿烂的景致。

万物由何而生？这个问题是人类最初的思考，同时也是终极的关切。对解答这一问题的尝试和努力，使得人类得以脱离动物的群体，开始思想探索之路。同时，对这一问题的思索，也不同程度地体现了诸种文明各自的特质，而“和实生物”的论述无疑是中国文明对这一问题的独特思考。在华夏先民眼中，万物皆由和生而来，这是对整个世界最根基性的理解。因此，对于这个世界来说，和生共在无疑是其根本所在。这种对世界的解读体现了中国文明的思维特质，同时也为整个人类社会发展带来了新的世界观。

在中国乃至整个世界文明史上，“和实生物”都因其具有的理论高度和论析深度而成为根基性的理论思想。物何以生？在史伯看来，原因就在于“和实生物，同则不继”。此处所谓“和”、“同”是就生物过程中所需或所参与的元素而言的，“和”字本身便蕴含着“多元”的含义，也就是差异性，与此处“同”的表意正相反。因此，“和”即是指不同的元素，而“同”则是指相同的元素。对于事物生成来说，元素之间的多元性是其必备条件，也就是说，只有多元性的元素相和合才能生成新事物，而相同的元素是无法实现这一目标的。对于解读这个世界的思想学说而言，没有比解释世界万物生成由来的理论更深刻、更根本的了。而“和实生物”思想无疑属于最佳解释之列。“和实生物”是对生存之境中诸多经验性和合现象所作的最具理论性的归纳，是古人眼中对整个生存世界原理性的思想表述。因此，和生成为对这个世界的最根本理解。

对于和生思想来说，史伯首先从万物生成角度赋予“和”以生成论的意义，“和”即是多种差异性元素的并存，由此而生成新的事物，其中的多元元素是对“水火醯醢盐梅”以及“声、律、音、风、歌”的抽象化，是生活世界中诸种经验现象的形上化表述。因此，史伯在“和实生物”之后，又进一步说道：“以他平他谓之和，故能丰长而物归之，若以同裨同，尽乃弃矣。”在此，史伯继续对多元元素进行明确化阐述，即“以他平他”。“他”字本身便蕴含着多元性，其一般用来指称不同于自我的对象，也就是说，以自我主体为标准，所有与其有异者都可以被称为“他”。因此，“他”便意味着差异，也就是多元。另一方面，“他”字又是一个带有抽象性所指的义符，其不是任何具体的事物，但是又可替换为任何具体的事物。换而言之，“他”是将所有不同于自我主体的事物高度抽象化的结果，是对诸种经验事物的超越和归结。在这个意义上，“他”具有了形上性。

因此，史伯的“以他平他谓之和”便是对“和实生物”论述中多元元素的进一步确认，其中所蕴含的多元性和形上性体现地更为鲜明。同时，在“以他平他”的情况下，新事物的生长才成为可能，而如果“以同裨同”，只讲求单一性，那么最后只会无所成。

史伯又将论述进一步深化，提出“故先王以土与金木水火杂，以成百物”。如果说“以他平他谓之和”是多元性和形上性展现的话，那么“以土与金木水火杂，以成百物”便是将多元元素的明确化，由此而成为对“和实生物”四字最为贴切的定义。“以土与金木水火杂，以成百物”，韦昭注“杂”为“合”，也就是金、木、水、火、土相和合便可生成百物。在此，所谓金、木、水、火、土指称的并非具体事物，而是五种抽象元素。试想一下，如果这五者指的是具体事物，那么“成百物”的说法就不会成立。详而言之，作为具体存在的金、木、水、火、土等五种物质相和合不可能生成百物，而只能是各自形态的物理变化，因此五者的非物质性大致可以确定。从其本质上讲，金、木、水、火、土是构成万物的多元元素，只有这种抽象元素间的和合变化才能生成万物。其实，在《国语》同期文献中，金、木、水、火、土等名词屡屡出现，而且都被冠以五材或五行的名称。如《春秋左传》中便有“天生五材，民并用之，废一不可”（《春秋左传·襄公二十七年》），“且譬之如天，其有五材而将之用之”（《春秋左传·昭公十一年》）。杜预在注解中都认为是“金、木、水、火、土”。而关于五行的称谓，最为著名的便是《尚书·洪范》中作为洪范九畴之首的“五行”，“一曰水，二曰火，三曰木，四曰金，五曰土”。当然，这段材料作为论据在准确性上是不够的。不过，《国语》本身就有着更为可靠的论据，在《国语·鲁语上》篇中有“地之五行，所以生殖也”，韦昭注“殖，长也”，“五行，金木水火土也”，此处即明白无误地表明五行之于万物生长的重要，这也可以看作“以土与金木水火杂，以成百物”的简要表述。因此，“和实生物”论述中的“金、木、水、火、土”就是所谓五行。“和实生物”论述中，不仅含有五行思想，而且还含有阴阳观念。在“和实生物，同则不继”之后，韦昭注“阴阳和而万物生”，而在“以他平他谓之和”后，韦昭同样是注解为“阴阳相生”，这无疑说明阴阳和合也属于“和生”思想。

无论是五行，还是阴阳，都符合“和实生物”论证多元性与形上性的特征。而这种多元化和形上化对于“和生”来说，具有深远的意义和影响。在“和生”思想中，阴阳与五行的生成论色彩更为浓重，其在万物生成的视角下表意更为直接。另一方面，阴阳与五行自身所具有的强大传统性与“和生”相结合，赋予了“和生”更为强大的解释力，促使其成为古人理解世界的根本思想。因此，“和生”与阴阳五行也是相成相济的关系，“和生”使阴阳五行更具生成意义，而阴阳五行使“和生”更具解释力。在进入诸子时代之后，随着阴阳观念的传播，其与“和生”的关联越来越紧密，最终成为解释世界的最重要理论。

总而言之，正是因为其中的多元元素并非具体物质，“和生”思想才具有了深刻的理论性，以及更广泛的解释性。试想，如果“和生”仅仅是指称具体事物，那就只停留在经验现象层面，而无法通达地解释整个世界。与此相反，“和生”中多元元素的抽象化和形上化保证了这一理论的根基性。由此，和生共在理论也就成为解读整个世界的根本思想。

三、万物并育而不相害

天地之间，存在着千千万万的生物与非生物。尽管在这共同的生存之境中，万物之间为着生存与发展存在着竞争和冲突，特别是人类出现之后，随着对工具的制造和掌握，人类所获取的资源越来越多，已非普通动物所能比。但是，人类并没有在破坏自然环境、排挤其他生物的道路上走得太远，尤其是在传统中国，人们早已认识到万物共生、天人合一的重要性。

在亚洲的东部，先民生活的这片土地，几千年来变化很小。整个华北平原，包括现今河北、河南等地区，广袤而低平，土壤肥沃，山东半岛虽然多有丘陵，但大致仍在这一区域内。向西，越过太行山，属于黄土高原地形，满是高地和河谷，但是宗周所在地关中也有大片的平地。而在南方，汉水、淮河流域及其以南地区，江河众多，沼泽、湖泊密布，物产丰盈。从公元前8000年农业文明开始之后，这片土地便生养着众多聚落，孕育了星布的族群和相应文化，一直到春秋时期，众多的诸侯国大多仍是以原初的聚落所在地为址。也就是说，几千年来，先民所生活其中的地理环境仍然如初，并无甚大变动。虽然地理如常，但是气候却有了波动。自新石器时代开始一直到殷商后期，气候始终处于温暖期，而从公元前1500年之后，包括中国在内的整个北亚地区开始了一段转冷的气候期。[①] 不过从周初开始，气候开始逐渐变暖，这从《诗经》中谈及的众多亚热带植物就可看出。[②] 温暖的气候所带来的最大影响便是动植物的变化，这首先反映在饮食上，特别是周文化的核心地带，即汉水、淮河流域以北地区。周代的农作物主要是粟稷稻粱、麦麻菽豆，虽然北方的大多数作物可以适应更为恶劣的气候，但是温暖的气温和随之而增多的雨量无疑会促进作物的生长，从而增加粮食产量。据研究，大豆的发芽速度和生长速度会因温度和湿度的提高而显著加快。[③] 如果检索文献会发现，荀子所处的年代已经完全可以做到一年生产两季作物。[④] 当然，其中有农具改进带来的成果，但是不可否认气候的变化对于基本靠天吃饭的时代是多么的重要。作物的增收直接导致粮食产量的大量增加，人口规模由此也可以相应扩大。这就是先民所处的自然环境，这无疑是一个适宜的生存之境。

生存环境在人的性格和气质的塑造上起着非常重要的作用，特别是在社会风俗、民族文化的形塑上，环境深刻影响着生活在其中的人。在古代中国的生存之境中，气候宜人，环境优良，万物欣荣，这从一开始就影响了生活其间人们的思想和气质。在古人眼中，人本就是自然中的一员，这一点就是与自然环境相契合的。现在看来，尽管限于早期技术水平，古代农业生产效率比较低下，但是适宜的自然环境不仅为人们带来舒适的生活条件，还使食物的充足储备成为可能。土壤肥沃、河流众多，更重要的是气候适宜，这些极佳的外在条件决定了这片土地上的人们可以悠然无惧地生活。对于他们来说，自然与之休戚相关，自身需要从自然中获取各种生活资料，由此也深感自己同时是自然中的一员。与此相反，恶劣的自然环境只会逼迫人们去不断地从自然中压榨、抢夺资源，否则便很难实现最基本的生存。因此，在东亚的这片土地上，古人并不需要将自身异化其外，将自己置于自然之中，最终实现《中庸》所谓的“万物并育而不相害”的天人合一境界。

在古代中国，人与自然的合一集中体现为天人合一思想。天人合一是传统文化

---

① [美]布雷特·辛斯基:《气候变迁和中国历史》，蓝勇等译，《中国历史地理论丛》2003年第2辑。

② 竺可桢:《中国近五千年来气候变迁的初步研究》，《考古学报》1972年第1期。

③ [美]布雷特·辛斯基:《气候变迁和中国历史》，蓝勇等译，《中国历史地理论丛》2003年第2辑。

④ 《荀子·富国篇》:“今是土之生五谷也，人善治之则亩数盆，一岁而再获之。”

中的重要思想，以至于成为古代中国的特质。天人合一思想有多种层次的含义，包括宗教论、境界论等多方面内容。但是，与“万物并育而不相害”直接相关的是天人合一思想中的生成论含义。在涉及宇宙万物生成时，有一个重要质料参与天地化生过程的始终，并成为实现万物共生、天人合一的关键元素，这就是“气”。“气”在《说文》中被许慎解释为“云气也。象形”，清代学者段玉裁进一步说道：“象云起之貌。”[①] 从字形看，这确是“气”字造字之初时所具有的含义。但是，随着后世对宇宙万物生成理解的复杂化和理论化，人们需要一种物质作为介质，不仅可以参与到生成过程中，还属于万物构成的基本材质，而“气”作为符合条件的范畴就逐渐被学者们发展起来。老子曾经在谈论万物生成时提及“气”的重要作用，他说：“道生一,一生二,二生三,三生万物。万物负阴而抱阳，冲气以为和。”（《老子》第四十二章）气不仅参与到道化生万物的过程中，而且还是其中的主要介质。

庄子更是直接提出了“通天下一气”的思想。

> 人之生，气之聚也，聚则为生，散则为死。若死生之徒，吾又何患！故万物一也，是其所美者为神奇，其所恶着为臭腐；臭腐复化为神奇，神奇复化为臭腐。故曰：“通天下一气耳。”（《庄子·知北游》）

在庄子看来，人之生死不过是气的聚散而已，这当然是庄子化解人之生死结的理论手段，但这也可以看出气论在当时的影响。

既然天地万物都由气化成，那么万物之间也就没有什么限隔，而可以真正实现天人合、“万物一”了。这就在最根源的层面打通了万物之间的界限，同时又因为构成万物的质料相同，所以万物之间也就没有了高贵、低贱之分，由此，万物也就获得了平等的生存权。在先秦思想家的基础上，北宋理学家张载又进一步发展了传统气论，不仅更圆融地解释万物存在，更是将人自身带入其中，赋予了人以高尚的道德意义。他说：“太虚无形，气之本体，其聚其散，变化之客形尔。”（《正蒙·太和》）又说：“凡可状，皆有也；凡有，皆象也；凡象，皆气也。”（《正蒙·乾称》）

---

① （汉）许慎撰，（清）段玉裁注：《说文解字注》，浙江古籍出版社 2006 年版，第 333 页。

与之前相比，张载的气论更为彻底，他指出世间一切皆气之所化，而且这些状、有、象都是气之“客形”，而非其本体。张载进一步指出：“天地之气，虽聚散、攻取百涂，然其为理也顺而不妄。气之为物，散入无形，适得吾体；聚为有象，不失吾常。太虚不能无气，气不能不聚而为万物，万物不能不散而为太虚。”（《正蒙·太和》）在此，张载又一次强调了万物皆由气汇聚而成，同时又强调气的聚散变化虽然形式各不同，但都是有规律可循的，且严格依照规律变化，即“顺而不妄”。这就再次将万物统于一体，其间不仅组成质料相同，所依循的规律也相同，因此万物之间都可贯通为一。其中，人也是万物之一，由气汇聚而成。不过，人因为有自我意识，并且意识到了万物为一的道理，所以张载赋予了人更多的责任。

> 乾称父，坤称母；予兹藐焉，乃浑然中处。故天地之塞，吾其体；天地之帅，吾其性。民吾同胞，物吾与也。（《正蒙·乾称》）

在中国古代思想史上，这段论述非常著名，甚至可称为人自我意识与天下意识的双觉醒。人在认识了万物皆由气化的道理之后，意识到自己必须有所担当，而不能仅仅局限于自我境界，还需要具有天下境界。于是，张载便以气势磅礴的宣言道出了人的觉醒。天地皆由气化而来，万物贯通为一，天人合而为一，民众皆是我的同胞，而万物也都是我的同类。

生命是世间可珍可贵的存在，尽管其间各有特色，但万物并没有彼此区隔不通。在传统气论的基础上，万物实现了贯通为一。同时，随着人的共同体意识的觉醒，人也不再限隔自我，而是将天地、万物纳入自我意识中，真正做到了天人合、万物一。这就从根本上使“万物并育而不相害”成为可能。这一点在中国传统文化中体现得淋漓尽致，同时也是中华民族贡献给人类文明的宝贵思想资源。

四、一阴一阳之谓道

自然界的一切都是生生不息的，都是浑然一体的。这一生生不息、浑然一体的总体情况如何？这一总体的法则又如何？《周易》说：“一阴一阳之谓道。”总体的法则是道，而道是通过一阴一阳呈现的。“一阴一阳之谓道”，是中国哲学对于整个宇宙的总体认知。

《庄子·天下》篇曰："《易》以道阴阳。"阴阳确实是《周易》的核心观念。在《易经》中虽然没有明确使用阴阳的概念，但阴阳的流行与转化确实是《易经》最基本也最核心的思想。

阴阳概念至晚在西周时代已经出现并流行。《尚书·夏书·禹贡》有"至于岳阳"、"岷山之阳"、"南至于华阴"的说法。阳为山之南，阴为山之北。《尚书·周书·周官》更有"论道经邦，变理阴阳"的说法。《诗经·大雅·公刘》曰："既景乃岗，相其阴阳。"至西周末年，伯阳父以阴阳解释地震，认为："夫天地之气，不失其序。若失其序，民乱之也。阴伏而不能出，阳迫而不能蒸，于是有地震。"（《国语·周语上》）鲁僖公十六年（前644年），宋国有陨石坠落，又有鸟倒退着飞过宋国都城，宋襄公问周内史叔兴是吉是凶，叔兴回答："是阴阳之事，非吉凶所生也，吉凶由人。"（《春秋左传·僖公十六年》）老子认为世间一切事物，都是由阴阳结合而成的，都是阴阳的合体。"万物负阴而抱阳，冲气以为和。"（《老子》第四十二章）春秋末年，范蠡对于阴阳也有深刻的论述，认为："天道皇皇，日月以为常，明者以为法，微者则是行。阳至而阴，阴至而阳。日困而还，月盈而匡。"（《国语·越语下》）阳到极处就成为阴，阴到极处就成为阳，这一思想是《易经》中本有的思想。

《易传》以阴阳为基本观念解释《易经》。《彖传》解说泰卦曰"内阳而外阴，内健而外顺，内君子而外小人"，故吉；解说否卦曰"内阴而外阳，内柔而外刚，内小人而外君子"，故不吉。泰卦乾下坤上，否卦坤下乾上，下为内而上为外。乾为阳、为健、为刚、为君子；坤为阴、为顺、为柔、为小人。《象传》解释乾卦初九曰："潜龙勿用，阳在下也。"解释坤卦初六曰："履霜坚冰，阴始凝也。"《文言》解说乾卦初九曰："潜龙勿用，阳气潜藏。"解说坤卦六三曰："阴虽有美，含之以从王事，弗敢成也。"也以阳解说乾，以阴解说坤。乾卦六爻皆阳爻，为纯阳之卦，故为阳；坤卦六爻皆阴爻，为纯阴之卦，故为阴。

《系辞》更以阴阳来解说《周易》的基本义理。《系辞下》曰："乾坤其易之门邪？乾阳物也，坤阴物也。阴阳合德，而刚柔有体，以体天地之撰，以通神明之德。"乾为阳，坤为阴，由阴阳的和合，而产生了万事万物，所以，乾坤是易的门户，是理解《周易》义理的关键。在《周易》的系统中，无论是八卦还是六十四卦，乾坤二卦所处的地位，都是父与母的地位。《说卦》曰：

> 乾天也，故称父；坤地也，故称母；震一索而得男，故谓之长男；巽一索而得女，故谓之长女；坎再索而男，故谓之中男；离再索而得女，故谓之中女；艮三索而得男，故谓之少男；兑三索而得女，故谓之少女。

乾为父，坤为母，震、巽、坎、离、艮、兑就是他们所生的六个子女，其中震、坎、艮为男，巽、离、兑为女。

有阴有阳，乾为纯阳，坤为纯阴。乾为父、为天，坤为母、为地，有天地、有父母，然后有了天地间的万物，有了由父母所生的子女。《系辞上》说："乾道成男，坤道成女。乾知大始，坤作成物。"又说："夫乾，其静也专，其动也直，是以大生焉。夫坤，其静也翕，其动也辟，是以广生焉。"乾坤既代表天地，又代表父母，同时又是阴阳的化身。《序卦》说：

> 有天地，然后万物生焉。盈天地之间者唯万物。……有天地然后有万物，有万物然后有男女，有男女然后有夫妇，有夫妇然后有父子，有父子然后有君臣，有君臣然后有上下，有上下然后礼义有所错。

天地间的事物，以至于人类，都是由乾坤自然化生的，都是阴阳的化生物。

由乾坤所化生的万事万物，其性质与状态又如何？《系辞上》说：

> 一阴一阳之谓道，继之者善也，成之者性也。仁者见之谓之仁，知者见之谓之知，百姓日用而不知，故君子之道鲜矣。

"一阴一阳之谓道"，何谓道？《系辞上》说："形而上者谓之道，形而下者谓之器。"道是相对于器而言的，器即具体的器物。器是具体的、形而下的、可以指明的，道则是抽象的、形而上的、不可以具体指明的。道就是道理，并不简单的是个规则。老子说："道可道，非常道。"可道之道并非常道，常道不可道，不可明言，只可体悟。“一阴一阳之谓道”，是《周易》思想的根本。这一根本思想，主要包括如下几方面的含义。

第一，世间的一切事物，都可简单地分为两个方面，一是阴，一是阳。乾是阳，坤是阴；天是阳，地是阴；日是阳，月是阴；昼是阳，夜是阴；南是阳，北是阴；上是阳，下是阴；明是阳，幽是阴；暑是阳，寒是阴；健是阳，顺是阴；刚是阳，柔是阴；男是阳，女是阴；贵是阳，贱是阴。有阴才有阳，阴与阳是一一相对的。

第二，某一事物的基本性质可以是阴、是阳，但阴并不是纯粹的阴，阳并不是纯粹的阳，阴中又分为阴阳，阳中又分为阴阳，阴中又有一阴一阳，阳中又有一阴一阳。如由太极到八卦的演化序列中，由太极而分化为阳与阴（两仪），由阳进而分化为太阳与少阴，由阴进而分化为太阴与少阳（四象），而非由阳分化为太阳与少阳，由阴分化为太阴与少阴。这表明，阳并不是纯阳，阳中本来就包含有阴，否则怎么可能由阳生出少阴；阴也并不是纯阴，阴中本来就包含有阳，否则怎么可能由阴生出少阳。进而，由四象而演化为八卦。

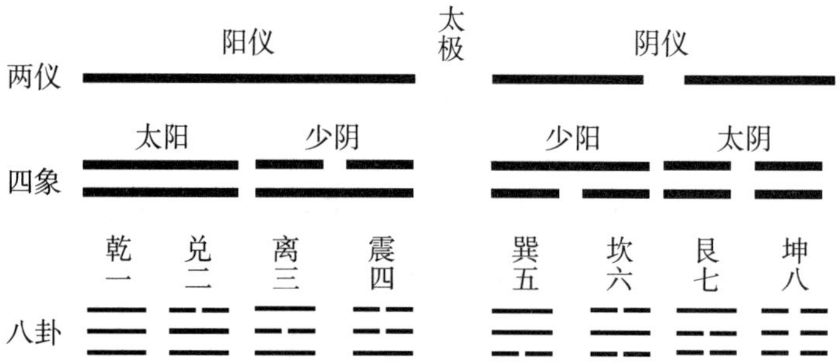

其中由太阳而分化为乾与兑，由太阴而分化为坤与艮，由少阴而分化为震与离，由少阳而分化为巽与坎。由四象到八卦的演化，每一象都化出一阴一阳。太阳：乾为阳，兑为阴；太阴：艮为阳，坤为阴；少阴：震为阳，离为阴；少阳：坎为阳，巽为阴。就八卦而言，乾、震、坎、艮为阳，坤、巽、离、兑为阴。除乾、坤为阴阳的化身而纯阳、纯阴外，其余六卦，震、坎、艮虽为阳，但包含着阴，都是二阴爻一阳爻；巽、离、兑虽为阴，但包含着阳，都是二阳爻一阴爻。再如人类，男为阳，女为阴，但男中又有阴阳，女中又有阴阳。男之身体有上下，上为阳，下为阴。女之身体也有上下，同样上为阳，下为阴。上下之体又分左右，左为阳，右为阴。总之，阴中有阳，阳中有阴，这是《周易》关于整个世界的基本认识。

第三，阴阳两种因素、两种势力并不是静止不动的，而是此消彼长、流动往复的。六十四卦由阴爻与阳爻两种符号构成，阴爻、阳爻的不同变化，引起卦象的不同变化。阳爻为阴爻所变，成为阴爻，称作消；阴爻为阳爻所变，成为阳爻，称作息。《系辞上》曰："刚柔相推而生变化。"六十四卦中，有十二消息卦，也称十二辟卦，清楚地说明了阴阳的此消彼长，表现了阴阳的消息。复䷗，临䷒，泰䷊，大壮䷡，夬䷪，乾䷀，姤䷫，遁䷠，否䷋，观䷓，剥䷖，坤䷁，由复卦到乾卦，阳气节节上升，是为阳变阴，为息；由姤卦到坤卦，阴气节节上升，是为阴变阳，为消。乾是阳之至，而乾之后是姤，阴开始上升；坤是阴之至，而坤之后是复，阳开始上升。阴阳的此消彼长，引起卦象的变化，也引起四季物候的变化，所以十二消息卦又与一年十二个月一一相配。

第四，阴阳两种力量并不是彼此对抗的。当阳的势力增强时，阴的势力就会处于退缩；当阴的势力增强时，阳的势力就会处于退缩。阴阳理论与现代力学理论不同，现代力学理论认为作用力与反作用力大小相等、方向相反。而《周易》阴阳理论不是对抗的理论，阳的势力增强，阴的势力随之退缩；阴的势力增强，阳的势力随之退缩。春季，阳气上升，阴气下降，至夏，阳气盛而阴气衰；秋季，阴气上升，阳气下降，至冬，阴气盛而阳气衰，由此而形成一年四季。《系辞下》曰："日往则月来，月往则日来，日月相推而明生焉。寒往则暑来，暑往则寒来，寒暑相推而岁成焉。"正因为阴阳的此消彼长，才可以形成一个整体，才可以形成一个稳固的态势。否则，阴阳处于对抗，一定使事物土崩瓦解。

第五，阴阳两种势力并不是各自独立、独行的，而是一定要和对方发生交互感应。阳如果只是阳，而不与阴发生关系；阴如果只是阴，而不与阳发生关系，那么，阳永远只是阳，阴永远只是阴，阴与阳永远处于分离状态。阴与阳总是处于分离状态，就不会发生交互感应。没有交互感应，世界上什么也不可能发生。卦由爻而成，而爻之所以称作爻，其本义即交。《说文解字》曰："爻，交也。"爻即交，即阴与阳的相交。由交而有感，由感而有应。泰卦乾下坤上，天气上升，地气下降，二气相交。因为相交，而有泰。《象传》解释泰卦曰："天地交，泰。"《彖传》解释泰卦曰："天地交，而万物通也；上下交，而其志同也。"因为在泰卦中，乾坤相交、天地相交、上下相交，所以"泰"。否卦下坤上乾，天气上升，地气下降，二气不相交。因为不相交，而有否。《象传》解释否卦曰："天地不交，否。"《彖传》解释否卦曰："天地不交，而万物不通也；上下不交，而天下无邦也。"因为在否卦中，乾坤不相交、天地不相交、上下不相交，所以"否"。阴与阳的交互感应，是事物生发的基础和前提，没有这一基础和前提，阴与阳总是处于分离状态，世界将永远是一个死寂的世界，一切都要不会发生。

第六，阴阳的交互感应促进了新事物的产生，促进了事物的运动、变化与发展。《系辞下》曰："天地絪缊，万物化醇。男女构精，万物化生。"絪缊，即阴阳二气的交融、交合。因为有阴阳的相交，所以才有相互的感应，而相互感应，是事物生发的起点。咸卦之卦辞曰："亨，利贞，取女吉。"咸卦为何亨而利贞？《彖传》解释说："咸，感也。柔上而刚下，二气感应以相与，止而说，男下女，是以亨利贞，取女吉也。天地感而万物化生，圣人感人心而天下和平；观其所感，而天地万物之情可见矣！"因为二气感应，所以亨利贞；因为天地感应，所以万物化生；因为圣人感人心，所以天下和平。感是发动者，应是受动者，有感而有应。应是阴与阳异性间的相互吸引与回应。有应，才吉；无应，则不吉。无妄卦下震上乾，其卦辞曰："元亨利贞"。此卦何以吉？《彖传》解释无妄卦曰："动而健，刚中而应，大亨以正，天之命也。"无妄卦第二爻为阴爻，为阴位得阴爻，是为得位。其第五爻为阳爻，为阳位得阳爻，是为得位。而第五爻与第二爻相应，是为"刚中而应"，是以大吉。升卦下巽上坤，其第二爻为阳爻，阴位得阳爻，为不得位；其第五爻为阴爻，阳位得阴爻，为不得位。两关键位均不得位，但升卦之卦辞曰："元亨，利见大人。"何以如此？关键在于其有应。《彖传》解释升卦曰："巽而顺，刚中而应，是以大亨。"因为第二爻与第五爻阴阳相应，因为六五得到了九二有力的回应与支持，"是以大亨"。由交而有感，有感而有应，有应而有动，有动而有变，有变而有通，有通而有久，有久而有泰。《象传》解释泰卦曰："天地交，泰。"由交而泰，是一个序列的过程，这一过程包含许多环节，而其前提和基础，是交。有交，才会泰。有事物之间的交互感应，才有事物的生发、运动与发展。

第七，事物发展到一定程度，必然会向相反的方向发展，阳极而为阴，阴极而为阳，静极复动，动极复静。在《周易》筮法中，6 为老阴，7 为少阳，8 为少阴，9 为老阳。7 和 8 因为是少阳与少阴，其发展前景分别是老阳和老阴，所以是真正的阳与阴，为不变之爻。而 6 和 9 为老阴与老阳，为阴阳之极限，其发展前景是少阳和少阴，故为变爻。《周易》的发展顺序是：7—9—8—6—7，亦即少阳—老阳—少阴—老阴—少阳。乾䷀是阳之极，其后必是姤䷫，坤䷁是阴之极，其后必是复䷗，事物发展到它的顶峰，必然会向下发展，这是《周易》所揭示并确定的基本规则。《彖传》解释丰卦曰：“日中则昃，月盈则食，天地盈虚，与时消息。”《系辞下》曰：“易，穷则变，变则通，通则久。”阳极而阴，阴极而阳，阴与阳互为其根。这与老子所讲的：“反者道之动”，是完全一致的。

程颐说：“‘一阴一阳之谓道’，道非阴阳也，所以一阴一阳道也。”[①]又说：“离了阴阳更无道，所以阴阳者是道也。阴阳，气也。气是形而下者，道是形而上者。”[②]阴阳本身并不是道，阴阳的变化也不是道，阴阳变化的秩序性、规律也不是道，道是通过阴阳如此变化、如此变化所呈现出的秩序所表现出来的道理。

“一阴一阳之谓道”，意思非常丰富，一般人很难对其全面把握，故曰：“仁者见之谓之仁，知者见之谓之知，百姓日用而不知。”见仁见智者只是领会到其中的局部，故会有这样那样不同的理解，百姓每天遵照此道行事，但却不明白其中道理。然道理本来是明摆着的，它不是人制定的，却是人应当遵行的。

第二节　和处原理

经过漫长的演化，地球形成了适宜的生态圈，生存着千千万万的生物。这种演化史决定了生态圈中的生物之间共生共在的关系。而随着人类的出现，特别是近代以来科技的迅猛发展，地球上陆地与海洋甚至天空之间的距离变得不再遥远，生态圈逐渐变成了地球村。在这个并不巨大的地球村中，人与人、村落与村落、城市与

① （宋）程颢、程颐：《二程集》，王孝鱼点校，中华书局 1981 年版，第 67 页。
② （宋）程颢、程颐：《二程集》，王孝鱼点校，中华书局 1981 年版，第 162 页。

城市、国家与国家之间彼此依存，同样是一种共生共在的关系。尽管世界上古往今来始终存在着冲突和战争，但是对于人类文明来说，这些波澜并不能影响人类之间的和谐相处。换而言之，和处原理一直是人类出现之后的共存原则和主流意识。

既然任何事物都是共生、共在，那么一事物与他事物、一事物与同性事物、同类事物就必须和平共处。共生、共在是事物的本然，和处、和谐是事物的应然。

张立文指出："'共生'意识与'共处'意识相联系。人类既最善于共处，又最不善于共处。人与自然、社会、他人、心灵和文明，都处在各种各样形式的共处中，并在共处中生活活动。人类一旦离开了与自然、社会、他人、他文明，以至于心灵的共处，人类即不存在。人们欲自己生存，亦要让自然、社会、他人、他文明生存；人们互相共处，但由于其价值观、思维方式、风俗习惯、文化素质的差异，亦会发生冲突和竞争甚至战争。一些人为了满足自己的野心，或经济利益，或权力需要，而进行战争，置人民死活于不顾，使人民无辜遭杀害，流离失所。人们必须以温、良、恭、俭、让的规范自律。人对于自然、社会、他人、他文明以及心灵，都应以温和、善良、宽容、恭敬、节俭、谦让的态度相互和平共处。"①

一、人与自然和处

由于众多不同的生物与非生物的存在，世界展现出的始终是色彩斑斓、多姿多彩的美丽画卷。无论是从颜色，还是形式上，多样化是保证这一画卷常在常美的关键所在。与此相反，单一化正是毁灭美丽世界的杀手武器。试想，如果整个世界只存在一种生物、一种颜色，那这将是多么可怕的图景。因此，多元存在正是世界景象的常态。

在这个星球上，经过亿万年的演化，人类最终出现，并站在了进化的顶端。从此之后，人类一直试图扮演自然界主宰的角色，但却常常被强大的自然挫败。其实，人类也只是众多生物中的一种而已。从其出现之日起，人类便面临着种种的困难和危机。

从历史上看，人与自然的冲突，自人类出现之日起便伴随人类历史始终。在人

① 张立文:《和合学概论——21 世纪文化战略的构想》, 首都师范大学出版社 1996 年版，第 586 页。

类历史的早期，人们大多是为自身的生存而与自然抗争。这个时期，人与自然之间的冲突并不是十分明显，而且人类自己往往是冲突的承受者。在人类年幼的时代，他们首先面对的是神秘而强大的自然。地震、火灾、洪水，甚至是凶猛的野兽，都随时可能夺取原始人的生命。除了外界的危险，原始人为维持最基本的生存，还必须狩猎、采集食物，这仍然需要人们应对复杂的自然环境。即使进入农业文明之后，人们也需要面对简陋的工具、落后的技术，还有随时可能导致他们减产甚至颗粒无收的干旱或洪灾。随着人类社会的进步和科学技术的发展，人类生存能力大幅度增强。但是，人类与自然之间的冲突也日益严重，而且此时灾难的承受者转而成为自然界，自然环境开始逐渐承受人类发展的代价。现代社会中，人类对自然资源的无度开发和对自然环境的肆意破坏，导致了地球生态环境的严重恶化，最终使人的生存世界面临极大危机。

特别是人类社会进入工业文明之后，利益驱动着人们肆无忌惮地掠夺自然资源，而人们又恰恰错误地认为自然资源取之不尽、用之不竭。这种错误的观念和行为使得自然资源被无节制地开采，而人们无节制的消费所造成的极大浪费又反过来推动对自然资源的加速攫取。于是，人类在自认为是地球主宰者的疯狂念头下，开始走上地球破坏者的歧路。伴随着人类社会的快速发展，资源枯竭、环境污染、生态破坏等等问题越来越严重，在局部地区甚至已经开始威胁人类自身的生存。于是，人与自然之间的冲突越发激化。不过，由此导致的生态危机也促使人们开始反思并努力解决这一问题。在这种情况下，环保逐渐成为人们日常生活中的常识，而各国政府也在合力推进这一人类自我保护行动，如 1992 年制定的《联合国气候变化框架公约》以及 1997 年达成的《京都议定书》，便是国际社会联合解决全球气候变暖问题的重要举措。但是，我们也应该看到，在 21 世纪，自然资源仍然被无序开采，生态环境也在不断地遭到污染和破坏。其实究其根源，问题的关键之处就在于人类追求享受的欲望与自然界可提供的资源限度之间存在不可弥合的矛盾。因此，我们应该努力寻找如何与自然界和处的办法和路径。

其实，关于人类与自然之间的相处之道，古代先哲早已为我们指出了正确方向，这就是天地人相参和处。在《国语》中，记载着春秋时期越国名臣范蠡对天、地、人三者的论述：

越王勾践即位三年而欲伐吴，范蠡进谏曰："夫国家之事，有持盈，有定倾，有节事。"王曰："为三者奈何？"范蠡对曰："持盈者与天，定倾者与人，节事者与地。"(《国语·越语下》)

越王勾践即位三年便要伐吴，范蠡进谏指出治国需注意三事，即"持盈"、"定倾"、"节事"，韦昭注"持，守也"，"盈，满也"，"定，安也"，"倾，危也"，"节，制也"。[①] 治国三事也就是所谓持守成满、扶定危局、节制用事。随后，勾践问如何行此三事，范蠡提出"与"天、人、地三者。对此，韦昭注"与天，法天也"，"与人，取人之心也"，"与地，法地也"。[②] 在范蠡看来，治国三事，必须分别取法天、人、地。那么，天、人、地又有何蕴意呢？范蠡进一步说：

天道盈而不溢，盛而不骄，劳而不矜其功。夫圣人随时以行，是谓守时。天时不作，弗为人客；人事不起，弗为之始。今君王未盈而溢，未盛而骄，不劳而矜其功，天时不作而先为人客，人事不起而创为之始，此逆于天而不和于人。王若行之，将妨于国家，靡王躬身。(《国语·越语下》)

范蠡认为持盈者法天，天道盈满而不外溢，气盛而不纵驰，劳力而不矜夸其功，特别是圣人随天时而行，天时不起，便不会行动。其次，定倾者取人之心，即着眼于一"和"字，强调人之间关系之和合。因此，对于"持盈者与天"及"定倾者与人"而言，其根本蕴意便在于顺天而和人。这一点对于我们处理人与自然的关系十分重要。对自然来说，我们应当以自然规律为准，所谓"随时以行"实质上就是遵守自然规律来行事。如果不顺天时而擅自人为，那最后只能是一场悲剧。同时，对于天道劳而不矜其功，这也是需要人们学习的。

关于"节事者与地"，范蠡指出：

---

① 徐元诰:《国语集解》，王树民、沈长云点校，中华书局 2002 年版，第 575 页。

② 徐元诰:《国语集解》，王树民、沈长云点校，中华书局 2002 年版，第 575 页。

惟地能包万物以为一，其事不失，生万物，容畜禽兽，然后受其名而兼其利。美恶皆成，以养其生。时不至，不可彊生；事不究，不可彊成。自若以处，以度天下，待其来者而正之，因时之所宜而定之。同男女之功，除民之害，以避天殃，田野开辟，府仓实，民众殷。无旷其众，以为乱梯。时将有反，事将有闲，必有以知天地之恒制，乃可以有天下之成利。（《国语·越语下》）

在范蠡看来，只有地能够包容万物，生长万物，蓄养禽兽，然后受其名利。无论好坏善恶，都可使其生长。而对于万物生长来说，“时”的观念仍然非常重要，“时不至，不可彊生”以及“因时之所宜而定之”都在强调这一点。一言以概之，只有遵守地之道，才能保证除害避殃，开辟田野，充实府库，使民富足。其中包含的就是对自然万物的包容，以及对时节规律的遵守。在范蠡关于天、人、地的一系列言论之后，他点出了最终的主旨，即：

夫人事必将与天地相参，然后乃可以成功。（《国语·越语下》）

韦昭注：“参，三也。天、地、人事三合，乃可以成大功。”[①]也就是说，对天、人、地的取法尽管是各有其用，但三者并非各自独立的，而是相互关联，构成一个整体，依照范蠡所说即是天、地、人相合才能成大功。

天地人相参之道，其实也就是人与自然的和处之道。对于人来说，人的生存和发展依赖于自然界。但是，自然界提供给人的物质和能量是有限度的，人必须懂得如何节制自己的欲望，同时知道改善和反馈自然。因此，这种人物相处之道的核心就是和谐共处。

二、君子和而不同

对于人类社会来说，多元存在同样是具有天然性且贯彻人类社会发展始终的。

① 徐元诰：《国语集解》，王树民、沈长云点校，中华书局 2002 年版，第 582 页，

一物之外还有一物，此物之外还有他物。任何一物都必须承认、都必须正视、都必须接受自己之外还有他物这种事实，由此必须处理好与他物的关系。一物要处理好与他物的关系，首先必须树立和处的意识。

早在春秋时期，孔子就指出了和处的重要原则，即“君子和而不同，小人同而不和”（《论语·子路》）。孔子曾提及君子与小人的很多不同之处，此处的“和”与“同”就是其中重要的一则差异。君子之间相处以“和”为是，而小人则恰恰相反，是以“同”为准。这就涉及“和同之辨”的问题。在孔子之前，史伯曾提出“和实生物，同则不继”的观点，晏婴也举过“和羹”的例子来解释“和同”。其实，“同”也就是相同，属于同质的事物都可以称为“同”。相同事物之间无所谓相处，正如晏婴所说“以水济水”是没有任何意义的。而“和”则不然，其本身字义就含有多元化存在的含义。“和”字，《说文解字》解为“相应也，从口，禾声”，段玉裁注中称其为“古唱和字”[①]，也就是意在唱和以相应。其实，早在《国语·周语下》就有“声应相保曰和”的释义，韦昭注解是金、石、竹、丝等乐器相和。由此可知，“和”字的起源与音乐密不可分，而音乐的本质就在于多音律的协调，单一音调是无法被称为音乐的。因此，“和”字本身就具有多元、多样的含义。返回到孔子的“和同之辨”，孔子所言君子是一个具有独立人格且品德高尚的人，而小人则与此相反，并没有独立意识，往往是根据利益附和他人、人云亦云。所以，君子和而不同就是指君子独立于他人，是多元存在中的一元，而小人同而不和则是指其依附于他人，不具有独立性。

和处原理首先强调的是个体的独立性，独立个体的存在是多元化的保证。不管是个人，还是群体，都必须有各自的特色，这样才能异于他人、他群体，否则只能算作同质的附庸。而如果组成群体的成员都无独立性，随意跟从他人意见，依附他人行为，那也就无所谓和处可言了。孔子就非常注重培养人的独立性，由此一直强调人必须遵从自我。曾有人问“以德报怨”如何，孔子不以为然，而主张“以直报怨”（《论语·宪问》）。如果别人施仇怨于己，那自己如何应对？孔子认为不能以恩德回应，否则何以报恩德呢，而是应以直道报仇怨。此处的“直”乃其所是，也就是基于己心，而这正是独立性的体现。孔子始终要求人遵从自我，特别反对虚情假

---

① （汉）许慎撰，（清）段玉裁注：《说文解字注》，上海古籍出版社 1988 年第 2 版，第 57 页。

意、阿谀奉承。他说："巧言、令色、足恭，左丘明耻之，丘亦耻之；匿怨而友其人，左丘明耻之，丘亦耻之。"（《论语·公冶长》）所谓"巧言、令色、足恭"就是巧饰语言、容貌以伪装自己、讨好他人，"匿怨而友其人"更是隐匿自己的怨恨之情却装出友善的样子，这些无疑都是虚伪的表现。同样的道理，孔子还特别斥责那些毫无原则、四面讨好的"乡愿"，并称他们是"德之贼"（《论语·阳货》）。

相对于孔子的反面申斥，孟子屡屡正面肯定人格独立性的重要。对此而言，孟子所称赞的"大丈夫"便是体现独立性的最佳代表。有人认为如公孙衍、张仪那样"一怒而诸侯惧"的人就是大丈夫，孟子却对两人不屑，指出他们是"以顺为正者"，属于"妾妇之道"。朱熹对此解释说："女子从人，以顺为正道也。盖言二子阿谀苟容，窃取权势，乃妾妇顺从之道耳，非丈夫之事也。"[①] 公孙衍与张仪二人阿谀奉承，只知顺从上意，毫无独立人格可言，所以绝非大丈夫。何为大丈夫？孟子说：

> 居天下之广居，立天下之正位，行天下之大道。得志与民由之，不得志独行其道。富贵不能淫，贫贱不能移，威武不能屈。此之谓大丈夫。（《孟子·滕文公下》）

对于大丈夫来说，最重要的就是独立性，不以他人所是为是，不以他人所非为非，三个"不能"的排比更是将此体现得透彻无遗。无论是孔子，还是孟子，都强调要具有独立自主的人格，不虚伪、不顺从，通过沟通、交流的方式合作，最后才能实现"和"的结果。

在坚持独立性、多元化的基础上，和处原理进一步要求多元存在之间必须做到和谐相处。只有个体坚持自我独立性，才能形成多元化存在。而存在的多元化却可能会带来一种危险，即冲突。多元存在本是各自具有独立性的存在，但是独立就意味着与他者的差异和不同，而在很多情况下，差异和不同就会导致冲突的发生。因此，对于多元存在来说，相处之道就是存异求同。需要注意的是，此处"同"并非"和而不同"之同，而应是共同的志趣。只有共同的志趣才能让人放下异见，为共

---

① （宋）朱熹:《四书章句集注》，中华书局 1983 年版，第 265 页。

同目标而集结在一起。孔子曾说："道不同，不相为谋。"（《论语·卫灵公》）如果志趣不同、取道不同，那就很难做到和处。换句话说，相同的志趣与相同的目标是保证和而不同之"和"的关键之处。

在儒家思想中，君子、小人之辨是确立儒家道德标准的重要环节。对于相处之道来说，君子讲求"和而不同"，首先就是要坚持个人独立性，不逢迎、不附和。而小人与之相反，孔子对之评价"同而不和"，就是毫无己见，以他人之意为己意，以他人之声为己声。因此，作为相处之道的和处，其首要就在于"和而不同"之和。只有在个体独立基础上，才能做到和处。同时，和处还需要存异求同，以相同理想为目标，才能保证和处的长久性和持续性。

三、道并行而不相悖

人类在漫长的发展史中，依照地域的不同创造出了众多发达的文明。这些文明体虽然在文化、风俗、饮食各个方面都存在着差异，但是这些差异只是源于区域、气候等自然环境的不同，文明体之间无疑是平等共存的。其实，大如文明体，小如村落、个人，每个都具有自己的特殊性，而这种特殊性并不必然导致彼此发生冲突。《中庸》有言"万物并育而不相害，道并行而不相悖"，万物一起生长而互不妨害，道路同时并行而互不冲突。和处之道是如此，共存共处于世界之上，和谐和睦于彼此之间。

从古代文明的发展来看，各个文明体都是独立发源的，因此各自都有着特有的文化色彩。这些文明体在发展扩大之后，其间仍然保持着各自文化特色，并维持着良好的互动关系。例如在中国这片土地上，从考古遗迹来看，100 万年前就已经有了早期人类活动，诸如云南元谋、重庆巫山、湖北建始、陕西蓝田等地都已发现早期人类化石。[①] 不过，文明体的产生和出现要等到新石器时代，也就是公元前 8000 年以后。从此之后，人类进入了农业文明，而农耕的生活大大解放了自然环境对人类的束缚，定居的农业村落出现，聚落逐渐扩大直至可被称为城市，人类从此实现了一次重大的文明跃进。[②] 在这片土地上，已知的早期新石器文化遗址是河北南部

---

① 王幼平：《中国远古人类文化的源流》，科学出版社 2005 年版，第 8—9 页。

② 杜正胜：《古代社会与国家》，台北允辰文化实业股份有限公司 1992 年版，第 101 页。

和河南北部的磁山文化、裴李岗文化，年代属于公元前6000至前5700年，其已有半地穴式住宅，可种植粟类、饲养家畜并制作陶器。而之后的西安半坡遗址属于仰韶文化早期代表，年代是公元前5000至前4500年。与黄河流域的仰韶文化相对，山东半岛出现了大汶口文化，而长江流域则先是河姆渡文化，后是公元前3000年左右的良渚文化。因此，大致在黄河中游、山东半岛以及长江下游地区同时存在着三个不同的各自独立的文化圈。[①] 这些文化圈都可以称之为文明体，是基于不同文化而构筑成的群体。它们各自具有不同的文化特征，这体现在生活的各个方面。随着文化圈的扩大和接触，这些存在诸多差异的文明体之间开始了互动过程，正如张光直所指出的，“公元前4000年左右开始，有土著起源和自己特色的几个区域性的文化互相连锁成为一个更大的文化相互作用圈”。[②] 但是，这些文明体之间的接触和互动并不妨碍彼此的发展，它们所拥有的基于地域特色的区域文化一直保持下去。这些璀璨缤纷的文明体共处于中国大地上，其间的良好互动正是和处之道的典型体现。

除了考古遗迹上的体现之外，古代文献上也有一些可作为佐证的材料，无一不在表明文明体之间的并行不悖与和谐共处。针对中国古代族群，徐旭生曾根据文献归纳出古代部族三集团说，即华夏集团、东夷集团、苗蛮集团。[③] 蒙文通也划分了三个集团，即江汉集团、河洛集团、海岱集团。[④] 两相比照，虽然各集团名称或所属人物有所差异，但所指地区大致相同，而这三个地区与考古发现的文化圈也有重合之处。所以，很多学者试图将考古发现与文献记载结合起来，但毫无疑问这也是非常冒险的行为。不过即使不考虑与考古文化圈对应关系，文献所记载的族群发展也是显而易见的。在当时陕西、山西、河北和河南西部地区，山东、河北和河南的东部、安徽、江苏地区，湖北、湖南、江西和河南的南部地区，这些区域中确实分布着不同的族群。[⑤] 如黄帝、炎帝部落便主要活动在第一区域，而太皞、少皞集团

---

① 夏鼐:《中国文明的起源》，文物出版社1985年版，第4—8页。

② 张光直:《中国相互作用圈与文明的形成》，《中国考古学论文集》，生活·读书·新知三联书店1999年版，第158页。

③ 徐旭生:《中国古史的传说时代》，文物出版社1985年版，第39页。

④ 蒙文通:《古史甄微》，上海商务印书馆1933年版，第36、45、52页。

⑤ 谢维扬:《中国早期国家》，浙江人民出版社1995年版，第250页。

则是在第二个区域，祝融集团则在第三个地区。进入三代之后，夏主要来自第一区域，而商则是第二个区域，周虽然自称夏的后裔，但其族源复杂，不易确定，不过其兴盛之时位于第一个区域是可以肯定的，而第三个区域在春秋时期崛起了作为祝融八姓之一的荆楚。从描述的情形来看，这几个文化区域是同时并存的，而且相互之间保持着良性互动。尽管随着历史发展，各族群之间逐渐融合，到春秋战国时已经熔铸为一个自称华夏的群落，但是各个文化区域仍然作为中华民族以及中国文化的组成部分存在，独具特色地共处于中华大地上。

中国大地上发生的一切只是世界文明的浓缩版，不过世界文明体的发展却充满了教训。在世界的版图上，古往今来发育了众多的文明。这些文明体共存于世，其间冲突在所难免。当我们回顾人类的文明史时，不免感叹它留存给我们的影像大多却是战争、对抗和冲突。例如持续将近两百年之久的十字军东征，无疑就是基督教文明与伊斯兰文明之间的惨烈冲突。而进入近代之后，随着西方资本主义的发展，西方列强更是踏上了征服全世界的道路。世界上的很多古老文明不断被西方列强征服，中国的儒家文明就是其中的代表。自从 1840 年英国舰队入侵中国之后，列强蜂拥而至，妄图殖民分裂中国。其实，这一切的源头就在于西方中心主义。西方列强自视为世界中心，否定了其他文明的存在价值。进入 20 世纪之后，这种文明冲突并未缓解，甚至因为两次世界大战和“冷战”而达至高峰。其实，这一百多年来，人类也在不断地反思自己的这段历史。特别是在苏联解体、两极对抗结束之后，人们一直在思考如何建设一个更美好、更和谐的人类社会。对于 21 世纪，处于 20 世纪的人们是满怀着憧憬和期盼的。但是，这些憧憬和期盼在人们跨入新世纪之后却并没有如期转换为现实。在踏入新世纪之门后，人类所面临的问题并未缓解，在 21 世纪的第一年，“9·11”恐怖袭击便击碎了人们对新世纪的美好梦想，由此引发的一系列战争延续至今。从根本上说，所有的文明冲突都是以本文明为中心否定他文明存在价值的后果。其实，所有文明体都是在地球上独立发源成长的，因此都拥有平等发展的权利。世界上的文明体之间应当互相尊重对方的特殊性和发展权，这才是“道并行而不相悖”的和处之道。

第三节　和立原理

每个人、每个群体、每个文明都拥有着独立生存和发展的权利，这是天然具足且互不妨害的。因此，在维护自身权利的同时，我们也应该认识到他人、他群体、他文明独立生存和发展的需要。孔子说："己欲立而立人。"（《论语·雍也》）己立而立人的思想，我们可以称之为和立原理。

张立文指出："人类囿于优胜劣败的偏见，总想显示人类无所不胜的力量，征服自然而毁灭性开发自然，砍伐森林，滥捕动物，以至制造种种大量高效杀人武器（化学武器、生物武器等）。总以冲突对立、以另一方的消灭、消亡为自己'立'的实现和证明。其实任何东西都有自己独立的、特殊的存在形式、存在方式和模式。自然有自然自身生存、发展的独特方式；社会有社会自己选择各种各样形形色色的生存方式的自由和发展道路；人有每个人自己不同的生活活动方式、方法；文明有各个文明自己不同的价值观念、思维方式、风俗习惯、行为方式、语言文字，以至于每个人的心理结构、性格、气质等，大相径庭。对此，必须建立和立意识，绝不能唯我独优、唯我独尊、强加于人，霸权主义。"①

一、己欲立而立人

无论是个人，还是群体抑或文明，都是基于自我意识的主体存在。对于这种主体存在而言，其他外在于自我的存在都是他者。自我拥有的权力，他者也应该具有，这是一种"己欲立而立人"的思考方式。但是，这种推己及他的思考方式并不是常态。恰恰相反，自我与他者在很多情况下总是处于你死我活、彼此对立的状态。其实，究根溯源，这种情况正是来源于二元对立思维方式。

二元对立思维方式就是以二分的视角将世界划分为彼此对立的二元，其间充满着对抗。这种思维方式，起源于古希腊。德国哲学家黑格尔（Hegel）曾说过："一提到希腊这个名字，在有教养的欧洲人心中，尤其是在我们德国人心中，自然会

① 张立文：《和合学概论——21世纪文化战略的构想》，首都师范大学出版社1996年版，第587页。

引起一种家园之感。”[①] 可以说，古希腊孕育了西方文明，这就包括二元对立思维方式。面对变化纷纭的外部世界，古希腊哲学家不断在追寻万物何以产生、何以存在的根源，也就是“本原”。在他们看来，本原是万物现象背后存在的根源。这便在一定程度上将世界分为了两个部分，即现象与本原。爱利亚学派哲学家巴门尼德（Parmenides）将人的认识途径分为真理之路和意见之路，而这两条道路又分别对应本质和现象这两个世界。巴门尼德对世界的两分开创了西方二元对立的先河，并深刻影响了之后柏拉图的思想。柏拉图（Platon）在早期希腊哲学家的基础上继续深化了二元对立理论。在柏拉图的哲学体系中，现象世界中的万物都处于不断变化之中，而在这些变动不居的事物背后则有着不变、稳定、永恒的存在。外部世界的现象是可以通过人的感官感知的，而其背后的世界则是不可感知的，这个世界就是理念世界。如此一来，柏拉图就将完整一体的世界分为可感世界和理念世界两个部分。这两个世界的划分延续了巴门尼德的思路，同时更加深化了这种二分的方法。近代哲学的时代开启之后，法国哲学家笛卡尔（Descartes）在其哲学体系中建立了更为典型的二元论。在笛卡尔哲学中，“实体”范畴具有核心的位置，是一种不依赖其他事物而独立存在的事物。在笛卡尔看来，心灵和物质就是这种实体。心灵的属性是思想，物质的属性是广延，而思想没有广延，广延不能思想。所以，心灵和物质是两种互不关联的两个实体，二者之间没有任何关系，分别独立存在。这样，笛卡尔就将心灵和物质分为两个互不依赖的存在，这也就是二元对立论的典型形式。

20世纪以来，西方哲学家在批判解构传统形而上学时，已经展开了对传统思维方法的审查。德里达曾指出：“在一个传统哲学的二元对立中，我们所见到的唯是一种鲜明的等级关系，绝无两个对项的和平共处。其中一个单项在价值、逻辑等等方面统治着另一个单项，高居发号施令的地位。”[②] 传统对立模式，如美/丑、善/恶、主/客、本质/现象、理性/感性等等诸如此类的概念范畴，都如德里达所说，有着“鲜明的等级关系”。依据对立模式所本然蕴含的价值标准，真、善、美必然

① [德]黑格尔：《哲学史讲演录》第1卷，贺麟、王太庆译，商务印书馆1959年版，第157页。
② 转引自陆扬：《德里达——解构之维》，华中师范大学出版社1996年版，第57页。

会高于假、恶、丑，主体、理性一定要支配客体、感性。总之，不管对立双方为何物，总会有一方处于高一等级，在二者关系中起着支配作用。因为这对立双方不存在平等关系，总是一方高于另一方，所以这种模式天然蕴含着不平等。对立双方处于不平等状态，而这种不平等的本质又决定了二者的不稳定关系。在极端不稳定状态下，甚至可能出现其中一方消灭另一方的情况，这一过程之中不可避免地会发生种种悲剧。虽然有时二元对立之双方随着势力消长，等级高低会发生转化，支配方会发生转换，但其二元对立的最终指向不会改变。因此，二元对立思维方式严重阻碍了事物间的平等交流，特别是切断了自我主体与他者的联系。

中国的墨家认为战争以至于各种社会丑恶现象都来自人与人之间的不相爱。在墨子看来：

> 子墨子言曰：仁人之所以为事者，必兴天下之利，除去天下之害，以此为事者也。然则天下之利何也？天下之害何也？子墨子言曰：今若国之与国之相攻，家之与家之相篡，人之与人之相贼，君臣不惠忠，父子不慈孝，兄弟不和调，此则天下之害也。然则崇此害亦何用生哉？以不相爱生邪？子墨子言：以不相爱生。今诸侯独知爱其国，不爱人之国，是以不惮举其国以攻人之国。今家主独知爱其家，而不爱人之家，是以不惮举其家以篡人之家。今人独知爱其身，不爱人之身，是以不惮举其身以贼人之身。是故诸侯不相爱则必野战，家主不相爱则必相篡，人与人不相爱则必相贼，君臣不相爱则不惠忠，父子不相爱则不慈孝，兄弟不相爱则不和调。天下之人皆不相爱，强必执弱，富必侮贫，贵必敖贱，诈必欺愚。凡天下祸篡怨恨，其所以起者，以不相爱生也，是以仁者非之。(《墨子·兼爱中》)

因为人与人之间不相爱，因为人只知道爱自己不爱他人，所以会有战争以及种种社会危害，所以，制止战争，就必须提倡人与人之间普遍的无别的爱，也就是“兼爱”。

> 若使天下兼相爱，爱人若爱其身，犹有不孝者乎？视父兄与君若其身，

> 恶施不孝？犹有不慈者乎？视弟子与臣若其身，恶施不慈？故不孝不慈亡有，犹有盗贼乎？故视人之室若其室，谁窃？视人身若其身，谁贼？故盗贼亡有。犹有大夫之相乱家，诸侯之相攻国者乎？视人家若其家，谁乱？视人国若其国，谁攻？故大夫之相乱家，诸侯之相攻国者亡有。若使天下兼相爱，国与国不相攻，家与家不相乱，盗贼无有，君臣父子皆能孝慈，若此则天下治。（《墨子·兼爱上》）

墨子提倡兼爱，提倡人与人之间无差别的爱，提倡爱人之身若己之身，爱人之父若己之父，爱人之家若己之家，只具有理论意义，不具有普遍性。因为它违背人的自然本性。任何人都不可能像爱自己一样爱别人，任何人都不可能像爱自己的父亲一样爱别人的父亲。所以，这种理论并不具有现实性。

与墨家不同，儒家提出的是一条现实的出路。孔子说："己欲立而立人。"（《论语·雍也》）朱熹解释说："以己所欲譬之他人，知其所欲亦犹是也，然后推其所欲以及于人，则恕之事而仁之术也。于此勉焉，则有以胜其人欲之私，而全其天理之公矣。"[①] 人皆有其所欲，由其所欲，知他人亦其所欲，由此则可以推其所欲以及于人。如果只是欲己之所欲，而不顾及他人之所欲，那就只是人欲之私，是私欲。如果能从己之所欲开发出去，能体谅他人之所欲，并促成他人所欲之实现，此则不再是人欲，而是天理；不再是人欲之私，而是天理之公。孟子说："老吾老，以及人之老；幼吾幼，以及人之幼。"（《孟子·梁惠王上》）我敬爱我的老人，我也宠爱我的孩子，这是最正常不过的。但这还不够，应当将这种自然的感情发扬光大。由敬爱自己的老人扩大到也敬爱别人的老人，由宠爱自己的孩子扩大到也宠爱别人的孩子。这就是推己及人之道，这就是"己欲立而立人"。朱熹解释说："盖骨肉之亲，本同一气，又非但若人之同类而已。故古人必由亲亲推之，然后及于仁民；又推其余，然后及于爱物，皆由近以及远，自易以及难。"[②]

推己及人，即儒家所谓的"恕道"。孟子说："万物皆备于我矣。反身而诚，

---

① （宋）朱熹：《四书章句集注》，中华书局1983年版，第93页。

② （宋）朱熹：《四书章句集注》，中华书局1983年版，第209—210页。

乐莫大焉。强恕而行，求仁莫近焉。”（《孟子·尽心上》）朱熹注曰：“大则君臣父子，小则事物细微，其当然之理，无一不具于性分之内也。”又说：“恕，推己以及人也。反身而诚则仁矣，其有未诚，则是犹有私意之隔，而理未纯也。故当凡事勉强，推己及人，庶几心公理得而仁不远也。”[①] 万物皆备于我，通过这种纳外物于己身的方式，孟子将自我与外物连接在一起。由此，推己及人的方式也有了理论基础。至于万物如何皆备于我，孟子是通过将自我之心性与天归一的方式实现的。孟子说：“尽其心者，知其性也。知其性，则知天矣。”（《孟子·尽心上》）朱熹对此解释道：“心者，人之神明，所以具众理而应万事者也。性则心之所具之理，而天又理之所从以出者也。人有是心，莫非全体，然不穷理，则有所蔽而无以尽乎此心之量。故能极其心之全体而无不尽者，必其能穷夫理而无不知者也。既知其理，则其所从出。亦不外是矣。”[②] 心者，己之心也。己心对于外物众理的具足是与天相一致的，这种心、性、天的贯通使得外物不再是与自我隔绝的存在。因此，在孟子的理论化解下，自我的边界得到了极大的扩展，将万物都容纳其中。这就从根本上解决了自我与外物的分割状态，破解了二元对立中的彼此对立与冲突。

自我与外物的连接和融合，打破了我与他人、他群体甚至他文明之间的阻塞，原本判而二分的状态得到改变，使得己与人之间可以推而及之。“己欲立而立人”是和立原理的最直接表现，这一行为的确立，让自我主体意识到他人、他群体和他文明与己之间的内在联系，从而实现对他者存在的关照。

张立文教授指出：“这种‘己欲立而立人’的精神，以是开放的、宽容的胸怀，接纳自然、社会、人生、心灵，文明按其适合自己的特性的生存方式、模式而立于世界之林和适合于自己实际的发展道路建立自己的制度。不要搞一律、一个模式，若不照样搞一个模式、同样的制度，就限制、制裁、禁运等。地球上有上千个民族、两百多个国家，多种多样的文化传统、价值观念、思绪方式、风俗习惯，且各民族、各地区、各国家的发展各不相同。在这种情况下，各国、各民族

① （宋）朱熹：《四书章句集注》，中华书局 1983 年版，第 350 页。
② （宋）朱熹：《四书章句集注》，中华书局 1983 年版，第 349 页。

依据自己民族、国家的实际情况，选择各自符合本民族、本国国情的社会制度的发展模式，使本民族、本国站立起来，应该受到鼓励和尊重，而不应该横加干涉和指责。世界的丰富多彩的多样性，才能发展为多样、多元的文化交流、文化互补，并发展为多样、多元的和生、和处、和立，这便是和立意识或和立原理。”①

和立意识、和立原理所强调的，就是抛却私意，排除偏见与傲慢，以平等、和悦的态度对待他人、他国及他种文明，这样才能实现和平共处的大同世界。

二、厚德载物

从本质上看，和立原理是有关自我与他者之间关系的规范。自我主体不应只关照自身的存在和发展，还应该将这种意识推及他人、他群体和他文明，总之自我要关照到他者的存在和发展。说到底，这是一种非自利行为，因此带有浓烈的道德色彩。孔子说："夫仁者，己欲立而立人，己欲达而达人。能近取譬，可谓仁之方也已。"（《论语·雍也》）"己欲立而立人"是和立原理的直观体现，因其利他性而被孔子列为"仁"的范畴，可见其属于重要德行。

和立原理的利他性主要体现在对他者的关照上，特别是将自我意识倾注于他者之上，以己之情体他者之情，将他者置于自我意识之中，这就切实地做到助人利他。因此，不能不说和立包含着浓厚的道德感，这一点使其成为孔子高度颂扬的仁义之行。《周易》坤卦对这种利人利物的德行许以最高评价。坤卦的卦辞曰："坤，元、亨，利牝马之贞。君子有攸往，先迷，后得，主利。西南得朋，东北丧朋，安贞，吉。"王弼解释说："坤，贞之所利，利于牝马也。马在下而行者也，而又牝马，顺之至也。至顺而后乃'亨'，故唯利于'牝马之贞'。"②程颐解释说：

坤，乾之对也。四德同，而贞体则异。乾以刚固为贞，坤则柔顺而贞。牝马柔顺而健行，故取其象曰牝马之贞。君子所行柔顺而利且贞，合坤德也。阴，从阳者也，待倡而和。阴而先阳，则为迷错，居后乃得其常也。主利，

---

① 张立文：《和合学概论——21世纪文化战略的构想》，首都师范大学出版社1996年版，第587—588页。

② （魏）王弼注，（唐）孔颖达疏：《周易正义》，北京大学出版社2000年版，第28页。

利万物则主于坤，生成皆地之功也。臣道亦然，君令臣行，劳于事者臣之职也。(《周易程氏传》卷一）[①]

坤卦之贞在于其至顺至柔，柔顺之贞的根本是利他而非自利。所以王弼说“至顺而后乃亨”，程颐说“居后乃得其常”，“利万物则主于坤”。坤卦《彖传》言曰：“至哉坤元，万物资生，乃顺承天，坤厚载物，德合无疆。含弘光大，品物咸亨。”承载并滋养万物，使其能够生长繁盛，这是最高等级的利物之行，只有大地才具有的品德，因此被赞为“至哉坤元”。孔颖达解释说：

“至”谓至极也，言地能生养至极，与天同也。但天亦至极，包笼于地，非但至极，又大于地。故乾言“大哉”，坤言“至哉”。“万物资生”者，言万物资地而生。初禀其气谓之始，成形谓之生。[②]

万物因地而生养，故坤之德厚无疆。程颐解释说：

资生之道，可谓大矣。乾既称大，故坤称至。至义差缓，不若大之盛也。圣人于尊卑之辨，谨严如此，万物资乾以始，资坤以生，父母之道也。顺承天施，以成其功，坤之厚德，持载万物，合于乾之无疆也。以含、弘、光、大四者形容坤道，犹乾之刚、健、中、正、纯、粹也。含，包容也。弘，宽裕也。光，昭明也。大，博厚也。有此四者，故能成承天之功，品物咸得亨遂。取牝马为象者，以其柔顺而健行，地之类也。行地无疆，谓健也。乾健坤顺，坤亦健乎？曰：非健何以配乾？未有乾行而坤止也。其动也刚，不害其为柔也。柔顺而利贞，乃坤德也，君子之所行也。君子之道合坤德也。(《周易程氏传》卷一）[③]

① （宋）程颢、程颐：《二程集》，王孝鱼点校，中华书局1981年版，第706页。
② （魏）王弼注，（唐）孔颖达疏：《周易正义》，北京大学出版社2000年版，第30页。
③ （宋）程颢、程颐：《二程集》，王孝鱼点校，中华书局1981年版，第707页。

坤道的根本是“资生”，所谓“至哉坤元，万物资生”。“至”也是大。称乾为“大”，称坤为“至”，以示有别。万物资乾以始，资坤以生，乾坤为万物之父母。坤作为万物之母，含有四种德性：含、弘、光、大，含即包容，弘即宽裕，光即昭明，大即博厚。君子取法乎坤，亦应有含、弘、光、大之气魄。故《象传》曰：“地势坤，君子以厚德载物。”所谓厚德载物，就是大地容载万物、滋养万物的深厚之德，这是利他之德的最高表现，也正是君子需要效仿并习得的德行。“君子观坤厚之象，以深厚之德，容载庶物。”[①] 作为坤德的至高体现，厚德载物展现给我们的正是和立原理，和立本就是要关注自我与他者的关系。就其实质而言，他者就是一切外在于自我的事物，其范围非常广泛，包括他物、他人、他群体甚至他文明。也正是因为这种对外在众多事物的囊括，才会凸显利他之德的深厚和宽广。因此，厚德载物所体现出的和立原理就包括了对众多事物的惠利。

对于他物来说，是自然界无私养育了人类，但是却从未向人类索还。孔子曾说：“天何言哉？四时行焉，百物生焉，天何言哉？”（《论语·阳货》）天养育了万物，当然也包括人类，但是天却不曾为此有何言语，这其实就是自然的无私大德。对此，老子也有过类似表述。他指出：

> 道生之，德畜之，物形之，势成之。是以万物莫不尊道而贵德。道之尊，德之贵，夫莫之命而常自然。故道生之，德畜之，长之、育之、亭之、毒之、养之、覆之。生而不有，为而不恃，长而不宰，是谓玄德。（《老子》第五十一章）

生养万物，却生而不有，为而不恃，长而不宰，这同样是种无私大德。反观人类自身，却总是毫无节制地向自然索取资源，特别是进入工业时代后，人类的欲望更是膨胀到极点。经过几百年的高速发展，人类社会已经非常发达，但是与此形成鲜明对比的是，自然被人类破坏得千疮百孔，空气、土壤、水源都存在严重的污染，很

---

① （宋）程颢、程颐：《二程集》，王孝鱼点校，中华书局 1981 年版，第 708 页。

多自然资源也接近枯竭，有些动植物也濒临灭绝。这一切都是人类的肆意妄为导致的恶果。因此，面对这种现状，人类最应做的就是学习厚德载物的精神，推己及物，将自身生存、发展的意愿置于自然万物之上，关注万物的生存和发展，致力于整体生存环境的改善和保护。

对于他人来说，都是与自我同种同属，更应该被纳入自我主体的关照对象。但是，实际情况却与此严重不符。尽管都是同胞，人与人之间却存在着严重的隔阂和冲突。英国哲学家霍布斯曾指出在人类的自然状态下，人人都按照本性生活，最后就会发生“每一个人对每一个人的战争”。[①]霍布斯将人的初始状态设定为恶，他人对于自我主体来说就如同自然界的猛兽一样，这就意味着整个人类社会就是弱肉强食的战场。与其相同，古代中国的很多思想家对人性也有类似的认定。荀子曾指出：

> 人之性恶，其善者伪也。今人之性，生而有好利焉，顺是，故争夺生而辞让亡焉；生而有疾恶焉，顺是，故残贼生而忠信亡焉；生而有耳目之欲，有好声色焉，顺是，故淫乱生而礼义文理亡焉。然则从人之性，顺人之情，必出于争夺，合于犯分乱理而归于暴。故必将有师法之化，礼义之道，然后出于辞让，合于文理，而归于治。用此观之，然则人之性恶明矣，其善者伪也。（《荀子·性恶》）

荀子对人之本性的认定更为彻底，直接指出人性本恶，而所谓的善则是后天养成的。人生来就好利，由此而有了争斗；人生来就嫉恨，由此而有了残害；人生来就有各种欲望，由此而有了淫乱。总之，在荀子看来，人的本性必然会引发种种的邪恶之事。人与人之间的种种冲突如果任其发展，必然会导致人类社会的崩溃。

而对于这种灾难性的后果，最好的化解之道就是“己欲立而立人”思想。对于美食而言，自己喜好就应想到他人也有此喜好；对于华屋来说，自己需要就应想到他人也有此需要。孟子见齐宣王时，宣王称自己“好货”，孟子说：“王如好货，与

① ［英］霍布斯：《利维坦》，黎思复、黎廷弼译，商务印书馆 1985 年版，第 94 页。

百姓同之。”宣王又说自己“好色”，孟子回答：“王如好色，与百姓同之。”（《孟子·梁惠王下》）在此，孟子即是让齐宣王推己及人，自己有何喜好就应想到他人也有，然后去关照他人。

对于他群体和他文明来说，自群体和自文明总是试图居于中心位置，将他群体和他文明视为低级存在，由此而引发了人类历史上的不断的冲突和战争。在古代中国，因为自身文明的高度发达，华夏民族自视为天下的中心，而周边少数民族则被视为戎狄蛮夷，这种充满歧视的称谓体现的就是华夏民族对周边低级存在的认定。不过，需要说明的是，这种华夷之辨与后世西方所谓的种族主义绝然不同。严格来讲，华夷之辨的标准在于文化，而非种族。也就是说，华之所以为华，不是因为种族血缘，而在于其所尊奉的文明礼仪，而夷之为夷也不是因为其为外族，而是源于其文化落后、不尊华夏礼仪。一旦所谓蛮夷尊奉华夏文明，那么其就可称为华夏。相对应的是，如果华夏不再尊奉文明礼仪，那么也就会沦为蛮夷，这也就是后世韩愈所说的：“诸侯用夷礼则夷之，进于中国则中国之。”（《原道》）因此，这种“华夷之辨”的根本在于文化，不过其立论基础仍然是华夏文明中心论。近代以来，随着工业革命带来的国学强大，西方国家也充斥着西方文明中心论。这导致的后果就是西方列强视世界其他国家和文明为低级文化，妄图通过殖民的方式征服并统治其他国家。就在这一时期，西方列强通过炮舰政策入侵中国，给近代中国带来了深重的灾难。

其实，不管“华夷之辨”，还是“中西之争”，二者的实质都是相同的。换而言之，不管是华夏文明中心论，还是西方文明中心论，都是自我中心主义者，其实质都是将自身独立于其他文明之外，忽视自己也是人类文明中的一员，忽视与他群体、他文明同属地球生存活动空间的事实。因此，面对这一幕幕人类同胞相争的悲剧，我们应该深刻反思，无论是何种群体、何种文明，都有在世界上独立生存和发展的权利。如此众多的群体和文明，绝没有任何的中心存在，都是平等而独立地生存在世界上。同时，我们也应该具有推己及人的精神，关照其他群体和文明的发展，一起构筑共处和立的和谐世界。

第四节　和达原理

作为社会动物，人在这个世界上的目的并非仅仅是实现个体的富足与享受，而是有着更高的价值性指向，这种高层次价值就是对他人的关注和帮助。对于普通动物来说，个体的生存和发展是最高原则。在此基础上，为了种族的繁衍需要生养幼小，而这近乎本能的需求，并非基于道德或价值上的追求。而作为社会动物的人则不然，人在关注自身的同时，还有着对他人处境的关怀以及对他人发展的支持。这种“和达”的群体性价值诉求是人的独特之处，也是人类社会能够不断发展并实现共同繁荣的关键。

张立文指出：“人与自然、社会、他人、他文明、心灵，都应共同发达。尽管自然生态环境、自然条件各有优劣，社会制度、社会发展亦有先后、贫富的差异，文明的特征、风格、信仰也相距甚远，就要发生冲突。但既然共同生存于一个‘地球村’或‘太空船’中，就要允许差异的存在，各国、和族、各人、各文明自己走自己的发达之路，即要有和达的意识。发达国家与不发达国家、发展中国家以及转型中国家，都应有共同发达的意识。”[①] 共同发达就是“和达”。“和达意识是在当前多元文化、多元发展、多元模式各种错综复杂融突情境中协调、平衡、和谐，以达到共同发达，这便是孔子所说的‘己欲达而达人’，这种达人意识，便是和达原理。”[②]

一、己欲达而达人

在确立了和立原理之后，和达原理也就自然呈现出来。其实，对于二者而言，“立”与“达”是紧密相随的两个阶段，只有“立”之后才会实现“达”。而且，二者的思想和文献来源相同，都出自孔子的论仁之方。孔子说：“夫仁者，己欲立而立人，己欲达而达人。能近取譬，可谓仁之方也已。”（《论语·雍也》）“己欲立而立人，己欲达而达人”，都是由己及人，都是由己推人，都是将己之所欲推及他人。

---

① 张立文:《和合学概论——21 世纪文化战略的构想》，首都师范大学出版社 1996 年版，第 588 页。

② 张立文:《和合学概论——21 世纪文化战略的构想》，首都师范大学出版社 1996 年版，第 589 页。

由己及人的第一步即是“立”，第二步就是“达”。在确立个体独立性之后，如何通达、发达就成为下一步重点考虑问题。

何为“达”？许慎在《说文》中认为是“行不相遇也”。甲骨字形“”，指人行走在大路上通行无阻之义。由此，“达”也就具有了通达的含义。《论语》中除了“己欲达而达人”之外，还有多处讨论过“达”。孔子学生子张就曾向孔子请教达的问题。

> 子张问：“士何如斯可谓之达矣？”子曰：“何哉，尔所谓达者？”子张对曰：“在邦必闻，在家必闻。”子曰：“是闻也，非达也。夫达也者，质直而好义，察言而观色，虑以下人。在邦必达，在家必达。夫闻也者，色取仁而行违，居之不疑。在邦必闻，在家必闻。”（《论语·颜渊》）

在子张看来，“达”就是“在邦必闻，在家必闻”。孔子说：这只是闻，并不是达。前者只是求得虚名，而达的本质是“质直而好义”。对此，朱熹解释说：“闻与达相似而不同，乃诚伪之所以分，学者不可不审也。”达是诚，是实实在在；闻是伪，是徒有虚名。“达者，德孚于人而行无不得之谓。”达所强调的是内养，是内心真情实感的养育。“内主忠信，而所行合宜，审于接物而卑以自牧，皆自修于内，不求人知之事。然德修于己而人信之，则所行自无窒碍矣。”而闻则专注于外。“善其颜色以取于仁，而行实背之，又自取为是而无所忌惮。此不务实而专务求名者，故虚誉虽隆而实德则病矣。”达所强调的是“充乎内而发乎外”，是真诚实在的自然呈现。朱熹进一步引二程之言说：“学者须是务实，不要近名。有意近名，大本已失。更学何事？为名而学，则是伪也。今之学者，大抵为名。为名与为利虽清浊不同，然其利心则一也。”①

孟子也经常谈论“达”，他说：

> 士穷不失义，达不离道。穷不失义，故士得己焉；达不离道，故民不失

① （宋）朱熹：《四书章句集注》，中华书局1983年版，第138页。

望焉。古之人，得志，泽加于民；不得志，修身见于世。穷则独善其身，达则兼善天下。(《孟子·尽心上》)

“穷”，是指不得志之时。“穷不失义”，也就是“富贵不能淫，贫贱不能移，威武不能屈”；“达”，则是得志成功之时。“达不离道”，也就是即使成功也不背离大道。之所以能“达不离道”，就是因为“达”的基础是修德，如此才能做到无论“穷”、“达”都不离道义。总而言之，“达”于外表现为成功，于内重在修身，也就是立基于修身进德的成功。

从逻辑层次上看，“立”是“达”的前提和基础，而“达”则是“立”之后的结果。其实，“立”本身就含有修身进德的意思。“立”就是笔直站立，甲骨、金文都是象一人站立于地上。之后“立”逐渐就有了修德的含义，因为能使人立于世的往往是道德的修养。所以，孔子经常在道德层面使用“立”。如孔子自述其“三十而立”。孔子的学生有子说:“君子务本，本立而道生。孝弟也者，其为人之本与！”(《论语·学而》)所谓“本立”，也就是孝悌之德，也就是孝悌之德之确立。二程解释说:“立，能自立于斯道也。”[①]“三十而立”，也就是立道立德。孔子又说“不学礼，无以立。”(《论语·季氏》)朱熹注曰:“品节详明，而德性坚定，故能立。”[②]“立”是作为人之为人的德的确立。由立德以至于立命。孟子说:“殀寿不贰，修身以俟之，所以立命也。”(《孟子·尽心上》)“立命”是自觉坚定，无论是夭是寿，坚定不移，以奉天命。德立而外显于事，而后成功有名，即成为“达”。

就个人而言，“穷则独善其身”，固然是坚守道德底线，但是绝大多数人还是期望能够“达则兼济天下”。因此，所谓“己欲达而达人”，便是推己之所欲以及他人，自己对“达”有渴望和期待，应联想到他人也同样如此，然后去帮助他人实现“达”。孔子将这一路径称为“能近取譬”，并作为实现“仁”的重要途径。《论语》载:

① (宋)朱熹:《四书章句集注》，中华书局 1983 年版，第 54 页。
② (宋)朱熹:《四书章句集注》，中华书局 1983 年版，第 174 页。

> 子贡曰："如有博施于民而能济众，何如？可谓仁乎？"子曰："何事于仁，必也圣乎！尧舜其犹病诸！夫仁者，己欲立而立人，己欲达而达人。能近取譬，可谓仁之方也已。"（《论语·雍也》）

朱熹注："譬，喻也。方，术也。近取诸身，以己所欲譬之他人，知其所欲亦犹是也。"[①] 子贡问孔子"博施于民而能济众"是否可称为仁，孔子认为不止于仁，更可称为圣。但是，这对于个人来说过于困难，即便是尧、舜，也都如此，何况普通个人。所以，孔子为子贡指出了切实之道，就是取之己身。人与人同种同属，在很多方面都相同，因此，从自己的感受出发，最能体会他人的感受，从自己的欲求出发也最能了解他人的欲求。这种方式最为便捷、简易。孔子由此将其作为"仁之方"，亦即推行仁之方式、方法。也正因为如此，"能近取譬"，才成为入门之法。吕大临说："子贡有志于仁，徒事高远，未知其方。孔子教以于己取之，庶近而可入。是乃为仁之方，虽博施济众，亦由此进。"[②] 从自身感知开始，自然是简易之法，但是这仅是入门而已。"推己及人"真正落实也很困难。特别是"己欲达而达人"，所"达"之人由近及远，难度也逐级增加，最后即是尧、舜犹病的"博施济众"。

孔子对子路也曾谈及过"尧舜其犹病诸"的问题，这就是"修己以安百姓"，这与"博施济众"表述的是同一个含义，都是指对民众、百姓的恩施，也就是天下平治之义。

> 子路问君子，子曰："修己以敬。"曰："如斯而已乎？"曰："修己以安人。"曰："如斯而已乎？"曰："修己以安百姓。修己以安百姓，尧舜其犹病诸！"（《论语·宪问》）

由己，以至于人，以至于百姓；由修己，以至于安人，以至于安百姓。对于"己欲达而达人"来说，首先立足于自身的修身，所以当子路问孔子时，孔子先回答"修

---

① （宋）朱熹：《四书章句集注》，中华书局 1983 年版，第 92 页。
② （宋）朱熹：《四书章句集注》，中华书局 1983 年版，第 92 页。

己以敬”；在自己有所“立”之后，就应该关注他人，所以孔子进一步说“修己以安人”；最后，“达人”的最高境界是对天下苍生的关怀，也就是“修己以安百姓”，或者“博施济众”。由此，“己欲达而达人”实现了逐级扩展，达到了影响范围最大化。

当然，孔子所定的次序是以那个时代为限定的。在现代社会，“己欲立而立人”已经不再局限于个人和民众，还包括世界上的其他群体和国家。科技的发展已经将世界融汇成一个地球村，一个地区和国家的发展离不开其他国家的参与，而一个国家的兴盛也需要带动其他国家的发展。因此，现今“己欲立而立人”不仅是要使其他人“达”，还要使其他群体和国家“达”，最终实现世界的共同繁荣。

二、共同繁荣

在我们这个“地球村”中，地区与地区、国家与国家之间已经变得密不可分。无论是从经济发展，还是社会交流来看，世界已经成为你中有我、我中有你的统一体。因此，从“己欲达而达人”的角度来看，一个国家在经济发展后还应当帮助其他国家，特别是在当今发达国家与发展中国家差距拉大的情况下，旨在于共同繁荣的和达原理更应当成为国家间相处的原则。

从历史上来看，中华民族一直在践行和达原理。从公元前 8000 年开始，在中华大地上生活的人们就开始了农业生活。而农耕的生活大大解放了自然环境对人类的束缚，定居的农业村落出现，聚落逐渐扩大直至可被称为城市，由此先民们建立了发达的东方农业文明。夏商文明持续千年且已经高度发达，中华文明的很多基因都于此阶段奠定。承继夏商王朝之后，周王朝通过封邦建国，开始大规模整合周边资源，一个自称华夏的文明最终在辽阔的东方建立起来。也正是因为华夏文明的最终形成，周王朝成为后世历代王朝追溯的文明源头，因其“郁郁乎文哉”的高度文明而被视为“王道”的典范。而此“王道”的一大特点就是体现在对外政策上的修德怀柔。在中原王朝的周边地区生活着众多的少数民族。从有卜辞记载的商代开始，中原王朝与周边民族的战争就有了文字记录。但是，到周代时，对这些异族地区的怀柔成为主流思想。特别是在儒家思想看来，建立在自我德行修养基础上的怀柔政策是中央王朝的最佳选择。因此，这一政策一直延续两千多年，始终是中原王朝对周边民族的重要政策选择之一。

《国语》记载，周穆王将要征伐犬戎，祭公谋父对其讲解了修德怀柔之道，对于异族地区，“有不祭则修意，有不祀则修言，有不享则修文，有不贡则修名，有不王则修德，序成而有不至则修刑。……布令陈辞而又不至，则又增修于德，无勤民于远，是以近无不听，远无不服。”（《国语·周语上》）在对待周边少数民族时，自己修德然后使其来服是主要政策。孔子也曾说过：“故远人不服，则修文德以来之。”（《论语·季氏》）朱熹注：“内治修，然后远人服。有不服，则修德以来之，亦不当勤兵于远。”[①] 一切都以自我修德为主，德广则远人来，如果有不服，就继续修文德使其主动来服。这种思想避免了地区与地区、民族与民族之间连续不断的冲突，而华夏民族也利用自己的技术优势，向周边民族传授耕种、冶铁、纺织等技艺，推动了周边地区快速发展。例如，唐朝文成公主入藏，就带去了大量技术和工人，实现了西藏地区的发展和繁荣。这无疑是古代践行和达原理的典范。

近代以来，随着工业革命的发展，西方列强逐渐强大起来。在这种情况下，西方列强并没有支持和帮助其他地区和国家的发展，相反却以武力入侵使很多国家沦为殖民地。特别是在中国，自 1840 年开始，强大的欧洲列强闯入国门，并凭借坚船利炮强迫清政府签下种种不平等条约，甚至妄图将中国变为自己的殖民地。中华文明遇到了强劲的对手，也陷入了前所未有的困境之中。由此，我们就可理解为何晚清之人屡屡感叹此乃“三千年未有之大变局”。西方列强持续近百年的侵略，给中国带来了无法估量的损失。尽管从另一个角度来看，古老的中国也因为西方列强的到来开始了艰难的近代化进程，但这是西方侵略的附加影响，绝非西方列强的初衷。其实，就华夏文明而言，其只是发育在黄河流域和长江流域的农业文明。借助中华大地的富饶和肥沃，华夏文明很早就出现且发展最为充分，一度成为农耕时代最强大的文明。尽管曾有过如此辉煌的历史，但华夏文明也仅是一个发展停滞在农耕时代的区域文明。在经过数千年的发展之后，华夏文明便一直停留在原有的模式之中，不曾获得更新和转生。在此期间，传统中国仅仅通过人口的增加和耕地的扩展来维持庞大而低效的经济总量。而在文明发展过程中至关重要的技术进步却越来

① （宋）朱熹：《四书章句集注》，中华书局 1983 年版，第 170 页。

越慢，很长时间内都停留在原有水平不曾发展。即使到明中后期，所谓资本主义萌芽也并没有带来技术和体制上的变革。因此，清代之后，中国急需技术和制度的更新，来实现农业文明向工业文明的转进。但是西方列强没有伸出援手，反而带来了鸦片和枪炮。

其实，强大的西方列强并非世界的中心。西方文明因各种机缘率先进入工业时代，并发展成最强大的工业文明，借此称霸于近代世界。同时，强迫古老的中华帝国打开国门，成为其原料产地和商品倾销地。但是，资本主义本身也问题重重。工业化的结果是对自然资源的疯狂掠夺，以及对生态环境的极大破坏。商业化对精神生活环境的侵蚀，科学主义导致的工具理性对价值理性的蔑视，这些都是西方文明的弊病。资本主义的贪婪终于在 20 世纪初结出恶果，第一次世界大战使得欧洲列强陷入低谷。当时国内迅速流行起东方文化解救西方社会的观点，如今看来，这一观点并非毫无道理。西方文明也只是最早发展至工业时代的文明类型，其最终仍是人类众多文明类型中的一个而已。

归根结底，世界各国只有类型上的差异，而没有固定的文明中心；人类文化只有特征上的比较，而没有绝对的价值正统。人类诸种文明如同璀璨的星空，交相辉映，一起构成了地球生命智慧的壮阔画卷。各民族的文化仿佛争艳的花卉，缤纷绽放，共同组成了人类文化史的美丽花苑。在这个星球上，各种文明和文化都是平等的存在，共同享有地球的资源，并一起创造人类的历史。与此相反，冲突和战争的实质就是将人类社会对立，撕裂原本统一的人类群体，破坏人类共同的生存活动空间。在现代社会，科技的进步和经济的发展已经将整个世界连接为一体，“地球村”的概念恰当地描绘了这一景象。无论是白种人，还是黄种人，人们都生活在同一个星球上；不管是东半球，抑或西半球，都和合为一个生存活动空间。当然，这一共识并非自古有之的，而是人类经过数千年的冲突和战争达成的。当全世界和合为一个生存活动空间时，再试图割裂地域或族群，并据此争执优劣，那就尤为不堪了。

在这人类共同的空间中，不同国家之间应当互相支援、互相促进。因此，对于发达国家来说，帮助发展中国家就成为应有之义。这是人类文明前进的方向，也是生活在这个生存活动空间的人们期盼的愿景。如今，我们作为世界文明之林的一员，更应当在全球化的过程中展现东方智慧，同时融摄西方智慧，和合汇通为新的智慧之境。在其间，人无分中外，地无分东西，都属于一个共同的生存活动空间，都为一个统一的人类文明贡献自己的智慧。

第五节　和爱原理

在五大基本原理中，和爱是最为基础和核心的，其他如和生、和处、和立以及和达都是围绕和爱展开的。张立文教授指出："和生、和处、和立、和达意识的基础和核心是共爱……人类要懂得爱，学会爱，这是人类生命生存第一要义，人不能与自然、社会、他人、心灵、他文明仇恨到底……无和爱意识，人与自然、社会、人际、心灵、文明之间的和生、和处、和立、和达就不可能实现。"[①] 如果没有和爱的情感和价值支撑，其他四大原理便会失去存在的根基，而沦为虚伪的功利性行为。就其实质而言，和爱是一种情感式存在，是人的本能流露，而这也就使其成为其他四大原理的基础，以及人与人之间、文明与文明之间的维系纽带。同时，和爱也需要和生、和处、和立以及和达作为外在表达形式，通过这些行为和措施展现和爱的本质。总之，和爱是化解人类所面对各种危机、冲突的重要手段，

一、泛爱众

经过漫长的进化过程，人类作为一个种群才出现在地球上。在这个种群中，所有人都是艰难进化后的结晶，是在恶劣环境中生存下来的幸存者。因此，作为同种同属的人，人们有足够坚实的理由抛弃偏见而相互和爱。和爱就是要爱所有人，不分地域，不分种族，爱人类中的每一分子。

对于爱人这个范畴，中国古代思想家早已认识到其价值所在，并做了最早的阐述。孔子学生樊迟问孔子：什么是仁？孔子回答："爱人。"（《论语·颜渊》）"仁"是孔子思想中的核心价值，其学说又被称为仁学，而在孔子看来最能体现"仁"含义的就是"爱人"。由此可见，爱人在孔子思想中的重要性。在这里，所爱之人并

---

① 张立文：《和合学概论——21 世纪文化战略的构想》，首都师范大学出版社 1996 年版，第 589—590 页。

没有特殊限定，也就是说爱人即爱所有人。孔子又在另一处谈及爱人，他说："道千乘之国，敬事而信，节用而爱人，使民以时。"（《论语·学而》）爱人不是抽象范畴，仅仅停留在理论体系中，还必须作为行为来切实地实施。因此，孔子在谈论如何治国时，其中重要的一条就是爱人，这是将其作为施政措施之一。不仅仅是治国施政的大方针，对于个人来说，爱人也是修身进德的重要条目。孔子在教导学生时说："弟子入则孝，出则悌，谨而信，泛爱众，而亲仁。行有余力，则以学文。"（《论语·学而》）朱熹注："泛，广也。众，谓众人。"[①]泛爱众即广爱众人，也就是爱所有人。在此，爱人又成为个人修身的条目之一，而且是最基本的。

向世陵教授认为，"《中庸》仁爱的差等蕴含，只是反映爱由近及远实施的先后次序，或者丧服、丧期由亲及疏的依次递减，并不关涉亲亲是否最重要或爱本身的尊卑贵贱问题。事实上，孔子弟子子夏所听闻的'四海之内皆兄弟也'（《论语·颜渊》），正是在以恭敬有礼的博爱之心对待所有人的基础之上才有可能。"[②]对于孔子来说，"爱人"，不能将人分为三六九等，而是爱所有的人，这就赋予"爱人"以普遍性意义。同时，爱人还是个人修德以及治国施政的重要环节，这又为其提供了实践基础。

与孔子同时期的墨子也是提倡爱人的重要代表，不过与孔子不同，墨子提出了兼爱思想，并成为其思想体系中的核心。墨子首先指出天下纷乱不已，而"乱何自起"？墨子认为是"起不相爱"。随后又举例说明人与人相互攻击，而这也是"皆起不相爱"。那如何解决这一问题呢？墨子认为："若使天下兼相爱，爱人若爱其身，犹有不孝者乎？视父兄与君若其身，恶施不孝？犹有不慈者乎？……视人家若其家，谁乱？视人国若其国，谁攻？……故天下兼相爱则治，交相恶则乱。"（《墨子·兼爱上》）墨子给出的解决方法就是爱他人犹如爱自己一样，这样就会如爱己一样的爱他人了。由此推理，爱他人之家如同己家，爱他人之国如同己国，墨子认为这样就会杜绝天下的纷争。很明显，墨子首先设定了人人皆爱己身的理论前提，然后通过将他人等同于自己，试图将爱己之情转移到他人身上。与孔子相比，这种理

① （宋）朱熹：《四书章句集注》，中华书局1983年版，第49页。

② 向世陵：《仁爱与博爱》，《哲学动态》2013年第9期。

论带有浓烈的功利色彩。墨子说："夫爱人者，人必从而爱之；利人者，人必从而利之；恶人者，人必从而恶之；害人者，人必从而害之。"（《墨子·兼爱中》）己爱人，人必爱己；己利人，人必利己。同理，如果己恶人、害人，人也必恶己、害己。因此，墨子的兼爱无疑是建立在功利基础上的，所以他称之为"兼相爱、交相利"。

尽管墨子兼爱思想有功利色彩，但那只是限于对为何人人相爱的解释，在兼爱所起的效用和结果上与孔子所说"爱人"并无区别。在面对纷争的人间乱世时，无论是兼爱，还是泛爱众，都起着消解人情冷漠、弥合社会裂痕的重要作用。墨子描述兼爱的作用说："视人之国若视其国，视人之家若视其家，视人之身若视其身。是故诸侯相爱则不野战，家主相爱则不相篡，人与人相爱则不相贼，君臣相爱则惠忠，父子相爱则慈孝，兄弟相爱则和调。天下之人皆相爱，强不执弱，众不劫寡，富不侮贫，贵不敖贱，诈不欺愚。凡天下祸篡怨恨可使毋起者，以相爱生也。"（《墨子·兼爱中》）墨子认为，如果实现兼爱，使人人相爱、诸侯相爱、家主相爱、君臣相爱、父子相爱、兄弟相爱，总之天下之人皆相爱，最终就会消除世间一切的怨恨争斗。对于孔子来说，仁爱也是建构和实现理想社会的重要途径。《礼记·礼运》中描述的大同社会集聚了儒家所有的理想，其中说"大道之行也，天下为公，选贤与能，讲信修睦。故人不独亲其亲，不独子其子。""不独亲其亲，不独子其子"也就是孔子所说的"泛爱众"，而小康社会与此相反，是"各亲其亲，各子其子"，爱仅限于家人，而未延及众人。由此可见，"泛爱众"也是儒家理想社会实现与否的重要标准。

不过，细究之下，泛爱众与兼爱仍然有所区别。对于兼爱来说，所谓爱是指无差别地爱所有人，也就是"视人之国若视其国，视人之家若视其家，视人之身若视其身"，即使是父子兄弟，己之爱也是与他人相同的。而泛爱众则是"推己及人"的结果，即孔子所说的"己欲立而立人，己欲达而达人"。对此，孟子阐述最为详尽，他说：

> 是心固有，不待外求，扩而充之，在我而已。何难之有？老吾老，以及人之老；幼吾幼，以及人之幼。天下可运于掌。诗云："刑于寡妻，至于兄弟，以御于家邦。"言举斯心加诸彼而已。故推恩足以保四海，不推恩无以保妻子。古之人所以大过人者无他焉，善推其所为而已矣。（《孟子·梁惠王上》）

仁爱之心是我所固有的，由此生发对父母兄弟的情感，并将这种情感推及他人、推及四海，那也就是从己之老推及人之老，从己之幼推及人之幼，最后实现“泛爱众”。由此看来，儒家爱人是由己之亲再扩及他人，因此被称为“差等”。但是，这种差等之爱与墨子的兼爱在实质上是没有区别的，最终都是爱及所有人，其差别只是推行方式的不同而已。

无论是孔子的泛爱众，还是墨子的兼爱，二者都属于和爱原理的范畴。和爱原理是其他五大原理的基础，和生、和处、和立以及和达的实现必须建立在和爱之上，没有对他人爱的情感根基，一切都将无法真正落实。而“泛爱众”和“兼爱”正是对他人、对所有人的情感集聚，由此生发出最博大的人类之爱。

二、仁民而爱物

从普遍意义的角度理解，爱人就是爱所有人，这是和爱原理的理论内涵。由此，人与人、国与国之间的隔阂被融解开来，从而实现了最大范围的和解。不过，除了爱人之外，和爱原理还蕴含着一层含义，即对万物的爱。详而言之，爱人是和爱原理的应有之义，而由人及物，我们应该认识到万物也与我们生活在同一个空间，由此对万物的爱也成为人类之爱精神的重要体现。

“仁民而爱物”，出自《孟子》一书，是孟子对“爱”的分级理解。孟子说：

> 君子之于物也，爱之而弗仁；于民也，仁之而弗亲。亲亲而仁民，仁民而爱物。(《孟子·尽心上》)

孙奭解释曰：“君子于凡物也，但当爱育之，而弗当以仁加之也，若牺牲不得不杀也。于民也，当仁爱之，而弗当亲之也，以爱有差等也。是则先亲其亲而后仁爱其民，先仁爱其民而后爱育其物耳，是又见君子用恩有其伦序也。”[①] 孟子认为爱应有差等，居首者就是对亲人之爱，而后是对民之爱，最后是对万物之爱。赵岐的疏解非常清晰，君子对物是爱育之，对民是仁爱之，对亲则是亲之，从三者的用词区别

① （汉）赵岐注，（宋）孙奭疏：《孟子注疏》，北京大学出版社 1999 年版，第 378 页。

可看出其中的差等和伦序。爱是发于己身的，其所及范围应当是由近及远，从亲人到民再到物，这是人之爱发衍的次序。虽然三级之间的次序与多少都不同，但爱之实质是相同的，因此都属于“泛爱众”的范围。

对于“仁民”来说，民即普通民众，所谓“仁民”就是就对民仁爱。在孟子之前，《尚书·周书》所描述的周初世界中，周公就已经通过一系列的保民、重民言论表现出对民之仁爱。如“别求闻由古先哲王，用康保民”、“王应保殷民”（《尚书·康诰》），“保惠于庶民”、“怀保小民”（《尚书·无逸》）等，都属于仁民的言论。所谓“保民”，“保”者，古文《尚书》中伪孔传注为“安”，孔颖达也以“安”训“保”。[①]对于这种解释，孙星衍、刘起釪等人都基本认同。因此，周公所说之“保民”即安民，也就是使民安定，这无疑是仁民在现实中的具体体现。周初的保民思想为后世奠定了“仁民”的实践路径，并成为古代中国传统政治的主调。对此，孔子也曾多次谈到，如“道千乘之国，敬事而信，节用而爱人，使民以时”（《论语·学而》）。“使民以时”体现的就是保民思想，也是“仁民”的一种表现形式。还有经常提到的“博施于民而能济众”，孔子认为属于圣的范畴，尧舜都以为难事，而这无疑就是“仁民”的最高体现了。

“仁民”是爱人的本有之义，这并不需要过多涉及。而“爱物”则不然，朱熹注：“物，谓禽兽草木。”[②]禽兽草木显然已经超出了爱人的范围，但是不可否认，“爱物”是和爱原理的重要体现，而且对万物之爱较之爱人、仁民更能体现和爱的超然性。其实，在古人看来，万物与人都是由天地化生而来，由此爱物也成为当然之义。对此，孟子最早发其声，“万物皆备于我”（《孟子·尽心上》）。就是万物与我合一的宣言。而后理学大家二程兄弟又提出了“与天地万物为一体”的思想，程颢说：“学者须先识仁。仁者，浑然与物同体。”[③]（《程氏遗书》卷二）仁者，是与物浑然同体的，这是对孟子“万物皆备于我”的直接发展。又说：“医书言手足痿痹为不仁，此言最善名状。仁者，以天地万物为一体，莫非己也。认得为己，何所不至？若不

---

① （汉）孔安国传，（唐）孔颖达疏：《尚书正义》，北京大学出版社 2000 年版，第 427、510 页。

② （宋）朱熹：《四书章句集注》，中华书局 1983 年版，第 363 页。

③ （宋）程颢、程颐：《二程集》，王孝鱼点校，中华书局 1981 年版，第 16 页。

有诸己，自不与己相干。如手足不仁，气已不贯，皆不属己。”[①] 在仁者看来，己与天地万物为一体，如同人体手足一样，对天地万物都有所感知。如果认识不到这一点，就如“手足痿痹”一样，感知不到手足存在。因此，对于万物，人应当比之为自己身体的一部分，这也就是“与天地万物为一体”。

张载讲“为天地立心”。何谓“为天地立心”？中国哲学一直是围绕“天人之际”展开的。司马迁作《史记》是为了“究天人之际，通古今之变，成一家之言。”（《报任安书》）邵雍说：“学不际天人，不足以谓之学。”（《皇极经世·观物外篇》）“天”在中国哲学中是一个很复杂的范畴，具有多重含义，其中一义就是外在自然。在这一意义上，约而言之是“天”，详而言之是“天地”。天在上，地在下，人立于其中。天、地、人合而为一整个宇宙。张载“为天地立心”的天地，正是在这一意义上的天地。

“心”在中国哲学中也是复杂的范畴，约而言之，似有三义：一为思维器官。如孟子曰：“心之官则思。”（《孟子·告子上》）荀子曰：“治之要在知道，人何以知道？曰心。”（《荀子·解蔽》）朱熹曰：“所谓心者，乃夫虚灵知觉之性，犹耳目之有见闻耳。”（《朱文公文集》卷七十三）二为身之主宰。如荀子曰：“心者，行之君也，而神明之主也；出令而无所受令。”（《荀子·解蔽》）朱熹曰：“心是神明之舍，为一身之主宰。”（《朱子语类》卷九十八）王阳明也有“身之主宰便是心”之语（《传习录》上）。三为人之所以为人者，在这一意义上，心即性。如孟子说：“心之所同然者何也？谓理也、义也。”（《孟子·告子上》）陆九渊说：“在天者为性，在人者为心。”（《语录》）陈献章说：“人具七尺之躯，除了此心此理，便无可贵，浑是一包脓血裹一大块骨头。”（《禽兽论》）王阳明也说：“所谓汝心，亦不专是那一团血肉。……所谓汝心，却是那能视听言动的。这个便是性、便是天理。”（《传习录》上）张载言心，既具有知觉之义，也具有本性之义。如其说：“由太虚，有天之名；由气化，有道之名；合虚与气，有性之名；合性与知觉，有心之名。”（《正蒙·太和》）心是性与知觉的合体，也就是有知、有意、自动、自觉的合体。

---

① （宋）程颢、程颐：《二程集》，王孝鱼点校，中华书局 1981 年版，第 15 页。

所谓“天地之心”，源于《周易·复卦·彖传》，“复，其见天地之心乎”之语。复卦（䷗）由纯阴之坤卦（䷁）发育而来，一阳初现于下，是为下震（☳）而上坤（☷），震阳而动，坤阴而静。所以，复卦之卦象预示着阳气“复”生之兆。阳气予而阴气夺，阳气生而阴气杀。阳气复生预示着万物的复生，也预示着正克邪、善克恶，同时也揭示出天地间之一切都是交互感染、递续递变、生生不已的。这一切既是天理，也是天意，也是天心。朱熹弟子黄道夫曾这样对朱熹说：“向者先生教思量天地有心无心。近思之，窃谓天地无心，仁便是天地之心。若使其有心，必有思虑，有营为。天地曷尝有思虑来！然其所以‘四时行，百物生’者，盖以其合当如此便如此，不待思维，此所以为天地之道。”[①] 所以，“天地之心”即是交感流衍、生生不息、仁民爱物之心、之意、之道。

那么，张载的“为天地立心”其意究竟为何呢？张载说：“天惟运动一气，鼓万物而生，无心以恤物。圣人则有忧患，不得似天。天地设位，圣人成能。圣人主天地之物，又智周乎万物而道济天下，必也为之经营，不可以有忧付之无忧。”（《横渠易说·系辞上》）又说：“天无心，心都在人之心。”（《诗书》）由于心是有知、有意、有觉、自主、自定的合体，所以天本无心，心都是人之心；由于天无心，所以才有一个“为天地立心”的问题。“为天地立心”实质上所涉及的就是人如何看待自然、对待自然的问题，也就是存在是何种存在的问题，也就是哲学本体论的问题。

然而，“为天地立心”，虽然涉及人如何看待自然、对待自然，从这一意义而言，这一命题属于本体论的问题。但它却不是一般的本体论问题，而是具有特定属性的本体论问题。因为，如何看待自然、对待自然，是一问题，本身并不具有倾向性，而“为天地立心”却不是一问题，而是一命题，本身是有倾向性的。“为天地立心”，简约而言，就是要以人之心、以人化的眼光来看待、对待天地万物，要把天地万物看成交感流衍、生生不息、富于人性、人情色彩的生命形态。具体而言，张载的“为天地立心”的命题，包含以下几方面的内容：

（一）天地是一实有存在。首先，张载对佛、道否定物质实在性的理论进行了批判。“释氏不知天命，而以心法起灭天地”，“诬天地日月为虚妄”（《正蒙·大心》），

① （宋）黎靖德编：《朱子语类》，王星贤点校，中华书局1986年版，第4页。

老子认为“有生于无”，这些理论都否定了天地万物的真实存在。张载认为这些理论都是错误的。在张载看来，“凡可状皆有也，凡有皆象也，凡象皆气也”（《正蒙·乾称》）。“气之聚散于太虚，犹冰凝释于水，知太虚即气，则无‘无’。”（《正蒙·太和》）万物万象的存在，是一真实存在，老子所说的“无”，本身反而是不存在的。

（二）天地间之一切是生生不息的。“神，天德；化，天道。”（《正蒙·神化》）“不见易则何以知天道？不知天道则何以语性？”（《横渠易说·系辞上》）事物是运动的，而运动的原因就在事物内部。张载说：“一物两体，气也。一故神（自注：两在故不测），两故化（自注：推行于一），此天之所以参也。”（《正蒙·参两》）“两不立则一不可见，一不可见则两之用息。”（《正蒙·太和》）“一”是万物的统一性，“两”是统一体内部相互对立的两个方面。“二端故有感，本一故能合。”（《正蒙·乾称》）相互对立的两个方面的相互交感、相互作用，推动了事物的运动、变化与发展。运动、变化有两种形态，一种是“变”，一种是“化”。“变言其著，化言其渐。”（《横渠易说·乾》）有运动、变化，事物才会通达、通顺，“感而后有通。”（《正蒙·太和》）并且在张载看来，事物的运动变化，是有一定规律的。“天地之气，虽聚散、攻取百涂，然其为理也，顺而不妄。”（《正蒙·太和》）

（三）天地间之万物本是富有人性、人情的，本是一个生命的体系。《西铭》曰：“乾称天，坤称母，予兹貌焉，乃混然中处。故天地之塞吾其体，天地之帅吾其性。民，吾同胞；物，吾与也。”这就是说，天地是万事万物的父母，万事万物都是天地之气化生而成，人也不例外，人就生活于天地万物之间。天地之气构成了我们人的身体，天地的自然本性就制约着我们人的本性。一切人都是天地之子，都是我们的同胞兄弟；一切物都是我们的朋友和同伴。整个宇宙就是一个和谐、和睦的大家庭。正因为此，张载说：“大抵言‘天地之心’者，天地之大德曰生，则以生物为本者，乃天地之心也。”（《横渠易说·复》）对此，朱熹也表示认同：“某谓天地别无勾当，只是以生物为心。一元之气，运转流通，略无停间，只是生出许多万物而已。”[①] 生物、生命之大化流衍，是“天地之心”。“为天地立心”，从根本上来讲，就是要把整个宇宙看成一个富有生命、生机、和谐、和睦的生命有机体，是富有自

① （宋）黎靖德编：《朱子语类》，王星贤点校，中华书局 1986 年版，第 4 页。

身价值，自定、自足的生命存在。这就是张载哲学的本体论，也是他“为天地立心”所确立的基本结论。

明代心学大师王阳明更进一步将“与天地万物为一体”思想阐发得淋漓尽致。他说：

> 大人者，以天地万物为一体者也，其视天下犹一家，中国犹一人焉。若夫间形骸而分尔我者，小人矣。大人之能以天地万物为一体也，非意之也，其心之仁本若是，其与天地万物而为一也。岂惟大人，虽小人之心亦莫不然，彼顾自小之耳。是故见孺子之入井，而必有怵惕恻隐之心焉，是其仁之与孺子而为一体也；孺子犹同类者也，见鸟兽之哀鸣觳觫，而必有不忍之心，是其仁之与鸟兽而为一体也；鸟兽犹有知觉者也，见草木之摧折而必有悯恤之心焉，是其仁之与草木而为一体也；草木犹有生意者也，见瓦石之毁坏而必有顾惜之心焉，是其仁之与瓦石而为一体也；是其一体之仁也，虽小人之心亦必有之。(《大学问》)

在这篇重要文献中，王阳明详细阐述了“与天地万物为一体”的思想，并将主语由程颢的“仁者”换成了“大人者”。王阳明指出，与天地万物为一体者就是大人，而有内外、你我分别的即是小人。不过，所谓小人只是未意识到“一体”而已。王阳明又举例说，人见孺子入井，生恻隐之心，是因为仁与孺子一体；同样道理，见鸟兽哀鸣亦是，即使是草木这样无知觉的存在，瓦石这样无生意的存在，也是与人以仁相为一体。而这一体之仁，是人人具足的，即使小人亦然。这样，王阳明通过仁将人与天地万物连接为一体。与程颢相比，王阳明的“一体”思想有了仁的贯通，就具有了工夫论的可能。由此，“爱物”不再只是口号与宣言，而成为人的义务，而且是人的必然选择。

陈来指出：“仁者以天地万物为一体，在哲学系统上说，是因为天地万物本来是一体，仁体即是天地万物浑然的整体。这种一体性就其实体的意义说，在近世儒学中往往与‘气’密不可分，因为气贯通一切，是把一切存在物贯通为一体的基本介质，可见仁体论的构建与发扬，在儒学史上是有其根据的。从这个角度来看‘万物与我为一’，有两种意义，一个是境界的意义，指万物一体的精神境界；另一个是本体的意义，指万物存在的不可分的整体就是仁体。万物的生生总体，便是朱子所说的‘统论一个仁之体’。我们今天来看这个问题，不必再以气作为载体，而可以直接肯定本体、实体的概念义建立仁本体。天、地、人、物本是一体，一体而分才有天地人物之别。就一体而言，天地人物是不可分的。因此孔子说‘己欲立而立人，己欲达而达人’，因为立不能独立，达也不能独达，必须与人俱立，与人俱达，对待别人如同对待自己，对待自己如同对待别人。因为天地人物‘浑然一个仁体’，故天地人物共在，共在就是仁体的基本特质。当代儒学仍应发挥仁体共在之义。”①

张立文教授指出：“不管柏拉图的‘理想国’多么正义，莫尔的‘乌托邦’多么平均，不管孔子的‘大同’何等公道，弥勒的‘净土’何等长寿，在迢迢河汉，在茫茫星海，我们只有一个地球。人类的这一宇宙学生存境况，从根本上要求我们‘和合起来’。罗马帝国，奥匈帝国，第三帝国，为了蛊惑人心的颠倒梦想，化玉帛为干戈，历史付出了过于沉重的生命代价。和合起来吧，不要再上演《战争与和平》的历史话剧了。我们需要的是《维也纳的森林》，是《蓝色的多瑙河》，是《春节序曲》，是《丰收锣鼓》。中国文化是崇尚和合的文化，华夏民族是喜爱音乐的民族。一曲《高山流水》，是我们祖先对元始和合境域的生命体验和艺术表达。伟大的思想家孔子在欣赏《韶》乐时，竟能达到‘三月不知肉味’的陶醉程度。可惜的是，秦火一烧，《乐经》失传，元始和合境域万籁俱寂。要弘扬文化传统，要振兴中华民族，我们就得以音乐家对和声谐音的直觉和灵感，在全球化语境中谱写和演奏新的和合乐章，使中国哲学成为世界哲学新世纪创新的爱智序曲。孔子讲过，‘兴于诗，立于礼，成于乐。’（《论语·泰伯》）和生意蕴像诗情基调，规定着哲学创新的价值方向；和爱化解如礼仪旋律，调整着科技发明的前进步伐。和处为美，和立为真，和达为善，相与组成从和生到和爱的交响乐章，整体规范意义追寻的道德路径和价值创造的逻辑流程。这便是和合学弘扬中国哲学创新精神的自觉使命。”②

---

① 陈来：《仁学本体论》，《学灯》总第 33 期。

② 张立文：《中国哲学的创新与和合学的使命》，《中国人民大学学报》2003 年第 1 期。

和爱原理的内核即爱，而爱发散所及就包括爱人，以及爱物。爱人，就是要爱所有人；爱物，就是要爱一切物，总之就是爱世间万物。这种不分彼此、不分区域、不分种群的和爱，就是人类之爱精神的本质体现。也正因为这种普世大爱，才使得和爱原理成为化解世界上种种冲突和危机的关键。

第四章　竞争博弈的基本原理

人既是个体的、独立的存在，又是社会性的动物。作为个体性的人，人所具有的基本价值理念是什么？或者说，人之所以为人，人所应当具备的基本价值观念是什么？最重要的观念即自由、平等、公正。以个体人的观念，人与人之间的关系是一种竞争的关系，而竞争的基本前提是什么？就是自由、平等、公正。没有自由、平等、公正，竞争只会成为恶性的竞争。

第一节　自由原理

自由是人类最基本的价值原则，自由高于一切，人生，首先是自由的人生，不自由的人生甚至不是真正的人生。

什么是自由？胡适认为："'自由'在中国古文里意思是：'由于自己'，就是不由于外力，是'自己作主'。在欧洲文字里，'自由'含有解放之意，是从外力制裁之下解放出来，才能'自己作主'。"[①] 这样表述似乎很清楚了。然而，究竟何谓自由，并非如此简单，据阿克顿统计，关于自由的各种定义，竟然有 200 余种。"自由是个具有两百种定义的概念。"[②] 自由是对于人而言的。山与河无所谓自由，植物与其他动物也无所谓自由。我们所说的自由，是人的自由。

---

① 胡明主编：《胡适精品集》第 14 卷，光明日报出版社 2000 年版，第 68 页。

② [英]阿克顿：《自由与权力》，侯健、范亚峰译，商务印书馆 2001 年版，第 14 页。

一、自由与生命同在

自由作为一个概念，最先并不是一个哲学的概念，而是一个政治学的概念。在西方，自由这一概念是随着奴隶制的产生而产生的。在奴隶制时期，自由是相对于奴役而言的，是人的非奴役状态。古希腊时期有相对于奴隶的自由民，自由民是指拥有权利和义务的城邦公民。在古希腊罗马时期，思想家们对于自由的论述甚少。中世纪时期，封建制度及神权思想束缚着人的观念，更缺乏自由的思想。西方近代关于自由的理论，是在反封建、反神权的斗争中提出来的。文艺复兴时期，人们从反对宿命论开始，而提倡意志自由。在资产阶级革命时期，人们将自由与政治结合起来，倡导思想、言论、出版自由。

在西方近代思想家中，斯宾诺莎（Baruch de Spinoza）较早对自由作了深入的探讨。斯宾诺莎认为，人们只有运用自己的理智正确认识自然实体，正确认识客观规律，并且克制自己的情感与欲望，才能是一个自由人。因为受感情和欲望支配，乃是一种奴役状态，只有以理智控制情欲，才会产生正确认识，才能产生自由意志。只有完全听从理智指导的人，才是自由的人。斯宾诺莎认为，人有思想与独立判断的自由，每一个都应当是自己思想的主人。一个民主的政府不应该剥夺人民的自由思想、判断和发表意见的权利，剥夺人民思想自由与言论自由的权利必然产生可悲的后果。

> 思想分歧矛盾的人，若强迫他们只按最高当局的命令说话，是不会没有可悲的结果的。就是极有经验的人也不知道怎么缄口如瓶，更不用说一般大众了。人的普通弱点是把他们的计划告诉给别人，虽然是有需要保持缄默。所以政府剥夺个人吐露心里的话的这种自由，是极其严酷的。如果允许人有这种自由，就算是温和的政府。①

按照斯宾诺莎的观点，人们拥有并保留思想与言论自由的权利，并不会危害国家安

① ［荷兰］斯宾诺莎:《神学政治论》，温锡增译，商务印书馆 1963 年版，第 271 页。

全。“自由比任何事物都为珍贵。我有鉴于此，欲证明容纳自由，不但于社会的治安没有妨害，而且，若无此自由，则敬神之心无由而兴，社会治安也不巩固。”[①] 政治与政府不是要取缔人的自由，相反，“政治的真正目的是自由”[②]。“政治的目的绝不是把人从有理性的动物变成畜牲或傀儡，而是使人有保障地发展他们的心身，没有拘束地运用他们的理智。”[③] 民主的政府不应用恐怖的办法来压制和约束民众，也不应当用强制来迫使民众服从其统治。相反，“政府最终的目的……是使人免于恐惧，这样他的生活才能极有保障；换句话说，加强他生存与工作的天赋之权，而于他个人或别人无损。”[④]

在斯宾诺莎看来，强暴的统治虽然可以使人民缄默，但却永远无法夺去人民思想的自由，而且缄默比之于让人民吐露真言，对统治者来说更加危险。人们总是遵循人性的基本法则，趋利避害，爱于己有益的而恨于己有害的。所以，“命令一个国民恨他所认为于他有益的，或爱于他有损的，或受辱而处之泰然，或不愿意摆脱恐惧，或许多与此类似的事，那永远是枉然的。”[⑤] 即令政府可以禁止人们言论的自由，也仍然无法做到当局怎么说，人民便怎么想的地步。“因此，其必然的结果会是，人民每天这样想，而那样说，败坏了信义（信义是政治的主要依靠），培养可恨的阿谀与背信，因此产生了诡计，破坏了公道。”[⑥] 斯宾诺莎关于自由的理论，主要是提倡思想与言论自由。

霍布斯对自由人有更深入的论述。霍布斯认为，自由是指不受阻碍的状态，而所谓阻碍则是指妨碍主体运动的外部障碍，如果阻碍不是来自外部而是来自事物本身，如一块静止的石头或一个卧病在床的人，我们不能说其“缺乏运动的自由”，而只能说其“缺乏运动的力量”。由此可知，所谓自由人，“指的是在其力量和智慧所能办到的事物中，可以不受阻碍地做他所愿意做的事情的人。”[⑦] “自由就是他在

---

① ［荷兰］斯宾诺莎：《神学政治论》，温锡增译，商务印书馆 1963 年版，第 12 页。
② ［荷兰］斯宾诺莎：《神学政治论》，温锡增译，商务印书馆 1963 年版，第 272 页。
③ ［荷兰］斯宾诺莎：《神学政治论》，温锡增译，商务印书馆 1963 年版，第 272 页。
④ ［荷兰］斯宾诺莎：《神学政治论》，温锡增译，商务印书馆 1963 年版，第 272 页。
⑤ ［荷兰］斯宾诺莎：《神学政治论》，温锡增译，商务印书馆 1963 年版，第 226 页。
⑥ ［荷兰］斯宾诺莎：《神学政治论》，温锡增译，商务印书馆 1963 年版，第 275 页。
⑦ ［英］霍布斯：《利维坦》，黎思复、黎廷弼译，商务印书馆 1985 年版，第 163 页。

从事自己具有意志、欲望或意向想要做的事情上不受阻碍。”①

霍布斯认为，自由与畏惧是不相矛盾的，人们出于畏惧做某事或不做某事，也是自由的体现。一个人因为害怕船只沉没而把货物抛入大海，他这样做是自觉的、自愿的，因而也是自由的，因为他也可以对于船只因超载而可能沉没而无所谓，他因此也可以什么都不做。同样，一个人因为怕被监禁而归还债务，他也可以不怕监禁而不归还债务。所以，“一般说来，人们在国家之内由于畏惧法律而做的一切行为都是行为者有自由不做的行为。”②也就是说，守法与不守法都可以是自由，守法与自由并不矛盾。世界上任何一个国家，都不可能制定一部严格的法律规定人们的一切言论与行为，因此，“在法律未加规定的一切行为中，人们有自由去做自己的理性认为最有利于自己的事情。”③这种关于自由的理论，就是后来所谓“消极自由”的理论。

孟德斯鸠（Baron de Montesquieu）对政治自由有更深入的论述，在他看来，“政治自由并不是愿意做什么就做什么。在一个国家里，也就是说，在一个有法律的社会里，自由仅仅是：一个人能够做他应该做的事情，而不被强迫去做他不应该做的事情。”④一般而言，所谓他应该做的事情，就是法律允许人们所做的事情；所谓不应该做的事情，就是法律禁止人们所做的事情。“自由是做法律所许可的一切事情的权利；如果一个公民能够做法律所禁止的事情，他就不再有自由了，因为其他的人也同样会有这个权利。”⑤政治自由以及社会自由，必须以遵守法律为前提，只能是依法行动的自由。

卢梭在《社会契约论》中指出：“人是生而自由的，但却无往不在枷锁之中。自以为是其他一切人的主人的人，反而比其他一切更是奴隶。”⑥“每个人都生而自由、平等，他只是为了自己的利益，才会转让自己的自由。”⑦在卢梭看来，自由与

---

① [英]霍布斯：《利维坦》，黎思复、黎廷弼译，商务印书馆1985年版，第163页。
② [英]霍布斯：《利维坦》，黎思复、黎廷弼译，商务印书馆1985年版，第163页。
③ [英]霍布斯：《利维坦》，黎思复、黎廷弼译，商务印书馆1985年版，第164页。
④ [法]孟德斯鸠：《论法的精神》上册，张雁深译，商务印书馆1961年版，第154页。
⑤ [法]孟德斯鸠：《论法的精神》上册，张雁深译，商务印书馆1961年版，第154页。
⑥ [法]卢梭：《社会契约论》，何兆武译，商务印书馆2003年修订第3版，第4页。
⑦ [法]卢梭：《社会契约论》，何兆武译，商务印书馆2003年修订第3版，第5—6页。

人同在。

> 放弃自己的自由，就是放弃自己做人的资格，就是放弃人类的权利，甚至就是放弃自己的义务。对于一个放弃了一切的人，是无法加以任何补偿的。这样一种弃权是不合人性的；而且取消了自己意志的一切自由，也就是取消了自己行为的一切道德性。[①]

人本来是自由的。人是自由的，所以才有责任、权利与义务。人可以被剥夺自由，但却不能放弃自由。放弃自由，就是放弃自己做人的资格。“卢梭大声疾呼，人是生而自由的，尽管无处不在枷锁之中。他宁愿在风暴中享受自由，也不愿在安宁中享受奴役。此言专为驳斥所谓人有忍受奴役的天然倾向而发，认为这是把最为悲惨的奴隶状态称作和平。卢梭的向往成为后来法国大革命的口号：宁可牺牲快乐、财富、权力甚至生命，也要争取和保护人自身唯一不可剥夺的财产——自由。就像一头生来自由的野兽，冒死撞向束缚它的护栏。‘自由既是人的一切能力中最崇高的能力’，卢梭称，放弃自由的权利，是对造物主的一种侮辱。任何人也不应出卖自己的自由，因为这就等于出卖自己的生命，等于不再是自己生命的主人。引起人民反抗的主要原因不在于统治者滥用了个人所让与的财产，而在于滥用了个人的自由，在于别人不把我当人而当成了工具。自由是天赋的，是人人享有的权利。反之，‘无论以任何代价抛弃生命和自由，都是既违反自然同时也是违反理性的。’”[②]

美国第三任总统托马斯·杰斐逊（Thomas Jefferson）认为，“在自然法则下，人人生而自由，人生来就有人身的权利，包括随自己的意志而迁移和利用自身的权利。这就是所谓的人身自由，这是造物主给予他的，因为这对他的生存是必要的。”[③] 自由是人最基本的权利，是人与生俱有的权利。

---

① [法] 卢梭：《社会契约论》，何兆武译，商务印书馆 2003 年修订第 3 版，第 12 页

② 叶秀山、王树人总主编：《西方哲学史》第 5 卷，凤凰出版社、江苏人民出版社 2005 年版，第 268 页。

③ 引自《资产阶级政治家关于人权、自由、平等、博爱言论选录》，世界知识出版社 1963 年版，第 57 页。

洛克描述人类的原始状态时指出：

> 为了正确地了解政治权力，并追溯它的起源，我们必须考究人类原来自然地处在什么状态。那是一种完备无缺的自由状态，他们在自然法的范围内，按照他们认为合适的办法，决定他们的行动和处理他们的财产和人身，而毋需得到任何人的许可或听从于任何人的意志。[①]

洛克认为，在原始状态，人们处于理性而自由的境界，这种自由是“与生俱来”的。之所以说它是与生俱来的，是说它是本来就有的，是不能丧失或剥夺的。洛克说：“这种不受绝对的、任意的权力约束的自由，对于一个人的自我保卫是如此必要和有密切联系，以致他不能丧失它，除非连他的自卫手段和生命都一起丧失。因为一个人既然没有创造自己生命的能力，就不能用契约或通过同意把自己交由任何人奴役，或置身于别人的绝对的、任意的权力之下，任其夺去生命。谁都不能把多于自己所有的权力给予他人；凡是不能剥夺自己生命的人，就不能把支配自己生命的权力给予别人。”[②] 自由与生命同在，我们不能创造自己的生命，我们不能把生命给予别人，我们也不能把自由给予别人。

什么是自由？以洛克的理解，自由主要的是意志的自由，而不是想怎么做就怎么做。

> 自由是什么——我们所能观念到的一切动作，如方才所说，可以分为思想和运动两种。一个人如果有一种能力，可以按照自己心理底选择和指导，来思想或不思想，来运动或不运动，则他可以说是自由的。如果一种动作底施展和停顿不是平均地在一个人底能力以内，如果一种动作底实现和不实现不能相等地跟着人心底选择和指导，则那种动作纵然是自愿的，亦不是自由的。因此，所谓自由观念就是，一个主因有一种能力来按照自己心理底决定

① [英]洛克：《政府论》下篇，叶启芳、瞿菊农译，商务印书馆1964年版，第5页。
② [英]洛克：《政府论》下篇，叶启芳、瞿菊农译，商务印书馆1964年版，第16—17页。

> 或思想，实现或停顿一种特殊那样一个动作。在这里，动作底实现或停顿必须在主因底能力范围以内，倘若不在其能力范围以内，倘若不是按照其意欲所产生，则他便不自由，而是受了必然性底束缚。因此，离了思想、离了意欲、离了意志，就无所谓自由。不过就有了思想、有了意欲、有了意志，亦不必就有自由。[①]

有思想、有意志，才有自由。一个网球，无论它处于运动还是静止，都不自由。但有思想、有意志，并不意味着就有自由。一个人因为桥梁塌陷而掉入水中，虽然他有意志，虽然他不想掉入水中，但是他没有能力阻止这项运动，他仍然是不自由。“因此，自由并不是属于意欲或选择的一个观念；人们在有能力依据心理底取舍，来做一件事或不做一件事，才有所谓自由。”[②] 在自然状态下，人的自由就是不受任何上级权力的约束，只以自己的理性即自然法为行动准绳。在建立了国家之后，公民的自由不再是不受约束的，而是在法律许可范围内的自由，由此，自然自由便过渡到了公民自由。在洛克看来：“自由是与法律紧密相关的。如果没有法律的束缚，大家都为所欲为，那么，人们的自由就没有保障。所以，自由的第一个内容就是遵守法律，依法行事。自由的第二个内容，就是，在法律没有规定或未加禁止的事情上，可以任意行动，不受任何绝对的、任意的权力的干涉，在法律许可范围内，随其所欲地处置他的人身、行动、财产。自由的第三个内容，上述法律必须是人民自己的立法机关制定的。它的目的不是废除或限制自由，而是保护和扩大自由。”[③] 法律从根本是保护人的自由的，是维护人的基本权利的，这是西方法律界、政治界的基本共识。

存在主义代表人物萨特（Jean-Paul Sartre）认为，人的存在本来就是自由的存在，人并不是首先存在然后才是自由，人的存在和人的自由是没有区别的，甚至可以说：“人的自由先于人的本质”。

---

① ［英］洛克：《人类理解论》上册，关文运译，商务印书馆 1959 年版，第 208 页。

② ［英］洛克：《人类理解论》上册，关文运译，商务印书馆 1959 年版，第 209 页。

③ ［英］洛克：《政府论》下篇，叶启芳、瞿菊农译，商务印书馆 1964 年版，第 36 页。

> 自由，作为虚无的虚无化所需要的条件，不是突出地属于人的存在本质的一种属性。此外，我们已经指出在人那里，实存（existence）与本质的关系不同于在世间事物那里的存在与本质的关系。人的自由先于人的本质并且使人的本质成为可能，人的存在的本质悬置在人的自由之中。因此我们称为自由的东西是不可能区别于“人的实在”之存在（être）的。人并不是首先存在以便后来成为自由的，人的存在和他“是自由的”这两者之间没有区别。①

“人的存在和他‘是自由的’这两者之间没有区别”，表明人本来就是自由的，人一开始就是自由的。自由不是人所获得的权利，而是人与生俱有的权利。人可以失去自由，但是人却不能获得自由，人在失去自由以后不是获得自由，而是恢复自由。人的存在是有意识的存在，而自由也是有意识地存在，人实际上是通过活动而知晓自己的存在。萨特认为：

> 如果自由是意识的存在，意识则似应是对自由的意识。这种对自由的意识采取的形式是什么呢？在自由中人的存在是虚无化形式下他自己的过去（同样作为他自己的将来）。②
>
> 事实上，我是一个通过活动而知晓自身自由的存在者，而我同样是一个以其个别及单独的存在作为时间化的存在者。这样，我就必然是（对）自由（的）意识，因为意识中什么也没有，除非是对存在的一种非正题意识。于是，我的自由在我的存在中便永远是在问题中；它不是一种外加品质或者我的本性的一种属性，它完完全全地是构成我的存在的材料；由于我的存在在我的存在中是在问题中，我就应当必然拥有对自由的某一种领会。③

自由绝对不是人的存在的一种外加的品质，它就是人存在的材料。“自由正是通过

---

① [法]萨特：《存在与虚无》，陈宣良等译，生活·读书·新知三联书店2014年版，第53—54页。

② [法]萨特：《存在与虚无》，陈宣良等译，生活·读书·新知三联书店2014年版，第58页。

③ [法]萨特：《存在与虚无》，陈宣良等译，生活·读书·新知三联书店2014年版，第534页。

分泌出他自己的虚无而把他的过去放在越位位置上的人的存在。”[①] 例如，人们感受到焦虑，但也正是在焦虑中人感受到自我的存在，我在焦虑，说明我存在。

> 正是在焦虑中人获得了对他的自由的意识，如果人们愿意的话，还可以说焦虑是自由这存在着的意识的存在方式，正是在焦虑中自由在其存在中对自身提出问题。[②]

在萨特看来，焦虑不同于恐惧。“焦虑和恐惧的区别是，恐惧是对世界上的存在的恐惧，而焦虑是在‘我’面前的焦虑。晕眩所以成为焦虑不是因为我畏惧落入悬崖而是因为我畏惧我自投悬崖。处境引起恐惧是因为它很可能从外面使我的生活发生变化，而我的存在引起焦虑是因为我对我自己对这种处境的反应产生了怀疑。”[③] 我在焦虑，我在怀疑，我不能不焦虑，我不能不怀疑，由此，我是存在的，我是自由的。

在萨特看来，人是自由的，不是人一会自由一会不自由，而是人命定是自由的。

> 我命定是为着永远超出我的本质超出我的动作的动力和动机而存在：我命定是自由的，这意味着，除了自由本身以外，人们不可能在我的自由中找到别的限制，或者可以说，我们没有停止我们自由的自由。就自为想掩盖自己的虚无，并加入作为他真正的存在方式的自由而言，他也企图掩盖他的自由。……于是，对自由的否定只能想象为要把自己当作自在的存在来把握的企图；这两者是同时并存的；人的实在是一种在他的存在中与他的自由有关的存在，因为他永远企图拒绝承认自由。[④]

---

① [法]萨特：《存在与虚无》，陈宣良等译，生活·读书·新知三联书店2014年版，第58页。

② [法]萨特：《存在与虚无》，陈宣良等译，生活·读书·新知三联书店2014年版，第58页。

③ [法]萨特：《存在与虚无》，陈宣良等译，生活·读书·新知三联书店2014年版，第58—59页。

④ [法]萨特：《存在与虚无》，陈宣良等译，生活·读书·新知三联书店2014年版，第535页。

"我命定是自由的","我们没有停止我们自由的自由",意味着我必须为我的存在而焦虑,我不能不焦虑,我不能不自由。

> 人是自由的,因为他不是自我,而是自我在场,是其所是的存在不可能是自由的。自由,显然就是在人的内心中被存在的、强迫人的实在自我造就而不是去存在的虚无。我们已经看到,对人的实在来说,存在就是自我的选择:他所能容纳和接受的任何东西都不是从外部,也不是从内部而来的,人的实在完全孤立无援,他被完全地抛置于连最小的细节都变成存在为难以忍受的必然性中。于是,自由不是一个存在:它是人的存在,也就是说是人存在的虚无。如果人们首先想象人是充实的,那么接着要在人身上寻找人在其中是自由的时刻或者心理范围就将是荒谬的:也可以说就像在一个预先就装得满满的容器中去寻找虚空一样。人不能时而自由时而受奴役:人或者完全并且永远是自由的,或者他不存在。①

人命定是自由的。人或者是自由的,或者就不存在。这样一种自由,并不是自由地做一切,而是自由地选择,或选择的自由。

> 实际上,我们是进行选择的自由,但是我们并不选择是自由的:我们命定是自由,正如我们在前面说过的,我们被抛进自由,或者像海德格尔说的那样是"被遗弃的"。正如人们看到的,这种遗弃的根源只是自由的存在本身。因此,如果人们将自由定义为逃避给定物,逃避事实,就有一种逃避事实的事实。这就是自由的人为性。②

萨特所说的"命定的自由"或"选择的自由","这种自由既不同于纯粹的梦幻和主观愿望,也不同于获取的自由,而是一种在处境中进行选择的自由。自由既是对处

---

① [法]萨特:《存在与虚无》,陈宣良等译,生活·读书·新知三联书店 2014 年版,第 536 页。
② [法]萨特:《存在与虚无》,陈宣良等译,生活·读书·新知三联书店 2014 年版,第 588—589 页。

境的否定性脱离又是介入处境的，自由只有从一个给定的处境出发并通过对这种处境的虚无化的逃离才能自由地追求自己的目的。”[①]

萨特所说的“选择的自由”，其实是要人对自由所做的一切承担责任。我参与了这场活动，我就要对这一活动负责；我参与了这场战争，这场战争就是我的战争。

> 在一个生命中就没有事故；一种突然爆发的和驱动我的社会事件并不是来自外部；如果我被征调去参加一场战争，这场战争就是我的战争；它是我的形象并且我与之相称。……由于我没有从中逃离，我便选择了它：这可能是由于在公众舆论面前的软弱或者怯懦所致，因为我偏向于某种价值更甚于拒绝进行战争的价值（我的亲友的议论，我的家庭的荣誉，等等）。无论如何，这是关系到选择的问题。这种选择以一种一直延续到战争结束的方式不断地反复进行；因此应该承认若尔·罗曼的话：“在战争中，没有无辜的牺牲者。”因此，如果我宁要战争而不要死和耻辱，一切就都说明我对这场战争是负有完全责任的。也许，战争是别人宣布进行的，人们可能试图将我仅仅看为一个同谋。但是，同谋这个概念只有法律意义；在这里它是不成立的；因为，这场战争只为我而且只通过我而存在是取决于我的，并且我决定了它的存在。没有过任何强制，因为强制对一种自由不可能产生任何作用；我没任何托辞，因为，正如我们在这本书里说过和重复过的那样，人的实在的本意就是他是没有任何托辞的。因此，剩下的就只是我要求这场战争。但是，战争之所以是我的还因为，仅仅由于它在我使之存在的及我只能在为了它或反对它而自己介入时暴露它的处境中涌现，我现在不再能区别我对我所做的选择与我对它所做的选择：进行这场战争，就是我通过它来自我选择和通过我对我自身的选择来选择它。……而在我选择了的这场战争中，我每天每日都在自我选择，我在造就自己的同时把这场战争造成我的战争。[②]

---

① 叶秀山、王树人总主编：《西方哲学史》第7卷，凤凰出版社，江苏人民出版社2005年版，第621页。

② ［法］萨特：《存在与虚无》，陈宣良等译，生活·读书·新知三联书店2014年版，第672—673页。

我参与了这场战争，因为我无法拒绝亲友的议论以及家庭的荣誉，说明我是有选择的，我不能以“被迫”作为逃避责任的理由。萨特提出人命定是自由的，正是要人把自己的责任全部担当起来。

> 从我在存在中涌现时起，我就把世界的重量放在我一个人身上，而没有任何东西、任何人能够减轻这重量。[①]
>
> 不论我做什么，我都不能在哪怕是短暂的一刻脱离这种责任，因为我对我的逃离责任的欲望本身也是负有责任的；让我自己在世界上成为被动的，拒绝干涉事物和别人，这仍然是自我选择……[②]

人是自由的，“自由不是一个存在，它是人的存在。”[③] 人在任何时候都是自由的，实际上是在强调人在任何时候都必须对自己的所作所为承担责任。

二、积极的自由与消极的自由

从哲学方面讲，自由与人同在；而从政治学的角度讲，则有所谓“积极自由”与“消极自由”的区别。积极自由与消极自由的概念，最早是由英国哲学家、新自由主义政治思想的先驱格林（Thomas Hill Green）提出来的。在格林看来：“仅仅清除强制，仅仅让一个人做他愿意做的，这种情况本身还不构成真正的自由……真正自由的理想是最大程度地使人类社会所有成员的能力得到最大发挥。”[④] 然而，真正对积极自由与消极自由作出深入探讨的还是英国哲学家和政治思想史家以赛亚·伯林（Isaiah Berlin）。伯林认为：

> 自由的根本意义是挣脱枷锁、囚禁与他人奴役的自由。其余的意义都是这个意义的扩展或某种隐喻。为自由奋斗就是试图清除障碍；为个人自由而

---

① ［法］萨特：《存在与虚无》，陈宣良等译，生活·读书·新知三联书店 2014 年版，第 674 页。

② ［法］萨特：《存在与虚无》，陈宣良等译，生活·读书·新知三联书店 2014 年版，第 674 页。

③ ［法］萨特：《存在与虚无》，陈宣良等译，生活·读书·新知三联书店 2014 年版，第 536 页。

④ 参见［英］以赛亚·伯林：《自由论》，胡传胜译，译林出版社 2003 年版，第 47 页。

> 奋斗就是试图抑制那些人的干涉、剥削、奴役，他们的目标就是他们自己的，而不是被干涉者的。自由，至少在其政治含义上，是与不存在恐吓与支配相关联的。①

自由的本义在于不被干涉。伯林指出："我试图在两类问题间做出区分，这招致了我的批评者的大量批评。这两类问题是：'我被谁统治？'以及'我被统治到何种程度？'不过必须坦率地说，我不认为这两个问题是同一的，或者说，我不认为这两类问题的区别是不重要的。我还觉得两种答案之间的区别，以及由此所带来的'自由'的不同含义之间的区别，既非常重要，也不容混淆。"②在伯林看来，对于第一个问题的回答，属于"积极自由"，对于第二个问题的回答，属于"消极自由"。"我的论点是，历史地说，'积极自由'的观念（回答'谁是主人？'这个问题）与'消极自由'的观念（回答'我在什么领域内是主人？'）是不同的。"③伯林认为，在政治生活领域，长久以来一直存在着服从与强制的问题，这一问题是政治的核心问题。这一问题的具体表现为诸如此类的问题："为什么我（任何人）必须服从另一些人？""我为什么不能如我我所愿地生活？""我必须服从吗？""如果我不服从，我会被强制吗？""又由谁来强制、强制到何种地步、以什么名义，为着什么目的进行强制？"

伯林认为：所谓"消极自由"，它所回答的问题是："主体（一个人或人的群体）被允许或必须被允许不受别人干扰地做他有能力做的事，成为他愿意成为的人的那个领域是什么？"④"消极自由"的要点在于它有一个域，在这个域里主体不受干扰，在这个域里主体可以自作主张。伯林说：

> 不管以什么样的原则来划定不受干扰的领地，无论它是自然法、自然权利或功利原则，还是绝对命令的要求、社会契约之规定或人们借以澄清和卫

---

① 参见［英］以赛亚·伯林：《自由论》，胡传胜译，译林出版社2003年版，第54页。
② 参见［英］以赛亚·伯林：《自由论》，胡传胜译，译林出版社2003年版，第40页。
③ 参见［英］以赛亚·伯林：《自由论》，胡传胜译，译林出版社2003年版，第41页。
④ 参见［英］以赛亚·伯林：《自由论》，胡传胜译，译林出版社2003年版，第189页。

护他们信念的任何其他概念，自由在这一意义上就是“免于……”的自由，就是在虽变动不居但永远清晰可辨的那个疆界内不受干涉。[①]

“消极自由”为“免于……”的自由，为“不受干涉”的自由，法律及政府所要保护的正是公民这样一种自由。但是，这种自由会以种种理由，有时候是以善良的理由而受到限制。伯林指出：

一般说来，集中的权力（与权威）对于基本的自由是个持久的威胁。现代所有那些抗议专制的人，从孟德斯鸠直到今天，都在与这个问题进行抗争。假定权力被理性地控制并运用，它们便永远不会太集中，这样一种学说首先无视追求自由的核心理由——所有家长制政府，不管多么仁慈、谨慎、中立与理性，到头来都倾向于把大多数人当做未成年人，或者当做愚不可及或负不了责任的人，或当做成熟太慢以至于在任何可以预见的未来（实际上就是永远）无法自立的人。[②]

以种种理由限制人们自主、自由的范围，认为人们对于自己负不起责任，无论动机是善良与仁慈，或仅仅只是一种借口，都是与自由精神相背离的。

对自由的捍卫就存在于这样一种排除干涉的“消极”目标中。用迫害威胁一个人，让他服从一种他再也无法选择自己目标的生活；关闭他面前所所有大门而只留下一扇门，不管所开启的那种景象多么高尚，或者不管那些作此安排的人的动机多么仁慈，都是对这条真理的犯罪：他是一个人，一个有他自己生活的存在者。

总以为孩子是未成年人，而为他们做种种的设想与安排，这样的事情中国人做得太

① 参见[英]以赛亚·伯林：《自由论》，胡传胜译，译林出版社2003年版，第195页。
② 参见[英]以赛亚·伯林：《自由论》，胡传胜译，译林出版社2003年版，第60页。

多了，中国的父母大量地做着这样的事情。他们为自己的孩子设计了未来，从小学、到中学、到大学、到大学所学专业，到大学毕业以后的工作，每一步他们都为自己的孩子做了决定，但是却很少征求孩子的意见。以伯林的观点，这不是爱，不是爱护，而是恶，是犯罪。总之，“消极自由”就是不受干涉的自由。

所谓“积极自由”，它所回答的问题是：“什么东西或什么人，是决定某人做这个、成为这样而不是做那个、成为那样的那种控制或干涉的根源？”[①] 在伯林看来：

> “自由”这个词的“积极”含义源于个体成为他自己的主人的愿望。我希望我的生活与决定取决于我自己，而不是取决于随便哪种外在的强制力。我希望成为我自己的而不是他人的意志活动的工具。我希望成为一个主体，而不是一个客体；希望被理性、有意识的目的推动，而不被外在的、影响我的原因推动。我希望是个人物，而不希望什么也不是；希望是一个行动者，也就是说是决定的而不是被决定的，是自我导向的，而不是如一个事物、一个动物、一个无力起到人的作用的奴隶那样只受外在自然或他人的作用，也就是说，我是能够领会我自己的目标与策略且能够实现它们的人。当我说我是理性的，而且正是我的理性使我作为人类的一员与自然的其他部分相区别时，我所表达的至少部分就是上述意思。此外，我希望意识到自己是一个有思想、有意志、主动的存在，是对自己的选择负有责任并能够依据我自己的观念与意图对这些选择做出解释的。只要我相信这是真实的，我就感到我是自由的；如果我意识到这并不是真实的，我就是受奴役的。[②]

“积极自由”是要确立“我是我自己的主人”、“我不是任何人的奴隶”这样一种观念。因为人在本质上是自为的存在者，所以，最坏不过的事情就是不让他成为自己的主人，而是替他作出关于他的决定，这就是“家长制”。康德说，“没有人能够强迫我以他自己的方式获得幸福”，家长制是“是可以想像的最大的专制主义”。[③] 家长制

① 参见［英］以赛亚·伯林：《自由论》，胡传胜译，译林出版社 2003 年版，第 189 页。
② 参见［英］以赛亚·伯林：《自由论》，胡传胜译，译林出版社 2003 年版，第 200 页。
③ 参见［英］以赛亚·伯林：《自由论》，胡传胜译，译林出版社 2003 年版，第 206 页。

不把人当成自由的人来看待，而是把他看成我这样一个仁慈者的材料。

“成为自己主人”的自由，是“积极自由”；“不受别人阻止地做出选择”的自由，是“消极自由”。而这两者有时是结合在一起的。我愿意做某事，并且我能够以自己的意愿做某事，这是“积极自由”。“积极自由”的英文是 positive liberty，其直接意思就是“肯定的自由”。我不愿意做某事，并且我能够以自己的意愿不受干涉地不做某事，这是“消极自由”。“消极自由”的英文是 negative liberty，其直接意思就是“否定的自由”。肯定与否定，实质是一个问题的两个方面。

三、政治自由与经济自由

自由不只是简单的一种观念、一种原则。自由落实于经济生活，就是经济自由；自由落实于政治生活，就是政治自由。

约翰·密尔（John Stuart Mill）是较早深入探讨政治自由的思想家。著有《论自由》一书。密尔指出，他所探讨的自由，不是哲学家讨论的意志自由，而是公民的自由，或社会自由。社会自由，即“社会所能合法施用于个人的权力的性质和限度”。[①] 从社会角度说，自由与政府的权力和权威是对立的。从本质上来说，公民自由或社会自由“是指对于政治统治者的暴虐的防御”。[②] 政治统治者在过去是一个人或一个世袭的家族，英国革命后，政府成为由选举产生的责任制的机构，亦即所谓民主的政府。但是，“运用权力的‘人民’与权力所加的人民并不永是同一的；而所说的‘自治政府’亦非每人管治自己的政府，而是每人都被所有其余的人管治的政府。至于所谓人民意志，实际上只是最多的或者最活跃的一部分人民的意志。”[③] 因此，这种政府也同样会像以往的专制政府一样产生“暴虐”。密尔把这种民主制度下产生的暴虐称之为“多数人的暴虐”。这种“多数人的暴虐”是一种社会性暴虐，它比许多种类的政治压迫更加可怕。“它虽不常以极端性的刑罚为后盾，却使人们有更少的逃避办法，这是由于它透入生活细节更深得多，由于它奴役到灵魂

---

① ［英］约翰·密尔：《论自由》，许宝骙译，商务印书馆 1959 年版，第 1 页。

② ［英］约翰·密尔：《论自由》，许宝骙译，商务印书馆 1959 年版，第 1 页。

③ ［英］约翰·密尔：《论自由》，许宝骙译，商务印书馆 1959 年版，第 4 页。

本身。”[①]

为了防止“多数人的暴虐”，政府和社会应当保障每个公民享有三大自由。

第一，良心的自由，即思想或感想的自由。“不论是实践的或思考的、是科学的、道德的或神学的等等一切题目上的意见和情操的绝对自由。”[②]

第二，追求个人志趣的自由，即自己订立自己的生活计划，发展自己的个性。“这种自由，只要我们所做所为并无害于我们的同胞，就不应遭到他们的妨碍，即使他们认为我们的行为是愚蠢、背谬、或错误的。”[③]

第三，个人之间相互交往与联合的自由。“人们有自由为着任何无害于他人的目的而彼此联合，只要参加联合的人们是成年，又不是出于被迫或受骗。”[④]

密尔认为，如果上述这些自由不能得到充分的尊重，那么，这样的社会，就不能称作是一个拥有自由的社会。每个人都有按照自己的意志去追求利益的自由，每个人都是自己身体与精神的监护人，每个人都有权在一定范围内决定自己的思想和行动，社会和政府不应该试图去剥夺人们的这种自由，不应该试图阻挠人们为取得这种自由所做的各种努力，人们应当学会彼此宽容，学会彼此尊重。“人类若彼此宽忍各照自己所认为好的样子去生活，比强迫每人都照其余的人们所认为好的样子去生活，所获是要较多的。”[⑤]自由的真谛是自己做主而不是替别人做主，自由的真谛是充分尊重他人对于自己事务的决定，充分尊重每个人对于自身事务的决定权。

密尔指出，当前普遍存在着一种不断增长的倾向，即把社会凌驾于个人的权力不适当地加以延伸，用舆论的力量甚至用立法的力量，强化社会权力，削减个人自由。密尔认为，这种倾向是一种祸害。压制人们心声的权力，控制人们发表意见的权力，“最好的政府并不比最坏的政府较有资格来运用它。应合公众的意见来使用它比违反公众的意见来使用它，是同样有害，或者更加有害。”[⑥]用权威来压制不同的意见，其错误也是一样。试图用权威压制的那些意见，往往是被当作错误的意

① [英]约翰·密尔:《论自由》，许宝骙译，商务印书馆 1959 年版，第 4 页。
② [英]约翰·密尔:《论自由》，许宝骙译，商务印书馆 1959 年版，第 14 页。
③ [英]约翰·密尔:《论自由》，许宝骙译，商务印书馆 1959 年版，第 14 页。
④ [英]约翰·密尔:《论自由》，许宝骙译，商务印书馆 1959 年版，第 14 页。
⑤ [英]约翰·密尔:《论自由》，许宝骙译，商务印书馆 1959 年版，第 14 页。
⑥ [英]约翰·密尔:《论自由》，许宝骙译，商务印书馆 1959 年版，第 19 页。

见。但是，世界上没有一个权威能代表“全人类”来决定问题，来判断是非，并把每一个持有不同意见的人排斥于“全人类”之外。人们“若因他们确信一个意见为谬误而拒绝倾听那个意见，这是假定他们的确定性与绝对的确定性是一回事。凡压默讨论，都是假定了不可能错误性。”[①] 但是，事实上人们的确定性，即使是多数人的确定性，并不等于“绝对的确定性”，更不等于“不可能错误性”。“生活应当有多种不同的试验；对于各式各样的性格只要对他人没有损害应当给予自由发展的余地；不同生活方式的价值应当予以实践的证明，只要有人认为宜于一试。总之，在并非主要涉及他人的事情上，个性应当维持自己的权利。”[②] 自由的真意就是自己决定自己的事，就是从不放弃决定自己事务的权力。“说一切人类存在都应当在某一种或少数几模型上构造出来，那是没有道理的。一个人只要保有一些说得过去的数量的常识和经验，他自己规划其存在的方式总是好的，不是因为这种方式本身算是最好，而是因为这是他自己的方式。”[③] 一个人对于自己事务的决定，并不一定因为是最好的，所以必须坚持，而是因为是自己决定的，所以要坚持。每个人都具有自己的事情应当由自己做主的权力，但却不具有以“他人的事情就是自己的事情”为借口，而代替他人做主的权力。个人方面是如此，家长不能以对子女负责为借口而替子女做主，国家与政府也是如此。“从国家方面来说，它一方面应当尊重每人在特关自己的事情上的个人自由，同时另一方也有义务对它所允许每人施用于他人的权力保持一种注意的控制。”[④] 国家与政府不仅要尊重和保护人们对于自己事务所具有的充分的决定的权力，还要控制一个人对于他人事务的决定权。比如在家庭中，政府就不应容许丈夫拥有对妻子儿女的专制权力。

密尔指出，在许多情况下，个人在追逐一个“合法的”目标时，由于竞争的关系，会必不可免地“合法地”对他人带来痛苦，或者“合法地”夺去了他人希望得到的好处，比如考试、竞选，某些人不可避免地要从他人的损失中、从他人白费努力的失望中获得自己的利益。这是无法克服的。只要胜利者使用的方法不是欺诈、

---

① [英]约翰·密尔：《论自由》，许宝骙译，商务印书馆1959年版，第20页。

② [英]约翰·密尔：《论自由》，许宝骙译，商务印书馆1959年版，第60页。

③ [英]约翰·密尔：《论自由》，许宝骙译，商务印书馆1959年版，第72页。

④ [英]约翰·密尔：《论自由》，许宝骙译，商务印书馆1959年版，第114页。

不是强力、不是背信，那么他便是合法的、正当的。“社会对于那些失望的竞争者，并不承认他们在法律方面或道德方面享有免除这类痛苦的权利。”①

与思想自由、个性自由相联系，密尔也主张经济领域的自由，主张自由竞争，主张贸易自由，主张工业生产自由，认为这些自由都是合法的，都是政府不应干涉的。“对贸易的限制以及对以贸易为目的的生产的限制诚然都是拘束，而凡是拘束，正因为它是拘束，就必是罪恶。”②

密尔把自己的理论归结为两个最基本的原则：第一，个人的行动只要不涉及自身以外什么人的利益，个人就不必向社会负责交代。他人若为着当事人的好处着想，可以在必要时采取向当事人提出忠告、指教、劝说，或者采取避而远之的态度，但却无权强制，这就是社会对于一个人的行为表示不喜欢或非难时所仅能采取的正当的步骤。第二，个人对于他人利益的有害行为，个人应当负责交代，并且还应当承受社会的或法律的惩罚。密尔关于政治生活、社会生活领域的自由的理论是全面的、深入的，现在仍然具有重要的理论意义。

政治自由之外，还有经济自由。经济自由是市场经济的客观要求，也是市场经济的必然结果。市场经济是相对于计划经济而言的。市场经济与计划经济都属于交换经济。交换经济是相对于自然经济而言的。自然经济即自给自足的经济，生产的目的主要是为了满足生产者及生产单位自己的需要，生产成果也主要用于生产者及生产单位自己消费而不是用于交换。如果生产的目的与成果主要用于交换而不是生产者或生产单位自己消费，那么这种经济就是交换经济。交换经济有两种不同的形式，一种是计划经济，一种是市场经济。计划经济也可称为统制经济，是由政府依靠权力，制订计划并按照计划配置资源的经济。市场经济是由市场自然、自发地配置与调节资源的经济。计划经济是非自由的，市场经济则是自由的，是自由而竞争的。

保罗·萨缪尔森（Paul A.Samuelson）认为：

---

① ［英］约翰·密尔：《论自由》，许宝骙译，商务印书馆 1959 年版，第 103 页。

② ［英］约翰·密尔：《论自由》，许宝骙译，商务印书馆 1959 年版，第 103 页。

> 亚当·斯密的最伟大贡献在于他在经济学的社会世界中抓住了牛顿在天空的物质世界中所观察到的东西，即：自行调节的自然秩序。斯密传达的福音是：你认为，通过动机良好的法令和干预手段，你可以帮助经济制度运转。事实并非如此。利己的润滑油会使齿轮奇迹般地正常运转。不需要计划。不需要国家元首的统治。市场会解决一切问题。[①]

市场经济依靠市场配置和调节资源。市场如何配置和调节资源？亚当·斯密（Adam Smith）认为这是一只“看不见的手”引导的结果：

> 每个人……他通常既不打算促进公共的利益，也不知道他自己是在什么程度上促进那种利益……他只是盘算他自己的安全；由于他管理产业的方式目的在于使其生产物的价值能达到最大程度，他所盘算的也只是他的利益。在这场合，像在其他许多场合一样，他受着一只看不见的手的指导，去尽力达到一个并非他本意想要达到的目的。也并不因为事非出于本意，就对社会有害。他追求自己的利益，往往使他能比在真正出于本意的情况下更有效地促进社会的利益。[②]

亚当·斯密所说的“看不见的手”就是自由竞争。在自由竞争的条件下，每个经济人，不论是厂商、买家，还是消费者，对于商品价格所起的作用是完全平等的，这里没有强制、没有被迫，商品交换完全依照供求关系所决定的市场价格来进行交换。这样一种由供求关系决定的市场价格而进行商品交换的经济既叫市场经济，也叫自由经济。

萨缪尔森认为：“在完全竞争条件下企业的供给原则为：当企业将产量确定在边际成本等于价格水平上时，就实现了利润的最大化。”[③]“最大化利润的产量发生在边际成本等于价格的产量水平上。这一命题的道理在于：只要最后一单位的价格

① [美]萨缪尔森：《经济学》下册，高鸿业译，商务印书馆1982年版，第290页。

② [英]亚当·斯密：《国富论》，郭大力、王亚南译，商务印书馆2015年版，第428页。

③ [美]萨缪尔森、诺德豪斯：《微观经济学》第17版，人民邮电出版社2004年版，第118页。

高于边际成本，竞争企业往往就能够获得额外利润。而当出售的产量再也不能获得任何额外的利润时，总利润就达到了其最高点——最大化。在最大利润点，生产最后一单位产品带来的收入额正好等于该单位成本。增加的收入为多少呢？它等于每单位的价格。所增添的成果为多少呢？它等于边际成本。”[①]完全竞争条件下的市场价格等于边际成本，意味着完全竞争条件下的市场价格是公平价格。说他公平，是因为当市场价格等于边际成本，这一价格是与商品价值相等的价格，是与商品边际效用相等的价格，同时也实现了资源配置效率的最佳状态。一方面，生产厂商实现了利益的最大化，另一方面，消费者以合理的价格买到了他所需要的商品。萨缪尔森指出：

> 效率实现的条件是：A. 当消费者达到最大满足时，边际效用正好等于价格。B. 当竞争的生产者供给物品时，他们选择使边际成本正好等于价格时的产量。C. 因为 MU=P 而且 MC=P，于是得出 MU=MC。这样，在完全竞争条件下，生产某一物品的边际社会成本，正好等于物品或是以所放弃的闲暇来衡量的边际效用。社会从最后一单位的消费中获得的边际收益等于社会生产最后一单位产品的成本，这一条件保证了竞争的均衡是有效率的。[②]

自由价格、公平价格，以及资源配置效率的最佳状态，是在自由竞争的条件下形成的。“在完全竞争条件下，任何企业和个人都无法影响价格；而当买者或卖者能够左右一种商品价格时，我们认为就出现了不完全竞争。”[③]生产厂商根据自己产品的优势，在一定程度上控制了价格，从而具有了一定意义的垄断性，成为以自由竞争为主而又兼具垄断性的经济形态，这就出现了垄断竞争。

垄断厂商通过减少数量和提高价格来获得垄断利润，这样一来，造成两个不良后果：一是社会需要花费较高成本生产较少量产品，从而造成资源浪费；二是消费者需要支付较高的价格而只能获得较少的产品。萨缪尔森指出：“垄断的最大祸害并不是它榨取垄断利润，而是它规定的垄断价格远远高于社会按照边际成本所决

① ［美］萨缪尔森、诺德豪斯：《微观经济学》第 17 版，人民邮电出版社 2004 年版，第 118 页。
② ［美］萨缪尔森、诺德豪斯：《微观经济学》第 17 版，人民邮电出版社 2004 年版，第 131 页。
③ ［美］萨缪尔森、诺德豪斯：《微观经济学》第 17 版，人民邮电出版社 2004 年版，第 28 页。

定的价格……垄断的真正祸害是人为造成的 P 与 MC 的背离。”[①] “垄断所导致的 P 与 MC 的脱离意味着对劳动的‘剥削’，工会在垄断企业中提高工资的行动并不能消除这种剥削。受剥削的是整个社会，改变这种状况是反托拉斯政策的一个任务。”[②] 垄断厂商通过控制产品供给而成为价格的决定者，而消费者只能成为价格的接受者。

自由竞争是一只“看不见的手”，通过自由竞争，达成自由价格、公平价格和资源配置效率的最佳状态。“看不见的手”意味着自由、公平、效率与善。反之，垄断是一只“看得见的手”，它通过控制产品而控制价格，而导致强制价格。“看得见的手”意味着不自由、不公平、无效率，因而是一种恶。

政府的价格管制也是一只“看得见的手”。这只“看得见的手”也意味着不自由，就此而言，这只“看得见的手”也是一种恶。但是这种恶是一种必要的恶，因为它的出现就是为了消除和防止垄断这样一种更大的恶。因为市场经济、自由竞争无法自动消除垄断，所以必须由政府伸出“看得见的手”，制定和保障“反垄断法”的实施。但是，政府对于经济、对于市场的干预应该仅限于确立“反垄断法”，并使其得以贯彻，而不应该直接指挥市场经济活动。政府应该是经济活动规范的制定者和仲裁者，而不应该是经济活动的指挥者。政府的职能正在于保障自由竞争的经济秩序的正常运行。

自由不仅是人类最基本的价值原则，而且也是正常经济秩序、社会秩序的基础。政府的经济职能是维护自由竞争的经济秩序，政府的社会职能是保障最大多数社会成员的人身自由。民主是为自由服务的，民主制度的设立，正是为了保护民众的自由。也正是在这种意义上，严复提出：“以自由为体，以民主为用。”

第二节　平等原理

平等经常与自由联结在一起，并一起成为正义的基本内容。自由与平等是正义，不自由、不平等是不正义。平等与自由经常交织在一起，平等与不平等也经常交织在一起。因为不平等，所以追求平等；因为现实的不平等，所以倡导平等。

---

① [美]萨缪尔森：《经济学》中册，高鸿业译，商务印书馆 1981 年版，第 192—193 页。

② [美]萨缪尔森：《经济学》中册，高鸿业译，商务印书馆 1981 年版，第 171 页。

平等，是指人在本质上的平等，即生命、道义和人格上的平等；在社会实践层面，是指人们的自然权利、公民权利、政治权利、经济权利、社会权利、文化权利和法律面前的平等；还包括国家政府看待和对待公民的立场与态度及标准平等。对于平等，不同时期、不同思想家也有不同的理解。

一、人人生而平等

在人类社会早期，氏族内部成员之间是平等的，但氏族外部则无平等可言。人类进入阶级社会，社会成员分为不同的阶层，此后则无平等可言。

平等往往是从更高处向下的一种俯视。佛教与基督教都提倡平等，因为在佛与基督面前，一切平等。在基督面前，众生原罪平等、救赎平等、末日审判平等。在佛面前，众生平等。《金刚经》说："是法平等，无有高下，是名阿耨多罗三藐三菩提。"（《金刚经·净心行善分》）《大方广佛华严经》更列出十种平等："佛子！菩萨摩诃萨有十种平等。何等为十？所谓：于一切众生平等、一切法平等、一切刹平等、一切深心平等、一切善根平等、一切菩萨平等、一切愿平等、一切波罗蜜平等、一切行平等、一切佛平等，是为十。若诸菩萨安住此法，则得一切诸佛无上平等法。"（《大方广佛华严经》卷五十三）

平等作为一种人权或政治权利，是人格与权利的平等，而非自然因素的平等。卢梭认为：

> 我认为在人类中有两种不平等：一种，我把它叫作自然的或生理上的不平等，因为它是基于自然，由年龄、健康、体力以及智慧或心灵的性质的不同而产生的；另一种可以称为精神上的或政治上的不平等，因为它是起因于一种协议，由于人们的同意而设定的，或者至少是它的存在为大家所认可的。第二种不平等包括某一些人由于损害别人而得以享受的各种特权，譬如：比别人更富足、更光荣、更有权势，或者甚至叫别人服从他们。[①]

① [法]卢梭：《论人类不平等的起源和基础》，李常山译，商务印书馆1962年版，第70页。

平等与不平等指的是精神上或政治上的，而不是自然的或生理的。就自然与生理而言，不平等是客观的，是现实，也是无法克服和改变的。“作为一种具体的社会和政治的要求，平等是拉开现代社会序幕的一系列重大革命的产儿。”[①]

洛克认为，人类最初的“自然状态”，不仅是一种完备无缺的“自由状态”，也是一种人人平等的状态。“这也是一种平等的状态，在这种状态中，一切权力和管辖权都是互相的，没有一个人享有多于别人的权力。极为明显，同种的和同等的人们既然毫无差别地生来就享有自然的一切同样的有利条件，能够用相同的身心能力，就应该人人平等，不存在从属或受制关系。”[②] 洛克对于“自然状态”的描述，具有美化的倾向，但是，他也有他的理由，这就是造物主的观念。“因为既然人们都是全能和无限智慧的创世主的创造物，既然都是唯一的最高主宰的仆人，奉他的命令来到这个世界，从事于他的义务，他们就是他的财产，是他的创造物，他要他们存在多久就存在多久，而不由他们彼此之间作主；我们既赋有同样的能力，在同一自然社会内享有一切，就不能设想我们之间有任何从属关系，可使我们有权彼此毁灭，好像我们生来就是为彼此利用的，如同低等动物供我们利用一样。”[③] 人是平等的，是本来平等的，因为我们都是上帝的造物。这当然不是一种证明，但它可以成为这种理论的基础。而理论基础与前提是不需要证明的。“平等观大概是犹太宗教对西方文化独一无二的贡献。我们从柏拉图、亚里士多德甚至从希腊文化时期那里了解到的希腊伦理学中，并没有普遍的人人平等的概念。平等的思想在犹太人的《圣经》中表现为所有人都是以上帝的样子被创造这种思想。”[④]

“在英国经验主义哲学家中，霍布斯和洛克是对自然状态和自然法理论作了比较充分讨论的人，如果将他们的观点进行比较，我们可以看出一些明显的不同。首先，虽然霍布斯和洛克都承认在自然状态下一切人都是平等的，但是他们对平等的后果和理解不同。霍布斯认为，由于人们在自身能力和对一切物品的权利上的平等，

---

① [美]卡利尼克斯：《平等》，许朝友译，江苏人民出版社2003年版，第25页。

② [英]洛克：《政府论》下篇，叶启芳、瞿菊农译，商务印书馆1964年版，第3页。

③ [英]洛克：《政府论》下篇，叶启芳、瞿菊农译，商务印书馆1964年版，第4—5页。

④ [美]希拉里·普特南：《实在论的多副面孔》，冯艳译，中国人民大学出版社2005年版，第38页。

任何人在争夺自然物品时都没有绝对的优势，从而使人们互相存有戒心和恐惧，这种恐惧成为人们要求建立政府的心理原因之一。洛克则认为，人在自然状态下的平等是人们互爱的基础。他借用英国政治学家胡克（R. Hooker）的话说：如果我要求与我本性相同的人爱我，我就有义务对他们具有相同的爱心，自然理性正从这种平等关系上引出了指导人类生活的准则。其次，霍布斯认为在自然状态下，人们由于自私和贪婪而互相争斗，自然状态必定是'一切人对一切人'的战争状态。而洛克则认为，自然状态是和平、善意、互助和安全的状态，在无政府的自然状态下，人们的和平相处是可能的。再次，在霍布斯看来，在自然状态下自然法没有效力，而只当人们为了摆脱人人自危的自然状态，才诉诸自然法。而洛克则认为在自然状态下自然法也起作用，因为人人都可以执行自然法，对违反自然法的人进行惩罚。最后，虽然霍布斯和洛克都认为自然法与理性是一致的，但是当说到自然法的最终根据时，洛克认为归根结底依赖于上帝的意志，再现出比霍布斯更多的神学色彩。"[①]

犹太教提供了人人平等的观念，美国《独立宣言》、法国《人权与公民权宣言》更将这一观念加以落实。美国《独立宣言》前言部分指出：

> 我们认为下面这些真理是不言而喻的：造物者创造了平等的个人，并赋予他们若干不可剥夺的权利，其中包括生命权、自由权和追求幸福的权利。为了保障这些权利，人们才在他们之间建立政府，而政府之正当权力，则来自被统治者的同意。任何形式的政府，只要破坏上述目的，人民就有权利改变或废除它，并建立新政府；新政府赖以奠基的原则，得以组织权力的方式，都要最大可能地增进民众的安全和幸福。

造物主创造了平等的人，并且赋予他们权利。不仅人人平等，而且所赋予的权利也是人人平等。

法国《人权与公民权宣言》第一条规定：

---

① 叶秀山、王树人总主编：《西方哲学史》第4卷，凤凰出版社、江苏人民出版社2004年版，第357—358页。

在权利方面，人们生来是而且始终是自由平等的。只在公共利用上面才显示出社会上的差别。

第六条规定：

法律是公共意志的表现。全国公民都有权亲身或经由其代表去参预法律的制定。法律对于所有的人，都是一样的。在法律面前，所有的公民都是平等的，故他们都能平等地按其能力担任一切官职，公共职位和职务，除德行和才能上的差别外不得有其他差别。

美国《独立宣言》强调人人生而平等，法国《人权与公民权宣言》强调法律面前人人平等。这样两种平等，构成了现代社会国家以及法律的立法基础。

杰斐逊认为："科学之光的全面传播已经使每一个人都清楚地认识到这样一个明显的真理，即：广大人类并不是生来在背上就有一副鞍子的，而少数的幸运儿也不是生来就穿着马靴和装上马刺，蒙上帝的恩惠可以随时理所当然地骑在他们身上的。"①

与杰斐逊同时的潘恩（Thomas Paine）也是如此的观点，在潘恩看来："所有的人都处于同一地位，因此，所有的人生来就是平等的，并具有平等的天赋权利，恰象后代始终是造物主创造出来而不是当代生殖出来，虽然生殖是人类代代相传的唯一方式；结果每个孩子的出生，都必须认为是从上帝那里获得生存。世界对他就象对第一个人一样新奇，他在世界上的天赋权利也是完全一样的。"②基督教是西方世界最主要的宗教。从基督信仰方面来阐明人人生而平等，在西方世界具有普遍的认同性。潘恩认为："必须看到，世界上所有的宗教就其关系到人类而言，都是建立在人类的一致性之上的，即大家都处于同一地位。无论在天堂或地狱，或者生存在任何环境里，善和恶是唯一的差别，甚至政府的法律也不得不袭用这个原则，只规

① 引自《杰斐逊文选》，商务印书馆 1963 年版，第 38 页。

② [美]潘恩：《人权论》，《潘恩选集》，马清槐等译，商务印书馆 1981 年版，第 141 页。

定罪行的轻重，而不规定人的地位。”[①] 现实生活中，人们占有物质财产的多少各不相同，但是，占有物质财产的多少，绝不能成为社会权利多少的标准，人们不论贫富，社会政治地位都应当完全平等。“财产既不是决定权利的标准，也同样不是衡量品格的尺度。”[②] “如果把财产当作标准，那就完全背离了自由的每一条道义准则，因为这完全使权利依附于物质，使人成为物质的代理人。”[③] 如果有人利用自己拥有的财产去损害别人的权利，政府就应当没收他的财产，“因为我们没有理由相信，一个听任财产势力损害权利的社会能够保障财产的安全”。[④] 政府的职责是保护和维护公民权利的，而公民所具有的权利是平等的，这与财产及社会地位没有关系。所以，保护公民权利不受侵犯，其中也包括保护公民的平等权不受侵犯。

二、不平等的起源与基础

人本来是平等的，或者人应当是平等的，但是，现实中的人事实上却是不平等的。为了追求平等、实现平等，必须明了人类不平等的起源与基础。卢梭所要解决的问题，正是这一问题。“人类不平等的起源”，是法国第戎科学院 1753 年的征文题目，卢梭因这一征文而写了《论人类不平等的起源和基础》。

与洛克一样，卢梭也认为自然状态是一个人人平等的社会。人与人之间本来都是平等的，正如同一种生物在没有发生变种之前都是平等的一样。卢梭认为：自然状态是一种关心自我保存，然而并不损害他人保存的状态。在这种自然状态中，没有奴役和统治。不过，一个人可能用暴力掠夺另一个人的果实。但是，暴力决不能形成一个人对于另一个的奴役。因为奴役关系仅仅是由于人们相互依赖，以及由于那些把他们结合起来的相互需要所形成的。不先让一个人落入离了别人就无法生存的处境，就不能使他沦为奴隶。而在自然状态，人与人之间是没有这种相互依赖和

---

① [美]潘恩:《人权论》,《潘恩选集》，马清槐等译，商务印书馆 1981 年版，第 141 页。

② 引自《资产阶级政治家关于人权、自由、平等、博爱言论选录》，世界知识出版社 1963 年版，第 49 页。

③ 引自《资产阶级政治家关于人权、自由、平等、博爱言论选录》，世界知识出版社 1963 年版，第 48 页。

④ 引自《资产阶级政治家关于人权、自由、平等、博爱言论选录》，世界知识出版社 1963 年版，第 48 页。

相互需要的。所以卢梭宣称："每个人都生而自由、平等。"[①] 并认为自然状态是最适宜于和平和最宜于人类的状态。

在自然状态下，人类服从于自己的本能，只具有一些纯动物性的能力。"视觉和感觉或许是野蛮人最初的本能状态，这种状态是他和一切动物所共有的。愿意和不愿意，希望和畏惧，直到新的情况使他的精神有新的发展为止，可能是他最初的，几乎仅有的精神活动。"[②] 但野蛮人与其他动物是有根本区别的，其他动物的能力不能发展，人的能力和智慧却能不断向前发展，人类具有一种自我"完善化的能力"。这种能力，借助于环境的影响，不断促进其他能力的发展。"这种特殊而几乎无限的能力，正是人类一切不幸的源泉；正是这种能力，借助于时间的作用使人类脱离了他曾在其中度过安宁而淳朴的岁月的原始状态；正是这种能力，在各个时代中，使人显示出他的智慧和谬误、邪恶和美德，终于使他成为人类自己的和自然界的暴君。"[③] 人类依靠自我完善化的能力，使人类获得了理性与智慧，使人类脱离自然状态而进入社会状态，亦即文明社会。自我完善的能力一方面发展了人类的文明和美德，另一方面也促生了谬误与邪恶；一方面促进了人类的进步，另一方面也使人类退步。并且，正是人的自我完善的能力，正是由于这种能力的不断发展，促进了社会生的发展，并最终导致了私有制的出现。而私有制的出现，正是人类社会不平等的根源和基础。

随着私有制的产生，自然状态就过渡到文明社会，于是人们就失去了天赋的自由和平等，而处于奴役和统治的社会关系中。私有制的产生，最根本的原因是生产和技术的进步。但其直接原因，却完全是一件"不幸的偶然事件"。

> 谁第一个把一块土地圈起来并想到说：这是我的，而且找到一些头脑十分简单的人居然相信了他的话，谁就是文明社会的真正奠基者。假如有人拔掉木桩或者填平沟壕，并向他的同类大声疾呼："不要听信这个骗取子的话，如果你们忘记土地的果实是我们大家所有的，土地是不属于任何人的，那你们就要遭殃了！"这个人该会使人类免去多少罪行、战争和杀害，免去多少

① [法]卢梭：《社会契约论》，何兆武译，商务印书馆 2003 年修订第 3 版，第 5—6 页。

② [法]卢梭：《论人类不平等的起源和基础》，李常山译，商务印书馆 1962 年版，第 84—85 页。

③ [法]卢梭：《论人类不平等的起源和基础》，李常山译，商务印书馆 1962 年版，第 84 页。

> 苦难和恐怖啊！但是，很明显，那时一切事物已经发展到不能再像以前那样继续下去的地步了。因为这种私有观念不是一下子在人类思想中形成的，它是由许多只能陆续产生的先行观念演变而来的。①

私有制的出现，是人类不平等的根源，但私有制的出现也许起源于一个偶发的事件，但却是人类历史发展的必然趋势。私有制的出现，根源于人类生产和技术的进步；私有观念的出现，根源于人类一系列“先行观念”的逐步产生。

私有观念的“先行观念”都有哪些？首先是人类自我保存和追求幸福的思想。“追求幸福乃是人类活动的唯一动力。”② 由于追求幸福，人类学会了采集，学会了使用树枝、石头等简单的工具，学会了使用火，并发明了语言，学会了建造最简单的房子。“这就是第一次变革的时代，这一变革促进了家庭的形成和家庭的区分，从此便出现了某种形式的私有制，许多的争执和战斗也就从而产生了。”③

其次，私有观念的“先行观念”还有虚荣心。由于语言的发明，交往的增加，以及男女的爱情，以及与爱情相伴而生的嫉妒，每个人都开始关注他人，也都希望被他人关注，希望受人尊敬。“最善于歌舞的人、最美的人、最有力的人、最灵巧的人或最有口才的人，变成了最受尊重的人。这就是走向不平等的第一步；同时也是走向邪恶的第一步。从这些最初的爱好中，一方面产生了虚荣和轻蔑，另一方面也产生了羞惭和羡慕。这些新因素所引起的紊乱，终于产生了对幸福和天真生活的不幸的后果。”④ 因为人们喜欢受人尊敬，憎恶受人轻视，所以，一旦受到轻视就会引来仇恨和报复，并由竞争、仇恨、报复，而走向互相伤害，人类也因此而变得嗜血成性，变得残酷无情。

再次，私有观念的“先行观念”还有所有权观念。土地的耕种必然导致土地的分配，人们在一片土地上耕耘，并期待着从土地上收获。只有劳动才能赋予种地的人对他所耕作的土地上的产品具有所有权，从而也赋予他对这份土地具有所有权，至少到庄稼收获为止。这样年复一年地拥有，也就是持续不断地占有，这份土地就

---

① [法]卢梭:《论人类不平等的起源和基础》，李常山译，商务印书馆1962年版，第111—112页。
② [法]卢梭:《论人类不平等的起源和基础》，李常山译，商务印书馆1962年版，第114页。
③ [法]卢梭:《论人类不平等的起源和基础》，李常山译，商务印书馆1962年版，第115页。
④ [法]卢梭:《论人类不平等的起源和基础》，李常山译，商务印书馆1962年版，第118页。

很容易转变为他的财产。与农业伴随的还有冶金术。冶金术促进了农具的改良，而为了促进农业生产，必须有人专门从事冶金工作，这就需要另一些人来为他们提供粮食，这样便出现了农业与工业的分工。“自从一个人需要另一个人的帮助的时候起；自从人们觉察到一个人据有两个人食粮的好处的时候起；平等就消失了、私有制就出现了、劳动就成为必要的了、广大的森林就变成了须用人的血汗来灌溉的欣欣向荣的田野；不久便看到奴役和贫困伴随着农作物在田野中萌芽和滋长。”①

平等一旦被破坏，随之而起的就是可怕的混乱，就是奴役、暴力与掠夺。“一方面是竞争和倾轧，另一方面是利害冲突，人人都时时隐藏着损人利己之心。这一切灾祸，都是私有财产的第一个后果，同时也是新产生的不平等的必然产物。”②私有制使人变得悭吝、贪婪与邪恶，并且使最强者的权利与先占者的权利之间发生无穷无尽的冲突，而这种冲突最终只能以战斗和凶杀来解决。“新产生的社会让位于最可怕的战争状态：堕落而悲惨的人类，再也不能从已踏上的道路折回，再也不能抛弃已经获得的那些不幸的获得物，同时他们努力以赴的只不过是滥用使自己获得荣誉的种种能力，从而为自己招致恶果，并终于使自己走到了毁灭的边缘。”③生产力的发展，导致私有制的出现，而私有制的出现，又带来了人类的邪恶。卢梭说：

> 使人文明起来，而使人类没落下去的东西，在诗人看来是金和银，而在哲学家看来是铁与谷物。④

卢梭所说的“铁”，指代的是生产技术的进步；而“谷物”，则指代的是私有制。生产技术的进步与私有制的出现，使人由自然状态进入文明社会，但同时也带来了人类的种种邪恶。

在卢梭看来，人类社会的不平等是向前发展的，文明前进一步，不平等也向前推进一步。人类不平等的发展经历了三个阶段。

---

① [法]卢梭:《论人类不平等的起源和基础》，李常山译，商务印书馆 1962 年版，第 121 页。
② [法]卢梭:《论人类不平等的起源和基础》，李常山译，商务印书馆 1962 年版，第 125 页。
③ [法]卢梭:《论人类不平等的起源和基础》，李常山译，商务印书馆 1962 年版，第 126 页。
④ [法]卢梭:《论人类不平等的起源和基础》，李常山译，商务印书馆 1962 年版，第 121 页。

第一个阶段，财富不平等阶段。在这一阶段，社会分裂成为富人和穷人，形成了贫富对立，引发了对于财富的激烈争夺，富人们巧取豪夺，穷人们盗窃抢劫，刚刚形成的社会变成了最可怕的战争状态。人们不得不考虑他们这种可悲的状态，不得不考虑他们所遭受的灾难。特别是富人很快感受到了持续不断的战争对他们所造成的损失，拥有财富就像遭受贫困一样，惶惶不可终日。于是富人对穷人说；“咱们联合起来吧，好保障弱者不受压迫，约束有野心的人，保证每个人都能占有属于他自己的东西。因此，我们要创立一种不偏袒任何人的、人人都必须遵守的维护公正与和平的规则。这种规则使强者和弱者同样尽相互间的义务，以便在某种程度上，补偿命运的不济。总之，不要用我们的力量来和我们自己作对，而要把我们的力量集结成一个至高无上的权力，这个权力根据明智的法律来治理我们，以保卫所有这一团体中的成员，防御共同的敌人，使我们生活在永久的和睦之中。”[①] 而淳朴善良的人们竟然听信了富人的这番话，欢欣鼓舞地迎接自己的枷锁，相信它能保障他们的自由。这一枷锁就是国家和法律，这也就是国家和法律的起源。法律将私有制与不平等制度化、法律化。于是不平等就由第一阶段发展到第二阶段。

第二阶段，政治不平等阶段。当国家与法律建立起来以后，统治者便利用国家与法律来维护自己的特权和利益。“在富人方面，他们一认识了统治的快乐，便立即鄙弃一切其他的快乐。并且，因为他们可以利用旧奴隶来制服新奴隶，所以他们只想征服和奴役他们的邻人。他们好像饿狼一样，尝过一次人肉以后，便厌弃一切别的食物，而只想吃人了。”[②] 在国家形成初期，国家的官吏还是选举产生，后来由于党派的纷争，内战频频爆发，导致无政府状态。怀有野心的权贵们利用这种局面，使他们的位置世袭化，而人民已经习惯于从属地位。“这样，已经成为世袭的首领们，就逐渐习惯于把官爵看作自己的家产，把自己看作是国家的所有主，而起初他们只不过是国家的官吏。这样，他们也就习惯于把他们的同胞叫作奴隶。”[③] 政治的不平等直接导致了统治者与被统治者之间的分裂与对立。

第三阶段，专制政治下的不平等阶段。“政治上的差别，必然会引起社会上人

---

① ［法］卢梭：《论人类不平等的起源和基础》，李常山译，商务印书馆 1962 年版，第 128 页。

② ［法］卢梭：《论人类不平等的起源和基础》，李常山译，商务印书馆 1962 年版，第 126 页。

③ ［法］卢梭：《论人类不平等的起源和基础》，李常山译，商务印书馆 1962 年版，第 141 页。

民间的差别。在人民与其首长之间日益增长着的不平等，不久在个人与个人之间也显示出来了，并且因欲望、才能和境遇的不同而形成千百种不同的表现形态。”[①]人们主要用财富、贵族身份或等级、权势和个人功绩来区分各自的社会地位。在这四种不平等因素中，个人身份的不平等是其他不平等的根源。由不平等导致各种各样的混乱，“正是在这种混乱和这些变革之中，暴君政治逐渐抬起它的丑恶的头，吞没它在国家各部门中所发现的一切善良和健全的东西，终于达到了蹂躏法律和人民并在共和国的废墟上建立起它的统治的目的。”[②]一小撮权贵之所以能洪福齐天、显赫至极，而广大民众却穷困潦倒、苟延残喘，就是因为权贵们享有的引以为荣的东西正是民众被剥夺的东西。不平等发展到第三个阶段，发展到了它的顶峰，便又和人类平等的出发点相遇。在暴君的统治下，一切人又都变成平等的，因为在暴君面前，大家都等于零，除了暴君的意志外，不再有别的法律。“一切都被这恶魔吞没殆尽，人民既不再有首领，也不再有法律，而只有暴君。从这个时候起，无所谓品行和美德的问题了。因为凡是属于专制政治所统治的地方，谁也不能希望从忠贞中得到什么。专制政治是不容许有任何其他的主人的，只要它一发令，便没有考虑道义和职责的余地。最盲目的服从乃是奴隶们所仅存的唯一美德。”[③]卢梭认为，不平等发展到这一阶段，人民必然要起来发动暴动，推翻专制君主的统治。而当暴君被推翻的时候，它是不能怨恨暴力的。

> 以绞杀或废除暴君为结局的起义行动，与暴君前一日任意处理臣民生命财产的行为是同样合法。暴力支持他；暴力也推翻他。一切事物都是这样按照自然的顺序进行着，无论这些短促而频繁的革命的结果如何，任何人都不能抱怨别人的不公正，他只能怨恨自己的过错或不幸。[④]

卢梭详细探讨人类不平等的起源和基础，并非出于对自然状态的歌颂，并非要人重

① [法]卢梭:《论人类不平等的起源和基础》，李常山译，商务印书馆 1962 年版，第 142 页。
② [法]卢梭:《论人类不平等的起源和基础》，李常山译，商务印书馆 1962 年版，第 145 页。
③ [法]卢梭:《论人类不平等的起源和基础》，李常山译，商务印书馆 1962 年版，第 145 页。
④ [法]卢梭:《论人类不平等的起源和基础》，李常山译，商务印书馆 1962 年版，第 146 页。

新回到原始状态。他在给波兰国王斯坦尼斯拉夫的信中说："回到自然状态的原始阶段是无法实现的，历史是不会倒退的。纵使人类能够回到野蛮人的状态，他们也不会因此就更幸福些。"[①] 卢梭探讨人类不平等的起源，是要为构建一个平等、和谐、美满的理想社会提供基础。

三、作为权利与观念的平等

平等更为重要的是一种观念，甚至是一种信念。平等是人们所应坚守的一种观念或信念，是一种对待事物、对待他人的态度。不能借口现实不平等，就放弃平等的观念，就放弃平等的态度。对他人而言，平等是一种观念、信念或态度，而对于自身而言，平等是一种权利，"我必须被平等对待"，这是我的权利。这种权利不是被给予的，而是本来就有的，是"天赋"的。只要是人，就具备这种权利。"无论什么样的立法体系，卢梭认为其目的都是自由与平等：社会的自由是遵守法律，法律必须排除任何人身依附关系；实现自由的前提是平等，因为没有平等，自由便不能存在。平等不是指每个人在权力和财富上的绝对相等，而是说，要限制权力成为暴力，要始终依照法律以及法律赋予的职位行使权力；也要限制财富，控制贫富差别的扩大。"[②]

受卢梭的影响，法国思想家皮埃尔·勒鲁（Pierre Leroux）写了《论平等》一书，自称这部著作是卢梭平等理论的继续和深化。勒鲁说："我要在本书中，运用当代具有的严谨方法，重新探讨卢梭提出的问题。我要寻求人类条件不平等的原因，并且我要用卢梭没有运用的人类传统和用宗教信条本身去证实平等。"[③]

勒鲁指出：法国大革命恰当地把自己的政治目标归结为三个词：自由、平等、博爱，这三个词是紧密联系不可分割的，是合三为一、三位一体的。这三个词体现了人类的三种情感，即知觉、感情和认识。自由体现知觉，博爱体现情感，平等体现认识。勒鲁认为，人类自身及人类社会都具有三位一体的特点。"人按上帝的

---

① 转移自［苏联］阿斯穆修：《卢梭》，商务印书馆 1963 年版，第 24 页。

② 叶秀山、王树人总主编：《西方哲学史》第 5 卷，凤凰出版社、江苏人民出版社 2005 年版，第 280 页。

③ ［法］皮埃尔·勒鲁：《论平等》，王允道译，商务印书馆 1988 年版，第 8 页。

形象塑造，他象上帝一样也是三位一体。”[①] 人的知觉、感情、认识是三位一体，力量、爱情、智慧是三位一体，个人、家庭、社会是三位一体，家庭、财产、城邦是三位一体，公民、官员、国君是三位一体，因此，自由、平等、博爱，也必然是三位一体。

勒鲁认为，人的一生是由一系列行动构成的，人每天都在行动。即便是思想，其实思想也是行动。而自由，就是有权行动。“所以政治的目的首先就是在人类中实现自由。使人自由，就是使人生存，换言之，就是使人能表现自己。缺乏自由，那只能是虚无和死亡；不自由，则是不准生存。”[②] 其次，人是有感情的。人有感情，是人之为人的根本所在。人在行动时，总是富有感情的。并且，人总是要和他人发生关系的。所以，自由之外，人还需要博爱。“博爱的意思是：人的本性在他的全部活动中充满感情；人在自己的同类面前，不可能在与他接触时不跟他产生感情；公民的理想，就是对于所有其他的人的爱以及与这慈善、与这爱相应的行动。”[③]

作为行动的人，离不开自由；作为感情的人，离不开博爱；而作为有智慧、有认识的人，则需要平等。勒鲁认为，平等是自由与博爱的基础。人之所以是自由的，人之所以有自由的权利，因为人是平等的。人是平等的，所以，不能说有的人自由，而有的人不自由；人是平等的，所以，不能说有的人有自由的权利，而有的人没有自由的权利。人之所以要履行博爱的天职，也因为人认识到人类原本并且应该是平等的。“如果你们问我为什么要获得自由，我会回答你们说：因为我有这个权利；而我之所以有这种权利，乃是因为人与人之间是平等的。同样，如果我承认仁慈和博爱都是人在社会上的天职，那是因为我思想上考虑到人的本性原是平等的。”[④] 人是平等的，所以人平等地拥有自由；人是平等的，所以人平等地履行博爱的天职。“我还要再说一遍，哪里没有平等，那里就没有自由。”[⑤]

---

① [法]皮埃尔·勒鲁：《论平等》，王允道译，商务印书馆 1988 年版，第 263 页。
② [法]皮埃尔·勒鲁：《论平等》，王允道译，商务印书馆 1988 年版，第 12 页。
③ [法]皮埃尔·勒鲁：《论平等》，王允道译，商务印书馆 1988 年版，第 12 页。
④ [法]皮埃尔·勒鲁：《论平等》，王允道译，商务印书馆 1988 年版，第 14 页。
⑤ [法]皮埃尔·勒鲁：《论平等》，王允道译，商务印书馆 1988 年版，第 38 页。

勒鲁认为，人类具有三种不同的情感：知觉、感情与认识，与之相应的是自由、博爱、平等三种权利。“在这三种权利的每一部分中，我们都看到了被宣告为人类共同守则的平等；平等，这是今天我们唯一的合理原则和唯一的正义标准。”[①]然而现实与理想却存在着严重的对立，平等在现实生活处处遭到破坏。平等“完全是虚假的外表，骗人的幻景！人们得到的只是不平等。平等，平等！我只听到这个声音在我的周围回荡。然而，我到处看见的是刺眼的不平等现象。”[②]在勒鲁看来，基督教为平等作出了贡献，它向人类宣告：“你们大家都是同一个上帝的子孙，你们大家都是兄弟，你们要像兄弟般的相亲相爱。”[③]将平等与基督信仰联系起来，洛克、杰克逊、潘恩都是这样做的。你信仰上帝，你就得承认人人平等。重要的不是现实中有种种的不平等，而是要对持有平等的信念，要保持平等的观念。

在勒鲁看来，平等这个词代表了人类迄今为止所取得的一切进步，也可以说概括了人类过去的全部生活，它代表着人类已经走过的全部历程的结果、目的与最终事业。为了实现平等，启蒙思想家们前赴后继，历经无数苦难，人们终于认识到：“要确立政治权利的基础，必须达到人类平等，在此以前则没有权利可言。”[④]平等是一切权利的基础，这是勒鲁所反复强调的。

勒鲁认为，促使西方社会发展的一切事物，都是按照个人生命发展的规律发展演变的。自由相应于西方社会的童年，博爱相应于它的青年，而平等则相应于它的壮年。童年有知觉但却缺乏怜悯，青年有感情但却缺乏认识，只有壮年才与理智相应。自由是一种权利，博爱是一种义务，“而平等则是他的权利与义务赖以建立的一种学说。”[⑤]平等才是自由与博爱的基础和前提。

将平等与自由、博爱紧密联系起来，并将平等看作自由与博爱的基础，看作人类其他一根权利的基础，将平等看作不证自明的公理，看作天赋人权，这是勒鲁平等论的基本观点，也是其基本特点。平等不是一种事实，而是应当坚守的一种信

---

① [法]皮埃尔·勒鲁：《论平等》，王允道译，商务印书馆 1988 年版，第 59 页。
② [法]皮埃尔·勒鲁：《论平等》，王允道译，商务印书馆 1988 年版，第 60 页。
③ [法]皮埃尔·勒鲁：《论平等》，王允道译，商务印书馆 1988 年版，第 241 页。
④ [法]皮埃尔·勒鲁：《论平等》，王允道译，商务印书馆 1988 年版，第 68 页。
⑤ [法]皮埃尔·勒鲁：《论平等》，王允道译，商务印书馆 1988 年版，第 243 页。

念、一种态度，这是勒鲁平等论的深刻之处。

平等是一种权利，也是一种政治待遇。罗尔斯（John Rawls）主要是从政治待遇角度来探讨平等问题，他把政治的平等称作“平等的自由”。“平等的自由”以“平等的原初状态”的假定为基础和前提。罗尔斯指出：

> 在作为公平的正义中，平等的原初状态相应于传统的社会契约理论中的自然状态。这种原初状态当然不可以看作是一种实际的历史状态，也并非文明之初的那种真实的原始状况，它应被理解为一种用来达到某种确定的正义观的纯粹假设的状态。这一状态的一些基本特征是：没有一个人知道他在社会中的地位——无论是阶级地位还是社会出身，也没有人知道他在先天的资质、能力、智力、体力等方面的运气。我甚至假定各方并不知道他们特定的善的观念或他们特殊的心理倾向。正义的原则是在一种无知之幕（veil of ignorance）后被选择的。这可以保证任何人在原则的选择中都不会因自然的机遇或社会环境中的偶然因素得益或受害。由于所有人的处境都是相似的，无人能够设计有利于他的特殊情况的原则，正义的原则是一种公平的协议或契约的结果。①

“没有一个人知道他在社会中的地位”，意味着无论一个人的社会地位如何；“没有人知道他在先天的资质、能力、智力、体力等方面的运气”，意味着无论一个人的个人能力如何；“不知道他们特定的善的观念或他们特殊的心理倾向”，意味着无论一个人的心理状态如何，无论一个人是否善良，这一切主观的、客观的差异性的因素都不予考虑，只要他是一个人。

取消或无视人的个体差异，“平等自由的原则”应当如何？罗尔斯认为：

> 我要坚持认为，处在原初状态中的人们将选择两个相当不同的原则：第一个原则要求平等地分配基本的权利和义务；第二个原则则认为社会和经济

① ［美］罗尔斯：《正义论》，何怀宏、何包钢、廖申白译，中国社会科学出版社1988年版，第10页。

> 的不平等（例如财富和权力的不平等）只要其结果能给每一个人，尤其是那些最少受惠的社会成员带来补偿利益，它们就是正义的。[①]

平等自由的第一个原则，是“平等地分配基本的权利与义务”，是一个人，无论其社会地位如何，无论其能力如何，无论其善良与否，都要平等地分配和享受基本的权利与义务。平等自由的第二个原则，是补偿的原则。平等自由的原则并非完全无视现实与事实的不平等，而是要使最少受惠的社会成员得到补偿。

将“平等自由的原则”落实到现实生活中，罗尔斯认为，“在某些制度中，当对基本权利和义务的分配没有在个人之间作出任何任意的区分时，当规范使各种对社会生活利益的冲突要求之间有一恰当的平衡时，这些制度就是正义的。”[②]平等是平等地分配基本的权利与义务，平等地分配基本的权利与义务，就是正义。

> 一个社会，当它不仅被设计得旨在推进它的成员的利益，而且也有效地受着一种公开的正义观管理时，它就是组织良好的社会。亦即，它是一个这样的社会，在那里：（1）每个人都接受、也知道别人接受同样的正义原则；（2）基本的社会制度普遍地满足、也普遍为人所知地满足这些原则。在这种情况下，当人们可能相互提出过份要求时，他们总还承认一种共同的观点，他们的要求可以按这种观点来裁定。如果说人们对自己利益的爱好使他们必然相互提防，那么他们共同的正义感又使他们牢固的合作成为可能。在目标互异的个人中间，一种共有的正义观建立起公民友谊的纽带，对正义的普遍欲望限制着对其他目标的追逐。我们可以设想一种公开的正义观，正是它构成了一个组织良好的人类联合体的基本条件。[③]

正义是存在的。正义之所以是存在的，是因为人们都平等地普遍地持有正义的观念。

---

① ［美］罗尔斯：《正义论》，何怀宏、何包钢、廖申白译，中国社会科学出版社1988年版，第12页。

② ［美］罗尔斯：《正义论》，何怀宏、何包钢、廖申白译，中国社会科学出版社1988年版，第3页。

③ ［美］罗尔斯：《正义论》，何怀宏、何包钢、廖申白译，中国社会科学出版社1988年版，第3页。

"平等自由的原则"落实于现代政治生活，就是"平等参与的原则"。

> 当平等的自由原则被运用到由宪法所规定的政治程序中时，我将把平等的自由原则看成是（平等的）参与原则。参与原则要求所有的公民都应有平等的权利来参与制定公民将要服从的法律的立宪过程和决定其结果。作为公平的正义肇端于下述观念：只要共同原则是必要的并对每个人是有利的，它们就应当是从适当规定的平等的最初状态——在这种最初状态中，每个人都公正地被代表——的观点来制定的。参与原则把这个观点从原初状态转用到作为制定其它规范的最高层次的社会规范体系的宪法上。如果国家要对某一领域行使决定性的强制权力，并且要以这种方式永久地影响一个人的生活前景的话，那么立宪过程就应该在切实可行的范围内维持原初状态中的平等代表制。①

政治平等是"平等地分配基本的权利与义务"，而"平等地分配基本的权利与义务"，则是"平等的代表制"、"平等的参与制"。

在罗尔斯的理论中，平等并非只是一种观念，并非只是一种权利，而是要将这种观念、这种权利落实在具体的事项中，落实在具体行为中。现实中有种种的不平等，但问题不是只承认这种事实，更重要的是要树立一种观念，一种平等的观念，并且要把这种观念落到实处，要把平等的观念落实在日常具体的行为中，要使平等的观念制度化、法律化。

第三节　公正原理

自由与平等既是一种观念，也是一种权利；而公正，虽然也是一种观念，但却不是一种权利，而是一种状态。我们可以争取公正，保持公正，但这不是我们在争

---

① [美]罗尔斯:《正义论》，何怀宏、何包钢、廖申白译，中国社会科学出版社 1988 年版，第 211—212 页。

取某种权利，而是我们秉持的一种观念、一种信念，而是我们尽量所要维持的一种状态。

公正，分开说即公平与正义。公平与正义，也就是中国人所说的“天理”。每个人都可以感受到“天理”，都会在不受私欲干扰的条件下保持“天理”，所以如此，是因为每个人都有“良知”。所以，“良知”与“天理”是贯通的。陆象山说：“四方上下曰宇，往古来今曰宙。宇宙便是吾心，吾心即是宇宙。千万世之前，有圣人出焉，同此心同此理也。千万世之后，有圣人出焉，同此心同此理也。东南西北海，有圣人出焉，同此心同此理也。”（《陆九渊集·杂说》）人同此心，心同此理。中国人有对于公正的秉持，西方人也有对于正公的秉持。

一、公平正义是神圣的

公平、正义、公正和公道，是一组非常相近的词。如果仔细甄别的话，它们之间也存在一些细微的差别。例如，正义一般用于庄严的场合，如正义的战争；而公平与公道更多地用于日常生活，如讨一个公道之类。在现今学术话语中，又牵涉到对西方术语的翻译问题，就更复杂了。我们一般用“正义”这个词来翻译 justice，但有时候也用公正来翻译它。Fairness 一般译为“正当”，但在汉语中，正当与正义的差异并不是很大。当然，在英文中，fairness、justice、rightness 等词含义也非常接近。它们之间的区别也许仅仅存在于哲学家对它们的定义之中。

一般而言，所谓公平与正义，就是一个人得到他所应该得到的。如行善就应得福报，行恶就应得惩罚，等等。那么，这个“应该”究竟指的是什么，则需要在具体的事物中去加以鉴别。总的来说，在一种文明传统中，都有其众所公认的正义。而在整个人类文明中，亦有其众所公认的正义。

正义，是任何一种人类文明最基本的追求。我国最古老的经典《尚书》即云：“无偏无陂，遵王之义……无偏无党，王道荡荡；无党无偏，王道平平；无反无侧，王道正直。”这里提出的王道思想，最核心的即是公正、正义，以及正直。孔子说：“政者，正也。子帅以正，孰敢不正？”（《论语·颜渊》）正，即是公正、正义，是一个人尽自己的本分，尽自己的职责。孔子又说：“人之生也直，罔之生也幸而免。”（《论语·雍也》）孟子也说：“枉己者，未有能直人者也。”（《孟子·滕文公下》）

这都是对正义、正直的表达与追求。

基督教的《圣经》也说："上帝站在有权力者的会中，在诸神中行审判，说：'你们审判不秉公义，徇恶人的情面，要到几时呢？你们当为贫寒的人和孤儿伸冤，当为困苦和穷乏的人施行公义。当保护贫寒和穷乏的人，救他们脱离恶人的手。'你们仍不知道，也不明白，在黑暗中走来走去，地的根基都摇动了。……你们施行审判，不可行不义，不可偏护穷人，也不可重看有势力的人，只要按着公义审判你的邻舍。不可在民中往来搬弄是非，也不可与邻舍为敌，置之于死。我是耶和华。"又说："你们施行审判，不可行不义。在尺、秤、升、斗上也是如此。要用公道天平、公道砝码、公道升斗、公道秤。"

伊斯兰教的《古兰经》说："你们把自己的脸转向东方和西方，都不是正义。正义是信安拉、信末日、信天神、信天经、信先知，并将所爱的财产施济亲戚、孤儿、贫民、旅客、乞丐和赎取奴隶，并谨守拜功、完纳天课、履行约言、忍受穷困、患难和战争。这等人，确是忠贞的。这等人，确是敬畏的。"

公平正义不只是一种口号，而是一种德行，而是需要落实在具体的行动上。所谓"正人先正己"，"无诸己，而后非诸人"。如果自己做不好，那么我们也就没有资格去要求别人。而要以身作则，从自己做起，这样才能让别人信服。治理社会也是如此，如果执法者自己不守法，却要别人遵守法律，这不是笑话吗？如果是这样，那么所谓的法治，就是一句空话。《论语》对这个问题阐述得很清楚。鲁国的执政者季康子向孔子请教怎么样才能治理好国家。季康子提出："如杀无道，以就有道，何如？"孔子对曰："子为政，焉用杀？子欲善而民善矣。君子之德风，小人之德草。草上之风，必偃。"（《论语·颜渊》）季康子提出的策略是以重刑治国，杀掉那些作恶的人，那么国家就安宁了。但是孔子提出："为政怎么能光用杀来解决问题呢？"孔子认为，在上位者以身作则，那么下面的官员和百姓就会效法。孔子坚信，君子之德犹风一样柔和但有力量，而小人心无所定，当他看到君子之善时，他也会行善，就像草儿遇风被吹倒一样。

因此，儒家的治国理念在于以善德教化天下，而不是用刑法来威慑百姓。刑法只是起到矫正的作用，其本身无法培育德性。我国古代的先哲先贤，很早就知道唯有公平、公正才能治平天下。并且，为什么要把天下治理得很好的状态叫作"平"

呢？这也很能说明问题。孔子说："有国有家者，不患寡而患不均，不患贫而患不安。盖均无贫，和无寡，安无倾。"（《论语·季氏》）均者，平也。即使一个国家很富有，但如果贫富不均、教化不等，那么仍然会产生严重的社会矛盾。

正义，主要是指个体行为的正当性、合理性。中国古代，将正义简单地称作"义"。

义是相对于仁而言的。仁是对于他人的关爱，义则是对于自己行为的自我约束。如果说，仁的对象是指向他人，那么，义的对象则完全指向自身。汉人董仲舒说："仁之法在爱人，不在爱我；义之法在正我，不在正人。"（《春秋繁露·仁义法》）仁是对于他人的关爱，而不是爱自己；义是对于自身的要求，而不是对于他人的要求。不管别人如何待我，而我应当一如既往地待人。该怎样待人就怎样待人，这就是义。所以，俗语中所讲的"你不仁，我不义"，那不是义，那是把自己等同于他人。如果他人是小人，那实际上就把自己降低为小人。

义同时又是相对于利而言的。孔子说："君子喻于义，小人喻于利。"（《论语·里仁》）义与利都是对行为的审查与考量，但却是两种不同的审查和考量。义是对行为做伦理的审查和考量，以考查其是否合乎规范；利是对行为做经济的审查和考量，以考查其是否有效有利。义是一种行为规范，也是一种价值导向，它所强调的是行为的正当性、合理性。利，即利益。利的对立面并不是义，而是害。利与害是要在行为与结果之间做出考量，它所突出的是行为的功利性、有效性。从本原的意义来看，义与利并不是对立的，而是依据不同的尺度来对行为作出衡量。义的也可能是利的，也可能是不利的；利的也可能是义的，也可能是不义的。当义与利相一致的时候，不会有问题发生，但是当义与利不相一致的时候，个人应当持什么样的态度？这就是义利问题的根本所在。当义利不相一致时，儒家认为应当"义以为上"。

子路问孔子："君子尚勇乎？"孔子回答："君子义以为上。君子有勇而无义为乱，小人有勇而无义为盗。"（《论语·阳货》）君子应当以义作为自己最高的行为准则。在孔子看来，"富与贵，是人之所欲也，不以其道得之，不处也；贫与贱，是人之所恶也，不以其道得之，不去也"（《论语·里仁》）。人之所欲、所恶者，即是人之利；而以其道、不以其道，即人之义。这表明孔子对于人之利是认可的，孔子所否定的，只是不义之利。“不义而富且贵，于我如浮云。”（《论语·述而》）孔子所提倡的，只是“见利思义”、“义然后取”，只是一种“义以为上”的精神。

在孔子看来，一个人的行为，应当以行为的正当性为基本的标准。“君子之于天下也，无适也，无莫也，义之与比。”（《论语·里仁》）义是行为的正当性、合理性。《中庸》讲：“义者宜也。”人之为人，人的行为的基本标准不是别的，只是行为本身的正当性与合理性。荀子说：“水火有气而无生，草木有生而无知，禽兽有知而无义，人有气、有生、有知、亦有义，故最为天下贵也。”（《荀子·王制》）人之所贵者，在于人有义。人之为人，并不在于人有知觉、有生命，而在于人懂得什么该做，什么不该做。该不该做的标准就是所谓的义。

在西方，最早探讨正义问题的是古希腊哲学家柏拉图（Platon）。柏拉图将正义分为大正义和小正义。大正义是城邦国家体制赖以建立的伦理根据或原则，小正义是个人的心灵美德与道德行为。前者属于城邦国家的体制伦理，后者属于个人道德。柏拉图著有《理想国》一书。“理想国”，就是一个正义的城邦。《理想国》一书由探讨正义问题入手而描述理想城邦，正义问题贯穿全书的始终。柏拉图说，研究正义的目的，是为了找寻衡量理想政治的标准，“是为了我们可以按照它们所体现的标准，判断我们的幸福或不幸，以及我们幸福和不幸的程度。”① 柏拉图认为，人们之所以建立城邦，是因为人的需要是多方面的，任何一个人都不可能亲手制作自己所需要的一切。为了满足自己多方面的需要，人们必须分工合作，相互交换。城邦就是一个分工合作的共同体。

城邦主要由三部分人员组成，一是生产者，生产人们所需要的各种东西；二是保卫者，保卫城邦，防止侵略；三是统治者，管理城邦事务。这三部分人有各自不同的美德，即节制、勇敢、智慧。节制是生产者的美德，勇敢是保卫者的美德，智慧是统治者的美德。三部分人也有各自不同的习性，生产者的习性是爱利，获利是他们的快乐；保卫者的习性是爱敬，胜利是他们的快乐；统治者的习性是爱智，学习是他们的快乐。国家就像是一个人。一个人的灵魂里有三种不同的品质：欲望、激情和理性。当理性起主导作用，欲望和激情服从理性，三者和谐统一，这样的公

① [古希腊]柏拉图：《理想国》，郭斌和、张竹明译，商务印书馆1986年版，第213页。

民就是一个好公民。国家也是一样，统治者代表理性，保卫者代表激情，生产者代表欲望。当代表理性的统治者能够很好地统治和领导代表激情的保卫者和代表欲望的生产者的时候，国家就是一个良好的国家。

据此，柏拉图作出结论，认为正义就是每个人根据上天所赋予自己的品质，做好自己分内的工作，正义的城邦就是各个成员按照天性做自己应该做的本分工作的共同体。“当城邦里的三种自然的人各做各的事时，城邦被认为是正义的，而且城邦也由于这三种人的其他某些情感和性格被人认为是有节制的勇敢的和智慧的。”[①]城邦里的每个人“各起各的天然作用，不起别种人的作用，这种正确的分工乃是正义的影子”。[②]城邦是如此，个人也是如此。每个人如果身内的品质各起各的作用，则能够做到身心和谐，这也就是正义。相反，不正义就是三者之间的不和与争斗。“不正义、不节制、懦怯、无知，总之，一切的邪恶，正就是三者的混淆与迷失。”[③]进而，柏拉图认为，个人的行为是否正义，也可以由此作出判断。凡以知识和智慧为指导，保持理性、激情与欲望的和谐的行为便是正义的行为或好行为，反之，背离理性与智慧，而由激情或欲望所主导的行为，则是愚昧无知的行为，是不正义的行为。

柏拉图的学生亚里士多德（Aristotle）认为，“人类在本性上，也正是一个政治的动物。”[④]人作为一个政治动物，城邦高于个人，个人依赖于城邦，个人不能离开城邦。“凡人由于本性或由于偶然而不归属于任何城邦的，他如果不是一个鄙夫，那就是一个超人。”[⑤]人是政治的动物，是人的根本的属性，是人与其他动物的根本性区别。“人类生来就有合群的性情，所以能不期而共趋于这样高级（政治）的组合……人类由于志趋善良而有所成就，成为最优良的动物。”[⑥]人既是政治的动物，所以每个城邦公民都应当积极参与城邦的政治活动。

在亚里士多德看来，世上的一切学问与技术，终其目的是要达到某种善业。其

---

① [古希腊]柏拉图：《理想国》，郭斌和、张竹明译，商务印书馆1986年版，第157页。
② [古希腊]柏拉图：《理想国》，郭斌和、张竹明译，商务印书馆1986年版，第172页。
③ [古希腊]柏拉图：《理想国》，郭斌和、张竹明译，商务印书馆1986年版，第173页。
④ [古希腊]亚里士多德：《政治学》，吴寿彭译，商务印书馆1965年版，第7页。
⑤ [古希腊]亚里士多德：《政治学》，吴寿彭译，商务印书馆1965年版，第7页。
⑥ [古希腊]亚里士多德：《政治学》，吴寿彭译，商务印书馆1965年版，第9页。

他学术所达到的善业范围相对狭小，政治学所要达到的善业则极其广泛。伦理学所要达到的只个人的善德，而政治学所要达到的则是群体的善德。因此，政治学“是一切学术中最重要的学术，其终极（目的）正是为大家所最重视的善德，也就是人间的至善。”[①] 这种人间的至善，就是正义。亚里士多德认为：“正义包含两个因素——事物和应该接受事物的人；大家认为相等的人就该配给到相等的事物。”[②] 亚里士多德不认为，正义就是平等。在他看来，正义恰恰是以事实上的不平等为其基础的。“政治权利的分配必须以人们对于构成城邦要素的贡献的大小为依据。所以，只有人们的具有门望（优良血统）、自由身份或财富，才可作为要求官职和荣誉（名位）的理由。”[③] 正义不等于平等，正义是以人们对于城邦的贡献为基础的。

古罗马哲学家西塞罗（Cicero）认为，理性是正义的基础，也是真正的法律。“事实上有一种真正的法律——即正确的理性——与自然相适应，它适应于所有的人并且是不变而永恒的。通过它的命令，这一法律号召人们履行自己的义务；通过它的禁令，它使人们不去做不正当的事情。它的命令和禁令永远在影响着善良的人们，但是对坏人却不起作用。”[④] 法与理性是一致的，法就是理性的体现。“法就是最高的理性，并且它固植于支配应该做的行为和禁止不应该做的行为的自然之中。当这种最高的理性，在人类的理智中稳固地和充分发展了的时候，就是法。”[⑤]

在西塞罗看来，正义与否应以理性为依据，理性是衡量正义与非正义的标准。理性体现为自然法，所以自然法也是正义的基础。“如果不把自然看作是正义的基础，那将意味着人类社会所依赖的美德的毁灭。因此，哪里还会有慷慨、热爱祖国、忠诚、助人为乐，以及对他人善意的感恩的余地呢？因为这些美德是来源于热爱自己同胞的天性，而且这就是正义的基础。”[⑥] 正义的基础是理性，是人自然的天性。“凡是善良的事情都是值得赞美的，那必然有值得赞美的东西寓于其中，因为

① ［古希腊］亚里士多德：《政治学》，吴寿彭译，商务印书馆 1965 年版，第 148 页。
② ［古希腊］亚里士多德：《政治学》，吴寿彭译，商务印书馆 1965 年版，第 148 页。
③ ［古希腊］亚里士多德：《政治学》，吴寿彭译，商务印书馆 1965 年版，第 150 页。
④ ［古罗马］西塞罗：《论国家》，引自萨拜因：《政治学说史》上册，商务印书馆 1986 年版，第 204 页。
⑤ ［古罗马］西塞罗：《法律篇》，《西方法律思想史资料选编》，北京大学出版社 1982 年版，第 64 页。
⑥ ［古罗马］西塞罗：《法律篇》，《西方法律思想史资料选编》，北京大学出版社 1982 年版，第 72 页。

善良本身之所以好不是观念的原因，而是自然的原因。”[①] 自然意味着人与生俱有的天然的本性，这一天然的本性就是人的理性。人之所以高于其他动物，正是因为人有理性，人是理性的动物。

> 我们所谓的人，是具有预见性、灵敏性、综合力、激智力，是富有记忆力、充分理性和深谋远虑的动物。创造人的至高无上的上帝赋予了人当然的高贵的地位。因为人是如此众多的各种各样活的生命中唯一获得一种理性和思维的生命。[②]

理性是人与其他动物的根本区别，是人高于其他动物的所在，所以，遵从理性、遵从自然法是正义的。“因为正当的理性就是法，所以我们必然认为人与上帝共同具有法。共享法人也必然共享正义，因此就应把共享法和正义的人们看作是同一国家的成员。”[③] 在西塞罗看来，正义就是遵从理性，就是依自然法行事。

英国政治思想家葛德文（William Godwin）著有《政治正义论》一书，专门探讨政治正义的问题。在葛德文看来，理想的政治是合乎正义的政治，合乎正义的政治即是基于公平、公正、平等的政治。“我对于正义的理解是：在同每一人的幸福有关的事情上，公平地对待他。衡量这种对待的唯一标准是考虑受者的特性和施者的能力。所以，正义的原则，引用一句名言来说，就是‘一视同仁’。”[④] 从人际关系来看，正义是一种行为准则，是从一个有知觉的人和另一个有知觉的人的联系中产生的一种行为准则，这一行为准则的基本要求是:“我们应该爱人如己”。[⑤] 正义的原则不是从自己的立场来看待事物，而是从客观的、旁观者的立场来看待事物。“正义的这个原则本身要求产生最大限度的快乐和幸福。正义要求我们站在公正的旁观

---

① [古罗马]西塞罗:《法律篇》,《西方法律思想史资料选编》，北京大学出版社 1982 年版，第 73 页。

② [古罗马]西塞罗:《法律篇》,《西方法律思想史资料选编》，北京大学出版社 1982 年版，第 66 页。

③ [古罗马]西塞罗:《法律篇》,《西方法律思想史资料选编》，北京大学出版社 1982 年版，第 66 页。

④ [英]威廉·葛德文:《政治正义论》第 1 卷，何慕李译，关在汉校，商务印书馆 1980 年版，第 84—85 页。

⑤ [英]威廉·葛德文:《政治正义论》第 1 卷，何慕李译，关在汉校，商务印书馆 1980 年版，第 85 页。

者的立场来看待人间关系，而不是对自己的偏爱有所留恋。”[①] 摆脱个人的利害与爱好，不受利害影响来看待个人行为与人际关系，是正义原则的根本要求。

罗尔斯的正义论主要不是讨论个人行为的，不是个体人的正义问题，而是讨论社会问题的，而是关于政治正义或社会正义。在罗尔斯看来，“正义是社会制度的首要价值，正像真理是思想体系的首要价值一样。一种理论，无论它多么精致和简洁，只要它不真实，就必须加以拒绝或修正；同样，某些法律和制度，不管它们如何有效率和有条理，只要它们不正义，就必须加以改造或废除。每个人都拥有一种基于正义不可侵犯性，这种不可侵犯性即使以社会整体利益之名也不能逾越。因此，正义否认为了一些人分享更大利益而剥夺另一些人的自由是正当的，不承认许多人享受的较大利益能绰绰有余地补偿强加于少数人的牺牲。所以，在一个正义的社会里，平等的公民自由是确定不移的，由正义所保障的权利决不受制于政治的交易或社会利益的权衡，允许我们默认一种有错误的理论的唯一前提是尚无一种较好的理论，同样，使我们忍受一种不正义只能是在需要用它来避免另一种更大的不正义的情况下才有可能。作为人类活动的首要价值，真理和正义是决不妥协的。”[②] 这是《正义论》首页的一段话。“正义是决不妥协的”，如果正义也可以妥协，那将是不正义的。对于社会而言，一种什么样的社会才算是正义的？罗尔斯认为：

> 让我们假定一个这样的社会，这个社会是由一些个人组成的多少自足的联合体，这些人在他们的相互关系中都承认某些行为规范具有约束力，并且使他们的大部分行为都遵循它们。我们再进一步假定这些规范标志着一个旨在推进所有参加者的利益的合作体系。而且，虽然一个社会是一种对相互利益的合作的冒险形式，它却不仅具有一种利益一致的典型特征，而且也具有一种利益冲突的典型特征。由于社会合作，存在着一种利益的一致，它使所有人可能过一种比他们仅靠自己的努力独自生存所过的生活更好的生活；另

① ［英］威廉·葛德文：《政治正义论》第1卷，何慕李译，关在汉校，商务印书馆1980年版，第11—12页。

② ［美］罗尔斯：《正义论》，何怀宏、何包钢、廖申白译，中国社会科学出版社1988年版，第1—2页。

> 一方面，由于这些人对由他们协力产生的较大利益怎样分配并不是无动于衷的（因为为了追求他们的目的，他们每个人都更喜欢较大的份额而较小的份额），这样就产生了一种利益的冲突，就需要一系列原则来指导在各种不同的决定利益分配的社会安排之间进行选择，达到一种有关恰当的分配份额的契约。这些所需要的原则就是社会正义的原则。①

社会正义所要考虑的是人们在社会事务中所遵守的原则，特别是在利益分配方面所应遵守的原则，这种社会正义其实也就是分配正义，是利益分配的正义。“我们主要考察那些调节着一个组织良好的社会的正义原则。每个人都被假定是在符合正义地行动，在坚持正义的制度中尽他的职责。”② 正义原则是调节社会中人们关系的原则，这一原则是社会良好运行的基础，人们按一原则行动，被认为是正义的。

罗尔斯讲述自己的基本思路是：

> 我的目的是要提出一种正义观，这种正义观进一步概括人们所熟悉的社会契约理论（比方说：在洛克、卢梭、康德那里发现的契约论），使之上升到一个更高的抽象水平。为做到这一点，我们并不把原初契约设想为一种要进入一种特殊社会或建立一种特殊政体的契约。毋宁说我们要把握这样一条指导线索：适用于社会基本结构的正义原则正是原初契约的目标。这些原则是那些想促进他们自己的利益的自由和有理性的人们将在一种平等的最初状态中接受的，以此来确定他们联合的基本条件。这些原则将调节所有进一步的契约，指导各种可行的社会合作和政府形式。这种看待正义原则的方式我将之为作为公平的正义（justice as fairness）。③

“作为公平的正义”，并不是一种别出心裁的新的正义，这种正义原则正是人类原初契约的目标，这种正义原则在原初状态是被普遍接受的，在现在也是我们必须坚持

① ［美］罗尔斯：《正义论》，何怀宏、何包钢、廖申白译，中国社会科学出版社 1988 年版，第 2 页。
② ［美］罗尔斯：《正义论》，何怀宏、何包钢、廖申白译，中国社会科学出版社 1988 年版，第 6 页。
③ ［美］罗尔斯：《正义论》，何怀宏、何包钢、廖申白译，中国社会科学出版社 1988 年版，第 9 页。

的。罗尔斯认为，“作为公平的正义”有两个基本的原则：

> 第一个原则：每个人对与其他人所拥有的最广泛的基本自由体系相容的类似自由体系都应有一种平等的权利。
>
> 第二个原则：社会的和经济的不平等应这样安排，使它们①被合理地期望适合于每一个人的利益；并且②依系于地位和职务向所有人开放。[①]

第一个原则适用于确定与保障公民的平等自由的方面。公民的基本自由有：政治上的自由（如选举权、被选举权），言论和集会的自由，良心的自由和思想的自由，个人的自由和保障个人财产的权利，依法不受任意逮捕和剥夺财产的自由。这些自由与权利是一律平等的，在一个正义的社会里，公民都同样拥有这些基本的权利。“第一个正义原则是涉及人们的基本自由体系的，这些自由是基本的，包括思想、信念、人身、政治方面的自由，但看来不包括追求经济利益的自由。在经济方面的权利和自由也许只涉及否定性的一面：保障个人财产不受任意剥夺的自由。但就连这一点也不是很明确的，它更像是人身安全和有保障的法律自由的扩大和延伸，而非经济方面的自由。”[②] 平等自由也就是正义的第一原则强调的是平等，即所有人对基本自由都享有一种平等的权利。“罗尔斯对这种基本自由的平等权利的强调在现代西方社会中是很少会引起争论的，虽然在实践中也可能被勾销。而且，只有坚持平等的自由才是真正的坚持自由，因为如果自由的前面加上‘平等的’这一严格的限制条件，那么或者就是各人自行其是，造成社会不其为社会的无政府状态，或者就是君主制或贵族制，或名义上的多数享有自由的专政状态。真正的社会自由总是意味着平等的自由。所以我们说，第一个原则与其说是平等的原则，不如说是自由的原则，而如果加上罗尔斯的自由优先性原则，就更是如此了。自由只能为了自由的缘故而被限制：一种不够广泛的自由必须加强由所有人分享的完整的自由体系；一种不够平等的自由必须可以为那些拥有较少自由的公民所接受。也就是说，限制

---

① ［美］罗尔斯：《正义论》，何怀宏、何包钢、廖申白译，中国社会科学出版社 1988 年版，第 56 页。

② 何怀宏：《公平的正义——解读罗尔斯〈正义论〉》，山东人民出版社 2002 年版，第 123 页。

自由不能根据福利、效率等理由，而只能根据自由的理由，自由只能因自由本身而被限制。”[①]

第二个原则适用收入和财产的分配，以及对那些利用权力、责任方面的不相等或权力上的差距的组织机构的设计。“第二个正义原则看起来是不平等的原则，因为它允许社会和经济的不平等存在，然而它是在一种很严格的条件下允许这种不平等存在的。首先，这种不平等是不可避免的，因为人与生俱来就存在差别，如果说社会出身方面的差别还可以通过社会措施来尽力消除的话，那么自然资质方面的差别却很难通过自然措施消除，即便存在这种消除的措施，人类是否愿意采取它也是一个疑问。……这里的关键不是人为地抹杀一切差别，而是要挑选出一些合适的差别来作为标准，并按这些标准同等地对待人们和处理分配问题。”[②] 虽然财富和收入的分配无法做到平等，但它必须合乎每个人的利益，而不是只是合乎一些人的利益。同时，权力地位和领导职务也必须是所有人都能进入的，也就是说，机会是均等的，机会是向所有人开放的。

在罗尔斯看来，社会正义之所以是正义的，是因为它所维护的是自由，是平等，也就是说，正义之所以为正义，就是因为它体现的是自由、平等的思想与精神，因为它是维护自由与平等的，所以是正义的。“所有社会价值——自由和机会、收入和财富、自尊的基础——都要平等地分配，除非对其中的一种价值或所有价值的一种不平等分配合乎每一个人的利益。”[③] 罗尔斯的正义论是分配的正义，但他所谓的分配不只是财富的分配，而是社会所掌握全部的公共资源的分配，包括权利和自由、权力和机会、收入和财富，他把这些称作“基本的社会善”。“所有的社会基本善都被平等地分配，每个人都有同样的权利和义务，收入和财富被平等地分享。”[④] 正义就是平等，不正义就是不平等。所以，自由、平等、正义，是相通的，是三位一体的。

---

① 何怀宏：《公平的正义——解读罗尔斯〈正义论〉》，山东人民出版社 2002 年版，第 124 页。
② 何怀宏：《公平的正义——解读罗尔斯〈正义论〉》，山东人民出版社 2002 年版，第 124 页。
③ [美]罗尔斯：《正义论》，何怀宏、何包钢、廖申白译，中国社会科学出版社 1988 年版，第 58 页。
④ [美]罗尔斯：《正义论》，何怀宏、何包钢、廖申白译，中国社会科学出版社 1988 年版，第 58 页。

二、公平是前提不是权宜

狭义的公正，是指公平。正义是对行为者个人的要求，是行为者本人行为的正当性与合理性。就社会而言，正义是社会资源分配的正当性与合理性。公平或公正则是对人际交往中双方行为的要求，是人际交往中行为的规范性与正当性。“诚然，公正都是应该的、道德的、善的、正当的行为。但是，反过来，善的、应该的、道德的、正当的，却不都是公正的；恶的、不应该的、不正当的、不道德的，也不都是不公正的。救人出水火，是应该的、道德的、善的、正当的，却不能说它是公正的，更不能说它是不公正的：它无所谓公正不公正。杀人越货是恶的，不应该的、不正当的、不道德的，却不能说它是不公正的，更不能说它是公正的：它也无所谓公正不公正。”[①]

亚里士多德认为，“公正就是在非自愿交往中的所得与损失的中庸，交往以前和交往以后所得相等。”[②] 公正是按比例交换。“公正就是比例，不公正就是违反了比例，出现了多或少。”[③] 公正实际上是某种公平与均等。倘若是一个人打人，一个人被打，一个人杀人，一个人被杀，这样承受和行为之间就形成了不均等，于是就通过惩罚使其均等，或者剥夺其所得。公正涉及的是人与人交往中的均等或对等。

古希腊哲学家伊壁鸠鲁（Epicurus）认为，国家与法律之所以能够合法地存在，其基础正在于公正。法律以及依靠法律建立的管理制度，在极大程度上促进和保障了人们生活的安全与安宁。法律也是一种契约，而公正是由契约产生的。“自然的公正，乃是引导人们避免彼此伤害和受害的互利的约定。”[④] 公正源自于人们之间的互利或彼此间的不伤害。“公正没有独立的存在，而是由互相约定而来，在任何地点，任何时间，只要有一个防范彼此伤害的相互约定，公正就成立了。”[⑤] 法律、契约之设立，就是为了防止人们彼此间的不伤害，法律是为了维护人们的共同利益，

---

① 王海明：《公正与人道》，商务印书馆 2010 年版，第 22 页。

② 《亚里士多德全集》第 8 卷，中国人民大学出版社 1992 年版，第 103 页。

③ 《亚里士多德全集》第 8 卷，中国人民大学出版社 1992 年版，第 101 页。

④ 北京大学哲学系编：《古希腊罗马哲学》，商务印书馆 1982 年版，第 347 页。

⑤ 北京大学哲学系编：《古希腊罗马哲学》，商务印书馆 1982 年版，第 347 页。

只有维护人们的共同利益，才能被视为是公正的。“一件事如果为法律所肯定，但是并非真正有利于社会关系，就不是公正的。”[①]

伊壁鸠鲁认为，法律意义的公正并不是一成不变的。原先被视为公正的法律，因为时间的推移或情况的改变，也会由公正而变为不公正。“如果一件事曾被宣布为公正，因为发生了新的情形，不再表现为与利益相符合，那么，这件曾是公正的事（因为它曾有利于社会关系和人为交往）只要不再有用，就不再是公正的。”[②]法律既然是人们的共同约定，是维护人们共同利益的，是体现公正的，就必须人人共同遵守。不遵守法律，意味着逃避公正，违反公正。“不公正并非本来就是坏的；其所以坏，只是因为有一种畏惧随之而来：怕不能逃避那奉命惩罚行为不公正的人。”[③]不公正不能不受到惩罚，不惩罚不公正，那就是不公正。

托马斯·阿奎那（Thomas Aquinas）认为，存在着两种公平，一种是交换的公平，一种是赏罚的公平。“有两种秩序应该考虑：一种是部分对部分的秩序，同样也是一个私人对另一个私人的秩序；这就是公平由交换所规定的秩序，这种公平对象是调整指定的人们之间的相互关系。其次，应该是整体与部分之间存在的秩序，这也就是在团体和组成这种团体的不同人们之间所有的秩序。这种秩序是由赏罚的公平来调整的，这种赏罚的公平是以按照某一种比率来分配共同福利为对象的。因此，公平实际上有两类：交换的公平和赏罚的公平。”[④]

公平是前提而不只是权宜，也就是说，公平不能是达到别的目的的手段，似乎为了其他的目的可以不要公平。公平本身就是目的。并且，从伦理学上来说，想通过不正当的手段来达到正当的目的，这是没有的事。行为的正义需要两个前提条件，目的是正义的，手段也要是正义的。孟子说：“枉己者，未有能直人者也。”（《孟子·滕文公下》）自己不正直，而想让别人正直，那是不可能的。恶的手段不可能导致善的结果。即便为了善的目的而行恶，那也始终是恶，并不会因为善的目的，所行的恶就不是恶。

---

① 北京大学哲学系编：《古希腊罗马哲学》，商务印书馆 1982 年版，第 347 页。

② 北京大学哲学系编：《古希腊罗马哲学》，商务印书馆 1982 年版，第 348 页。

③ 北京大学哲学系编：《古希腊罗马哲学》，商务印书馆 1982 年版，第 347 页。

④ 参见 [法] 莱翁·狄骥：《宪法论》，商务印书馆 1959 年版，第 90 页。

西汉孝文皇帝时，张释之作廷尉。廷尉是管司法的官，相当于今天的最高人民法院的法官。据《资治通鉴》记载：

> 释之为廷尉。上行出中渭桥，有一人从桥下走，乘舆马惊。于是使骑捕之，属廷尉。释之奏当："此人犯跸，当罚金。"上怒曰："此人亲惊吾马，马赖和柔，令他马，固不败伤我乎！而廷尉乃当之罚金。"释之曰："法者，天下公共也。今法如是，更重之，是法不信于民也。且方其时，上使使诛之则已。今已下廷尉，廷尉，天下之平也，一倾，天下用法皆为之轻重，民安所措其手足！唯陛下察之。"上良久曰："廷尉当是也。"

这一段历史生动地记载了皇帝与司法大臣关于法律公平的故事。汉文帝有一次乘马从桥上过，而有一个人从桥下走，惊吓了皇帝的马。于是皇帝就让警察把他给抓来了，让大法官张释之去审判。张释之跟皇帝说，此人冒犯陛下车驾，应该罚款。汉文帝就不高兴了，认为这个人惊吓了我的马，幸好我的马性格和柔，不然我就要受伤了。这只是罚款就可以了事吗？张释之解释道：法，是公共的，是天下公器。现在的法是这样规定的。如果因此事就更改了法律，那么法律就不能让百姓相信了。事发当时，陛下让人把他杀了，此事也就算了。但现在，陛下把此事交给法官。法官是什么？是代天下行使公平、公正的。一旦倾斜不公，那么天下其他执法的人也就会偏轻偏重，这样的话，还能让百姓相信什么呢？让百姓怎么做呢？通情达理的汉文帝肯定了张释之的说法。法律是公开、公平、公正的，不能因事而改变法律，具体事情都应依法裁决、裁量。

公平、公正其实与平等是紧密相关的，不可分开的。公平、公正之所以是公平、公正的，是因为它坚持了人人平等，而人人平等之所以需要坚持，则是因为它是公平、公正的。"公正从属于平等的范畴：公正是一种特殊的平等，是利害相交换的平等；而平等原则却又从属于公正范畴：平等原则是一种特殊的公正，因而也就是一种更加特殊的平等。进言之，平等原则不仅是一种特殊的公正，而且是最重要的公正。因为公正不过是一种平等，一切公正问题都不过是个平等问题，都不过是等利交换和等害交换的问题；而平等原则所解决的平等，乃是每个人的基本权利或人权的完全平等和非基本权利或非人权权利的比例平等以及个人的政治平等、经济平等、机会平等。这些平等在一切平等和公正问题中无疑具有最重要的意义。因此，平等原则从属于公正原则，而又重要于公平原则：平等是最重要的公正。而公正，众所周知，是人类最重要的道德。”①

自由、平等、公正是三位一体的。自由、平等是公正的，是不言而喻的最大的公正，而公正的主要内容，就是自由与平等。

① 王海明：《公正与人道》，商务印书馆 2010 年版，第 219 页。

第五章　和谐共生的基本理念

每个人本性都是善良的，但是由于欲望和私念，美好善良的天性会被蒙蔽。这就需要修养德性，去遮蔽，找回丢失的本性。修养分很多层面，在家庭层面，要孝敬父母，尊敬兄长，慈爱子女，悌恕弟妹；在人际层面，与人相交要遵信守义，宽以待人；在社会层面，要懂得合作，寻求和解，实现和谐；在世界层面，要以平等的态度，通过协商谈判解决问题；在宇宙层面，要博爱万物，与天地为一体，体会世界和生活的美好。

《大学》云："身修而后家齐，家齐而后国治，国治而后天下平。"如果每个人以修身和亲亲为发端，着眼于自身的修养和家庭和睦，并将其扩展到社会和国家层面，关怀社会利益和人民幸福，最后博爱万物，达到与天地万物为一体；这样就能实现从修身、齐家到治国、平天下的目标，也完成了由内向外、由近及远的转化：将人的内在和谐，扩展为外在的家庭和睦，人际和顺，社会和谐，终至世界和平，宇宙和美。

第一节　人心和善

人与人相处、人与人交往，首先要有一颗善良的心，要以诚待人。中国儒家最讲人的修养，修养首先是良好人格的培养。《大学》所讲的"大学"之道，就是使人成为"大人"的学问。朱熹说："大学者，大人之学也。"[①] 又说："大学之书，古

① （宋）朱熹：《四书章句集注》，中华书局1983年版，第3页。

之大学所以教人之法也。”[①]《大学》所言“明明德，亲民，止于至善”，以及“格物，致知，诚意，正心，修身”，都是关于人格修养的学问与功夫，都是关于“大学”的学问。

一、人人都有一颗善良的心

每个人都有一颗善良的心。《大学》讲：“大学之道，在明明德，在亲民，在止于至善。”所谓“明明德”，就是强调每个人的德性本来是明亮的，是善良的。朱熹解说“明明德”曰：“明，明之也。明德者，人之所得乎天，而虚灵不昧，以具众理而应万事者也。但为气禀所拘，人欲所蔽，则有时而昏；然其本体之明，则有未尝息者。故学者当因其所发而遂明之，以复其初也。”[②]人之德性本得乎天，即《中庸》所谓“天命之谓性”，这种得自于天的本然之性，本来是明的，是“虚灵不昧”的，是善的。朱熹解释“明德”说：“明德，谓得之于己，至明而不昧者也。如父子则有亲，君臣则有义，夫妇则有别，长幼则有序，朋友则有信，初未尝差也。苟或差焉，则其所得者昏，而非固有之明矣。”[③]明德是得自于天的，是自己之所得，不是从外面强加于人的。“明德是自家心中具许多道理在这里。本是个明底物事，初无暗昧，人得之则为德。如恻隐、羞恶、辞让、是非，是从自家心里出来，触著那物，便是那个物出来，何尝不明。”[④]人之所以有恻隐、羞恶、辞让、是非之心，是因为人的内心里本来就包含有这些因素，遇事而发，即慈，即孝，即父子之亲，即君臣之义。所以，“人本来皆具此明德，德内便有此仁义礼智四者。”[⑤]人本来就具有此明德，此明德之发显，即是恻隐、羞恶、辞让、是非之心，而此四心，正是儒家所倡的仁义礼智四者的发端。此明德、此四心，本来是合一的，是得自于天的，是自己所得的，不是学习得来的，也不是从外强加于人的。

这种本有而非习得，内有而非强加的德性，孟子将其称之为“良知”、“良能”。

---

① （宋）朱熹：《四书章句集注》，中华书局 1983 年版，第 1 页。
② （宋）朱熹：《四书章句集注》，中华书局 1983 年版，第 1 页。
③ （宋）黎靖德编：《朱子语类》，王星贤点校，中华书局 1986 年版，第 262 页。
④ （宋）黎靖德编：《朱子语类》，王星贤点校，中华书局 1986 年版，第 263 页。
⑤ （宋）黎靖德编：《朱子语类》，王星贤点校，中华书局 1986 年版，第 262 页。

人之所不学而能者，其良能也；所不虑而知者，其良知也。孩提之童无不知爱其亲者，及其长也，无不知敬其兄也。亲亲，仁也；敬长，义也；无他，达之天下也。(《孟子·尽心上》)

“良知”、“良能”是本有的，不是学习得来的，它源于人本有的善性。在孟子看来，对于人而言，性是与生俱有的，但与生俱来的不都是人性。他说：

口之于味也，目之于色也，耳之于声也，鼻之于臭也，四肢之于安佚也，性也。有命焉，君子不谓性也。仁之于父子也，义之于君臣也，礼之于宾主也，知之于贤者也，圣人之于天道也，命也。有性焉，君子不谓命也。(《孟子·尽心下》)

口之于味、目之于色之类，虽然也是人所常有的，但它们只是人的自然属性，并不是人之所以为人的属性，不是人的品性。仁之于父子、义之于君臣之类，才是人所独有的，才是人之所以为人的属性，才是人的本质属性，才是人性。

这种人之所以为人的本性，又是如何的呢？孟子认为从根本上来讲、从本质上来讲，是善的。何以知其为善？孟子认为性是抽象的，这种抽象的性必然会落实在人心上，而人心则从具体之事上可以见出。所以，孟子讲性，是由心以见性，由事以观心。通过具体的事来观察人的心，进而由人的心来考察人的性。唐君毅说：“孟子言性，乃即心言性善……所谓即心言性善，乃就心之直接感应，以指证此心之性之善。”[①] 孟子讲人性，不是抽象地讲人性如何，而是通过对于人心的考察，以确定人性如何，因为人性一定会落实到人心上。

孟子说：

人皆有不忍人之心。……所以谓人皆有不忍人之心者，今人乍见孺子将入于井，皆有怵惕恻隐之心。非所以内交于孺子之父母也，非所以要誉于乡

① 唐君毅：《中国哲学原论·原性篇》，中国社会科学出版社2005年版，第13页。

党朋友也，非恶其声而然也。（《孟子·公孙丑上》）

对这段话的解释，过去往往忽略一个前提，即“乍见”。乍见，即当下，是不加任何思索的直接的反应。如果在这个过程中犹豫了，哪怕是一瞬间的犹豫，也不是“乍见”。当一个孩子要掉到井里，我们没有任何犹豫，不加任何思索，全力以赴去救孩子。我们去救孩子，不是为了去结交孩子的父母，不是为了要在乡里朋友之间取得一个好的名声，不是为了害怕因为不救而落下一个坏名声。在孩子要掉井的情况下，人们会不加任何思索地冲上去救孩子，每个人都会这样做。由这件事可以看出，每个人都有一颗善良的心，而善心是善性在当下的直接反应。由事以观心，由心以见性。心之所以善，是因为性善。性是善的，心才是善的。

人都有恻隐之心，人也都有羞恶之心、辞让之心、是非之心。任何人都会有，不是有的人有而有的人没有，没有是不可能的。“无恻隐之心，非人也；无羞恶之心，非人也；无辞让之心，非人也；无是非之心，非人也。”（《孟子·公孙丑上》）孟子在这里不是重复，而是在强调。凡人都有“四心”。人有“四心”，就像人有四肢一样。人有四肢，是人外在性的标志；人有“四心”，是人内在性的标志。“人之有是四端也，犹其有四体也。”（《孟子·公孙丑上》）并且，人有“四心”，是人为善的基础。“恻隐之心，仁之端也；羞恶之心，义之端也；辞让之心，礼之端也；是非之心，智之端也。”（《孟子·公孙丑上》）所以，儒家所宣扬的仁、义、礼、智，并不是外在于人或强加于人的东西，而是根源于人性，是人性中本有的东西：“仁义礼智，非由外铄我也，我固有之也。”（《孟子·告子上》）为仁行义本来就是人的自然倾向，其实不过是使人性之中本有的善端得以发扬光大而已。

孟子的性善是本善还是向善？在《孟子·告子上》篇中，有这样的论述：

告子曰：“性犹湍水也，决诸东方则东流，决诸西方则西流。人性之无分于善不善也，犹水之无分于东西也。”

孟子曰：“水信无分于东西，无分于上下乎？人性之善也，犹水之就下也。人无有不善，水无有不下。”

告子说，性无所谓善与不善，一个水池，你把东边的口打开，水就向东流；把西边的口打开，水就向西流。孟子说，水可以向东流，也可以向西流，但水一定会向下流。人之向善就如水之就下，所以“人无有不善，水无有不下”。这里孟子所说性善，是向善，而结合《孟子·公孙丑上》篇“四心”的说法，孟子所强调的性善，主要还是本善，即人性本来就是善的。

孟子又说：

> 体有贵贱，有小大。无以小害大，无以贱害贵。养其小者为小人，养其大者为大人。今有场师，舍其梧檟，养其樲棘，则为贱场师焉。养其一指而失其肩背，而不知也，则为狼疾人也。饮食之人，则人贱之矣，为其养小以失大也。饮食之人无有失也，则口腹岂适为尺寸之肤哉？（《孟子·告子上》）

我们经常引用“食色，性也”，但这句话是有问题的。这句话之所以有问题，在于它没有彰显人与其他动物的区别。人之所以为人，之所以是万物之中最可贵的生灵，是因为人虽然也有“食色，性也”这种性，但是人还有“该如何”的一种性，这种性恰恰是人之所以为人的根本。所以孟子所讲到的性善，这里的善不是指人所有的性，而是人之为人的性。“人之所以异于禽兽者几希，庶民去之，君子存之。”（《孟子·离娄下》）人和禽兽的差异就那么一点儿（即仁义），普通人抛弃它，君子保存它。“食色，性也”，本能之欲。这些东西人有，其他动物也有。这并不是人之所以为人者，并不是人之可贵者。人之所以可贵，就在于人知道自己在做什么，为什么这样做。孟子所讲的性，不是作为纯动物的人的性，而是人之所以为人的性，这个性从严格意义上来讲，是上天给人之所命，是后来宋明理学所讲的、人之所以为人的性。

有人说，孟子讲人性善，荀子讲人性恶。在这里必须要澄清一下，孟子讲人性善，但荀子从来没有讲过人性恶，荀子讲的是“人之性恶”。“人之性”在《荀子》里出现的次数很多。孟子人性之善所指，并不是荀子人之性恶之所指。孟子说的“人之性”，是人之所以为人的本性；而荀子所讲的“人之性”，则是人与动物相共的本性。

今人之性，生而有好利焉，顺是，故争夺生而辞让亡焉；生而有疾恶焉，顺是，故残贼生而忠信亡焉；生而有耳目之欲，有好声色焉，顺是，故淫乱生而礼义文理亡焉。然则从人之性，顺人之情，必出于争夺，合于犯分乱理，而归于暴。故必将有师法之化，礼义之道，然后出于辞让，合于文理，而归于治。用此观之，人之性恶明矣，其善者伪也。(《荀子·性恶》)

古者圣人以人之性恶，以为偏险而不正，悖乱而不治，故为之立君上之势以临之，明礼义以化之，起法正以治之，重刑罚以禁之，使天下皆出于治，合于善也。(《荀子·性恶》)

荀子所说的“人之性”，是人的一种自然的本能，它也是生来就有的。这种东西，就是宋明理学所说的人欲，与人欲相对的是天理。天理是善，人欲是恶。在荀子看来，如果顺应人的这样一种自然的欲望，任其自然发展，必须出现争执，必然出现混乱。为了防止社会的混乱，古代圣王制定出一系列的礼仪规范，这就是“礼”。礼不是从来就有的，是古代圣王制定出来的，古代圣王为什么要制定礼？因为人之性中有人欲之性。

虽然荀子认为人之性恶，但他又认为人可以改过迁善，可以“化性起伪”。

性也者，吾所不能为也，然而可化也。积也者，非吾所有也，然而可为也。注错习俗，所以化性也；并一而不二，所以成积也。习俗移志，安久移质。并一而不二，则通于神明，参于天地矣。故积土而为山，积水而为海，旦暮积谓之岁，至高谓之天，至下谓之地，宇中六指谓之极，涂之人百姓，积善而全尽，谓之圣人。彼求之而后得，为之而后成，积之而后高，尽之而后圣，故圣人也者，人之所积也。人积耨耕而为农夫，积斲削而为工匠，积反货而为商贾，积礼义而为君子。工匠之子，莫不继事，而都国之民安习其服，居楚而楚，居越而越，居夏而夏，是非天性也，积靡使然也。故人知谨注错，慎习俗，大积靡，则为君子矣。纵情性而不足问学，则为小人矣。(《荀子·儒效》)

荀子说："小人可以为君子而不肯为君子，君子可以为小人而不肯为小人。小人君子者，未尝不可以相为也，然而不相为者，可以而不可使也。"（《荀子·性恶》）君子与小人的区别，就在于为与不为。孟子强调人之为人的本性，荀子突出人与动物共有的本性。孟子强调人之为人的本性，是要为儒家的仁义之道确立一个根基；荀子突出人与动物共通的本性，是强调一个人要注重后天的学习。

孟子之性善论突出人之先天因素，荀子之性恶论强调人之后天作为。人之为仁，既不能不根于先天，亦不能忽视后天之努力。所以，《中庸》说："天命之谓性，率性之谓道，修道之谓教。""自诚明，谓之性；自明诚，谓之教。诚则明矣，明则诚矣。"性为天、为诚，强调的是人的先天性的因素；教为人、为明，强调的是人的后天性的因素。先天性的因素突出的是人的先天根据，亦即后儒之所谓本体；后天性因素突出的是人的后天的功夫。张载讲："儒者则因明致诚，因诚致明，故天人合一，致学而可以成圣，得天而未始遗人。"（《正蒙·乾称》）只强调先天，而不注重后天，只有根据而无功夫；只注重后天，而不承认先天，则只有功夫而无根据。后代儒学发展之切实问题，正是如何将孟子与荀子结合起来，亦即将本体与功夫如何结合起来的问题。

性三品说即是这样一种尝试。董仲舒曰："圣人之性，不可以名性；斗筲之性，又不可以名性。名性者，中民之性。中民之性，如茧如卵。卵待覆二十日而后能为雏，茧待缫以涫汤而后能为丝，性待渐于教训而后能为善。"（《春秋繁露·实性》）扬雄曰："人之性也，善恶混。修其善则为善人，修其恶则为恶人。"（《法言·修身》）王充曰："余固以为孟轲言人性善者，中人以上者也；孙卿言人性恶者，中人以下者也；扬雄言人性善恶混者，中人也。若反经合道，则可以为教。尽性之理，则未也。"（《论衡·本性》）韩愈曰："性之品有上、中、下三：上焉者，善焉而已矣；中焉者，可导而上下也；下焉者，恶焉而已矣。"（《原性》）张载首先将性分为天地之性与气质之性。"性于人无不善，系其善反不善反而已……形而后有气质之性，善反之则天地之性存焉。"（《正蒙·诚明》）二程发挥了张载的观点，进一步以理、气论性。程颐曰："性即是理，理则自尧舜至于涂人，一也。才禀于气，气有清浊，禀其清者为贤，禀其浊者为愚。"[①]（《程氏遗书》

① （宋）程颢、程颐：《二程集》，王孝鱼点校，中华书局 1981 年版，第 204 页。

卷十八）朱熹进一发挥完善了二程的观点："论天地之性，则专指理言；论气质之性，则以理与气杂而言之。未有此气，已有此性。气有不存，而性却常在。"[①]"性非气质，则无所寄；气非天性，则无所成。"[②]这一切努力之根本用意都是力图将本体与功夫结合起来。

至明代，王阳明进一步继承和发挥了孟子良知、良能的理论。在王阳明看来：

> 良知者，孟子所谓"是非之心，人皆有之"者也。是非之心，不待虑而知，不待学而能，是故谓之良知。是乃天命之性，吾心之本体，自然灵昭明觉者也。凡意念之发，吾心之良知无有不自知者。其善欤，惟吾心之良知自知之，其不善欤，亦惟吾心之良知自知之。是皆无所与于他人者也。故虽小人之为不善，既已无所不至，然其见君子，则必厌然掩其不善而著其善者，是亦可以见其良知之有不容于自昧者也。今欲别善恶以诚其意，惟在致其良知之所知焉尔。[③]（《大学问》）

良知即是不待虑而知、不待学而能的人所本有的是非之心。人为善，其心之良知自知之；其为不善，其心之良知亦自知之。小人为不善但见君子必厌然而掩其不善，说明其是非之心、其良知并不因其为不善而消遁。所以，修养的功夫，全在于"致良知"，亦即"惟在致其良知之所知"。

"致良知"的关键是强调一念之所发。王阳明指出："意念之发，吾心之良知既知其为善矣，使其不能诚有以好之，而复背而去之，则是以善为恶，而自昧其知善之良知矣。意念之所发，吾之良知既知其为不善矣，使其不能诚有以恶之，而复蹈而为之，则是以恶为善，而自昧其知恶之良知矣。"[④]意念发动处为善，须使其诚好之；意念发动处为不善，须使其诚恶之。"凡其发一念而善也，好之真如好好

① （宋）黎靖德编：《朱子语类》，王星贤点校，中华书局1986年版，第67页。
② （宋）黎靖德编：《朱子语类》，王星贤点校，中华书局1986年版，第67页。
③ （明）王守仁：《王阳明全集》（中），上海古籍出版社2011年版，第1070页。
④ （明）王守仁：《王阳明全集》（中），上海古籍出版社2011年版，第1070页。

色，发一念而恶也，恶之真如恶恶臭，则意无不诚，而心可正矣。”[①] 修身的前提是正心，正心的前提是诚意。诚意即是心念发动处“如好好色”、“如恶恶臭”。在王阳明看来，格物、致知、诚意、正心、修身，是一以贯通的工夫。

盖身、心、意、知、物者，是其工夫所用之条理，虽亦各有其所，而其实只是一物。格、致、诚、正、修者，是其条理所用之工夫，虽亦皆有其名，而其实只是一事。何谓身心之形体？运用之谓也。何谓心身之灵明，主宰之谓也。何谓修身？为善而去恶之谓也。吾身自能为善而去恶乎？必其灵明主宰者欲为善而去恶，然后其形体运用者始能为善而去恶也。故欲修其身者，必在于先正其心也。然心之本体则性也，性无不善，则心之本体本无不正也。何从而用其正之之功乎？盖心之本体本无不正，自其意念发动，而后有不正。故欲正其心者，必就其意念之所发而正之，凡其发一念而善也，好之真如好好色，发一念而恶也，恶之真如恶恶臭，则意无不诚，而心可正矣。然意之所发，有善有恶，不有以明其善恶之分，亦将真妄错杂，虽欲诚之，不可得而诚矣。故欲诚其意者，必在于致知焉。致者，至也，如云丧致乎哀之致。……然欲致其良知，亦岂影响恍惚而悬空无实之谓乎？是必实有其事矣。故致知必在于格物。物者，事也，凡意之所发必有其事，意所在之事谓之物。格者，正也，正其不正以归于正之谓也。正其不正者，去恶之谓也。归于正者，为善之谓也。夫是之谓格。……今焉于其良知所知之善者，即其意之所在之物而实为之，无有乎不尽。于其良知所知之恶者，即其意之所在之物而实去之，无有乎不尽。然后物无不格，吾良知之所知者，无有亏缺障蔽，而得以极其至矣。夫然后吾心快然无复余憾而自谦矣，夫然后意之所发者，始无自欺而可以谓之诚矣。故曰：“物格而后知至，知至而后意诚，意诚而后心正，心正而后身修。”盖其功夫条理虽有先后次序之可言，而其体之惟一，实无先后次序之可分。其条理功夫虽无先后次序之可分，而其用之惟精，固有纤毫不可得而缺焉者。此格致诚正之说，所以阐尧舜之正传，而为孔氏之心

① （明）王守仁：《王阳明全集》（中），上海古籍出版社 2011 年版，第 1070 页。

印也。[1]（《大学问》）

身之主宰即是心，要修身，必先要正其心。心之本体即是性，而性无不善，所以心之本体不无不正。心之本体本无不正，而其意念之发动，则有正与不正之分。正者诚好之，不正者诚恶之，此即是诚意。而要诚意，必先要致良知，致良知即致其良知之所知，保持良知之真。而致其良知，不可悬空无实，必须落实于具体实事上，此即格物。格物即良知的具体落实，即致良知于事事物物。如此，格物、致知、诚意、正心、修身，其实只是一事，为一以贯通之工夫。

在朱熹看来，格物致知即格物穷理。但王阳明反对此种说法。

朱子所谓格物云者，在即物而穷其理也。即物穷理，是就事事物物上求其所谓定理者也，是以吾心而求理于事事物物之中，析心与理而为二矣。[2]（《传习录》中）

“格物穷理”是在事事物物之中求其理，从而将心与理分作两端。在王阳明看来，理原本就在心上，离却心，便无所谓理。并且“格物”也非与事物相接触，而是正其不正以归其正；“致知”并非是扩充知识，而是致良知。“致知云者，非若后儒所谓充扩其知识之谓也，致吾心之良知焉耳。”[3]

王阳明强调，“物”并不是外在的事物，而是人所要做的事；“格”也不是至，而是正；“致知”不是扩充知识，而是致良知。所以王阳明认为，“格物致知”根本不是什么“格物穷理”，而是“致知格物”。

所谓致知格物者，致吾心之良知于事事物物也。吾心之良知，即所谓天理也。致吾心良知之天理于事事物物，则事事物物皆得其理矣。致吾心之良

① （明）王守仁：《王阳明全集》（中），上海古籍出版社 2011 年版，第 1069—1071 页。

② （明）王守仁：《王阳明全集》（上），上海古籍出版社 2011 年版，第 50 页。

③ （明）王守仁：《王阳明全集》（中），上海古籍出版社 2011 年版，第 1070 页。

知者，致知也。事事物物皆得其理者，物格也。是合心与理而为一者也。[①]（《传习录》中）

在程朱看来，人身修养的过程就是一个“格物致知”的过程，“格物致知”的重心是“格物”，其路径是由“格物”而“致知”，是通过“格物”而“致知”；而在陆王看来，修身的功夫就是反思去蔽、恢复本心的过程，“格物致知”的重心是“致知”而非“格物”，其路径是由“致知”而“格物”，是通过“致知”而“格物”。“致知格物”实则即是“致良知”，就是“致吾心良知于事事物物”。

故格物者，格其心之物也，格其意之物也，格其知之物也。正心者，正其物之心也。诚意者，诚其物之意也。致知者，致其物之知也。此岂有内外彼此之分哉？理一而已。以其理之凝聚而言，则谓之性；以其凝聚之主宰而言，则谓之心；以其主宰之发动而言，则谓之意；以其发动之明觉而言，则谓之知；以其明觉之感应而言，则谓之物。故就物而言，谓之格；就知而言，谓之致；就意而言，谓之诚；就心而言，谓之正。正者，正此也；诚者，诚此也；致者，致此也；格者，格此也。皆所谓穷理以尽性也。[②]（《传习录》中）

格物、致知、诚意、正心，修身，其实只是一事，就是致良知，就是“致吾心良知于事事物物”。

知是心之本体。心自然会知。见父自然知孝，见兄自然知弟，见孺子入井自然知恻隐。此便是良知。不假外求。[③]（《传习录》上）

良知是心的本体，心的本体就是性，良知也就是本性，是人本然纯正的天性。“性无不善，故知无不良。良知即是未发之中，即是廓然大公，寂然不动之本体，人人

① （明）王守仁：《王阳明全集》（上），上海古籍出版社 2011 年版，第 51 页。
② （明）王守仁：《王阳明全集》（上），上海古籍出版社 2011 年版，第 86—87 页。
③ （明）王守仁：《王阳明全集》（上），上海古籍出版社 2011 年版，第 7 页。

之所同具者也。”[①]（《传习录》中）在王阳明看来，良知是人人所同具的。“良知良能，愚夫愚妇与圣人同。但惟圣人能致其良知，而愚夫愚妇不能致，此圣愚之所由分也。”[②]（《传习录》中）圣人与常人的不同不在于有无良知，而在于能不能致良知。致良知即将此良知落实于具体事项上。“盖良知只是一个天理自然明觉发见处，只是一个真诚恻怛，便是他本体。故致此良知之真诚恻怛以事亲，便是孝；致此良知之真诚恻怛以从兄，便是弟；致此良知之真诚恻怛以事君，便是忠。只是一个良知，一个真诚恻怛。”[③]（《传习录》中）良知其实就是天理，致良知也只是循乎天理。

人人都有一颗善良的心，人人都具有良知。相传王阳明曾经捉住一个窃贼，这个窃贼干过不少坏事，被捉住时连死都不怕。王阳明让他当着大家的面脱衣服，等脱到最后一件衣服时，这个窃贼怎么也不肯脱。王阳明说，这就是良知。一个人的是非之心、辞让之心可能已经被蒙蔽，但他还有羞耻之心。这羞耻之心就是良知。有一个聋哑人，名叫杨茂，王阳明通过与他笔谈，发现他的良知一点也不比别人差。

> 你口不能言是非，你耳不能听是非，你心还能知是非否？（答曰：“知是非。”）如此，你口虽不如人，你耳虽不如人，你心还与人一般。（茂时首肯拱谢。）大凡人只是此心。此心若能存天理，是个圣贤的心。口虽不能言，耳虽不能听，也是个不能言不能听的圣贤。心若不存天理，是个禽兽的心。口虽能言，耳虽能听，也只是个能言能听的禽兽。（茂时扣胸指天。）你如今于父母，但尽你心的孝；于兄长，但尽你心的敬；于乡党邻里、宗族亲戚，但尽你心的谦和恭顺。见人怠慢，不要嗔怪；见人财利，不要贪图，但在里面行你那是的心，莫行你那非的心。纵使外面人说你是，也不须听；说你不是，也不须听。（茂时首肯拜谢。）你口不能言是非，省了多少闲是非；你耳不能听是非，省了多少闲是非。凡说是非，便生是非，生烦恼；听是非，便添是非，添烦恼。你口不能说，你耳不能听，省了多少闲是非，省了多少闲烦恼，

---

① （明）王守仁：《王阳明全集》（上），上海古籍出版社 2011 年版，第 71 页。
② （明）王守仁：《王阳明全集》（上），上海古籍出版社 2011 年版，第 56 页。
③ （明）王守仁：《王阳明全集》（上），上海古籍出版社 2011 年版，第 95—96 页。

你比别人到快活自在了许多。(茂时扣胸指天躄地。)我如今教你但终日行你的心，不消口里说；但终日听你的心，不消耳里听。(茂时顿首再拜而已。)[①]
(《谕泰和杨茂》)

一个聋哑人，虽然不能说话，也听不见别人的言语，但其良知与他人没有差别，也是一个不能言不能听的圣贤。良知并非学习得来，而是人内心里面本有的，它就是人内心里本有的明是非、知善恶的根本，也就是人之为人的本体。

二、为人忠诚而信

人人都有一颗善良的心。每个人对待他人，都应当真诚，都应当尽心尽力，都应当忠而诚。

孔子的核心思想是仁，仁的基本含义是对于他人的关爱。《论语·颜渊》篇中，樊迟问孔子，什么是仁？孔子回答："爱人。"人是一个普遍的概念，是不含任何限制、约定的。爱人，就是要关心他人、爱护他人、体谅他人，就是要把他人当成与己相关的亲近的人，以关怀、友善的态度对待他人。仁是对于他人的关爱，这种关爱发自于人的内心，是由人的内心深处表现出来的真性情。所以，孔子讲："刚、毅、木、讷，近仁。"(《论语·子路》)又讲："巧言令色，鲜矣仁！"(《论语·学而》)王肃注曰："刚无欲，毅果敢，木质朴，讷迟钝。有斯四者，近于仁。"[②]无欲、果敢、质朴、不妄语，这是一个人真情实感的表露，是一个人内在本质的反映，是仁德的表现；相反，能说会道、见人脸色行色、一意讨好他人，这是虚假的表现，是仁德的反面。因此，孔子曰："巧言、令色、足恭，左丘明耻之，丘亦耻之。匿怨而友其人，左丘明耻之，丘亦耻之。"(《论语·公冶长》)

仁的基本含义是对于他人的关爱，而对于他人的关爱，出于人的真实无伪的爱心。孔子曰：

---

① (明)王守仁:《王阳明全集》(中)，上海古籍出版社2011年版，第1013页。

② (清)刘宝楠:《论语正义》，高流水点校，中华书局1990年版，第548页。

夫仁者，己欲立而立人，己欲达而达人。能近取譬，可谓仁之方也已。（《论语·雍也》）

子贡问曰：“有一言而可以终身行之者乎？”子曰：“其恕乎！己所不欲，勿施于人。”（《论语·卫灵公》）

“己欲立而立人，己欲达而达人”，是为忠；“己所不欲，勿施于人”，是为恕。“忠，谓尽中心也。恕，谓忖己度物也。”①

忠是尽心尽力。一个人能力有大有小，但只要尽心尽力，就是忠。尽心尽力，对父而言，就是孝；对兄而言，就是悌；与朋友交，就是信。“弟子入则孝，出则弟，谨而信，泛爱众，而亲仁。”（《论语·学而》）只要一个人能做到忠，自然可以做到孝、做到悌、做到信。忠是发自于内心良知的自觉，而不是出于自私利益的考虑，所以孔子将“与人忠”当成仁的具体表现。曾子三省其身，其中一项内容，就是忠。

曾子曰：“吾日三省吾身：为人谋而不忠乎？与朋友交而不信乎？传不习乎？”（《论语·学而》）

曾子每天反省三件事，第一件事就是“为人谋而不忠乎”？替别人出主意、想办法是不是做到了尽心尽力。

对己而言，为忠；对人而言，为恕。子贡曰：“我不欲人之加诸我也，吾亦欲无加诸人。”（《论语·公冶长》）我不愿别人这样对待我，我也不这样对待人，这就是“己所不欲，勿施于人”，这就是恕。

忠恕，是“仁之方”，是仁的具体落实，是行仁的具体方法。能够做到忠恕，也就做到了仁。

子曰：“参乎，吾道一以贯之。”曾子曰：“唯。”子出，门人问曰：“何谓也？”曾子曰：“夫子之道，忠恕而已矣。”（《论语·里仁》）

---

① （魏）何晏注，（宋）邢昺疏：《论语注疏》，北京大学出版社 2000 年版，第 56 页。

因为仁具体落实在忠恕两个方面，孔子“一以贯之”之道，亦可以概括为忠恕之道。

与忠相关联的还有“敬”。敬在儒家经典中出现甚早。《尚书》记载虞舜告诫其臣契曰：“契，百姓不亲，五品不逊。汝作司徒，敬敷五教，在宽。”五教者，父义、母慈、兄友、弟恭、子孝，是古代家庭伦理的基本规范。家庭伦理规范所贯穿的基本精神就是敬。父母兄弟的家庭角色不同，其伦理规范亦有差异，而其处事态度、其对于其他家庭成员的态度则是相同的，这一相同的态度就是敬。

敬的本义是恭敬、端肃。《说文·苟部》：“敬，肃也。”《玉篇·苟部》：“敬，恭也。”《周易·文言》：“君子敬以直内，义以方外。”孔颖达疏：“内谓心也，用此恭敬以直内。”恭、敬词义相近，恭注重于外表，敬则关乎内心。在貌为恭，在心为敬。

强调家庭伦理规范的基本精神在于敬，这种思想在孔子有进一步的发挥。子游问孝，孔子曰：“今之孝者，是谓能养。至于犬马，皆能有养。不敬，何以别乎？”（《论语·为政》）孝非即能养，养而不敬，养而不存敬心，即与对待其他动物无别。养只是物质上的照顾，敬才是精神上的关怀。孝与不孝固然有形式上的分别，但最为重要的并不是这种形式上的差别，而是发自内心的对于父母的敬爱。重要的是要有孝心。有孝心，而后有孝行。孝行是孝心的一种自然发挥，而不是为博得一个虚假名声的刻意做作。

《论语·为政》记载：子夏问孝，子曰“色难”。何为色难？包咸曰：“谓承顺父母颜色乃为难也。”郑玄曰：“和颜悦色，是为难也。”颜延之曰：“夫气色和则情志通，善养亲之志者必先和其色，故曰难也。”朱熹曰：“盖孝子之有深爱者必有和气，有和气者必有愉色，有愉色者必有婉容，故事亲之际，惟色为难耳。”[①] 和颜悦色地对待父母，而非履行公务般没有温情，是出自子女发自内心对于父母的敬爱。所以，孝是以敬爱为基础的。

《孝经》言孝，也以敬为其基础。“孝子之事亲也，居则致其敬，养则致其乐，病则致其忧，丧则致其哀，祭则致其严。”（《孝经·纪孝行章》）“生事爱敬，死事哀戚，生民之本尽矣，死生之义备矣，孝子之事亲终矣。”（《孝经·丧亲章》）“居则致

① 程树德：《论语集释》，程俊英、蒋见元点校，中华书局 1990 年版，第 90 页。

其敬”，居为常、为平常、为经常，平常所要保持的心态、所要维持的态度就是敬。“生事爱敬，死事哀戚”，唯其生事爱敬，死事才能哀戚，未有生不爱敬，而死能哀戚者。所以，敬不仅是孝的基础，也是孝的根本。

作为一种恭敬的态度，敬主要用之于事上。孔子谓子产：“有君子之道四焉：其行己也恭，其事上也敬，其养民也惠，其使民也义。”（《论语·公冶长》）事上须敬。因为孝的基础与根本是敬，孝是下对上而有的品行与操守，将扩而大之，所以事上亦须敬。《大学》曰：“为人君，止于仁；为人臣，止于敬。”臣之于君，所应保持的基本态度，就是敬。《孝经》也说：“资于事父以事母，而爱同；资于事父以事君，而敬同。故母取其爱，而君取其敬，兼之者父也。故以孝事君则忠，以敬事长则顺。”（《孝经·士章》）以敬事父，推而广之，即以敬事君；再推而广之，即以敬事上，以敬事长；再推而广之，即以敬待人。孟子曰：“仁者爱人，有礼者敬人。爱人者，人恒爱之；敬人者，人恒敬之。”（《孟子·离娄下》）仁者，爱人，亦当敬人。爱人，是对于他人的关爱；敬人，是对于他人的尊敬。爱必敬，敬必爱，二者相互增益，成为敬爱。敬爱他人，人与人之间相互尊敬、关爱，是社会和谐、和睦的根本保障。孔子弟子司马牛不无担忧地说：“人皆有兄弟，我独亡！”子夏对曰：“君子敬而无失，与人恭而有礼。四海之内，皆兄弟也，君子何患乎无兄弟也？”（《论语·颜渊》）宋代张载宣扬“民吾同胞”，也是这样一种情怀。“民吾同胞”，“四海之内皆兄弟”，都是以关爱他人、尊敬他人为基础的。

由敬人，进而至于敬事。敬事，即做事认真，即认真做事。儒家强调敬人，由此扩展开来，也强调敬事。孔子弟子子张问行，孔子对曰：“言忠信，行笃敬，虽蛮貊之邦行矣。言不忠信，行不笃敬，虽州里行乎哉？”（《论语·卫灵公》）“行笃敬”，即勉力做事，持恭敬之心做事。孔子又曰：“君子有九思：视思明，听思聪，色思温，貌思恭，言思忠，事思敬，疑思问，忿思难，见得思义。”（《论语·季氏》）“事思敬”，即秉持恭敬之心做事，在孔子看来是君子应当保持的操守之一。进而孔子将敬事提到仁之目的的高度。樊迟问仁，孔子曰：“居处恭，执事敬，与人忠。”（《论语·子路》）仁是内，是人所本来具有的仁爱之心。仁的外在显发，即“居处恭，执事敬，与人忠”。人何以“执事敬”？人何以要“执事敬”？因为这是人所具有的仁爱之心的外在显发。所以，人人都可“执事敬”，人人都须“执事敬”，人人都须满怀一颗敬心来做事。

在儒家看来，敬不仅是为人做事的态度，也是修行的功夫。子路问君子，孔子曰："修己以敬。"（《论语·宪问》）"修己以敬"，即敬修，或曰修敬。修敬，即不敬者，修之以敬；不敬之时，修之以敬。孔子谓颜渊曰："非礼勿视，非礼勿听，非礼勿言，非礼勿动。"（《论语·颜渊》）"四勿"者，即修行的功夫。而此修行的功夫，其中贯穿的基本精神，就是"敬"。孟子曰："爱人不亲，反其仁；治人不治，反其智；礼人不答，反其敬。行有不得者皆反求诸己，其身正而天下归之。"（《孟子·离娄上》）"反其敬"，亦即修以敬，亦即修持自己，使自己保持敬心，维持敬意。"大学之道，在明明德，在亲民，在止于至善。"（《大学》）"明明德"、"亲民"、"止于至善"，既是作为，也是修行。此作为、修行，体现着一种精神，这种精神就是"敬"；此作为、修行，要具备一种态度，才能实现，才能完成，这种态度就是"敬"。《大学》教人修行，曰："意诚而后心正，心正而后身修。"意诚、心正而后身修，而诚意、正心，首先即要守持敬心。《中庸》倡导"君子尊德性而道问学"，"尊德性"即敬。"君子戒慎乎其所不睹，恐惧乎其所不闻。莫见乎隐，莫显乎微，故君子慎其独也。"（《中庸》）"戒慎乎其所不睹，恐惧乎其所不闻"，是为"慎独"。此慎独，即修养，即功夫。此修养功夫，亦只是一个"敬"。

在儒家看来，人之有敬心，是人有爱心的具体显现。人皆有爱心，人皆有敬心。孟子曰："恻隐之心，人皆有之；羞恶之心，人皆有之；恭敬之心，人皆有之；是非之心，人皆有之。恻隐之心，仁也；羞恶之心，义也；恭敬之心，礼也；是非之心，智也。仁义礼智，非由外铄我也，我固有之也，弗思耳矣。"（《孟子·告子上》）恭敬之心，与恻隐之心、羞恶之心、是非之心一样，为人所固有，是人皆有之的本心。"孩提之童无不知爱其亲者，及其长也，无不知敬其兄也。亲亲，仁也；敬长，义也；无他，达之天下也。"（《孟子·尽心下》）人之本心，为人所固有。人有本心，也有私欲。私欲膨胀，蒙蔽本心，或使人丧失本心。修养的过程即是去除私欲，发见本心，找回本心。所以孟子曰："学问之道无他，求其放心而已矣。"（《孟子·告子上》）求放心，即发见本心，即找回放失了的本心。

如何发见本心？如何找回放失了的本心？程颐认为，只是一个敬。"涵养须用敬，进学则在致知。”[①]（《程氏遗书》卷十八）“或曰：自秦汉以来，诸儒皆不识这‘敬’字，直至程子方说得亲切，学者知所用力。”[②]此也许正是事实。在朱熹看来，“‘敬’字，前辈都轻说了，唯程子看得重。人只是要求放心。何者为心？只是个敬。人才敬时，这心便在身上了。”[③]“程先生所以有功于后学者，最是‘敬’之一字有力。人之心性，敬则常存，不敬则不存。”[④]在朱熹看来，人身修养之根本是要维持、保养一个敬心。“‘敬’字工夫，乃圣门第一义，彻头彻尾，不可顷刻间断。‘敬’之一字，真圣门之纲领，存养之要法。一主乎此，更无内外精粗之间。”[⑤]修行者，立其诚，持其敬。诚意、正心，其实亦只是敬。故修行、存养的功夫，首要的是敬。

与忠相关联的还有“诚”。“诚”，本义是指实实在在，所以“诚”也就是诚实、诚恳。朱熹说：“诚者，真实无妄之谓，天理之本然也。”[⑥]

“诚”，在孔子以及孔子之前的时代，并不是一个广泛使用的概念。在孔子的思想体系中，“诚”是以“忠”与“直”的观念出现的。“忠”是尽心尽力，“直”是正直不曲。“忠”与“不忠”，实际上就是强调是否做到了尽心尽力。与“忠”的尽心有所不同，“直”更突出心理与行为上的端正与直率。心如是想，口如是言，身如是做，没有扭曲，亦不加伪饰，即是“直”。孔子强调“忠”，孔子也强调“直”。“忠”一字在《论语》中共 18 见，“直”一字在《论语》中共 23 见。“忠”与“直”的结合，其实即后代所谓的“诚”。“诚”是内，“直”是外，“诚”则“直”，“诚”必“直”。孔子之后，“诚”字大行其道，“直”字则销声匿迹。[⑦]

孟子讲“诚”，强调“诚”是发自内心的实实在在的真实情感。

> 悦亲有道，反身不诚，不悦于亲矣。诚身有道，不明乎善，不诚其身矣。是故诚者，天之道也；思诚者，人之道也。至诚而不动者，未之有也。不诚，

① （宋）程颢、程颐：《二程集》，王孝鱼点校，中华书局 1981 年版，第 188 页。
② （宋）黎靖德编：《朱子语类》，王星贤点校，中华书局 1986 年版，第 207 页。
③ （宋）黎靖德编：《朱子语类》，王星贤点校，中华书局 1986 年版，第 209 页。
④ （宋）黎靖德编：《朱子语类》，王星贤点校，中华书局 1986 年版，第 210 页。
⑤ （宋）黎靖德编：《朱子语类》，王星贤点校，中华书局 1986 年版，第 210 页。
⑥ （宋）朱熹：《四书章句集注》，中华书局 1983 年版，第 31 页。
⑦ “直”在《孟子》一书虽然出现了 13 次，但都不是将其当作实意名词来用。

未有能动者也。(《孟子·离娄上》)

“悦亲”，亦即使亲人感受到喜悦，对于父子而言，即孝。“悦亲”其实就是尽孝。孝道的关键并不是遵循一定的规则按部就班地去做，而是在做事的过程中要充满着对于父母真诚无伪的爱意。所以，“反身不诚，不悦于亲矣”。如果事亲而无真情、无爱意，只是应付差事，那就不可能做到“悦亲”，不可能使父母感到心意满足。所以，“悦亲”之道，亦即孝道的关键是“诚”。如何才能做到“诚”？孟子认为，首先必须“明乎善”，亦即能够分清善与不善，并且不使一丝不善加诸父母。进而，孟子指出：“是故诚者，天之道也；思诚者，人之道也。”为什么“诚者，天之道”而“思诚者，人之道”？汉代赵岐注曰：“授人诚善之性者，天也，故曰天道；思行其诚以奉天者，人道也。”(《孟子注疏》卷七)朱熹解释说：“诚者，理之在我者皆实而无伪，天道之本然也；思诚者，欲此理之在我者皆实而无伪，人道之当然也。”(《四书章句集注·孟子集注》卷七)这两种解释，以朱熹之解释为优。“诚”是真实无伪，是本然之态，故曰“天”，故曰“天之道”。此“天”及“天之道”，即强调其天然性、本然性。故曰：“诚者，天之道也。”“思诚”，是要使自己的所作所为能够做到实实在在，能够做到真诚而无伪。真诚无伪，既不自欺，亦不欺人，此乃人之当然之则。唯其为人之当然之则，故曰“人之道”。人道之本，只是一个“诚”，人之道，其实只是一个“诚”，故曰：“思诚者，人之道也。”

《大学》讲“诚”，也是讲真情实意。

所谓诚其意者，毋自欺也。如恶恶臭，如好好色，此之谓自谦。故君子必慎其独也。

“诚意”，是《大学》“八条目”之一。言曰：“意诚而后心正，心正而后身修”。“自天子以至于庶人，一是皆以修身为本”。“以修身为本”，而修身之本，就是诚意。诚意，是要做到实实在在。能够做到诚意，也就做到了人前人后一个样，有人在与无人在也一个样。儒家修身养性，突出“慎独”。“慎独”是说当一个人独处的时候，一定要小心谨慎。因为在无人监督的条件下，人最容易犯错误。但是，对于一个真正有道德的人而言，他当然能够做到真诚无伪，能够做到“意诚”，也就是能够做到“自谦”而不“自欺”。所以，对于“意诚”而言，亦不需要“慎独”。讲“慎独”，还是因为“诚意”。“慎独”，其实只是“诚意”而已。所以王阳明曰：“《中庸》言‘不诚无物’，《大学》‘明明德’之功，只是个诚意。”（《传习录》上）

先秦时代，对“诚”作全面而系统论述的是《中庸》。《中庸》认为，“诚者，天之道也；诚之者，人之道也。”此论与《孟子》“诚者，天之道也；思诚者，人之道也”之论一致。但孟子对于“诚者，天之道也；思诚者，人之道也”之论并无具体论述，而《中庸》对此却作了具体的说明。在《中庸》看来：

> 诚者，不勉而中，不思而得，从容中道，圣人也；诚之者，择善而固执之者也。

“诚”是发乎本性的、自然而自发的心理态度及行为方式，所以“诚”是“不勉而中，不思而得，从容中道”，这是不学而能、不修而成的，能够如此者，唯有圣人。由于“诚”是“不思而得”的自然而自发的心理态度及行为方式，是本然如此的显现和显发，所以“诚者，天之道也”。而对于多数人而言，则需要圣人的教化，需要仔细辨认善恶，亦需要坚守善而抛弃恶，并且是自觉、真诚、真切地守善弃恶，这就是所谓的“诚之”。所以“诚之者，择善而固执之者也”。“择善而固执”，并且是真诚而真切地“择善而固执”，而非自欺欺人，这才是人道的根本，所以“诚之者，人之道也”。牟宗三说：“‘天之道’即自然而本然如此之道。诚体为创造之真几，为真实生命，人人本有，天地之道亦只如此。惟人如不能直下体现此诚体，而须修养工夫以复之，则即属于‘人之道’。而经由修养工夫以得之，即是‘诚之’。天之道以诚为体，人之道以诚为工夫。”①“诚”是自然而然，是真实无伪，是本性的自然显发，所以“诚”是人性的表现。人能“诚”，人能知善知恶，人也能守善而弃恶。人之知善知恶、人之守善弃恶，是人能“教”和有“教”的表现。所以，在《中庸》看来：

---

① 牟宗三：《心体与性体》，上海古籍出版社1999年版，第277页。

自诚明，谓之性；自明诚，谓之教。诚则明矣，明则诚矣。唯天下至诚，为能尽其性。能尽其性，则能尽人之性。能尽人之性，则能尽物之性。能尽物之性，则可以赞天地之化育。可以赞天地之化育，则可以与天地参矣。

自“诚”而“明”，即由自然而自觉，此“谓之性”，表明由自然而自觉是性的自然显发；自“明”而“诚”，即由自觉而自然，此“谓之教”，表明由自觉也可以达到自然之境。人本来即具有辨别是非、善恶的能力，也具有受教化、能教育的能力，具有守善弃恶的能力。所以，人能够“诚明”，人也能够“明诚”，“诚”可以助人“明”，“明”可以助人“诚”。“诚则明矣，明则诚矣”，通过“诚”与“明”之间的互助，通过“诚”与“明”之间的递相增进，最后达到既“诚”又“明”的理想境界，并由此而“尽人之性”、“尽物之性”，以至于“赞天地之化育”，以至于“与天地参”，亦即参与天地的运化，与天地并列而成为“叁”。朱熹曰：“与天地参，谓与天地并立为三（叁）也。”[①]（《中庸章句》）人之所以能够与天地并列而成为“叁”，正是因为人通过“诚”与“明”而参与了天地的运化。

荀子讲“诚”，把“诚”当成实在的修养工夫。在荀子看来：

君子养心莫善于诚，致诚则无它事矣，惟仁之为守，惟义之为行。诚心守仁则形，形则神，神则能化矣。诚心行义则理，理则明，明则能变矣。变化代兴，谓之天德。（《荀子·不苟》）

“养心莫善于诚”，即修养的工夫莫过于立诚、修诚、致诚以至于至诚。能致诚以达到至诚的境界，就可以做到“惟以仁为守、惟以义为行”，其心理状态及行为方式完全符合仁与义，亦即“诚心守仁”、“诚心行义”。如果能够“诚心守仁”，那么其内在的心理态度及心理状态一定会显现于外，此所谓“诚心守仁则形”。所以，人的行为只是内在心理态度的外在表现。如果能够“诚心行义”，外在的行为准则与内在的心理尺度就可达到和合统一，外在的行为准则不再是外在于人的、束缚人

① （宋）朱熹：《四书章句集注》，中华书局1983年版，第33页。

的教条，而是人的内在的心理尺度的外在表现。由此，人对于这种行为准则不是感到陌生，而是感到亲切；不是感到束缚，而是感到适意。此所谓“诚心行义则理”。所以，在荀子看来，“养心莫善于诚，致诚则无它事矣”。只要能做到“诚”，那么一切问题都解决了。

自秦汉以至于隋唐，儒家思想在理论上并没有大的突破性的发展，在“诚”的问题上也是如此。对于“诚”的再次高扬，起于宋代。周敦颐说：

> 诚者，圣人之本。(《通书·诚上》)
>
> 圣，诚而已矣。诚，五常之本，百行之源也。静无而动有，至正而明达也。五常百行，非诚非也，邪暗塞也。故诚则无事矣。(《通书·诚下》)

“诚”是圣人之本，圣人之所以是圣人、圣人之所以为圣人，“诚而已矣”。“诚”虽然不是儒家所宣扬的“五常”之一，但是它却是“五常之本”，是“五常”的精神与灵魂。相对于“诚”而言，“五常”亦是外在的。“五常”的内在精神，其实只是“诚”。“五常百行”，都要以“诚”为出发点，并且落实到“诚”，也就是说“五常百行”都要做到真诚无伪。如果不能做到“诚”，那么“五常百行”只会沦为空洞的教条，只会成为徒具形式的东西。所以，“五常百行，非诚非也”。

程朱言“诚”，将“诚”与“敬”联系起来。程颢说：“诚者天之道，敬者人事之本。”[①]（《二程遗书》卷十一）朱熹对此作了进一步的发挥，认为：

> 凡人所以立身行己，应事接物，莫大乎诚敬。诚者何？不自欺不妄之谓也。敬者何？不怠慢不放荡之谓也。今欲作一事，若不立诚以致敬，说这事不妨胡乱做了，做不成又付之无可奈何，这便是不能敬。人面前的是一样，背后又是一样；外面做的事，内心却不然；这个皆不诚也。学者之心，大凡当以诚敬为主。[②]

① （宋）程颢、程颐：《二程集》，王孝鱼点校，中华书局 1981 年版，第 127 页。
② （宋）黎靖德编：《朱子语类》，王星贤点校，中华书局 1986 年版，第 2878 页。

"诚"是真实而不自欺，"敬"是认真而不怠慢。若人前、人后不一样，所做与所想不一致，此便是不"诚"。人修身做事，都须"立诚以致敬"。

王夫之认为，"诚"的反面只能是"不诚"。"诚不诚之分者，一实有之，一实无之；一实全之，一实欠之。"（《读四书大全说》卷九）"诚"是全、是实、是有，不诚是缺、是欠、是无。"诚"是完整的有，作为"诚"的反面的不诚，并不存在程度上的区别和差分。

> 诚者，无对之词也。……说到一个诚字，是极顶字，更无一字可以代释，更无一语可以反形。……尽天地只是个诚，尽圣贤学问只是个思诚。（《读四书大全说》卷九）

"诚"是无对之词，天地间现有的一切，只是一个"诚"，只是一个实有；圣贤工夫只是一个"思诚"，亦即只是要做到实实在在，做到内心踏实。

与诚相关联的是"信"。"信"原意是真，是真言，是真话。老子说："信言不美，美言不信。"（《老子》八十一章）这里的"信"是"真"的意思。《墨子·经上》曰："信，言合于意也。"后来，"信"主要是指言与行的一致。《白虎通·情性》曰："信者，诚也，专一不移也。"

与"诚"字之后起不同，"信"在孔子时代以及孔子之前，已经非常流行。"信"，本义是全然、如实地按照自己所说的去做。"信"，往往与忠连用。孔子提倡"言忠信，行笃敬。"（《论语·卫灵公》）"忠"着重于内，"信"着重于外。"忠"是尽心、尽力。然一个人是否尽心、尽力，他人并不知晓，只有自己清楚。而"信"，是如实地按照自己所言说的去做。是否如实地按照自己所言说的去做，他人是很清楚的。子贡问什么是君子，孔子回答说："先行其言，而后从之。"（《论语·为政》）严格按照自己所说的去做，这就是君子。

孔子认为人人都应当讲信用，在他看来："人而无信，不知其可也。"（《论语·为政》）一个人不讲信用，在这个世界上是无法行得通的。孔子自己有一个志向，即"朋友信之"。

子路曰："愿闻子之志"。子曰："老者安之，朋友信之，少者怀之。"（《论语·公冶长》）

"朋友信之"，即成为朋友所依赖的人。孔子弟子曾子每日三省其身，其中之一即是信。

曾子曰："吾日三省吾身：为人谋而不忠乎？与朋友交而不信乎？传不习乎？"（《论语·学而》）

为人出主意、想办法，是否做到了尽心尽力？这是忠与不忠。与朋友交往，是否做到了说到做到，这是信与不信。一个人常常这样反省自己，就会不断提升自己的思想水平和道德境界。

"信"是要见之于行的，是要在行为中见出效果的。由于重视"信"，所以儒家很强调行。孔子曰：

君子欲讷于言，而敏于行。（《论语·里仁》）

"讷于言"，即重承诺；"敏于行"，即强调行为上要雷厉风行。所以，在孔子看来，"不患人之不己知，患其不能也"（《论语·宪问》），"君子耻其言而过其行"（《论语·宪问》）。言过其行，说到了但却没有做到，这是一件可耻的事情。

孔子虽然言"信"，并且很强调"信"，但孔子思想的核心却不是"信"，而是"仁"与"礼"。甚至在孔子那里，"信"本身也是"仁"的具体内容之一。

子张问仁于孔子。孔子曰："能行五者于天下，为仁矣。""请问之。"曰："恭、宽、信、敏、惠。"（《论语·阳货》）

在孔子看来，恭、宽、信、敏、惠，以及孝、悌、忠、恕，并不是与"仁"平行、平等的概念，它们都是"仁"的具体内容。

孟子不是不讲“信”，但“信”在孟子的思想观念中，并不是最重要的范畴。孟子思想的核心观念是“仁”与“义”。在孟子看来，“仁，人心也；义，人路也”（《孟子·告子上》），“仁，人之安宅也；义，人之正路也”（《孟子·离娄上》）。“仁”、“义”之外，孟子还强调“礼”与“智”。孟子认为，人天生即具有恻隐、羞恶、辞让、是非之心。“恻隐之心，仁之端也；羞恶之心，义之端也；辞让之心，礼之端也；是非之心，智之端也。人之有是四端也，犹其有四体也。”（《孟子·公孙丑上》）显而易见，“信”在孟子的思想体系中，并不是一个与仁、义、礼、智相平行的概念。

“信”在荀子的思想体系中也不是最为重要的范畴。荀子思想体系的核心，无疑是所谓的“礼”。[①] 虽然《荀子》一书中“信”字共106见，但与孟子相同，荀子讲“信”往往与“忠”、与“诚”连用。无论是孟子还是荀子，对孔子关于“信”的理论，均没有新的创造性的发挥。

汉代董仲舒标举“五行”。“五行”观念在先秦时代已很流行，而董仲舒则用“五行”来广泛而普遍地解说自然现象及人事活动。由此，董仲舒在孟子所大力提倡的仁、义、礼、智之外，又增加了“信”，合而称之为“五常”。在回答汉武帝的第一次策问时，董仲舒指出：“夫仁义礼智信，五常之道，王者所当修饰也。”（《汉书·董仲舒传》）这是“五常”观念的第一次正式提出，也是“信”第一次取得了与仁、义、礼、智平等、平行的地位。“信”借助于“五行”而成为“五常”之一，又借助于“五常”而取得了与仁、义、礼、智平等、平行的地位。何为“五常”？“常”为人性之常，以其有上述之所谓五，故称之“五常”。董仲舒在提倡“五常”的同时，还提倡“三纲”。汉之后，“三纲五常”成为中国社会伦理的基本规范。汉之后，因为“信”成为“五常”之一，其地位已无可复加、不可动摇，其思想内容也因之而没有新的发展。

“信”不同于“诚”。“诚”是实实在在，是什么就是什么。“诚”是内在的，“信”是外在的。“诚”与“不诚”，只有本人清楚，他人并不知晓。所以，“诚”与“忠”属于同一层次，合起来就是“忠诚”。而“信”是外在的，“信”的本义是如实地按

---

① “礼”一字在《荀子》一书中出现了342次，由此可见一斑。

照自己所说的话去做，是说到做到。一个人对于某件事，本来可以做到，但是却不愿意做，我们可以说这个人“不诚”或“不忠”，但是我们却不能说这个人“不信”，因为他本来就没有答应做，因为他本来就不愿意做。但是，如果一个人答应了做某事，却不去做，或答应在什么时候完成某事，到时却没有完成，我们就可以说这个人“不信”。这样看来，“忠”与“诚”是比“信”更高的标准和要求。“信”虽然不如“忠”、“诚”那么崇高，但也并不是轻易就可以达到的。相反，“信”有时比“忠”、“诚”更难以达到。因为只要一个人做到尽心尽力，做到问心无愧，就可以说是“忠”与“诚”，但是“信”的要求却是“说到做到”。说到做到，不管发生了什么，也不管是不是尽心尽力了，只要是没有做到，都是“不信”。从这个意义上讲，“信”有时要比“忠”、“诚”更难。因为“信”有这个难度，所以孔子讲“君子欲讷于言，而敏于行”（《论语·里仁》）。“讷于言”就是慎于言，就是不要随意许诺；“敏于行”就是答应下来的事一定要努力去做，一定要雷厉风行。与此类似，老子也说：“轻诺必寡信。”（《老子》六十三章）要做到不失信于人，就不应当随便许诺。

再者，就“诚”与“信”而言，社会以及他人不能也不可能要求一个人完全做到“诚”，因为“诚”与“不诚”涉及的是个人的道德。但社会及他人却可以要求一个人必须守“信”，“信”与“不信”涉及的甚至不是道德，而是准则，是人人必须遵守的规范。一个人可以不诚，甚至也可以不仁、不义，但是却不能不信。在中国古代社会，江湖侠士行走江湖，靠的是一个“义”字，但“义”字的背后更有一个“信”字作为支撑。“背信弃义”，为人生大忌，尤为人所不齿。但就此二词之分别而言，“背信”的危害性大于“弃义”，是更难以为人所接受、容忍的。“仁”与“义”更为重要的是对于“大人”的要求，因此，非仁、非义在一定程度上还能为人所容忍。但是，“不信”、“背信”不仅是“卑鄙小人”，甚至可以说根本就不是人。没有人愿意和“背信”的人打交道，“背信”意味着与社会对立，意味着脱离社会。自古及今，“背信”之人的下场只有一个，就是遭到社会唾弃，“背信”之人在社会上寸步难行。正因为此，所以孔子说：“人而无信，不知其可也。”（《论语·为政》）意思是说，如果一个人不守信，即使有其他的优点以及才能，也没有可取之处。仅“无信”这一个缺点，就足以掩盖一个人的一切长处、一切可取之处。就此而言，“五常”之中，“信”是最低的要求，是最基本的要求，但同时也是最严苛的要求。

“诚”与“信”，一强调内，一强调外。“诚”强调内在的“真实”，“信”强调外在的“符实”。一内一外，人的投机与虚伪就无处可逃了，这正是儒家思想深于把握人心的所在，也是儒家思想的精深所在。正因如此，只讲一个“诚”，只讲内在的真实，只讲尽心尽力，是不够的，“诚”必须受到“信”的制约。不受“信”的制约的“诚”，还不是真正的“诚”，还不是“真诚”。另一方面，只讲一个“信”，只讲外在的“符实”，只讲说到做到，也是不够的，“信”必须受到“诚”的制约。不受“诚”的制约的“信”，还不是真正的“信”，还是苟且投机的“信”，还不是“诚信”。“诚”需要“信”的助力，才可能真正成为“诚”；“信”需要“诚”的助力，才可能真正成为“信”。

然而，人们受到私欲之心、私利之心的熏染与蒙蔽，往往难以做到“诚”与“信”。人们往往用空话、假话把自己伪装起来，把自己保护起来，人们往往不敢正视自己、不敢直视自己，也不敢正视别人、直视别人，由此而谎话连篇，由此而谎言肆行，由此而不诚大行其道。另一方面，人们为了在别人面前抬高自己，避免被他人瞧不起，而用大话、用壮语豪言把自己装扮起来。但这样的壮语豪言只是应景之作，时过境迁，就会被当事人忘得一干二净，由此而豪言满天飞，由此而不信甚嚣尘上。

明代中期，李贽曾经不无痛心地指出：

> 若失却童心，便失却真心；失却真心，便失却真人。人而非真，全不复有初矣。
>
> ……
>
> 盖其人既假，则无所不假矣。由是而以假言与假人言，则假人喜；以假事与假人道，则假人喜；以假文与假人谈，则假人喜。无所不假，则无所不喜。满场是假，矮人何辩也。(《童心说》,《焚书》卷三)

今天的中国，未尝不是一个假人、假言、假事横行肆虐的社会，甚或比李贽的时代有过之而无不及。但有人提出“善意的谎言”这样的说辞，实不可取。谎言就是谎言，与善、不善没有关系。如果一个人允许自己、原宥自己散布谎言，那么灵魂的堕落已经到了可怕的程度；如果一个社会可以容忍谎言流布，那么道德的底线已经降到了什么样的程度？所以，要端正人心，要扶植社会正气，首先必须从落实“诚信”开始。不讲“诚信”，一切都无从谈起。

有人会说：讲真话得罪人。现实之中，确有如此。如果我们怕得罪人，如果我们不能讲真话，那么最低的要求应当是不讲假话。“要么不言，言而必真”，这并不是一个难以达到的要求，而是每一个人都可以做到的，也是社会对每个成员最基本的要求。所以，每个人都应以这样的标准来要求自己。这个要求，也应当成为端正人心、扶植正气的一个起点。

三、做君子不做小人

孔子所处的时代是一个“礼崩乐坏”的时代，社会秩序处于混乱状态。面对这样一种混乱状态，面对严重的社会政治危机，各家各派都在寻求医治社会弊病的良方。道家以无为而治为救世之方，墨家以兼爱非攻为平乱之术。以孔子为代表的儒家则认为，要维护社会秩序，必须恢复周代所建立的一整套礼仪规范，亦即“复礼”。如何“复礼”？孔子感到，单纯采取强制性的手段，已经不可能。因为当时诸侯割据，周天子的威仪已经丧失。于是孔子创造性地以“仁”释“礼”，认为“礼”本是根源于人的仁爱之心，不过是人的仁爱之心的外在表现。“人而不仁，如礼何？人而不仁，如乐何？”（《论语·八佾》）没有“仁”，当然不会有什么“礼”，要复兴“礼”，当从“仁”字入手。如果说“礼”是孔子思想的出发点，那么“仁”则是孔子思想的核心。

那么，又如何行“仁”呢？孔子认为，行仁由己。“为仁由己，而由人乎哉？”（《论语·颜渊》）“我欲仁，斯仁至矣。”（《论语·述而》）行仁是内于己而发于外的，是一种自觉的无任何外在强迫或利益驱动的行为。就个体而言，如果一个人能够无外在强迫、无利益驱动，自觉自愿地实行“仁”，那么这样一个人就是所谓的君子。就此而言，“仁”是靠君子来落实的。孔子的仁论是要靠君子论来实现的，仁论必然要指向君子论。

“君子”一语，广见于先秦典籍。《易经》《诗经》《尚书》广泛使用“君子”一词。《周易·乾》：“九三，君子终日乾乾，夕惕若厉，无咎。”《诗经·周南·关雎》：

“窈窕淑女，君子好逑。”《尚书·虞书·大禹谟》：“君子在野，小人在位。”

但在孔子之前，似无人对“君子”一词作具体的解说。对“君子”一词的具体说明，始于孔子。《论语》一书，“君子”一词凡106见。孔子对于君子的论述，不仅限于“君子”一词，“士”、“仁者”、“贤者”、“大人”、“成人”、“圣人”等，都与“君子”相关。如果将这些方面的论述也包括进来，《论语》一书所论最多的，无疑是关于君子的论述。

何为君子？在孔子之前，君子一语主要是从政治上立论的，君子的主要意思是“君”。《说文解字》：“君，尊也。”《春秋左传·昭公二十八年》：“赏庆刑威曰君。”董仲舒曰：“君也者，掌令者也。”（《春秋繁露·尧舜不擅移汤武不专杀》）“君”，从尹，从口。“尹”，表示治事；“口”，表示发布命令；合起来的意思是：发号施令，治理国家。《诗经·小雅·大东》：“君子所履，小人所视。”孔颖达《诗经正义》曰：“此言君子、小人，在位与民庶相对。君子则引其道，小人则供其役。”《春秋左传·襄公九年》：“君子劳心，小人劳力，先王之制也。”此处君子、小人，仍着眼于地位而非道德品质。

到孔子时代，君子一词开始具有道德品质的属性。孔子讲君子，主要是从道德品质上立论的。君子由原来意义上的有位之人，成为孔子心目中的理想人格。虽然孔子也讲圣人，但是在孔子看来，圣人是可遇而不可求的。“圣人吾不得而见之矣；得见君子者，斯可矣。”（《论语·述而》）

君子的反面，即小人。《论语》中君子、小人对举甚多。孔子将君子、小人对举，是为了通过对照，彰显君子的品质。

“君子周而不比，小人比而不周。”（《论语·为政》）孔安国注曰：“忠信为周，阿党为比。”① 也可以说，君子能够坚持原则，而小人则结党营私。

“君子和而不同，小人同而不和。”（《论语·子路》）和而不同，是对于某个人的意见，既有赞成，也有反对；同而不和，则是一味赞同，没有主见，因人而取言。

“君子喻于义，小人喻于利。”（《论语·里仁》）君子做事，以义为准则，只问此事当做不当做；小人做事，则以利为准则，总是计较做此事对自己有多大的好处。

---

① （魏）何晏注，（宋）邢昺疏：《论语注疏》，北京大学出版社2000年版，第21页。

“君子坦荡荡，小人长戚戚。”（《论语·述而》)君子胸怀坦荡，没有自己的私利；小人做事，则以私利为准则，所以总是患得患失。

“君子成人之美，不成人之恶，小人反是。”（《论语·颜渊》）君子总是善于帮助他人，看到他人成功，君子总是感到高兴；小人则嫉贤妒能，唯恐他人超过自己，唯恐他人过上好日子。

“君子固穷，小人穷斯滥矣。”（《论语·卫灵公》）君子在自己的志向不能得到实现时，仍然能够固守自己的志向；小人一旦身处困境，则有可能胡作非为。

“君子求诸己，小人求诸人。”（《论语·卫灵公》）君子做事，依靠自己的能力，如果不成功，也总是从自己身上找原因；小人做事，总是依赖他人，如果不成功，也总是把责任推到他人身上。

君子担道行义，君子以行仁为己任，以张扬仁义为己任。孔子曰：“君子义以为上”（《论语·阳货》)。何谓义？孔子无有明言。《中庸》曰：“义者，宜也。”董仲舒曰：“义之法在正我，不在正人。”（《春秋繁露·仁义法》）韩愈曰：“行而宜之之为义”（《原道》)。义所考究的是行为本身的正当性，是不计后果的正义性，是当下意义的无条件的“应当”。所以，要“见义勇为”。孔子曰：“见义不为，无勇也。”（《论语·为政》）君子的精神追求就是行仁行义。“君子之于天下也，无适也，无莫也，义之与比。”（《论语·里仁》）君子做事的基本价值尺度就是义，就是但问行为本身正当不正当。

孔子不否认人有追求正当利益的权利，但孔子强调人对于利益的追求一定要符合正当性的要求。“富而可求也，虽执鞭之士，吾亦为之。如不可求，从吾所好。”（《论语·述而》）“不可求”之事，也就是不义之举。“不义而富且贵，于我如浮云。”（《论语·述而》）违背义的事情，即使再有利也不应当做。“富与贵，是人之所欲也，不以其道得之，不处也；贫与贱，是人之所恶也，不以其道得之，不去也。君子去仁，恶乎成名？君子无终食之间违仁，造次必于是，颠沛必于是。”（《论语·里仁》）追求富与贵，无可非议，但不能因为追求富贵而伤害仁义。所以，“志士仁人，无求生以害仁，有杀身以成仁”（《论语·卫灵公》)。君子的精神追求是担道行义，所以在孔子看来，“士志于道，而耻恶衣恶食者，未足与议也。”（《论语·里仁》）子贡问孔子：“伯夷、叔齐何人也？”孔子曰：“古之贤人也。”又问：“怨乎？”对曰："求仁而得仁，又何怨。"（《论语·述而》）君子无所怨，君子应当把维护自己的精神追求，当成最高的追求，甚至可以为此而不惜牺牲一切。一个人，如果能够真正懂得这样一个道理，那么也可以做到死而无憾了。"朝闻道，夕死可矣。"（《论语·里仁》）

君子所追求者为仁义。追求仁义，需要知，亦需要勇。孔子将仁、知、勇当作君子之德。孔子曰："君子道者三，我无能焉：仁者不忧，知者不惑，勇者不惧。"（《论语·宪问》）《中庸》曰："知、仁、勇三者，天下之达德也。"何谓知？樊迟问知，孔子曰："务民之义，敬鬼神而远之，可谓知矣。"（《论语·雍也》）"樊迟问仁，子曰：'爱人。'问知，子曰：'知人。'"（《论语·颜渊》）知是明白事理，是知晓他人。明白事理、知晓他人也是智慧的表现，所以知也就是智。孔子对子路曰："由！诲汝知之乎？知之为知之，不知为不知，是知也。"（《论语·为政》）知就说知，不知就说不知，这也是智慧的表现。

现实之中，每个人可能都会被人误解。不因他人的误解而郁闷、而惆怅，这样的人才是真正的君子。"人不知而不愠，不亦君子乎？"（《论语·学而》）不要担心自己被人所误解，所要担心的是自己不了解他人、误解他人。"不患人之不己知，患不知人也。"（《论语·学而》）

君子首先应当是一个仁者。君子有知，也有智。但君子作为一个仁者与作为一个智者，还是有差异的。孔子曰："知者乐水，仁者乐山；知者动，仁者静；知者乐，仁者寿。"（《论语·雍也》）朱熹注曰："知者达于事理而周流无滞，有似于水，故乐水；仁者安于义理而厚重不迁，有似于山，故乐山。动静以体言，乐寿以效言也。动而不括故乐，静而有常故寿。"①

君子以行仁义为事业，要有勇。"子路曰：'君子尚勇乎'？子曰：'君子义以为上。君子有勇而无义为乱，小人有勇而无义为盗。'"（《论语·阳货》）君子也尚勇，但勇的前提必须是仁、是义，是事业的正当性。"仁者必有勇，勇者不必有仁。"（《论语·宪问》）"见义不为，无勇也。"（《论语·为政》）无义而有勇可能作乱，也可能成为强盗。

① （宋）朱熹：《四书章句集注》，中华书局 1983 年版，第 90 页。

君子还要做到中庸。孔子很强调中庸，在孔子看来，“中庸之为德也，其至矣乎！民鲜久矣。”（《论语·雍也》）《中庸》曰：“君子中庸，小人反中庸。君子之中庸也，君子而时中；小人之中庸也，小人而无忌惮也。”中庸是不偏不倚，是无过无不及，是一种恰到好处的适中。程颢、程颐曰：“不偏之谓中，不易之谓庸。中者，天下之正道；庸者，天下之定理。”[①]（《程氏遗书》卷七）过与不及都不好。子贡问：“师与商也孰贤？”孔子曰：“师也过，商也不及。”曰：“然则师愈与？”孔子曰：“过犹不及。”（《论语·先进》）《中庸》借孔子之言曰：“道之不行也，我知之矣，知者过之，愚者不及也；道之不明也，我知之矣，贤者过之，不肖者不及也。人莫不饮食也，鲜能知味也。”

中庸是恰到好处，如何做到恰到好处？并没有一定的法则，而是需要当事人根据当时的具体情况给予灵活运用。这就涉及所谓的“权”。孔子曰：“可与共学，未可与适道；可与适道，未可与立；可与立，未可与权。”（《论语·子罕》）“权”是根据当时具体情况，通过权衡而采取的一种最优的、适中的措施。因为需要根据具体情况而灵活运用，所以“权”最为难得，与“权”相关的中庸，也最为难得。《中庸》曰：“天下国家可均也，爵禄可辞也，白刃可蹈也，中庸不可能也。”“中庸不可能”，并非不可能做到中庸，而是要做到中庸，实在很难。但正是因为难，才显得更为可贵。

君子所追求的是正义的事业，是伟大的事业。这种事业可能成功，也可能失败。面对成败，如何保持良好的精神状态，也是孔子所关注的问题。“君子固穷，小人穷斯滥矣。”（《论语·卫灵公》）何晏对这句话的解释是：“君子固亦有穷时，但不如小人穷则滥溢为非。”[②]而程颐对这句话的解释则是：“‘君子固穷’者，固守其穷也。”[③]（《程氏外书》卷六）刘宝楠赞成程颐的说法：“‘固穷’者，言穷当固守也。”[④]并引用《荀子·宥坐》和《周易·困卦》以为证。“君子固穷”为孔子周游列国在陈绝粮时回答子路的话。《荀子·宥坐》篇对此有更为详细的记述。孔子告诉子路：“君

① （宋）程颢、程颐：《二程集》，王孝鱼点校，中华书局 1981 年版，第 100 页。
② 程树德：《论语集释》，程俊英、蒋见元点校，中华书局 1990 年版，第 1053 页。
③ （宋）程颢、程颐：《二程集》，王孝鱼点校，中华书局 1981 年版，第 388 页。
④ （清）刘宝楠：《论语正义》，高流水点校，中华书局 1990 年版，第 611 页。

子之学，非为通也。为穷而不困，忧而意不衰也，知祸福终始而心不惑也。”《周易·困卦·象》曰：“困而不失其所亨，其惟君子乎！”综合考虑，程颐的解释显得更为准确。“君子固穷”，并非君子本来就穷困，天生就穷困，而是“君子穷亦固”。君子处于穷困的条件下，还能够固守自己的志向，还能够坚持自己的操守，还能够坚持自己的追求。

子贡曾经问孔子：“贫而无谄，富而无骄，何如？”孔子回答说：“可也。未若贫而乐，富而好礼者也。”（《论语·学而》）“贫而乐”，并非君子必定贫，也非贫本身有什么可乐，而是身处贫困而不改其乐。孔子自喻：“饭疏食，饮水，曲肱而枕之，乐亦在其中矣。不义而富且贵，于我如浮云。”（《论语·述而》）孔子称赞颜渊：“贤哉回也！一箪食，一瓢饮，在陋巷，人不堪其忧，回也不改其乐。贤哉回也！”（《论语·雍也》）孔子“乐在其中”，颜渊“不改其乐”，孔、颜所乐者何也？非以贫为乐，而是虽贫也不改变志向、虽贫还能保持快乐，而是为自己虽处贫、处穷、处逆，然却不因此而改变志向而乐，而是提倡在居穷、处逆之时，仍须具有一种快乐的精神状态。身处贫困而不怨，身处逆境而不改，这本身就是值得高兴的事。

在儒家看来，人并不是一生下来就是一个人。只有当一个人知道什么该做、什么不该做，并且切实做到为其所当为、行其所当行的时候，才是一个真正意义上的人。这就是所谓的成人。孔子自述其人生道路曰：“吾十有五而志于学，三十而立，四十而不惑，五十而知天命，六十而耳顺，七十而从心所欲，不踰矩。”（《论语·为政》）君子不是天生而成的，要成为君子，需要修养人格。“见贤思齐焉，见不贤而内自省也。”（《论语·里仁》）看到有人在某一方面有出色的表现，就力求向他看齐；看到有人在某一方面有不好的表现，就反省自己是否也有类似的思想或行为，从而告诫自己不应当再发生类似的事。这是一种基本的修养方法，所以孔子讲：“三人行，必有我师焉。择其善者而从之，其不善者而改之。”（《论语·述而》）

君子以为仁行义为己任，而为仁行义是一种自觉的行为。“为仁由己。”（《论语·颜渊》）“我欲仁，斯仁至矣。”（《论语·述而》）行仁行义不需要他人命令，甚至也不需要他人鼓励。在孔子看来，“知之者不如好之者，好之者不如乐之者。”（《论语·雍也》）知仅仅是知，好才会有兴趣，才会自觉追求，而乐之者则以这种追求为满足、为快乐。

然而，现实生活中，真正以仁为快乐的人并不多见。“吾未见好德如好色者也。”（《论语·子罕》）怎样才能使人们以行仁为快乐，像好色那样好德呢？孔子发现与礼经常混而难分的诗、乐等艺术，具有陶冶人的性情、使人乐于为仁的作用。孔子曰：“兴于诗，立于礼，成于乐。”（《论语·泰伯》）包咸注曰：“兴，起也，言修身当先学诗。礼者，所以立身。乐，所以成性。”[①]要成为一个仁人君子，首先应当学诗。

成为仁人君子，固然应以仁为根本，但是作为一个真正的君子，只有内在的品德还不够，还须有外在的文采。孔子说：“志于道，据于德，依于仁，游于艺。”（《论语·述而》）孔子于志道、据德、依仁之外，还要人们“游于艺”，即泛历各种艺事。此艺虽然也具有内在品德的因素，但无疑更是一种外在的修饰。孔子以六艺授徒。六艺包括：礼、乐、射、御、书、数。其中的乐特别注重于培养人的外在文采。

为什么要注重外在的文采？孔子说：“质胜文则野，文胜质则史。文质彬彬，然后君子。”（《论语·雍也》）质，实也，指人的内在品质；文，饰也，指人的外在文采。有质无文则土头土脑，有文无质则华而不实。只有文质兼备，内外双修，才称得上君子。在诸弟子中，孔子最赏识颜渊，但孔子并不认为颜渊就是理想的君子。只是赞叹颜渊的好学和不二过，感叹：“贤哉回也！”在孔子看来，理想的君子应当具备多种因素和品质。子路问成人，孔子曰：“若臧武仲之知，公绰之不欲，卞庄子之勇，冉求之艺，文之以礼乐，亦可以为成人矣。”（《论语·宪问》）理想的君子应当有知、有廉、有勇、有艺、有乐。其中艺与乐明显地偏重于人的外在文饰。由于质毕竟是根本，所以孔子强调，首先要注重内在精神的修养。

“兴于诗，立于礼，成于乐。”以学诗为开始，立足于人伦规范。人伦规范当然是最为重要的，这是做人的根本，所以六艺中最为重要的，就是礼。“不学礼，无以立。”（《论语·季氏》）然而个体修养的真正实现、个体人格的真正完成，却不是礼，不是人伦规范，而是乐。君子“立于礼”而“成于乐”。“成”即完成、成就、成全。“成于乐”，意味着人格的最后完成、最终完善，是依靠乐、依靠艺来实

① （魏）何晏注，（宋）邢昺疏：《论语注疏》，北京大学出版社 2000 年版，第 115 页。

现的。

理解了孔子的“成于乐”，才能理解孔子何以会发出“吾与点也”的感叹。孔子请子路、曾点、冉求、公西华各言其志。子路、冉求、公西华所言均局限于事功，唯曾点所言，突破事功而上升到精神境界的高度：“莫春者，春服既成。冠者五六人，童子六七人，浴乎沂，风乎舞雩，咏而归。”（《论语·先进》）“浴乎沂”、“咏而归”，并非什么惊天动地的伟业，也非普通人所不可为，然而能为此者，体现出一种人格精神，这是一种突破事功之后的人格精神，是一种人格修养的境界，甚至可以说是一种完善、完美的精神境界。

礼是一种外在的规范。作为一种外在的规范，礼对人有约束作用，而这种约束作用是十分必要的，否则，社会秩序将无法维护和维持。孔子不否定礼，相反，孔子对于礼持积极的肯定的态度。孔子思想的出发点就是“复礼”，就是恢复周代所确立的一系礼仪法度。确立礼仪法度也可以有别的路向，比如实行严刑峻法。这是法家的立场，也是法家的基本主张。在韩非看来：“圣人之治国，不恃人之为吾善也，而用其不得为非也。恃人之为吾善也，境内不什数；用人不得为非，一国可使齐。”（《韩非子·显学》）用人不得为非的具体方法，就是严明的法纪，就是残酷的手段。“故善为主者，明赏设利以劝之，使民以功赏，而不以仁义赐；严刑重罚以禁之，使民以罪诛而不以爱惠免。是以无功者不望，而有罪者不幸矣。”（《韩非子·奸劫弑臣》）

孔子主张：“道之以政，齐之以刑，民免而无耻；道之以德，齐之以礼，有耻且格。”（《论语·为政》）齐之以刑，也许可以在一定时期内、在一定程度上维护社会秩序，但却使民众没有羞耻之心。所以，依靠此法，并不能维护社会的长治久安。要维护社会的长治久安，还得依靠道德的力量。并且外在的礼仪规范，本来就是根基于人的内在精神结构的，本来就是根基于人本有的仁爱之心的。所以，孔子虽以“复礼”为己任，但却把注意力放在“兴仁”上。只有“兴仁”，才可以“复礼”。这是孔子良苦用心之所在，也是孔子的高明之处。

儒家先由“礼”而引出“仁”。表面看来，“仁”是服务于“礼”的，但“仁”却是“礼”的基础，所以“仁”比“礼”更为根本。再由“仁”而引出“艺”与“乐”。“艺”与“乐”应当为“仁”服务，甚至也应当为“礼”服务。后世儒家所倡导的

“文以载道”，即这种主张的生发。但“艺”与“乐”并非只是为“仁”服务的，并非只具有工具的意义，它们也具有完善人格的作用，甚至是人格完善的重要标志。

儒家学说的基本用意可以由两个方面来说明：就社会方面而言，是要为社会生活确立一种规范，以保障正常的社会秩序；就个人方面而言，是要为个人确立一种安身立命的观念，以获得身心性命的寄托。“仁”与“礼”的结合，为保证社会正常秩序奠定了基础；“仁”与“艺”、与“乐”的结合，给个体生命带来了乐趣，也为个体精神家园的确立提供了可能。孔子的用心并不只是解决当时的社会问题，孔子思想的伟大之处并不在于它为某一时代问题提出了某种具体的方略，而在于它为社会的长治久安提供了一种对策。只有将“礼”与“仁”结合起来，才能维护社会正常的秩序；只有将“仁”与“艺”、与“乐”结合起来，才能使个体精神家园得到安顿。只有社会秩序与个体精神得到维护与安顿，才能实现社会的长治久安。孔子思想具有这样一种理论价值，这一理论价值直至现在还是很有意义的。

孔子君子论强调人的行为应当是发自于人的内心的自觉的行为。这样一种理论对于人格的培育具有重要的意义。现代教育理论强调“教”，却忽视了“养”。“教”是教人以知识与技能，使人懂得外在的行为规范；“养”则是培养人的内在精神，使人养成良好的行为习惯。教人以行为规范，行为规范对人而言总是外在的。人们遵守行为规范不是出于内在的自觉，而是出于外在的强迫。因为如果违背这些规范，必然会受到应有的惩罚。只有“教”必然导致孔子所称的“道之以政，齐之以刑，民免而无耻”这样一种结果。人们可以遵守这些规范，但却没有羞耻之心，反而会千方百计逃避法律的制裁，精心寻找法律与规范的空白与漏洞。

现代社会制度、现代法律制度的一个立法基础是，假定每个人都具有犯罪意识、犯罪倾向，假定每个人都是潜在的罪犯。社会制度与法律制度的设置，就是如何使人想要犯罪而不致于犯罪，使犯罪意识不能得到实现，也就是要把所有的社会成员都当作“小人”。而社会管理的任务，就是如何来管理“小人”。既然“小人喻于利”，那么在防止犯罪和惩治犯罪之外，还应当给人们以利益的诱导或诱惑。

人们都知道法律不是万能的，防止与惩罚并不能从根本上制止犯罪，但人们仍然只得依靠法律。因为除了法律之外，目前还没有更好的办法。

我们应当检讨我们的法律制度，应当检讨我们的教育制度，我们不应当把人只当作“小人”，而应当真正把人当作人，应当懂得尊重人，应当更重视和强调“养”而不是“教”，应当更强调内在精神的培养，更强调人格的自我完善，应当将人当成“君子”，应当采取办法使更多的人、使越来越多的人成为“君子”。如此，才能实现社会的长治久安；如此，才能实现社会的真正和谐。现代社会需要新型的君子，现代社会呼吁新型君子的诞生。就此而言，孔子的君子论是有非常重要的现实意义的。当代文化建设、精神文明建设、和谐社会的建构，都可以从孔子的君子论中吸取很多有益的营养。

第二节　家庭和睦

人具有极强的社会性，这是人区别于其他动物的最大特征。同时，这种社会属性也是人类社会超越其他动物群体的重要因素。正是这种社会性凝聚起整个人类社会，并不断推动其发展前进。从根底上说，社会是由个体人组成的。当千千万万原子般的人汇聚在一起，组合成各种群体，直至形成整个社会时，个体人也就成为社会的一分子，并与之同呼吸、共命运。

家是每个人最初成长的场所。家庭和睦在中国尤其重要，家和社会才会安宁，国家才会太平。在古代中国，家庭角色不仅仅局限在家庭中，还成为社会组成的重要部分。古代中国是一个宗族为主导的社会，这就导致所谓的家庭角色与整个社会相联通。人出生之后，其首先是一个宗族的成员，所担负的角色也必然在宗族之中，这是由传统宗法制度决定的。古代宗族内部实行严格的宗法制度，包含一系列实行并维护宗族秩序的规则。

一、有亲、有别而有序

家是什么？什么是家？中国文化的很多要素、中国传统思想的很多观念都与家联结在一起。家首先是个房子，所以家与室一样，其部首为“宀”，“宀”就是房子。但家又不只是一个房子。

如果只是房子，中国人把它称作“宅”或“室”。宅是整个房子，可以是一个院落，包括很多独立的房子，也可以只是一座房子；室则只是一个具体的、承担具体功能的房子，如卧室、盥洗室。普通人所居住的房子称为“宅”，帝王所居住的房子则称为“宫”。“宅”的正大门曰“门”，本字为“門”。双扇曰“门”，单扇曰“户”。“户”一般不作正大门，一般只作宅内某一单元的门。[1]

中国人的很多思想观念都与房子联系在一起。比如“安”，女在屋下为安。一方面女子在屋子里是安全的，另一方面，屋里有女子是安定的。再如“宁”，本字为“寧”，“寧”本作“寍”，从心，从皿，表示既在屋里，又有饭吃，即可心安。还有“定”，从宀，从正，因为在屋下从正，由“正”而有“定”。还有“宜”，象屋里俎上有肉，俎上有肉为“宜”。

“家”与房子有关，但重要的不是房子，而是房里之物。“家”，从宀，从豕，豕即猪。猪不能自养，由人而养。且猪不似犬、马，不可助人，其可为人所资用者，仅以供人饮食之需。所以，有猪的地方一定有人，而且此地之人生活一定比较富裕、比较考究。所以，有猪谓之有“家”。

然而，有房、有屋，又有人，就一定是“家”吗？只有男人，或只有女人，不是“家”；有男人，又有女人，男女之间不形成婚姻关系，也不是“家”；男女之间即使形成婚姻关系，也并不是真正的“家”。只有因于男女的婚姻关系，而且有了子女的诞生，男不再只是男、只是夫而同时也是父，女不再只是女、只是妻而同时也是母，只是在这个时候，即有父、有母、有子，才是一个完整的“家”。有子，才有父母。所以，有父母谓之有“家”。而父母所居之所，称为“庭”，因此而有了“家庭”之名。《太平经》说：

> 元气有三名，太阳、太阴、中和。形体有三名，天、地、人。天有三名，日、月、星，北极为中也。地有三名，为山、川、平土。人有三名，父、母、子。治有三名，君、臣、民。欲太平也，此三者常当腹心，不失铢分，使同一忧，合成一家，立致太平，延年不疑矣。[2]

---

① 所谓“每家每户”，是有不同含义的。“家”是一个大的群落，“户”则是“家”中一个小的单位。就房屋而言如此，就家庭结构而言也是如此。

② 王明编：《太平经合校》，中华书局1960年版，第19页。

有父、有母、有子，才是一个“家”。《颜氏家训·兄弟》曰：“夫有人民而后有夫妇，有夫妇而后有父子，有父子而后有兄弟，一家之亲，此三而已矣。”家里有三个成员，也只有三个成员，就是父、母、子。爷爷是父亲的父亲，奶奶是父亲的母亲；外公是母亲的父亲，外婆是母亲的母亲；孙子是儿子的儿子，外孙是女儿的儿子。

父、母、子，是家庭的核心成员。[①]三个成员，涉及夫妇、父子两种关系。《白虎通》认为：

> 父子者，何谓也？父者，矩也，以法度教子；子者，孳也，孳孳无已也。故《孝经》曰：“父有争子，则身不陷于不义。”夫妇者，何谓也？夫者，扶也，以道扶接也；妇者，服也，以礼屈服也。（《白虎通·三纲六纪》）

父亲的职责是制定并坚守规则，儿子的职责是使父亲开创的事业发扬光大。丈夫是家庭的支柱，而妻子的职责则在于服从。

由父、母、子而横向扩大，由一个小家庭而扩展为一个大家庭。父亲的兄为伯，父亲的弟为叔，父亲的姐妹为姑；母亲的兄弟为舅，母亲的姐妹为姨。父亲之兄、弟有分别，而父亲之姐妹无分别，母亲之兄弟、姐妹都无分别，表明中国之人伦关系突出和强调父系所延伸出的关系。西语中兄、弟、姐、妹不分，以为其关系是平等的；而汉语中之有区分，恰恰是为了突出兄、弟、姐、妹间的长幼之序。兄与祝相关。祝甲骨文作，金文作，像一个人跪在神前拜神并开口祈祷，后衍化为主持祭祀的人。主持祭祀者是兄。而弟与梯相关，又与第相关。就前者而言，有扶助之义；就后者而言，有序次之义。姐、妹本作姊、妹。《说文》曰：“姊，女兄也。”又曰：“妹，女弟也。”《释名》曰：“姊，积也；妹，昧也。”《白虎通》曰：“姊者，咨也；妹者，末也。”至于姐，当是方言，《说文》曰：“蜀谓母曰姐。”段玉裁注曰：“蜀人谓母曰姐，方言也，其字当蜀人所制。”姐字原是方言，后来姐比姊更为流行。中国人分别兄、弟、姐、妹，兄、弟、姐、妹所突出的是序次，亦即荀子所讲

① 家庭核心成员的阙如，使得现存成员成为特定的弱势人物。《孟子·梁惠王下》曰：“老而无妻曰鳏，老而无夫曰寡，老而无子曰独，幼而无父曰孤。此四者，天下之穷民而无告者。”

的“长幼有序”。荀子曰：“长幼有序，则事业捷成而有所休。”（《荀子·君子》）

在家庭伦理中，除“长幼有序”外，还“亲疏有别”。在西语中，伯父、叔父、舅舅、姑父、姨父等，并无分别；伯母、婶、姑妈、姨妈、舅妈，并无分别。而在汉语中，这些是有严格区别的。其所以要有区别，就在于“亲疏有别”。中国人重礼，而礼的基本作用就在于别异。荀子曰：“乐和同，礼别异。”（《荀子·乐论》）在中国人的观念中，伯父、叔父就是自己本家中的长辈，其地位与父亲类似。舅舅则是母亲的兄弟，其情感之深甚至超过伯父与叔父。伯父、叔父、舅舅与当事人具有天然的血缘关系。在父亲缺位的条件下，伯父、叔父、舅舅对于侄子、外甥具有管教的权力，甚至可以打骂。而姑父、姨父则不具有这样的权力。姑父只是姑妈的丈夫，姨父只是姨妈的丈夫，他们和自己并不具有任何血缘关系。今天是姑妈的丈夫，明天未必还是；今天是姨妈的丈夫，明天未必还是。所以，姑父、姨父与伯父、叔父、舅舅，是不可相提并论的。同理，姑妈、姨妈因为和当事者具有血缘关系，伦理关系与感情也更加紧密；而伯母、婶、舅妈，因为和当事者不具有血缘关系，伦理关系与感情也更疏远一些。在同辈关系中，即使均是表兄弟、表兄妹的关系，也有远近之别。如《红楼梦》中贾宝玉与林黛玉、贾宝玉与薛宝钗的关系，在西方人的观念里，这是没有区别的。而在中国人的观念里，林黛玉是贾宝玉姑妈的女儿，而薛宝钗是贾宝玉姨妈的女儿，林黛玉是贾宝玉父系的亲戚，薛宝钗是贾宝玉母系的亲戚。因为父系优先于母系，所以贾宝玉与林黛玉的关系比与薛宝钗的关系更近一些。在同辈关系中，即使同是堂兄弟、堂兄妹，也有远近之别。同一祖父的堂兄弟、堂姐妹，要比同一曾祖父的堂兄弟、堂姐妹的关系更近。以此类推，同一曾祖父的堂兄弟、堂姐妹，要比同一高祖父的堂兄弟、堂姐妹的关系更近。

有了家庭，家庭成员之间要和睦相处、相亲相爱，才是一和睦、和谐的家庭，才能形成孟子所谓的“有亲”、“有别”、“有序”的良好局面。

> 人之有道也，饱食、暖衣、逸居而无教，则近于禽兽。圣人有忧之，使契为司徒，教以人伦：父子有亲，君臣有义，夫妇有别，长幼有序，朋友有信。（《孟子·滕文公上》）

在家庭之中，“父子有亲”、“夫妇有别”、“长幼有序”，才是一个和睦的家庭，才是一个真正意义上的“家”。《周易》六十四卦有一卦曰“家人”，是讲“家”的。家人卦之卦辞曰：“家人，利女贞。”程颐曰：“家人之道，利在女正，女正则家道正矣。夫夫妇妇而家道正，独云利女贞者，夫正者身正也，女正者家正也，女正则男正可知矣。”[①]（《周易程氏传》卷三）杨时曰：“家人者，治家人之道也。齐家自夫妇始。”[②]朱熹曰：“利女贞者，欲先正乎内也。内正则外无不正矣。”（《周易本义》卷二）在家里，妇女的作用与意义显得尤为重要。《彖》曰：

家人，女正位乎内，男正位乎外。男女正，天地之大义也。家人有严君焉，父母之谓也。父父，子子，兄兄，弟弟，夫夫，妇妇，而家道正。正家而天下定矣。

程颐曰：“家人之道，必有所尊严而君长者，谓父母也。虽一家之小，无尊严则孝敬衰，无君长则法度废。有严君而后家道正，家者国之则也。”[③]（《周易程氏传》卷三）“父父”，即父要像个父，要行父道；“子子”，即子要像个子，要行子道；“兄兄”，即兄要像个兄，要行兄道；“弟弟”，即弟要像个弟，要行弟道；“夫夫”，即夫要像个夫，要行夫道；“妇妇”，即妇要像个妇，要行妇道。

要家道正，每个成员都要坚守自己的伦理责任。《史记·五帝本纪》曰：

舜举八恺，使主后土，以揆百事，莫不时序。举八元，使布五教于四方，父义，母慈，兄友，弟恭，子孝，内平外成。

《礼记·礼运》也有所谓“人义”之说：

何谓人义？父慈、子孝、兄良、弟弟、夫义、妇听、长惠、幼顺、君仁、

① （宋）程颢、程颐：《二程集》，王孝鱼点校，中华书局 1981 年版，第 884 页。
② （清）李光地：《周易折中》，巴蜀书社 1998 年版，第 303 页。
③ （宋）程颢、程颐：《二程集》，王孝鱼点校，中华书局 1981 年版，第 885 页。

臣忠，十者谓之人义。

“十义”除君、臣之义外，其余所论皆为家庭成员之伦理道德。对于父而言，要讲慈，要有慈爱的情怀；父如此，母亦如此，所以《史记·五帝本纪》有“父义母慈”之说。对于子而言，要讲孝，要孝敬、孝顺父母；对于兄而言，要讲良，亦即善良，要以善良的态度对待弟、妹；对于弟而言，要讲悌，即要以恭敬的态度对待兄长；对于夫而言，要讲义，要坚守正当；对于妻而言，要服从；对于长而言，要讲惠，要乐善好施；对于幼而言，要讲顺，要顺从。春秋时卫国大夫石碏也有所谓“六逆六顺”之说：

夫贱妨贵，少陵长，远间亲，新间旧，小加大，淫破义，所谓六逆也。君义，臣行，父慈，子孝，兄爱，弟敬，所谓六顺也。(《春秋左传·隐公三年》)

“兄爱弟敬”与“兄良弟弟”其意近似。春秋时齐国大夫晏婴亦有言曰：

礼之可以为国也久矣。与天地并。君令臣共，父慈子孝，兄爱弟敬，夫和妻柔，姑慈妇听，礼也。君令而不违，臣共而不贰，父慈而教，子孝而箴，兄爱而友，弟敬而顺，夫和而义，妻柔而正，姑慈而从，妇听而婉，礼之善物也。

其中“夫和妻柔”与《礼记·礼运》的“夫义妇听”，其义亦近似。

家庭的扩大、家庭成员的增加，有赖于可靠的婚姻。《周易·序卦》曰：

有天地然后有万物，有万物然后有男女，有男女然后有夫妇，有夫妇然后有父子，有父子然后有君臣，有君臣然后有上下，有上下然后礼义有所错。

男女经由婚姻而成为夫妇。《白虎通》曰：“婚者，昏时行礼，故曰婚。”(《白虎通·嫁娶》）姻，本义指夫家。《说文》曰："姻，婿家也，女之所因，故曰姻。"朱熹曰："夫婚姻者，所以合二姓之好，上以事宗庙，下以继后世也。"（《朱子家礼·婚礼》）在中国传统文化里，婚姻绝不是两个当事人自己的私事，而是"上以事宗庙，下以继后世"的大事，亦即婚姻承担着发扬前辈事业、使前辈宗脉传承下去的重任，即"传宗接代"的历史重任。

正因为此，和谁结婚？什么时候结婚？作出最终决定的并不是结婚者本人，而是双方的父母。甚至可以说，结婚这件事并不是结婚者新郎的大事，而是新郎父亲的大事，因为婚姻最重要的功能是"传宗接代"。新郎父亲也主要是从"传宗接代"的角度来考虑儿子结婚这件事。正因为结婚是"传宗接代"的大事，所以结婚者本人大多是无权决定这件事的。在中国古代，一个男子一生中最重要的两件事，其中一件并不是自己结婚，而是自己的儿子结婚。今天，在中国农村有些地方，结婚这一天的主角甚至不是新郎，而是新郎的父亲。赶来参加婚礼的亲朋好友，甚至也不是向新郎表示祝贺，而是向新郎的父亲表示祝贺。参加婚礼者最多的也是父亲的亲朋好友，而不是新郎的亲朋好友。因为婚姻承担着"传宗接代"的历史使命，所以在婚礼中有一个必要的环节，就是"告于祠堂"。而告于祠堂之告者，正是新郎的父亲。依《朱子家礼》的说法，"生于祠堂"的内容，大体如下："某之子某，将以今日亲迎于某官某郡某氏，不胜感怆，谨以。"

今天很多年轻人因种种理由晚结婚，甚至不结婚，也许是因为工作繁忙，或者因为要继续学习，或者因为生活负担过重。在当事者眼里，工作、学习等是第一位的，而在有些受传统影响过于严重的父母眼里，特别是在男孩子父母眼里，工作、学习是你个人的事，但你不结婚却不是你个人的事，而是我们的事。在他们眼里，没有什么比结婚这件事更大的了。一个人到了一定年龄还不结婚，这种父母的压力非常之大，甚至有抬不起头来的感觉。还有的人结婚了，因为工作、学习、生活压力等方面的原因而不愿意生孩子，在当事者看来，生不生孩子是我个人的事，而在一些父母特别是某些男孩的父母看来，这根本就不是你个人的事，而是"传宗接代"的事。你不生孩子，"传宗接代"的事就没有完成，我们怎么面对列祖列宗？

在传统社会中，因为婚姻承担着"传宗接代"的大任，所以男子可以在妻之外有妾，可以再婚再娶，而女子却不能改嫁。这一习俗虽然与男尊女卑之社会传统有关，但更重要的还是与婚姻之本质即“传宗接代”这一传统观念有关。更有甚者，男子在外可以拈花惹草，如此被称为“风流”，而女子出轨则被称为“淫荡”；男子胡为被称作“好色”，女子出格则被称作“荡妇”。这些观念也都与婚姻的初始功能有关。

在中国古代，一个男子一生最重要的两件事，一件是为儿子操办婚礼，另一件则是为父母举行葬礼。没有什么事比这两件事更为重要、重大的了。

> 孟懿子问孝，子曰：“无违。”樊迟御，子告之曰：“孟孙问孝于我，我对曰‘无违’。”樊迟曰：“何谓也？”子曰：“生，事之以礼；死，葬之以礼，祭之以礼。”（《论语·为政》）

父母生时，以礼事父母；死时，以礼葬父母；祭时，以礼祭父母。生，只是一件事，而葬与祭，竟然是两件事，足见丧葬与祭祀之重大意义。孔子又曰：“出则事公卿，入则事父兄，丧事不敢不勉，不为酒困，何有于我哉？”（《论语·子罕》）孔子将丧事单独列出，以示提醒，不仅表明他特别注重、看重丧事，而且在孔子看来，丧事并不只是简单的一件事，而是人生中特别重大的事。也正因为此，当宰我认为三年之丧太久时，遭到了孔子强烈的反对。在孔子看来：“子生三年，然后免于父母之怀。夫三年之丧，天下之通丧也。予也，有三年之爱于其父母乎？”（《论语·阳货》）孔子因此更以为宰我“不仁”。爱父母，不只是生前爱父母，而且是在父母去世后还能心存敬意地感念父母。

丧葬是人生中的大事。正因为其重大，所以一个人不论地位如何、不管身居何处，在父母丧葬时都不可以缺席。也就是说，在所有子女未全部到场的情况下，是不可以安埋逝者的。也正因为此，中国自古就有“奔丧”的传统。所谓“奔丧”，就是接到父母去世的噩耗，必须立即放下手中的一切，以最快的速度、第一时间赶回家中，料理其丧事。“奔丧”之奔，有日夜兼程、狂奔不止的含义。《礼记·曾子问》有“见星而行者，唯罪人与奔父母之丧者乎”这样的说法，也就是说，在夜间赶路的只有两种人，一种是逃跑的罪犯，一种就是奔父母之丧的人。由此足见“奔丧”是急迫而不顾一切的。

丧葬之后，对于父母尽孝这件事还没有完，丧后还有祭。祭，甲骨文作，金文作。《说文》曰：“祭，祀也，从示，以手持肉。”祭是将肉献给已逝祖先或神灵。“无牲而祭曰荐，荐而加牲曰祭。”（《公羊传·桓公八年》注）《礼记·祭统》曰：“祭者，所以追养继孝也。”祭是通过神圣庄严的形式，来表达对于逝者的追思与缅怀。祭，必须有一定的严格的形式，但重要的不是形式，而是真实的情感。“祭如在，祭神如神在。子曰：‘吾不与祭，如不祭。’”（《论语·八佾》）祭祀的场所就是祖庙或祠堂。所以，“家”的元素里必然包含有祠堂与祖庙。

家庭的主要功能是生养、繁衍。因为家庭有“传宗接代”的功能，所以不仅要生养孩子，还要教育孩子。家庭不仅是生养的场所，也是教育的场所。由于家庭是教育的场所，所以有了家教、家训、家风。

家风是一个家族在历史上长期形成、延续，并对家族成员产生深入影响的家族风尚。不同的家庭，因为家风不同，家族后代的作为与成就会有很大的不同。有材料说：美国有两个家族，一个是爱德华家族，一个是珠克家族。爱德华是位勤学、严谨、德行高洁的人。他的后代，有十三位大学校长，一百多位教授，八十多位文学家，六十多位医生，还有一人当过副总统，一人当过大使，二十人当过议员。而珠克是个酒鬼、赌徒、无赖，终生一无所成。他的后代，三百多人是乞丐、流浪汉，四百多人因酗酒致残或死亡，六十多人犯过诈骗、盗窃罪，七人是杀人犯。这一资料如果属实，在一定程度可以反映家风对于家庭成员有非常大的影响。

家教，一般是家长对于家庭成员，特别是对子女立身做人方面的教育。家教一般比较具体、直接。比起家教，家训一般以文字的形式表现，是家族长老对于子孙后代的规劝与训诫。中国第一部家训当是周公诫其子伯禽的《诫伯禽书》。书中讲道：“德行广大而守以恭者荣，土地博裕而守以险者安，禄位尊盛而守以卑者贵，人众兵强而守以畏者胜，聪明睿智而守以愚者益，博文多记而守以浅者广。”其中所讲主要还是作为诸侯王应何以为政的问题。诸葛亮的《诫子书》也很有名，其中“君子之行，静以修身，俭以养德。非澹泊无以明志，非宁静无以致远”不仅是至理名言，也一直为众多有名望的家族所推崇。南朝人颜之推的《颜氏家训》，是中国历史上第一部完整的家训，被誉为古今家训之祖。其思想内容极为非富，而主体思想还是教导家庭成员之间的亲善敬爱。如“父子之严，不可以狎；骨肉之爱，不可以简。”（《教子》）“父不慈则子不孝，兄不友则弟不恭，夫不义则妇不顺矣。”（《治家》）明末清初的朱伯庐作《朱子家训》，在民间有更为广泛的影响，以至于很多言论成为传诵的人生格言。如“一粥一饭，当思来处不易；半丝半缕，恒念物力维艰。”“宜未雨而绸缪，毋临渴而掘井。”“人有喜庆，不可生妒忌心；人有祸患，不可生喜幸心。”

每个人的第一位老师，是父母；每个人的第一个学校，是家庭。父母、家庭，对一个人的人格的养成起着重要作用。

“家”，在中国传统文化中是一个非常复杂的概念，是一个包含多种感情色彩、多种感情成分的概念。“家”以房舍为基础，但重点并不在于房舍；“家”以血亲为纽带，但血亲亦只是形式；“家”的重点是家庭成员间的真感情。明人洪应明的《菜根谭》曰：“父慈子孝、兄友弟恭，纵做到极处，俱是合当如是，著不得一毫感激的念头。如施者任德，受者怀恩，便是路人，便成市道矣。”家庭成员之间的感情交集，是自然而真诚的，所以不能有施恩、报答之类的意念。如有此等意念，便缺了家庭的温情，而与路人无异了。所以所谓“养儿防老”、所谓“报答父母养育之恩”的说法，并不是富有家庭真情、真意的说法，而是一种市侩的说辞。今天很多关于报答父母养育之恩的教育、感恩的教育，也是背离家庭真情的教育。家庭是一个亲情的场所，而不是一个生意的场所。家庭成员之间的关系不仅是血缘关系，更为重要的是自然、真诚的关系。在中国古代，家庭既是一个生活的场所，也是一个学习的场所，是一个工作的场所，是一个精神得以寄托的场所。它同时具有生活、工作、学习、宗教四方面的功能。现代家庭，家庭功能越来越弱化，这种弱化有其历史的原因，有其社会的原因，但家庭成员关系淡化、家庭功能不断弱化，是件很不幸的事。

二、孝者，百行之首

家庭伦理规范，最为重要的是孝。《孝经》曰：“夫孝，天之经也，地之义也，民之行也。”孔子学生有子曰：

> 其为人也孝弟，而好犯上者，鲜矣；不好犯上，而好作乱者，未之有也。君子务本，本立而道生。孝弟也者，其为仁之本与！（《论语·学而》）

儒家强调仁，而有子认为：孝悌乃行仁之根本。[①] 包咸曰："先能事父兄，然后仁道可大成。"[②] 可以说：孝悌是人的根本。宋翔凤《论语郑注》辑本，"为仁"作"为人"。《太平御览·人事部》引《论语》亦作"其为人之本与"。有子先言"其为人也孝弟"，后言"其为人之本"，应是相应的。孝悌是人的根本，人而不孝悌，一个人连自己的亲生父母都不爱，自己的亲生父母受苦受难都无动于衷，怎么可能会对他人友爱？怎么可能会对他人抱有善心、爱心？又怎么可能担负起自己基本的社会责任与义务？唐人王中书作诗，题为《孝为百行首》，曰："孝为百行首，诗书不胜录。富贵与贫贱，俱可追芳躅。若不尽孝道，何以分人畜？"又曰："人不孝其亲，不如草与木。""万善孝为先，信奉添福禄。"儒家之道的根基就在于对于父母兄弟的爱。孟子曰："亲亲而仁民，仁民而爱物。"（《孟子·尽心上》）只有对于亲人充满爱，才有对于民众的仁。爱他人是以爱家人为基础和前提的。

何为"孝"？《说文解字》曰："善事父母者也。"怎样才算"善事父母"？孔子从三个方面，也可以说从三个层次、三个向度对"孝"作了解释和说明。

第一个层次，即第一个向度，是养父母。子女对于父母，首先要做到赡养和养护。

> 子游问孝，子曰："今之孝者，是谓能养。"（《论语·为政》）
>
> 子夏问孝，子曰："色难。有事弟子服其劳，有酒食先生馔，曾是以为孝乎？"（《论语·为政》）

"能养"，首先是能从饮食上供养父母，这是"孝"最基本、最基础的表现，也是当

---

① 朱熹："为仁，犹曰行仁。"（（宋）朱熹：《四书章句集注》，中华书局 1983 年版，第 48 页。）有人问程颐："孝弟为仁之本，此是由孝弟可以至仁否？"程颐回答："非也。谓行仁自孝弟始。盖孝弟是仁之一事，谓之行仁之本则可，谓之是仁之本则不可。"（（宋）程颢、程颐：《二程集》，王孝鱼点校，中华书局 1981 年版，第 183 页。）

② 程树德：《论语集释》，程俊英、蒋见元点校，中华书局 1990 年版，第 15 页。

时人们最为普遍的看法。所以才有所谓“今之孝者，是谓能养”这样的说法。中国人的基本价值观念即“老有所养”以及“养儿防老”。但“孝”并不只体现在父母“老”之后，未“老”之前难道不存在“孝”的问题？孔子思考问题的深度正表现于此。从饮食上供养父母，在“孝”的义理中是最基本的，但也是最为低级的层次。

虽然父母身体健康，他们还正当年，物质生活方面也有可靠的保障，但仍有“孝”的问题。因为父母还需要关心爱护，作为儿女也有责任和义务关心和爱护父母，所以才有了所谓：“有事弟子服其劳，有酒食先生馔。”先生即父兄。家有劳烦之事，应代父兄而为之；有好的饮食，亦应先请父兄享用之。这里不存在饮食供养不足的问题，但其所要标明的却是：物质享用上应当先父母，劳烦之事则要为父母承担。所以，“能养”并不只是饮食上的供养，还包括“养护”的含义。“养护”之“护”有爱护、守护、保护的含义。

第二个层次，亦即第二个向度，是继承父志，完成父业，并使父之事业发扬光大。《礼记·哀公问》云：“子也者，亲之后也。”董仲舒云：“子者，父之合也。”（《春秋繁露·基义》）《汉书》云：“子者，父之阴也。”（《汉书·杜钦传》）《白虎通·三纲六纪》云：“子者，孳也，孳孳无已也。”在中国传统社会，子首先是家庭成员，其责任是使家族的事业兴旺发达。在中国古代，社会产业并不发达，职业相对有限，所以“子承父业”是基本择业习惯。在这种条件下，社会要求一个人继承父志、完成父业，是理所当然的。并且，继承父志、完成父业，不仅是人子的职责，也是“孝”的重要内容。

> 子曰：“父在，观其志；父没，观其行；三年无改于父之道，可谓孝矣。”（《论语·学而》）

孔安国曰：“父在，子不得自专，故观其志而已。父没乃观其行。”“孝子在丧，哀慕犹若父存，无所改于父之道。”[1] 宋人范祖禹不同意此说，认为：“为人子者，父在

---

① （魏）何晏注，（宋）邢昺疏：《论语注疏》，北京大学出版社 2000 年版，第 11 页。

则能观其父之志而承顺之，父没则能观其父之行而继述之。”[①] 朱熹、张栻、钱大昕、李光地等人均肯定范氏之说。查后文关于“三年无改于父之道”，范氏之说是矣。

然“三年无改于父之道”又何谓也？《礼记·坊记》曰：“子云：君子弛其亲之过，而敬其美。”“三年无改于父之道”非于普通人言之，而是于继位之君言之。皇侃曰：“所以是孝者，其义有二也：一则哀毁之深，岂复识政之是非，故君薨，世子听冢宰三年也。二则三年之内哀慕心事亡如存，则所不忍改也。或问曰：‘若父政善，则不改为可。若父政恶，恶教伤民，宁可不改乎？’答曰：‘本不论父政之善恶，自论孝子之心耳。若人君风政之恶，则冢宰自行政；若卿大夫之心恶，则其家相邑宰自行事，无关于孝子也。’”[②] “三年无改于父之道”，重点所言是孝子三年居丧之内敬慕、爱戴其父之心。

> 曾子曰：“吾闻诸夫子：孟庄子之孝也，其他可能也；其不改父之臣与父之政，是难能也。”（《论语·子张》）

虽是曾子之言，所述却是孔子之意。孟庄子之孝虽有数项可举，然“其不改父之臣与父之政”，却是最为难能可贵的。所以如此，胡寅曰：“庄子之继世也，必其先臣先政有不利于己者，他人不能不改而庄子能之，是以称难。”[③] 孔子所以称孟庄子“不改父之臣与父之政”为“难能”，定然有其道理与事实根据，其事实之根据现已不明，想必当如胡寅之所说。儿子的基本职责是继承父志，完成父业，这才是孔子所要表达的基本思想。

在孔子看来，孝子之所事者，即使父亲所开创的事业发扬光大。[④] 使父亲开创

---

① 程树德：《论语集释》，程俊英、蒋见元点校，中华书局 1990 年版，第 44 页。

② 程树德：《论语集释》，程俊英、蒋见元点校，中华书局 1990 年版，第 44 页。

③ 程树德：《论语集释》，程俊英、蒋见元点校，中华书局 1990 年版，第 1330 页。

④ 《孝经》所言：“立身行道，扬名于后世，以显父母，孝之终也。”宣扬的是光宗耀祖，而孔子之“孝”论尚不至于此。孟子说：“不孝有三，无后为大。”（《孟子·离娄上》）赵岐注曰：“于礼有不孝者三事，谓阿意曲从，陷亲不义，一不孝也。家穷亲老，不为禄仕，二不孝也。不娶无子，绝先祖祀，三不孝也。三者之中，无后为大。”（（汉）赵岐注，（宋）孙奭疏：《孟子注疏》，北京大学出版社 2000 年版，第 248 页。）孔子之“孝”论尚不至于此。

的事业发扬光大，这是儿子的本分，所以也是身为人子最基本的“礼”。

> 孟懿子问孝，子曰：“无违。”樊迟御，子告之曰：“孟孙问孝于我，我对曰‘无违’。”樊迟曰：“何谓也？”子曰：“生，事之以礼；死，葬之以礼，祭之以礼。”（《论语·为政》）

“无违”即无违于“礼”。具体而言，即生之时、死之事、祭之制，严格依礼而事。依礼而事亲，就是按照社会规范而事亲。社会规范虽是外在的，但对于孝子而言，却是要自觉地依照规范行事。朱熹曰：“人之事亲，自始至终，一于礼而不苟，其尊亲也至矣。”[①] 依于礼而行事，依于礼而尽“孝”，其所要求与突出的是作为人子的本分，是社会对于人子的要求。不管一个人内心如何，不管一个人内心里是否爱戴父母，他必须依照“礼”、依照当时的社会规范来待父母，否则必将受到谴责。社会如此要求个人，个人亦须如此要求自己，这就是孔子所说的：“出则事公卿，入则事父兄，丧事不敢不勉，不为酒困，何有于我哉？”（《论语·子罕》）上述四者即个人对于自己的要求。

第三个层次，亦即第三个向度，是要从内心里对父母充满爱意。“孝”不单单是尽到子女对于父母的职责上的本分。本分是外在的，是人所共睹的，但子女对于父母的“孝”应当是发自内心的真诚，而不是做出来给他人看的。孔子“孝”论的第一层含义与第二层含义，即“能养”与继承父志、完成父业，可以说是对当时社会普遍观念的认可，是对当时世俗观念的概括与总结。但这些只是作为人子的本分，是社会对于人子的基本要求。

在孔子看来，一个人只是尽到自己作为人子的本分还不够，更为重要的是要具有发自内心的对于父母真诚的爱意。作为人子的本分、职责还是外在的，对于父母真诚的爱意才是内在的。孔子“孝”论的最大理论意义正在于强调这种对于父母真诚的爱，这也是孔子对于传统“孝”论思想最大的贡献。

---

① （宋）朱熹：《四书章句集注》，中华书局 1983 年版，第 56 页。

> 子游问孝。子曰:“今之孝者，是谓能养。至于犬马，皆能有养；不敬，何以别乎？”(《论语·为政》)

“能养”，这是传统的观点，也是世俗的观念。但只是“能养”，还远远不够，如果没有对于父母的“敬”，“养父母”与“养犬马”又有什么区别？对于“至于犬马，皆能有养；不敬，何以别乎？”以往之解释，略有四种。(一)谓犬马养人。包咸曰：“犬以守御，马以代劳，皆养人者。”[①] 皇侃曰:“犬能为人守御，马能为人负重载人，皆是能养而不能行敬者。”[②] 邢昺曰：“犬以守御，马以代劳，皆能有以养人者，但畜兽无知，不能生敬于人，若人唯能供养于父母而不敬，则何以别于犬马乎？”[③](二)谓人养犬马。朱熹曰：“犬马待人而食，亦若养然。言人畜犬马，皆能有以养之，若能养其亲而敬不至，则与养犬马者何异。”[④](三)谓养父母之犬马。包慎言曰:“犬马二句，盖极言养之事。虽父母之犬马，今亦能养之也。”[⑤](四)谓犬马之相养。程友菊曰：“言犬马之子皆有以养其亲，但养以敬为本，不敬，何以别于犬马之子养其亲乎？”[⑥]

然于此四种解释之外，尚有别解。邢昺于上述解释之外，还有一说：“人之所养，乃至于犬马，伺其饥渴，饮之食之，皆能有以养之也。但人养犬马，资其为人用耳，而不敬此犬马也，人若养其父母而不敬，则何以别于犬马乎？”[⑦] 邢昺此说，言人养犬马，“资其为人用耳”，是因为犬马对人而有用，此意定当细说。今人之所以养父母，如果出于父母对自己尚有用，比如可以给自己做饭、做家务、带小孩，或者父母有存款、有可观的遗产，或者现在父母还有较为可观的收入，等等，如果出于此方面的考虑而善待父母，可否理解为“孝”呢？答案一定是否定的。因为出于此方面原因而善待父母，并非出于对于父母的爱，而是出于自私的考虑。现在这

---

① 参见（魏）何晏注，（宋）邢昺疏:《论语注疏》，北京大学出版社 2000 年版，第 18 页。
② 程树德:《论语集释》，程俊英、蒋见元点校，中华书局 1990 年版，第 86 页。
③ 参见（魏）何晏注，（宋）邢昺疏:《论语注疏》，北京大学出版社 2000 年版，第 18 页。
④ （宋）朱熹:《四书章句集注》，中华书局 1983 年版，第 56 页。
⑤ 程树德:《论语集释》，程俊英、蒋见元点校，中华书局 1990 年版，第 87 页。
⑥ 程树德:《论语集释》，程俊英、蒋见元点校，中华书局 1990 年版，第 87 页。
⑦ 参见（魏）何晏注，（宋）邢昺疏:《论语注疏》，北京大学出版社 2000 年版，第 19 页。

种情况还少吗？现在出于这种原因而善待父母的人还少吗？现在因为父母年老无用而置父母于不顾的人还少吗？孔子认为只是“能养”父母还不够，更为重要的是“敬”。“敬”既有尊敬的含义，也有敬爱的含义。无论尊敬还是敬爱，其根本是对于父母真诚的爱。不管父母现在有用还是无用，不管父母有知还是无知，甚至不管父母有德还是无德，对于父母的爱一点也不减少，对于父母的爱一点都不改变。如此，才是“孝”的根本。所以，简单地“孝”还不够，还必须是“孝敬”父母。“孝”必须和“敬”、“爱”紧紧地联结在一起，方才是真正意义上的“孝”。

“孝”的根本是对于父母真诚无私的爱。正因为如此，所以，如果只做到“能养”，只做到“服劳”、“先食”等事，还是远远不够的。孔子在回答“子夏问孝”时，答曰“色难”。何为“色难”？包咸曰：“色难者，谓承顺父母颜色为难。”[①]其意以为不使父母有不悦之色为难。朱熹的解释则是：“色难，谓事亲之际，惟色为难也。……盖孝子之有深爱者必有和气，有和气者必有愉色，有愉色者必有婉容，故事亲之际，惟色为难耳，服劳奉养未足为孝也。”[②]总是和颜悦色地对待父母，是难为也。如此两说，虽有不同，但其对于父母真切深刻的爱则是一致的。

因为有对于父母真诚深刻的爱，所以凡事会替父母着想，会设身处地地为父母着想。

> 孟武伯问孝，子曰：“父母唯其疾之忧。”（《论语·为政》）
> 子曰：“父母在，不远游，游必有方。”（《论语·里仁》）

“父母唯其疾之忧”，是言除疾病之事外，不使父母因为自己而有任何担忧。马融曰：“言孝子不妄为非，唯疾病然后使父母忧。”[③]不妄为非，是因为惧怕父母为自己担忧。“父母在，不远游，游必有方。”其意也是不使父母为自己担忧。《礼记·祭义》记载乐正子春之事曰：

---

① 参见（魏）何晏注，（宋）邢昺疏：《论语注疏》，北京大学出版社 2000 年版，第 19 页。
② （宋）朱熹：《四书章句集注》，中华书局 1983 年版，第 56 页。
③ 参见（魏）何晏注，（宋）邢昺疏：《论语注疏》，北京大学出版社 2000 年版，第 18 页。

乐正子春下堂而伤其足，数月不出，犹有忧色。门弟子曰："夫子之足瘳矣，数月不出，犹有忧色，何也？"乐正子春曰："善如尔之问也！善如尔之问也！吾闻诸曾子，曾子闻诸夫子曰：'天之所生，地之所养，无人为大。父母全而生之，子全而归之，可谓孝矣。不亏其体，不辱其身，可谓全矣。故君子顷步而弗敢忘孝也。'今予忘孝之道，予是以有忧色也。壹举足而不敢忘父母，壹出言而不敢忘父母。壹举足而不敢忘父母，是故道而不径，舟而不游，不敢以先父母之遗体行殆。壹出言而不敢忘父母，是故恶言不出于口，忿言不反于身。不辱其身，不羞其亲，可谓孝矣。"

乐正子春乃曾子弟子，其所行所言，不敢忘父母，"不辱其身，不羞其亲"，亦出于对于父母深深的爱意。曾子本人亦是如此。

曾子有疾，召门弟子曰："启予足！启予手！诗云：'战战兢兢，如临深渊，如履薄冰。'而今而后，吾知免夫！小子！"（《论语·泰伯》）

曾子一生小心谨慎，唯恐伤害到自己的身体，唯恐做出不法之事而伤及自己的身体。① 只是到临死之时，他那一直提着的心才终于放了下来。《孝经》所谓："身体发肤，受之父母，不敢毁伤，孝之始也。"爱护自己的身体其实也是出于对于父母的爱。"父母全而生之，子全而归之。"我的身体本不归我所有，而是归我的父母所有，我必须为我的父母照看好我的身体。这种"受全归完"的思想观念很有中国文化的特色。

因为有对于父母真诚深刻的爱，所以父母的任何变化，以至于年龄的变化，总是牵动着孝子的心。

子曰："父母之年，不可不知也。一则以喜，一则以惧。"（《论语·里仁》）

---

① 因为曾子所处的时代尚普遍实行肉刑，做出不法之事，可能会遭到肉刑而伤及身体。

邢昺曰："言孝子当知父母之年也。其意有二：一则以父母年多，见其寿考则喜也；一则以父母年老，形必衰弱，见其衰老则忧惧也。"[①]一年过去了，父母仍然健康，这是多么值得高兴的事。由此体会孟子所谓君子之三乐，其第一乐即："父母俱存，兄弟无故。"（《孟子·尽心上》）盖父母身体无恙，真是孝子最大的幸福。但另一方面，父母的身体又明显不如从前了，这又是多么令人忧伤的事。

因为有对于父母真诚深刻的爱，所以父母的事，就是自己的事；父母的安危，就是自己的安危；父母的错误，就是自己的错误；父母受过，就是自己受过。孝子对于父母，不仅要有"爱"，还要有"护"。"护"不仅是维护，更重要的是爱护，是保护。

> 子曰："事父母几谏。见志不从，又敬不违，劳而不怨。"（《论语·里仁》）

知父母有过，出于爱护、保护父母，所以要"谏"，但要"几谏"，即以委婉的方式指出。父母也许不听，但却不因父母不听从自己的意见而减损对于父母的爱意与尊敬。即便结果证明自己是正确的，父母是错误的，并且因为父母的错误而带来一定的损失甚至灾难，面对如此情境，自己所要做的不是对父母心怀怨恨，而是要为父母承担责任，而是要自觉地并且无怨无悔地承担一切后果，并且丝毫不减损对于父母的爱意与尊敬。这就是所谓的"劳而无怨"，"劳"意味着为父母代劳，"无怨"意味着不因为父母的过失、不因为父母不听从自己的"几谏"而有任何怨气。这就是孝子之行，这也是孔子"孝"论中最深刻的内容。

理解了"劳而不怨"，才有可能理解孔子所谓的"父为子隐，子为父隐"。

> 叶公语孔子曰："吾党有直躬者，其父攘羊，而子证之。"孔子曰："吾党之直者异于是。父为子隐，子为父隐，直在其中矣。"（《论语·子路》）

父子关系是儒家最为强调的一种关系。《郭店楚墓竹简》有《六德》一篇，指出："为

---

① 参见（魏）何晏注，（宋）邢昺疏：《论语注疏》，北京大学出版社 2000 年版，第 57 页。

父绝君，不为君绝父。”在孔子以至稍后的时代，父子关系远远高于君臣关系。君臣关系、夫妻关系、朋友关系、邻里关系，都是可以改变的，唯有父子关系，一旦发生，就是不可改变的。父子关系不是利益关系，甚至不是情义关系，而是一种最为亲密的血缘关系。此人是你的父亲，无论如何，这是永远无法改变的事实。处理父子关系的根本是“慈”与“孝”，亦即“父慈子孝”。“慈孝”之中，儒家更强调“孝”，认为：“孝弟也者，其为仁之本与！”（《论语·学而》）孝是为人之子的根本，[①]如果离开这一根本，不仅不能谓“为人之子”，甚至不可谓“为人”。《礼记》曰：“孝弟忠顺之行立，而后可以为人。”（《礼记·冠义》）子之爱父，父之爱子，是自然而然的，是无须任何外力使然的。如王阳明所言：“见父自然知孝，见兄自然知弟。”（《传习录》上）如果一个人连自己的父亲都不爱，连自己的儿子都不爱，而置自己的父亲、自己的儿子于不义，那么这个人还有什么事情干不出来呢？我们对于这样的人还能有什么期待呢？“父慈子孝”，就其无须任何外力使然而言，是父子关系的常态。

“其父攘羊，而子证之。”子何以要证父之攘羊？[②]是因为在子的心目中有一个更为强大的东西压倒了对于父的“爱”，对于父的“孝”。那么这一可以压倒对于父的“爱”、对于父的“孝”的东西是什么呢？只能是对于自己的爱，只能是狭隘的私利。为己之私利而陷父于不义，这难道是人子可为之事吗？相反，“父为子隐，子为父隐”，所体现的正是“父慈子孝”，所体现的正是父子关系的常态，所体现的正是父子之“直”。所以，孔子说：“父为子隐，子为父隐，直在其中矣。”

“父为子隐，子为父隐”，何谓“隐”？有解释为隐瞒之“隐”。郑玄曰：“隐谓不称扬其过失也。”刘宝楠说：“盖子之事亲，当时微谏，谕父母于道，不致有过误。

---

① 有子言“孝弟也者，其为仁之本与！”“仁”当作“人”，言孝弟乃为人之本。陈善曰“古人多假借用字，《论语》中如‘孝弟也者，其为仁之本与’”，又曰“观过，斯知仁矣”，又曰“井有仁焉”，窃谓此“仁”字皆当作“人”。王恕曰“‘为仁’之‘仁’当作‘人’，盖承上文‘其为人也孝弟’而言，孝弟乃是为人之本。”其说是矣。（其二人之言参见程树德：《论语集释》，程俊英、蒋见元点校，中华书局 1990 年版，第 13 页。）二程亦反对“孝弟为仁之本”，以为：“谓行仁自孝弟始，孝弟是仁之一事。谓之行仁之本则可，谓是仁之本则不可。”（参见（宋）朱熹：《四书章句集注》，中华书局 1983 年版，第 48 页。）

② 邢昺曰：“有因而盗曰攘。言因羊来入己家，父即取之，而子言于失羊之主，证父之盗。”（（魏）何晏注，（宋）邢昺疏：《论语注疏》，北京大学出版社 2000 年版，第 201 页。）

若不幸而亲陷不义，亦当为讳匿。”[1] 以上诸说有一定道理，其道理在于若亲陷不义，子亦须有担当。但“隐”不仅是隐瞒之“隐”，亦是恻隐之“隐”。恻隐即不忍，即痛楚。孟子说：“恻隐之心，人皆有之。”（《孟子·告子上》）“隐”即恻隐之“隐”，先秦文献里不乏例证。《诗经·邶风·柏舟》：“耿耿不寐，如有隐忧。”《孟子·梁惠王上》：“王若隐其无罪而就死地。”《荀子·儒效》：“隐隐兮其恐人之不当也。”由“其父攘羊，而子证之”，而引出“父子相隐”，其“隐”有“讳匿”之义，但子不隐忍父之受苦，亦为人之常情。《公羊传·文公十五年》曰：“父母之于子，虽有罪，犹若其不欲服罪然。”所以，“父子相隐”既有“讳匿”之义，也有不忍、痛楚之义。

“父子相隐”表现出的是人情之常。而这一人情之常维护的是人伦关系中最为重要的一层关系。如果父子关系遭受破坏，所破坏的不仅仅是父子关系，而是整个社会赖以维系的根基。《韩非子·五蠹》中记载了一则故事：“楚之有直躬，其父窃羊而谒之吏，令尹曰：‘杀之’，以为直于君而曲于父，报而罪之。”窃羊一事固然对社会有危害，但由此而引发的子证父之窃羊，则破坏了正常的父子关系，破坏了整个社会赖以维系的根基，此一危害远远超过了窃羊这一事件本身。所以“父子相隐”，不仅反映了父子关系的常态，而且有助于维护人伦关系的根本，故此孔子对其持肯定态度。

子不可证父，不仅出于人伦之常，而且子从来不具有证父的资格。在子看来，攘羊者为己之父而非己。而问题在于，攘羊者为尔父而非他人之父。在尔看来，攘羊者为尔父而非尔自己，而在他人看来，这里的差别其实并不很大。《白虎通·谏诤篇》曰：“君不为臣隐，父独为子隐为何？以为父子一体，荣耻相及。”父子关系是永远不可改变的，是荣辱与共的。“其父攘羊，而子证之。”在子看来，父为父，己为己；而在他人看来，尔父为尔父而非他人之父。尔可以举报他人之父攘羊越货，却不能举报自己的父亲越货攘羊。一个人，作为独立存在的实体、作为一个自然人，有很多权利和义务，但是并不具有指证自己父亲的权利和义务。因为一个人天生不具有、后天亦永远不可取得这样一种指证父亲的资格。

子不证父，父不证子，“父子相隐”，乃人情之常。儒家对于父子人情世故的关

---

① （清）刘宝楠：《论语正义》，高流水点校，中华书局 1990 年版，第 537 页。

注，并非只停留于人之常情的层面。父子关系的本质是“父子一体，荣耻相及”，“一体”意味着永不分离，“相及”意味着相互担当。如前所述，“孝”并非一意曲从，并非不分是非，而是要替父母着想，而是在父母未为不善时，力谏；父母已为不善时，自己勇于承担。用现代的观点讲，一个儿子或父亲所能做的，不是当自己的父亲或儿子违法犯罪以后去指证他，也不是千方百计去包庇他，而是劝告其投案自首，而是勇于担当由此所产生的一切责任。

孔子“孝”论的三个向度，是依次展开的，亦是逐次上升而升华的。第一个向度之所谓“能养”，是最基础的；第二个向度之所谓继承父志、完成父业，是社会对于人子的基本要求；第三个向度，从内心里对父母充满爱意，才是问题的根本所在。第一个向度与第二个向度的理论是孔子对于世俗理论的总结和概括，第三个向度的理论，才是孔子“孝”论的根本与核心。就第二个向度，亦即继承父志、完成父业而言，其带有很大的历史局限性，带有强烈的时代痕迹。第一个向度，亦即“能养”，是最基本的，亦是最基础的，现今并不是毫无意义，因为此方面确实也还存在问题。而第三个向度，亦即从内心里对父母充满爱意，不仅是孝的根本，而且现今最为缺乏的正是这一根本。我们能像父母惦记我们一样地惦记父母吗？我们能像父母想念我们一样地想念父母吗？我们能像父母关心我们一样地关心父母吗？即使如此，也不能说我们尽到了孝，况且我们还没有做到。从内心里爱父母，真诚无伪地爱父母，不仅是关心，不仅是敬爱，还有爱护，还有保护。这既是孔子“孝”论的核心，也是我们如今所要深刻反省的。

第三节　人际和顺

在人类社会中，最基本的关系是人与人的关系，就其实质而言也就是人我关系。人与人之间如何相处？人际关系应当如何？应当是人际和顺。人际和顺重要的不是规范，不是规矩，而是观念，而是要树立正确的人与人之间的观念。人是社会的动物，而社会是由众多个体人组成的群体。对于其中的个人来说，其无法脱离社会而生存，也无法独立于他人而生活。因此，在很多情况下，群体利益与自身利益紧密联系，这就需要个人在维护个人利益的同时兼顾群体利益。只有所处环境持续改善，个人才能享受应有的美好生活。

一、和睦相处

在儒学理论体系中，自身的道德修养十分重要，这是个人立身之基。但是，内在修为必须具有外在着力点，否则所谓个人修为就毫无意义。这个外在着力点就是现实关怀，是对社会责任的担当，是对天下苍生的情怀。儒家的这种内外论述，也就是“内圣外王”之道。内圣固然重要，但其价值必须通过外王来体现，在外王的行为中得到升华。因此，内圣外王也就成为儒家思想的符号性指称。梁启超曾指出：“儒家哲学，范围广博。概括说起来，其用功所在，可以《论语》‘修己安人’一语括之。其学问最高目的，可以《庄子》‘内圣外王’一语括之。做修己的功夫，做到极处，就是内圣；做安人的功夫，做到极处，就是外王。”[①] 梁启超的论述对儒家“修己安人”与“内圣外王”之间的关系讲解得非常透彻。而这种关系、这种思想，其内外展开次序是固定的。对此，《大学》的格物致知说论述最为成熟：“物格而后知至，知至而后意诚，意诚而后心正，心正而后身修，身修而后家齐，家齐而后国治，国治而后天下平。”梁启超认为：“至于条理次第，以《大学》上说得最简明。《大学》所谓‘格物致知诚意正心修身’，就是修己及内圣的功夫；所谓‘齐家治国平天下’，就是安人及外王的功夫。”[②] 前者内圣是逻辑的起点，而后者外王即“齐家治国平天下”则是最终指向。

对于个人来说，当面对他人和社会时，必须展现出应有的社会意识。只有在社会行为中，个人自身价值才能得到体现。张立文曾指出：“自我生命的人格理想，需要在自我生命的实践中得以凸显；个体或群体的生命价值的自我实现或群体实现，需要在社会生命价值中得以显现；内圣的心性道德理想，需要在社会道德精神的体验和实践中，实行外王之道；内圣的道德的形上学，需要在形而下的现实社会层面上得以落实和体现。”[③] 因此，人必须在社会中有所担当，并通过这种责任担当实现个人的价值。

---

① 梁启超：《儒家哲学》，《梁启超全集》，北京出版社 1999 年版，第 4955 页。

② 梁启超：《儒家哲学》，《梁启超全集》，北京出版社 1999 年版，第 4955 页。

③ 张立文：《内圣外王新释》，《中共桂林市委党校学报》2001 年第 1 期。

在中国古代社会，人与人之间的关系被化约为“五伦”，即父子、君臣、夫妇、兄弟、朋友五种关系。这五种关系可以概括传统宗族社会中的绝大部分人际关系，因此在古代社会中具有非常大的普遍性。但是在现代社会中，因为社会流动及人际关系的广泛辐射，传统宗族社会已经逐渐由熟人社会变为陌生人社会。在陌生人社会中，人与人之间的关系已不能再简单概括为五伦，而且其间的关系也变得空前紧张。现代社会的人际交往成本很大，这主要是因为人与人之间信任感的淡薄甚至消失，使得整个社会处于疏离状态。人与人之间的这种疏离和陌生，让我们失去的不单单是交往成本，还有温情脉脉的传统关系。当整个社会处于冷漠和麻木的包围中时，人又如何安放自己的情感和内心。由此，这一问题又导致了人的心灵和精神上的孤独和寂寞。当然，这已是另一种意义上的危机了。总之，现代社会中人与人之间的关系问题存在着严重的危机。不过，在此需要说明的是，我们反思和化解人与人之间的冲突和危机，并不是要重新回到传统宗族社会的关系网中，而是要依照现代社会的原则，在尊重个人权利的基础上，建构和谐的人人关系，从而化解其间的冲突。

除了人与人之间的冲突之外，人也随着诸如贫富差距、道德滑坡、社会冲突等问题的严重化，逐渐失去了立身之本，由此导致社会上诸多问题的出现。就其实质而言，社会是由人组成的群体。但是，一旦这个群体形成之后，便脱离了人的掌控，成为独立于人的异化组织。从实际情况来看，这一问题在现代社会变得尤为突出。自启蒙时代开始，现代社会便逐渐建构起来。其中包括世界市场的形成、民族国家的建立、世俗社会的构建以及与此相应的观念的改变，特别是个人价值的发现和彰显。但是，这一切都逐渐将人与社会对立起来，造成了一系列现代性问题。个人逐渐迷失自我，难以寻找自己存在的价值和意义。这又导致现代人的无根感和漂泊感，造成价值观的丧失、道德的滑坡、享乐主义的流行等严重问题。而现代社会本身也是问题重重，贫富差距的扩大裂化了群体，种族和族群的对立更严重威胁了社会的安全，由此所引发的犯罪案件和社会动荡极大危害着人类自身。进入 21 世纪之后，上述问题不但没有得到解决，反而越来越严重。西方不断发生的枪击案件，发展中国家日益严峻的社会动荡，都在时刻提醒人们问题的严重性和紧迫性。问题严峻地摆在人们的面前，面对着社会人文生态环境的恶化，人类如何安顿自我、如何实现和睦相处，这些都是我们需要思考和解决的问题。

在古代中国，对于上述问题，传统思想中蕴含着丰富的应对之道。对于家庭内部来说，父子兄弟之间必须保证关系亲睦。墨子曾指出：

> 内者父子兄弟作怨恶，离散不能相和合。天下之百姓皆以水火毒药相亏害。(《墨子·尚同上》)

在墨子看来，父子兄弟不能相互怨恶，否则便会使得家庭离散而不能和谐亲睦，以至于天下百姓彼此相害而不能兼爱。因此，家庭和睦是所有人与人关系的基础，只有家庭关系的和谐才能保证其他人际关系的顺利相处。《管子·幼官》说：

> 畜之以道，养之以德。畜之以道，则民和；养之以德，则民合。和合故能习，习故能谐，谐习以悉，莫之能伤也。

民众之间也可以做到和睦相处，而这就需要道德的修养，因此“畜之以道，养之以德”对于民众和睦起着关键性的作用。荀子更进一步强调：

> 因天下之和，遂文、武之业，明枝主之义，抑亦变化矣，天下厌然犹一也。(《荀子·儒效》)

天下和睦，文王、武王之事业成，天下安和如一。在荀子这里，“和”已经不仅是民众之和，更成为天下的修饰语，可称为“天下之和”。从“和民”到“和天下”，是春秋至战国时代变迁所导致的思想疆域扩大化的结果。

“和天下”所致力构建的是一个人人亲睦的世界，由此其具有了终极关怀与价值指向，而对于这一理想世界的最佳描述即所谓的“大同社会”：

> 大道之行也，天下为公，选贤与能，讲信修睦。故人不独亲其亲，不独子其子，使老有所终，壮有所用，幼有所长，矜寡孤独废疾者，皆有所养，

男有分，女有归。货恶其弃于地也，不必藏于己；力恶其不出于身也，不必为己。是故谋闭而不兴，盗窃乱贼而不作，故外户而不闭。是谓大同。（《礼记·礼运》）

在对理想人类社会的描述中，当大道流行，则天下为公，贤人居位，人人讲信修和，各得其分，人不仅仅关怀爱护自己的亲人子女，还关照他人的亲人子女。在这种情况下，每个人都能做到老年有安顿处、壮年有用武处、幼年有成长处，即使是鳏寡孤独病残之人，也都能有所养。男女各有依归，世界上没有盗贼，门不关户不闭。这样的社会就是大同社会。《说文》："同，会合也"，郑玄注"大同"之"同"为和，"同，犹和也，平也"。[①] 因此，大同即大和，大同社会也就是社会大和、人人和睦、家家亲和。

世界上的一切事物的存在本来是共生、共在的，并因此也是并且应当是和处、和谐的。共生、共在是事物的本然，和处、和谐是事物的应然。本然是强调本来如此，应然是强调应当如此。和，意味着平安、和平、和睦。一物之外还有一物，此物之外还有他物。任何一物都必须承认、都必须正视、都必须接受自己之外还有他物这种事实，由此必须处理好与他物的关系。一物要处理好与他物的关系，首先必须树立和处的意识。和处即与他物和平相处。

任何事物的存在都是共在。共在首先是同类事物的共在，是群体性共在。群体性共在要求群体中的每一个体与群体中的其他成员保持和平、和睦的关系，与其他成员和处共在。共在必须是和处的共在，而不是有你无我、你死我活的存在。人群中的一个人，必须承认群体中的其他人也是和自己一样的人。既然是和自己一样的人，就必须与其他和自己一样的人和平共处。一个加害他人的人，不仅加害到他人，他人作为人必然要危害加害于他的人，由此造成两者之间的互相伤害，由此而危害到整个群体。所以，加害于同类中的他者，所造成的伤害并非只是一种害，并非只是加害，还有因此而来的残害，以及作为整体而言的损害。一个人砍了对方一只手，事情不可能就此完结；对方为了维护自身权益，反过来也会砍掉加害者一只

① （汉）郑玄注，（唐）孔颖达疏：《礼记正义》，北京大学出版社 2000 年版，第 769 页。

手，甚至可能变本加厉砍掉加害者两只手。动作始发者所做的就是加害，反击者所做的就是残害。而对于集体而言，不只是两个人失去了两只手或三只手，而是两个健全的社会成员在自相残害中变成了两个残疾人，两个生产者由此而变成了两个需要救助的人。对于社会而言，对于集体而言，这就是损害。所以，害一旦发生，不只是一，也不是二，而是三；不只是加害，还有残害，还有损害。为了防止如此恶果发生，集体（或者权威）必须对加害者施加必要的惩罚。但惩罚只是补救措施而非预警措施。预警措施即警告集体中的每一人，都不得损害集体中的其他成员，都必须与其他成员和平共处。

人群中的任何一个人，都不得加害集体中的其他任何人，这不只是人与人之间的法律，这不只是人所应当遵守的律条，也是动物界的基本律条。一只狼不能加害狼群中其他的狼、一只羊不能加害羊群中其他的羊、一条鳄鱼不能加害其他鳄鱼，上述原则在动物界作为自然法是得到严格遵守的。狼可以加害羊，可以吃掉羊，但却不会加害同类的狼。狼与狼也许会发生打斗，但打斗只是为了打败对方，而不是打死对方、消灭对方。羊、鳄鱼，以至于鸡、鸭，以至于其他飞禽走兽，其基本习性都是如此，它们遵守的基本的自然法则也是如此。它们遵守共在的原则，它们信守共在的原则。反观人类自身，做得反而不如动物好，人类之中肆意加害同类的人自古及今大有人在。人类在他物面前感到自豪的同时，是否也应深刻反省自己的作为？是否在动物面前感到羞愧？

共在不仅是同类事物的共在，是群体性共在，也是与不同物的共在，是物与物的共在。群体性共在要求同类事物必须和处，必须和平共处；物与物的共在要求不同类的物必须和处，必须和平共处。一物对于同类不得伤害，对于异类也应以不伤害为基本原则。狼群不会损坏树木，不会毁坏草原，因为它没有任何理由做出这些事情。狼也不会伤害比它略为弱小的狐狸，虽然狼吃鸡，狐狸也吃鸡。狼可能会赶跑狐狸，但却不会吃掉狐狸。狼虽然以羊、鹿、鸡为食，它会吃掉羊、吃掉鹿、吃掉鸡；与此相类，狮子以羚羊为食，会吃掉羚羊；鳄鱼以水禽为食，会吃掉水禽；但是，吃饱了的狼不会再加害羊，吃饱了的狮子不会再伤害羚羊，吃饱了的鳄鱼不会再屠杀它所能触及的水禽。所以，在非洲草原上，我们可以看到这样的情景：吃饱了的狮子躺在草地上晒着太阳，而不远处一群羚羊安静地吃着草、喝着水。蓝天、白云、青山、绿水，狮在睡觉，羊在吃草，鸟在天上飞，鱼在水中游。自然界的事物各个不同，但却共同遵守着和平共处的基本原则。和平共处，为各种事物提供了存在的基本条件、基本环境；和平共处，才有了天的蓝、地的绿、风的清、水的净；和平共处，才使天地万物各适其宜、各得其所、各居其安。

一事物要得到正常发展、健康发展，必须从同类事物获得助力，从异类事物获得益力。一个人的成长、一个人的发展，离不开集体，离不开他人。是集体、是他人，为一个人提供了其成长、发展的一切物质条件；是集体、是社会，为一个人的成长、发展创造了必不可少的种种环境和场景。人只有在集体中才能成长、才能发展。一物的生长、发育，离不开同类事物的扶助。在自然环境中，一只羊无法单独生存，它不能离开它的群体，它离不开羊群。离开羊群的羊很快会成为其他凶猛野兽的食物。羊只有结成群体，才能抵御狼群的不断侵袭；一只羊只有凭借其他羊的扶助，才能继续生存下去。个体只有从同类事物获得助力，才能够存在和发展。

二、直以待人

如何处理人与人之间的关系？儒家强调直以待人。

“直”的基本含义是正直，其反义词是“枉”。枉即邪，即扭曲、不正。孔子曰：“举直错诸枉，能使枉者直。”（《论语·颜渊》）樊迟不解其意，子夏解释说：“舜有天下，选于众，举皋陶，不仁者远矣。汤有天下，选于众，举伊尹，不仁者远矣。”（《论语·颜渊》）舜举皋陶而不仁者远，汤举伊尹而不仁者远，因为民众由此而知，舜、汤之为仁君，重用皋陶、伊尹等正直之臣，断事公允，理事得当，仁者得以升迁，不仁者无可乘之机，遂洗心革面，从善如流，所以说：“举直错诸枉，能使枉者直。”

“直”是事物之常态，也是人心理之常态。作为常态，自然可以得到普遍的认同和接受。所以当鲁哀公问：“何为则民服？”孔子对曰：“举直错诸枉，则民服；举枉错诸直，则民不服。”（《论语·为政》）正直之人当政，是即是，非即非，是者得其褒奖，非者得其惩罚，如此，社会安康太平，民众安居乐业，是为民之所服；邪恶之人当政，是不是，非不非，正直之人遭受压迫，邪恶之人得以重用，民众虽无力改变现状，但内心里却无法认同这种现实，是为民之所不能服。

“直”是事物之常态，也是人行为之常理。孔子曰：“人之生也直，罔之生也幸而免。”（《论语·雍也》）何晏《论语集解》引马融之言曰：“言人之所以生于世而自终者，以其正直也。”又引包咸之言曰：“诬罔正直之道而亦生，是幸而免。”人之所以生，人之所以得其长寿而善终，就在于以正直为法，遵行事物之常理，恪守人生之常道，是是而非非。不守常理，不行常道，颠倒黑白，文过饰非，也许可以免死。所以免死，并非出于事物之常，而是由于侥幸。君子直道而行，其所得，为事态之常；其所不得，并非事态之常而是出于不幸。小人不守常理，其所不得，为事态之常；其所得，却非事态之常而是由于侥幸。故王充有言曰：“君子有不幸而无有幸，小人有幸而无不幸。”（皇侃《论语义疏》引）现实生活中，君子常有其不幸而小人常有其所幸。颜渊四八而夭，而盗跖则得以享其天年，即是不幸有幸之别焉。

“直”作为事物之常态，作为人行为之常理，不仅具有正直之义，亦具有正义之义，具有“应当”、“本当如此”之义。“直”与“义”是有亲密关系的。韩愈曰：“行而宜之之为义。”（《原道》）“义”的基本含义是“应当”，是超越个人利害考虑的正当性。“直”之为直，即具有“本当如此”、“应当如此”的性质。子张问孔子曰：“士何如斯可谓之达矣？”子曰：“何哉，尔所谓达者？”子张对曰：“在邦必闻，在家必闻。”子曰：“是闻也，非达也。夫达也者，质直而好义，察言而观色，虑以下人。在邦必达，在家必达。夫闻也者，色取仁而行违，居之不疑。在邦必闻，在家必闻。”（《论语·颜渊》）在这里，孔子严格区分“达”与“闻”的不同。达者质性正直，其所好者义也，其所行者正道也、正义之事业也。闻者假仁之名而无仁之实，其所好者一己之名也，不务实而专务名者也。达者德立而行成，行由德之所自发，其行为是质性正直之外在显现；闻者但求务名，其所作所为只是为了博取名声，故有名而无实。《汉书·王莽传》曰：“王莽始起外戚，折节力行，以要名誉，宗族称孝，师友归仁。及其居位辅政，成哀之际，勤劳国家，直道而行，动见称述。岂所谓‘在家必闻，在国必闻’、‘色取仁而行违’者耶？”达与闻的区别就是务实与求名的区别。务实是在质性上做功夫，是强调行为本身的正当性与合理性，其核心是“直”，是“义”。闻者但求其名之彰显隆烈，所作所为并非出于心之直、义之正。所以，凡闻者必无其实而必有其伪。有鉴于此，程颐谆谆告诫曰：“学者须是务实，不要近名。有意近名，大本已失。更学何事？为名而学，则是伪也。今之学者，大抵为名。为名与为利虽清浊不同，然其利心则一也。”[①] 达者务实，闻者务名。达者必直，闻者作做。

“直”不仅与“义”相关联，亦与“诚”相关联。心直是以心诚为前提和基础的。直的本义是正直，而正直是事物之常态，亦是人之心理之常态。作为人之心理之正常状态，直所体现的正是人的心理的真实状态。如实反映、呈现心理的真实状态，即是所谓的“诚”。《中庸》曰：“诚者，不勉而中，不思而得，从容中道，圣人也。”朱熹注曰：“诚者，真实无妄之谓，天理之本然也。”[②] 心之所思、言之所发、行之所为，以一贯之，无所差失，是即是，非即非，无虚伪、无造作、无邪妄，即所谓“诚”。《大学》所教之“八条目”，其一目曰“诚意”。何谓“诚意”？“所谓诚其意者，毋自欺也，如恶恶臭，如好好色，此之谓自慊。”“诚意”是“自慊”而“毋自欺”。“自慊”是内外相符、表里如一，如人之好好色、恶恶臭，不待一点造作，不加一丝虚妄。“自欺”则是心里本来如此想，但却不敢承认，而以一种好听的招牌做幌子，以掩盖自己之真实想法。所以，“自慊”是“诚”而“自欺”是伪。孔子深责“乡愿”，曰：“乡愿，德之贼也。”（《论语·阳货》）其根本原因就在于“乡愿”之伪而不“诚”，在于“乡愿”之似是而实非。何为“乡愿”？孔子无有解释，孟子解释曰“阉然媚于世也者”，又曰“非之无举也，刺之无刺也。同乎流俗，合乎污世。居之似忠信，行之似廉洁，众皆悦之，自以为是，而不可与入尧舜之道，故曰‘德之贼’也。”（《孟子·尽心下》）“阉然媚于世”、“居之似忠信，行之似廉洁”、“同乎流俗”、巧于饰伪、似是而实非，是“乡愿”之基本特征。孔子“恶似而非者，恶莠，恐其乱苗也；恶佞，恐其乱义也；恶利口，恐其乱信也；恶郑声，恐其乱乐也；恶紫，恐其乱朱也；恶乡原，恐其乱德也。”（《孟子·尽心下》）因为“乡愿”伪而不“诚”，似是而非，有乱德之象，故为孔子所深恶。

“直”以“诚”为基。“诚”是内，“直”是外；“诚”则“直”，“直”则“诚”；“诚”必“直”，“直”必“诚”。“诚”的基本含义是真实无妄。真实无妄即不造作，即表里如一。心如是想，口如是言，身如是做，即“诚”。儒家强调“诚”，正在于

---

① 参见（宋）朱熹：《四书章句集注》，中华书局1983年版，第138页。

② （宋）朱熹：《四书章句集注》，中华书局1983年版，第31页。

突出心理与行为的一致性，突出行为的真实性。

“直”是“诚”的外在显现。在孔子时代，“诚”还不是儒家学说的重要范畴。强调“诚”，在儒家那里，是由孟子发其端的。而孔子当时，所强调的只是所谓的“直”。孔子曰：“孰谓微生高直？或乞醯焉，乞诸其邻而与之。”（《论语·公冶长》）有人以为微生高为人正直，孔子以为非也。何以知其非？有人向其乞醋，其无有，却不敢言其无有，转而乞诸其邻而与之。是曰是，非曰非，有谓有，无谓无，之为“直”。是不敢言其是，非不敢言其非，有不敢谓之有，无不敢谓之无，何“直”之有？微生高乞诸其邻以应求者，亦只是曲意奉迎，掠美市恩。其内心所不能放弃者，只是自己在他人心目中的形象和地位，如此，又何以谈得上正直？乞醋本来是一件小事，人乞我，我有则与之，我无则可以明言之。不敢明言己之无有而乞诸邻，是怕借者以为己有而不与也。怕人误会而乞诸邻，是心存芥蒂而不坦诚也。明言己之所无，人或乞之他人。今不敢明言己之无有，转而乞之于邻以应求，不仅委屈了自己，亦是夺邻人之美而自居也。本来简单的人际关系，如此一来反而复杂化了。在现实生活中，如此事态并不少见。我或曾求于人，今人来求我，虽难以办到，也不敢拒绝，单怕落个忘恩负义的名声。看来要做到胸怀坦荡，做到正直，既不委屈自己，也不奉迎他人，并不是一件容易的事。

孔子曰：“巧言、令色、足恭，左丘明耻之，丘亦耻之。匿怨而友其人，左丘明耻之，丘亦耻之。”（《论语·公冶长》）华言巧语，文过饰非；满脸堆笑，以取悦他人；毕恭毕敬，超过正常限度：如此之人，处心积虑，用心邪恶，孔子与左丘明以为可耻也。本来对某人深为怨恨，但出于个人利害的考虑，把自己的怨恨收藏起来、掩盖起来，反而以友好的态度对待他人。如此之人，不唯虚伪，更献其媚，孔子与左丘明以为可耻也。微生高乞诸邻以应求，只是不诚实而已，并未对他人造成太大的危害。然而如果任其发展，必然会做出“巧言、令色、足恭”、“匿怨而友其人”这般可耻之事出来。所以，孔子教人，最是从细微处入手。人之“直”与不“直”，亦可从细微处看出。

道家有所谓“以德报怨”的理论。老子认为，“和大怨，必有余怨，报怨以德，安可以为善？”（《老子》七十九章）“以德报怨”，在老子那里是一种政治上的策略。而在孔子这里，则是一种个人修养的功夫。或曰：“以德报怨，何如？”子曰：“何以报德？以直报怨，以德报德。”（《论语·宪问》）“以德报怨”当然优于“以怨报怨”。“以怨报怨”，怨怨相报，永远无法了结。然“以德报怨”，用意过于显露。你做了对不起我的事，我一定要做一件对得起你的事，让你自己去思量，让你自己去反省。如此之“德”，带有极强的工具性。因其带有极强的工具性，此“德”亦不可谓之真正的德。德之为德，就在于出于自然而非出于强迫。老子曰：“上德不德，是以有德。”（《老子》三十八章）“上德不德”，并非无德，“不德”是不以德为求，不以施德为直接目的，其行为不过是内在心性之自然显发。如孟子所谓的人皆有不忍人之心。“所以谓人皆有不忍人之心者，今人乍见孺子将入于井，皆有怵惕恻隐之心。非所以内交于孺子之父母也，非所以要誉于乡党朋友也，非恶其声而然也。”（《孟子·公孙丑上》）人见孺子将入于井，而生怵惕恻隐之心，并非想要由此而内交于孺子之父母，亦非想要因此而誉于乡党朋友，否则其行为就不具有道德价值。所以，“以德报怨”不若“以直报怨”。

“以直报怨”的核心是“直”，而“直”以“义”为基础。“义”的基本含义是“本当如此”、“应当如此”。董仲舒谓曰：“义之法，在正我不在正人。”（《春秋繁露·仁义法》）不管他人如何待我，我该怎么待人就怎么待人，绝不受他人态度和行为的影响，这就是所谓的“义”，这也就是所谓的“直”。你做了对不起我的事情，我不会“以怨报怨”，以其人之道还治其人之身，使你受到应有之惩罚；我也不会“以德报怨”，故意做出对得起你的事情，从而让你自己去思量、去反省，让你感到无地容；我会一如既往，该如何待你就如何待你，全当什么事情也没有发生。你也许以为我在“以怨报怨”，你也许以为我在公报私仇，如何看待这一切，如何进一步对待我，那是你的事。你心里如何想，我都不作考虑，该怎样待你就怎样待你，这才是所谓的“直”，这才是孔子所推崇的态度和行为。可以看出，要做到这一点并非易事，它意味着不怕被人误解，不怕被人误认作小人，它意味着一种无所畏惧的精神。

正直之人首先要具有一种无所畏惧的精神。这种无所畏惧不仅在于不怕打击、不怕报复，更在于不怕误解，不怕陷害。孔子讲“以直报怨，以德报德”，按照“以直报怨”的逻辑，“以德报德”亦不值得提倡。因为“以德报德”的逻辑与“以怨报怨”的逻辑并无多大区别。不因为他人做了对不起我的事情而我也做出同样的事情相报复，也不因为他人做了对得起我的事情而我也做出同样的事情相报答。该如何就如何，不管别人如何待我，我将一如既往地待人。“以直报怨”、“以直报德”，这才是儒家所倡导的精神。

孔子“直”论所标举的人格，是一种胸怀坦荡的人格。这样的人，不怀旧恶，不计新仇，是即是，非即非，有则言有，无则言无。心里怎么想，就怎么说，就怎么做。不虚伪、不造作，不贪图虚名。这样的人，由于心地纯真，胸怀坦荡，由于不图虚名，所以不怕误解、不怕陷害、不怕打击报复。这样的人，代表着公正、良心，代表着正义、正气。不管别人如何待他，他都会一如既往地待人。这样的人，不把人伦操守当作空洞的教条，而是将其化作自身自觉的行为。

正直、公正、坦诚，是“直”者的基本品格。如果说孔子所标举的“君子”，还是一个儒者的形象，那么孔子所提倡的“直”者，则兼具一般和超越的意义。“君子”以行仁、扬义、守礼为基本操守，这是儒者之为儒者的根本所在。所以,“君子”是有具体规定性的。一个人可以信奉儒家理念，成为儒者，成为“君子”，也可以不接受儒家理念，做一个普通人。然而，不管一个人接不接受儒家的基本理念，正直、公正、坦诚，都应当是为人处事的正确的心态。从这个意义上讲，孔子所提倡的“直”，更具有一般意义和超越性。

第四节　社会和谐

人际关系主要涉及的还是朋友关系、同事关系等熟人之间的关系，而社会和谐则主要涉及的是一般人，也就是陌生人之间的关系。公共场合、公共空间中人与人的关系，是关系社会和谐的问题。从一事物与他事物的关系方面来看、从个体事物的角度来看，是和处，是物与物之间的和平共处；从各种事物所共同组成的总体来看、从物物以及人物所共成的世界的总体来看，则是和谐。

“谐”，本字是“皆”，表示异口同声，后来写作“谐”指声韵方面的一致或相近，声韵相同或相近的音联结起来，组成谐音。谐音叠加，成为一组、一个单元，谓之“和谐”。和谐所着重的是事物的整体状态、总体面貌。从总体的角度讲，每一组成部分、每一元素都正当、正常地发挥着自己的功能与作用，而又不妨碍、不危害其他组成部分、其他构成元素，总体才会处于和谐的状态，否则，总体的和谐是不可能存在的。

一、社会公德与规范

人是社会的动物，这是人区别于其他动物的最大特征。社会是由个体人组成的。当千千万万原子般的人汇聚在一起，组合成各种群体直至形成整个社会时，个体人也就成为社会的一分子。社会的和谐与稳定，是个人存在和发展的前提和基础。和谐的取得与维护，需要各方面力量的共同努力。一首交响乐之所以是和谐的，是因为钢琴、小提琴、中提琴、大提琴、单簧管、双簧管、长号、圆号、长笛、短笛等各种乐器按照一定的音符、按照乐谱、听从指挥发出声音，而不是任意发出声音。如果其中任何一个乐器所发的声音脱离了乐谱，那么整体的和谐就会遭到破坏。所以一部乐曲的和谐，是靠所有演奏者恪尽职守共同完成的。一个演奏者出现失误，他所发的声音与其他演奏者所发的声音不搭调，成为不谐音。因为不谐，所以不和。和即和谐、和拍。和谐不是单个元素造成的，而是各个元素共同构成的。但是，不和谐并不需要更多元素，一种元素就足以破坏整体的和谐。

足球比赛是一项集体赛事，不是仅有优秀球员就可以成为一支优秀球队。一支优秀球队必须是一支配合默契、有自身特长的球队。如果一个球员只是为了展示自己的球艺、只是为了出风头，他在球场上的作为只是接球、带球、射门，而从不把球传给其他球员，那么即使他技术上真的很优秀，他也不可能有所建树，他也不可能成为一名优秀的球员，因为他与整个球队不谐、不和，因为他使整个球队不和谐。

所谓整体配合，即强调各种因素在总体上的应对、变化与协调。对于部队而言，整体配合，不仅是某一单位内部的高度协调划一，不仅是单一兵种间的相互配合，而且是不同兵种之间，包括陆军、海军、空军、炮兵、通信兵、海军航空兵、海上陆战队等的整体上的协调与统一。所谓整体作战能力，是通过整体配合所展示的总体战斗能力。一支球队整体和谐一致，才是一支优秀的球队；一支部队整体配合能力强，才是一支整体战斗力强的部队；一个单位整体和谐、和睦，事业才会兴旺发达。

和谐的取得与维护，需要各方面力量的共同努力；而和谐的受挫与破坏，任何一种力量都会使之成为实然。维护和谐，需要尽心尽力才可能做好；而破坏和谐，只需要一点点错误或失误。

如何维护和保障社会的和谐与稳定？维护和保障社会的和谐与稳定，各个社会成员都要自觉遵守社会规范，维护社会公德。

三十年来，中国社会政治、经济、文化都有了飞速的发展和进步，人们的生活水平、生活质量也有了很大的提升，这是全世界有目共睹的。然而，繁荣的场景并不是社会场面的全部，在辉煌壮丽的帷幕之下，在颂歌悠扬的乐曲声中，悄然隐藏着某些令人不安的因子。这些令人不安的因子有内、外两个方面的表现。

外在的直接表现，是当代人对于礼法的无视，任意以至有意、故意违反、违背礼法。街上行人不遵守交通规则，与人交往不注重必要的礼节、礼貌，明知不合规定也要一意孤行，明知违法也敢大胆妄为，以至于精心策划、潜心钻研，寻求法律的漏洞，以至于将寻找门户、打通“关节”称之为“运作”。以上种种现象并非偶然，并非局部，并非少数人的个别行为，而是有很强的普遍性，而更令人感到沮丧、感到担忧的是这种状况有愈演愈烈、不断扩散、不断扩张的趋势。当周围行人均不遵守交通规则的时候，要让一个人遵守交通规则实际上并非一件容易的事；当别人都在积极寻找门户，努力“运作”的时候，固守规则、恪守程序的人实际上处于非常不利的地位。不少人出于自身利益的考量，虽然内心有所不忍，却也不得不仿效别人的作法。

中国历来被誉为“礼乐之邦”，可是如今国人对于礼乐又知多少？古代汉语中敬辞、谦辞层出不穷。第一人称除自称其名以示谦下外，还有：我、吾、余、予、台、卬、愚、奴、妾、鄙人、朕、孤、寡、不谷等至少14种用法；第二人称除称呼对方官职示尊重外，还有：女、汝、尔、而、若、乃、子、君、公、先生、阁下、足下、执事、陛下、殿下等至少15种用法；第三人称的敬词则有官职、郡望、籍贯、字、号等等。如今日常言语中，敬辞、谦辞又有多少？

外在表现只是一个现象，更令人感到不安、感到担忧的是：人们内心里的无忌惮、无敬畏、无规矩，甚至于无责任、无是非、无廉耻。人做事总应该有一个内在的心理标准，有一个最后的心理底线。我们责怪一个人行为不当，可能更强调其做事的心理态度。同样是迟到，当一个人急急忙忙、满头大汗、一路向你奔来的时候，你当然可以原谅他；而当一个人慢慢腾腾、口嚼香糖、一脸无所谓的神态向你踱来的时候，你不可能对此没有意见。“我知道我错了，我想做好但却没有做好”与“我没有做错，这事不能怪我，你不要太认真”，两者之间的区别是很大的。前者是有是非观念，后者是无是非观念。荀子说：“人之所以为人者，非特二足而无毛也，以其有辨也。”人有“辨”，是指人具有明辨是非然否的能力。人之为人，并不在于人有知觉、有生命，而在于人懂得什么该做，什么不该做，否则，人与禽兽又有什么区别呢？一首歌里有这样一句歌词：“我没有钱，我不要脸。”“不要脸”，就是没有羞耻感。而羞耻感可以说是人最后的心理底线。连羞耻感都没有，那我们还能对他有什么期待？孟子认为，人皆有恻隐之心，“无恻隐之心，非人也；无羞恶之心，非人也；无辞让之心，非人也；无是非之心，非人也”。《管子·牧民》将“礼、义、廉、耻”称作国之四维，也就是维护国家的基本准则、支撑国家的基本支柱，并且指出：“一维绝则倾，二维绝则危，三维绝则覆，四维绝则灭。倾可正也，危可安也，覆可起也，灭不可复错也。”宋人欧阳修对此也有深刻认识，指出：“礼、义，治人之大法；廉、耻，立人之大节。盖不廉则无所不取，不耻则无所不为。”“不耻则无所不为”，现今一些人真的是“无所不为”，这难道不令人感到担忧吗？无是非观、无羞耻感之外，还有无责任感。做任何事，不是出于社会责任，而是完全以个人利益为准则。不少人遇事只是想到自己，只是想到自己的实际利益，对他人表现出极度的冷漠，甚至于将他人当成自己的敌人。前一段时间，在一些地方出现一种名叫“巫毒娃娃”的东西。将自己怨恨的人，或者将自己事业上的对手的名字贴在这个娃娃身上，然后用针去扎他、诅咒他。这种行为表现出一种非常阴暗、非常可怕的心理。有的人不仅表现出对于他人的冷漠，甚至表现出对于父母的冷漠。对父母缺乏必要的，乃至最起码的尊重、关心，甚至于连最基本的赡养都做不到。儒家很强调孝，孝可以说是儒家仁学的基础。在科举取士制度确立之前，中国古代官员的选拔任用，曾经实行过“举孝廉”，即由地方官员向朝廷推荐本地孝廉之士，以作为候补官员。之所以采用这种制度，就是当时人们普遍认为，一个人在家孝，对国家必然忠。

由于无责任感、无是非观，所以也无忌惮感，对一切都无所畏惧，一切事情都敢大胆妄为。一个人，总该要有所忌惮、有所敬畏。孔子讲："君子有三畏：畏天命，畏大人，畏圣人之言。"（《论语·季氏》）羞耻感是负面价值的底线，忌惮感是正面价值的底线。羞耻感和忌惮感是人心灵的最后防线，一旦这一防线遭到破坏，其结果必然是任意作为。有人可能会说："不是还有法律吗？"不错，法律也是一种手段，并且是必要的手段。但法律只是外在的手段，法律所起的作用主要是制止，不是预防，而预防显然比制止更为重要。前者是"标"，后者才是"本"。孔子也曾说过："道之以政，齐之以刑，民免而无耻；道之以德，齐之以礼，有耻且格。"（《论语·为政》）还有一些人借口否定"伪崇高"，而否定一切崇高，而拒绝接受任何崇高的观念。心里没有崇高的观念，怎么可能做一个崇高的人呢？将一切具有崇高价值的东西当作"伪崇高"，在他的心目中又哪来的崇高呢？不能说，当一个人以崇高的眼光看人，天下全都是崇高的人；但是，当一个人以小人的眼光看人，在他的眼里，肯定全都是小人。有一句话说："这个世界不是缺少美，而是缺少发现美的眼睛。"我们也可以说："这个世界不是缺少崇高，而是缺少发现崇高的眼睛。"当一个人内心中既没有任何美好的观念，没有崇高感，没有敬畏感，没有忌惮感，没有责任感，也没有是非观，没有羞耻感，表面看来，这个人是彻底地自由了，可以任意作为了，但这样一来，除了一个肉体的躯壳之外，又有什么呢？除了一个经济动物之外，又有什么呢？如果说这就是自由，这就是心灵的自由，那么这样的自由，到底是幸运，还是不幸？

规矩是人定的，也是要靠人自觉遵守的。

二、人与人的合作

就社会整体而言，要强调每个社会成员自觉遵守社会规范；而就社会成员之间的关系而言，要强调社会成员之间的合作。

无论是实现自我价值，还是担负社会责任，个人都需要将自身置于整个社会中，通过与他人的共处与合作来完成最终目标。对于个人来说，自身的力量是有限的，特别是面对整个社会时，个人无法单凭一己之力担负起应有责任。因此，与他人的合作就显得尤其重要。

其实，从字源来看，“合”字本身就蕴含着合作的意思。关于“合”字，甲骨文作[①]，金文作[②]（秦公钟），小篆作。甲、金、篆三种字形都相同。许慎在《说文》中的解释说：“合，合口也。从亼从口。”而段玉裁在注解中则认为：“各本亼作合，误，此以其形释其义也。三口相同是为合，十口相传是为古，引申为凡会合之称。”[③]但就甲骨文字形而言，实义并非如此。李孝定认为，段注“是以会意说之也，实则字为象形”。余永梁也认为许慎是“望文生训”，本应是“象器盖相合之形”。李氏在认同余氏的同时，认为“器盖吻合无间，故引申为凡会合之称。字当为盒字古文，字又从皿者，累增之偏旁也。许以合口说之，乃其引申义。段氏改为亼口，非也”。[④]高本汉在其《汉文典》中，根据甲骨文字形，更为形象地指出,“合”字“像一盖子盖在物体的开口处”。[⑤]通过对甲骨文字形和金文字形的比较，“合”字确实属于象形文字。因此，“合”字的构造本属象形，其含义就是指器盖相合无间，这无疑需要器皿与盖子二者之间的配合才能实现。在这个意义上，我们可以说合作是“合”字的应有之义。

具体到人与人之间的合作，在群体协作中则显得尤其重要。《淮南子》曾阐述众人协作的重要：

> 夫乘众人之智，则无不任也；用众人之力，则无不胜也。千钧之重，乌获不能举也；众人相一，则百人有余力矣。是故任一人之力者，则乌获不足恃；乘众人之制者，则天下不足有也。（《淮南子·主训术》）

一人之力总归有限，即使是力大如乌获，也不能举起千钧之重。但是，如果集合众人之力，乌获也不足恃。因此，集合众人之智、之力，就会无往不胜。《淮南子》雄辩式地证明了众人合作的重要性。从功利角度来讲，合作的力量是无穷

---

① 罗振玉编：《殷墟书契前编》7.36.1，《殷墟书契》，王宏译，天津市古籍书店 1993 年版。

② 中国社会科学院考古研究所编：《殷周金文集成释文》1.262–4，香港中文大学中国文化研究所 2001 年版。

③（汉）许慎撰，（清）段玉裁注：《说文解字注》，上海古籍出版社 1988 年第 2 版，第 222 页。

④ 李孝定：《甲骨文字集释》，台北中央研究院历史语言研究所 1970 年版，第 1775 页。

⑤ 高本汉：《汉文典》，上海辞书出版社 1997 年版，第 294 页。

大的。

《周易》也曾高度颂扬人与人之间的协作，其言曰：“二人同心，其利断金。同心之言，其臭如兰。”（《周易·系辞上》）对于同心协力的两个人，其力量足以斩断坚硬的金属；而同心之言，仿若幽兰。其中透露出的就是人与人合作中同心同德的可贵。在《周易》中，专门有一卦就名为“同人”。所谓同人，即志同道合之人，其中最重要的就是合作。“同人”卦《象》曰：“天与火，同人。君子以类族辨物。”孔颖达曰：“天体在上，火又炎上，取其性同，故云天与火同人。……君子法此同人，以类而聚也。”[1] 这里，所谓性同、类聚，都是指志同道合之人的相聚协作。因此，对于合作而言，这首先为我们指明了合作双方需志同道合。只有建立在同心同德的基础上，合作才会最大程度地取得成功。

“同人”卦辞曰：“同人于野，亨。利涉大川，利君子贞。”程颐解释说：

> 夫同人者，以天下大同之道，则圣贤大公之心也。常人之同者，以其私意所合，乃昵比之情耳。故必于野，谓不以昵近情之所私，而于郊野旷远之地，既不系所私，乃至公大同之道，无远不同也，其亨可知。能与天下大同，是天下皆同之也。天下皆同，何险阻之不可济？何艰危之不可亨？故利涉大川，利君子贞。上言于野，止谓不在昵比，此复言宜以君子正道。君子之贞，谓天下至公大同之道，故虽居千里之远，生千岁之后，若合符节，推而行之，四海之广，兆民之众，莫不同。小人则唯用其私意，所比者虽非亦同，所恶者虽是亦异，故其所同者则为阿党，盖其心不正也。故同人之道，利在君子之贞正。[2]（《周易程氏传》卷一）

同人之道，以贞正为根本，故其道为大同之道。大同之道是公道，是正道，遵守的是公理，是正义。蔡清说：“大人之道，岂必人人而求与之同哉？亦唯以正而已。正也者，人心之公理也，不期同而自无不同者也。若我既得其正，而彼或不我

① （魏）王弼注，（唐）孔颖达疏：《周易正义》，北京大学出版社 2000 年版，第 87 页。
② （宋）程颢、程颐：《二程集》，王孝鱼点校，中华书局 1981 年版，第 763—764 页。

同，则彼之悖矣，吾何计哉？然同我者已亿万，而不同者仅一二，亦不害其为大同也。”[①] 坚守正道，而不动摇，是“同人”卦的基本义理，也是与人合作的前提与基础。

同心同德、志同道合是合作的基础，同时也会促进合作的成功。因此，在合作过程中必须尽量寻找同道之人，否则合作就会有失败的危险。但是，同道之人也必须有德行上的保证。如果二人所同非正道，那合作的结果只会危及他人甚至整个社会。孔子早已注意到这一点，所以他指出：“君子周而不比，小人比而不周。”（《论语·为政》）邢昺疏曰：“忠信为周，阿党为比。言君子常行忠信，而不私相阿党，小人则反是。”[②] 合作不仅要注意合作对象，还要注意合作方式。君子之间的合作方式是忠信团结，而小人的合作方式则是阿党勾结。毫无疑问，前者才是合作正途，而后者勾结营私，行的是邪路，做的是取巧。另外，孔子还说道：“君子和而不同，小人同而不和。”（《论语·子路》）朱熹解释说：

> 和者，无乖戾之心。同者，有阿比之意。[③]
>
> 大抵君子小人只在公私之间……和是公底同，同是私底和。如“周而不比”，亦然。周是公底比，比是私底周，同一事而有公私。……盖君子之心，是大家只理会这一个公底道理，故常和而不可以苟同。小人是做个私意，故虽相与阿比，然两人相聚也便分个彼己了，故有些小利害，便至纷争而不和也。[④]

君子尽管一起合作，却是和谐相处，而小人则是同流合污。这与前面的“周比”之论是相同的，都在教导人们在合作时采取正确的合作方式。

每个人都有其自身的价值，只是往往单凭个人的力量无法实现应有价值，更谈不上担负社会责任。因此，个人需要参与到团队之中，与他人进行合作，这是实现个人价值的重要保证，同时也体现了群体的优越性。不过，需要注意的是，与他人的合作必须志

---

① 参见（清）李光地：《周易折中》，巴蜀书社 1998 年版，138 页。

② 参见（魏）何晏注，（宋）邢昺疏：《论语注疏》，北京大学出版社 2000 年版，第 21 页。

③（宋）朱熹：《四书章句集注》，中华书局 1983 年版，第 147 页。

④（宋）黎靖德编：《朱子语类》，王星贤点校，中华书局 1986 年版，第 1111 页。

和而道正。只有志趣相合，才能保证合作的成功；只有取道公正，才能有益于社会。

第五节　世界和平

各个国家有不同的文化传统，有不同的发展历史。不同国家、不同民族、不同文明在国际文化交往中必然发生一定的摩擦，甚至一定的冲突。如何应对各种摩擦与冲突，如何维护世界和平，这是我们不得不面对的问题。

张立文教授指出："和合学主张以和生、和处、和立、和达、和爱五原则，通过对话、交流、互动、谈判来化解冲突，实现求和平、谋发展、促合作，落实合作共赢，同舟共济。在政治上应该相互尊重，平等合作；经济上应该互利共赢，优势互补；文化上应该互相借鉴，和而不同；安全上应该互相信任，互相帮助；环保上应该互相合作，共同发展，使我们的地球成为一个清洁、美丽的星球。"[①]

一、化解文明冲突

"文明"，文为文采，明为光明。《周易·文言》解说乾卦曰："见龙在田，天下文明。"孔颖达疏曰："'天下文明'者，阳气在田，始生万物，故天下有文章而光明也。"[②] 人类所创造的财富的总和，尤其是精神财富，如文学、艺术、教育、科学等皆为文明，它涵盖了人与人、人与社会、人与自然之间的关系。

"文化"一词，英文与法文均作 Culture，德文作 Kulturек，俄文作 КулВтура，词义均来自拉丁文 Colere，本义为耕作和植物培育，后引申到精神领域，为化育心灵、培养智慧、增进知识、陶冶情操、改良风俗等方面的含义。"文化"一词，在中国古代，有"以文教化"的含义。《周易·贲·彖传》曰："观乎人文，以化成天下。"孔颖达解释说："'观乎人文以化成天下'者，言圣人观察人文，则诗、书、礼、乐之谓，当法此教而'化成天下'也。"[③] 自 19 世纪下半叶起，人们从不同学科、不同角度为"文化"下定义。据美国人类学家克鲁伯和克鲁柯亨合著的《文化：关于

① 张立文：《和合外交与新型大国关系的思议》，《学术前沿》2013 年第 11 期。
② （魏）王弼注，（唐）孔颖达疏：《周易正义》，北京大学出版社 2000 年版，第 24 页。
③ （魏）王弼注，（唐）孔颖达疏：《周易正义》，北京大学出版社 2000 年版，第 124 页。

概念和定义的检讨》一书所列，1871—1951 年理论界关于文化的定义多达 164 种。英国人类学家泰勒认为："文化或文明是一个复杂的整体，它包括知识、信仰、艺术、道德、法律、风俗以及作为社会成员的人所具有的其他一切能力与习惯。"① 美国人类学家克莱德·克鲁克洪认为：文化指的"是某个人类群体独特的生活方式，他们整套的生存式样"。② 关于"文化"的界定，有广义和狭义之分。广义的文化，即将文化等同于人类所创造的全部物质和精神财富的总和。"文化，是人类社会所特有的现象，是以人的活动方式以及由人的活动所创造的物质产品和精神产品为其内容的系统。人类活动作用于自然界，产生了物质文化；作用于社会，产生了制度文化；作用于人本身，产生了精神文化。"③ 狭义的文化，将文化仅仅局限于精神现象和精神活动方面。"狭义的文化是指人类通过创造性的活动而获得并积淀在特定民族中的，以价值观为核心的情感、信仰、习俗等行为方式和规范模式，以及观念意识等生存式样的系统。"④ 还有人主张将文化分为广、中、狭三义："广义地说，指人类的生活方式及创造的物质、精神成果的总和。中义而言，它可以理解为意识形态的一部分，也就是人类创造的精神产品，如文学、艺术、哲学、科学、法律、道德、伦理、风俗习尚等观念性的东西。狭义是指人类的一般知识及运用文字的能力、水平等。"⑤

不同文明、文化间的差异是客观存在的。早在 19 世纪中叶，严复就对中西文化的价值观念及思维方式作了较为全面的比较。在严复看来，"中国最重三纲，而西人首明平等；中国亲亲，而西人尚贤；中国以孝治天下，而西人以公治天下；中国尊主，而西人隆民；中国贵一道而同风，而西人喜党居而州处；中国多忌讳，而西人众讥评。其于财用，中国重节流，而西人重开源；中国追淳朴，而西人求欢虞。……其于为学也，中国夸多识，而西人尊新知。其于祸灾也，中国委天数，而西人恃人力。"（《论世变之亟》）1918 年，李大钊发表《东西文明根本之异点》，认

① ［英］泰勒：《原始文化》，蔡江浓编译，浙江人民出版社 1988 年版，第 1 页。
② ［美］克莱德·克鲁克洪等：《文化与个人》，何维凌等译，浙江人民出版社 1986 年版，第 4 页。
③ 周洪宇等：《关于文化学研究的几个问题》，《华中师范大学学报》哲社版 1987 年第 6 期。
④ 林喆：《论传统文化在现代化中生存的可能性》，《云南社会科学》1988 年第 4 期。
⑤ 景庆虹：《"文化"辨析》，《北京财贸学院学报》1990 年第 5 期。

为东西实为两种不同性质的文明。"一为自然的、一为人为的，一为安息的、一为战争的，一为消极的、一为积极的，一为依赖的、一为独立的，一为苟安的、一为突进的，一为因袭的、一为创造的，一为保守的、一为进步的，一为直觉的、一为理智的，一为空想的、一为体验的，一为艺术的、一为科学的，一为精神的、一为物质的，一为灵的、一为肉的，一为向天的、一为立地的，一为自然支配人间的、一为人间征服自然的。"严复和李大钊的理论有其具体的时代背景，其立论的重点都是为了引起国人的惊醒。

在人与自然的关系问题上，中国文化比较重视人与自然的和谐，而西方文化则强调征服自然、战胜自然。培根提出"知识就是力量"，在他看来，人们追求科学的目的，不是为了在争辩中说服对方，而是为了在行动中支配自然。但"要命令自然就必须服从自然"，因此要研究自然，探求自然界的规律。与此相反，中国人不把自然当成与人为敌的异己的力量，而强调"天人合一"。"天人合一"包括四个方面的内容：（1）人是自然的一部分，是自然系统不可缺少的要素之一。（2）自然界有普遍规律，人也要服从这普遍规律。（3）人性即天道，道德原则和自然规律是一致的。（4）人生的理想是天人的调谐。[①]

在家庭问题上，中国文化以家族为本位，注意个人的职责与义务；西方文化以个人为本位，注重个人的自由与权利。在西方，财产公有的家庭公社以比较原始纯朴的性质广泛存在于古代和中世纪，并较早地过渡到财产个人私有的个体家庭。而在中国，这种家庭公社的性质发生了严重的变化，并且以家长制的形式一直延续到近代。中国的家庭本位的主要表现是把家庭看得比个人更重要，特别重视家庭成员之间的伦理关系，如父慈子孝、兄友弟恭、夫唱妇随之类。西方的个人本位主义的主要表现是强调个人自由、个人权利、个人的独立性，而缺乏个人对家庭的责任感和义务感。

在民族关系问题上，历史上中国的理想民族关系模式是通过道德教化来"协和万邦"，而西方一些国家历史上处理民族关系讲究竞争、讲究斗争，甚至主张征服别的民族以至统治世界。

---

① 张岱年、程宜山：《中国文化与文化论争》，中国人民大学出版社 1990 年版，第 60—63 页。

在思维方式上，西方的思维特点是从感性认识到理性认识，从感觉到知觉到概念到判断到推理，层层演进、步步深入，突出和强调事物之间的差异和区别。而中国古代的思维方法则是从整体的直观到经验到直觉，即不离开具体的直观事物，通过对动态中的事物的经历（包括历史经验），体会出其中微妙而且高明的道理，达到认识上的升华。[①] 有人认为，中国传统概念思维有三个特点：(1)会意性。即不是通过抽象思维的方法，而是通过对该概念的上下文加以直观领会的方法，来潜移默化地把握这一概念的实际含义。(2)模糊性。即概念缺乏逻辑意义上的确定性和规定性。(3)不可离析性或“板块性”。即传统的抽象概念是由带有直观感性意义的名词通过借喻演变而来的，既不能进一步分解成独立的子概念，也不能与其他概念综合为新概念。[②]

不同文化、文明之间存在着差异、不同，甚至冲突与对抗，这是客观事实。从全球视野出发，这种文明之间的对抗和冲突无疑是当今世界上最大的不安定因素。

其实，在古代社会中，尽管世界上同样存在着诸多文明，但是那时的对抗和冲突都属于原始性的范畴，也就是基于争夺土地和财富的原始目的，而并非有意识的标榜自身文明色彩的对抗。20世纪末，美苏两大阵营结束冷战之后，美国学者亨廷顿（Samuel·Huntington）抛出了“文明冲突论”。他认为冷战结束之后的国际冲突将是文化的冲突，这个文化冲突主要是指儒家文明与伊斯兰文明的互为奥援，并将对西方文明产生威胁。他从西方中心论的观点出发，提出西方国家应当团结起来对抗儒家与伊斯兰国家。从其本质来看，亨廷顿仍然试图以冷战思维解决文明之间的冲突问题。但是，“9·11”恐怖袭击之后，美国对阿富汗和伊拉克的战争，说明战争绝不是解决文明冲突的最佳途径。试看当今世界，基于文明对抗目的的恐怖袭击依然不断发生，特别是伊斯兰极端势力针对西方国家普通民众的袭击事件，让我们明白美国式的战争是不可能化解文明冲突的。在文明冲突依然激烈的当下，如何化解这种对抗和冲突，最终实现世界和谐，成为我们亟须解决的问题。

从全世界范围来看，不同的文明系统之间，因为各自文化价值体系的不同，不

① 楼宇烈：《开展对中国文化整体上的综合研究》，《中国文化研究集刊》第1辑，复旦大学出版社1984年版。

② 萧功秦：《儒家文化的困境》，四川人民出版社1986年版，第50—90页。

可避免地存在着误解和冲突。这种冲突因为其本身所具有的广泛性和重要性而成为我们最需解决的问题。文明之间的冲突常常以战争和对抗的形式出现，因此这种冲突具有极大的破坏性。对此而言，我们有着沉痛的切肤体会。近代以来，西方列强用武力打开古老中国的大门，由此开启了中华文明长达一个世纪的耻辱和苦难。中西两大文明冲撞所造就的近代史成为中国人永远的心结。

工业革命的蓬勃发展以及资本主义追求利润的本质也使得欧洲列强开始了向海外开拓殖民的血腥进程。在这一过程中，西方文明的触角逐渐蔓延到全世界，给其他文明都带来了不同程度上的伤害。其中，对于世界文明进程而言，最为重要的还是中西之间的冲撞。与以往不同的是，这次西方文明承载于西方列强的炮舰之上，对古老的中国产生了强烈的冲击。这反映在历史上便是1840年的第一次鸦片战争，英国利用原始资本主义强盗般的行径打开了中国的大门。战争的直接结果就是《南京条约》的签订，这是中国近代史上第一个不平等条约。对于中国来说，这不仅仅是领土与主权的丧失，更意味着西方文明第一次以强势面孔出现在东方。第一次鸦片战争为这次中西相遇奠定了悲剧的基调，从此列强势力蜂拥进入中国，而每一次都伴随着侵略和罪恶。1856年第二次鸦片战争、1883年中法战争、1894年中日甲午战争、1900年八国联军侵华，紧随这一系列血腥战争而来的是一系列不平等条约。战争失败、国土沦丧、主权丧失，一次次的耻辱强烈地冲击着国人的心灵。古老的中华文明处于“三千年未有之大变局”，而这一变局所带给人们的震撼和冲击随着列强侵略的加剧而逐渐增强。此后，中国传统文化一步步走向了被质疑、被抛弃的境地，而西方文化则逐渐成为强国御辱的思想资源。

最先，清朝官员面对欧洲列强时，仍旧以“华夷之分”的传统方式来对待。儒家“华夷之分”强调华夏为天下中心，而周边则属尚未开化并需被教化的蛮夷。就其性质而言，这是一种华夏文明中心论。不过，因为“华夷之分”的标准并不是种族而是文化，也就是说，合于华夏文明者便是华夏，而不合者便是蛮夷，即韩愈所说“诸侯用夷礼，则夷之；进于中国，则中国之”[①]。因此，当19世纪中叶中西文明相遇时，清朝政府仍然秉持传统“华夷之分”的政策。这就意味着其仍以天下文

① （唐）韩愈:《韩昌黎文集校注》，马其昶校注，马茂元整理，上海古籍出版社1986年版，第17页。

明中心自居，即使鸦片战争战败，清朝统治者仍然认为只是欧洲列强“船坚炮利”的缘故。面对西方列强先进的技术和强大的武器，魏源提出了“师夷长技以制夷”的策略，但魏源也仅认为“夷之长技”只有三法，即战舰、火器以及养兵、练兵之法。即使如此，这也是那个年代为数不多的先进之见。不过，随着西方列强侵略的加强，国人开始认识到仅仅简单地引进所谓先进武器是不能与西方列强对抗的。于是，国人学习西方的程度逐渐加深，西方文明对中国的影响也相应逐渐增强。除了器物，西方的政治、法律、经济等制度和思想也被引进过来，这也就是所谓“西学东渐”的过程。但即使如此，在时人眼中，中华文明也依然是文明的中心，有其不可变、不可动的根本大道。清末改良主义的先驱冯桂芬就曾说：“以中国之伦常名教为原本，辅之以诸国富强之术”[①]。尽管在冯氏看来，“诸国富强之术”已不再限于坚船利炮，但其依然认为中国之伦常名教是大根大法。这一点被后面的洋务派采用，并被归结为“中学为体，西学为用”的思想。然而，这种“中体西用”的思想也并没有挽救清世的中国，中日甲午战争以残酷的现实击碎了洋务派“富国强兵”的梦想。中国的有识之士在幻梦终结之后，在中华文明与西方文明之间开始作出更为决绝的选择。在即将进入20世纪之时，谭嗣同激烈地指出：“二千年来之政，秦政也，皆大盗也；二千年来之学，荀学也，皆乡愿也。”特别是改良主义者口中不可更变的所谓“三纲五伦”，谭嗣同更是直指其“惨祸烈毒”，所以要“冲决伦常之网罗”，甚至要“尽变西法”。[②]

20世纪初，庚子事变之后，清政府的昏庸无能暴露无遗。但是，对于当时之人而言，这不仅仅是政治的溃败，还是中国传统文化的没落。尽管清政府随后推出了一系列所谓新政，打算在政治制度方面效仿西方国家，但这仍不能阻挡革命的爆发。辛亥革命推翻了腐朽的清政府，同时西方文化也加快了“东渐”的速度，相应地是中国传统文化的式微。很快地，新文化运动开始，德先生和赛先生（Democracy和Science，即民主和科学）大行其道，白话文也逐渐代替了文言文。这也就意味着西学东渐的过程终于从政治制度上的效仿过渡到思想文化上的彻底革新。胡适在

---

① 冯桂芬：《校邠庐抗议》，《续修四库全书》第952册，上海古籍出版社2002年版，第541页。

② 谭嗣同：《仁学》，华夏出版社2002年版，第98页。

1929 年的《中国基督教年鉴》中以英文发表《中国今日的文化冲突》一文，正式提出“全盘西化”一词。这一口号在当时具有极强的震撼力，同时也代表了当时很大一部分人的声音。就其实质而言，这一观点是对当时中国境况不满情绪的极端表现。在他们眼中，中国传统文化已经不能再支撑国家和民族的发展，相反，只有西方文明才能实现中国的现代化。不过，此观点的极端化趋向使其不可能占据思想的主流。之后，胡适也将“全盘西化”改换成“充分世界化”的表述。[①] 当然，在中西两大文明相对峙的情况下，主张本土文化者也始终在发出自己的声音。可以说，从新文化运动开始，便有文化保守主义与之对抗，并与西化派的发展相始终。在文化保守主义的阵营中，东方文化派、学衡派以及现代新儒家等都立身于中国本土文化。特别是新儒家的代表梁漱溟，提出文化三路向说，将并存的中西文化解释为历时性的关系，认为中国文化的价值将在未来得到彰显。这无疑是试图在中西文化之间予以调和。但是，不管中西文化之间如何对抗，西方文化对于中国来说确实有着其独有的价值。

其实，发生在中西两大文明之间的这段历程非常具有普遍性。从根本上说，各个文明都具有其特殊性，这种差异并不是冲突和战争发生的理由。相反，正是因为这种特殊和差异，世界才会如此多彩。因此，文明体之间在保持各自特殊性的基础上相互交流、互取长短，这应该是实现世界和谐的必由之路。

就文化而言，文化差异是显然的，并且这种差异在很长时期是很难消除的，甚至是不可能消除，也不该消除的。文化上的差异有时无法也不该以优劣而论。因为不同的文化有不同的价值观念，有不同的价值标准，由此也必然会有不同的价值判断。中国文化与西方文化最大的不同是什么？最大的不同是：西方文化强调对立、对抗、斗争、雄强，中国文化强调共生、共在、和处、合作。在西方文化看来，对立、对抗是事物的本然，斗争、雄强是事物的应然；而在中国文化看来，共生、共在是事物的本然，和处、合作是事物的应然。本然强调本来如此，应然强调应当如此。

在西方文化看来，世间的一切，比如人与自然、人与人、团体与团体、党派与

---

① 欧阳哲主编：《胡适文集》第 5 卷，北京大学出版社 1998 年版，第 454 页。

党派等都是对立的。由于是对立的，所以是对抗的，即作用力与反作用之间的对抗，所以人要征服自然、改造自然，所以有了统治与被统治之间的对抗，有了阶级以及党派之间的斗争。这是一种二元对立的思维。对立的结果不是共在，而是冲突，而是斗争，而是你死我活。

而在中国文化看来，世间的一切并不是对立的，并不是由截然对立的两个方面构成的。虽然中国人也讲“一阴一阳之谓道”，但阴阳之间关系不是对立的关系，而是相互依存、此消彼长的关系。阴阳之间的关系是圆融的、圆通的，是相互包容的。阴并不是纯粹的阴，其中亦有阳；阳并不是纯粹的阳，其中亦有阴。阴阳间的此消彼长促进了事物的运动、变化与发展。太极图最为清楚地表达了这一思想。如果说西方的二元对立强调的是同与异，那么中国的阴阳圆融则强调通与容。更为重要的是，由阴阳而分化为五行。五行的最大特点是多，是多极，是多元，是多元并立、多元共在。世界是由多种元素构成的，而不是由截然相反的两种因素构成的；任何一事物也是由多种元素构成的，而不是由对立的两个方面构成的；多种元素之间的关系是共生、共在的关系，而不是相互对立、对抗的关系。这是中国文化对于整个世界的基本认识、基本态度。五行之间没有绝对的强者，木、火、土、金、水，“比相生而间相胜”。因为相生相克，所以有共生，有共在，有“和”。西周末年，周太史史伯即说“和实生物”。世间一切事物之所以生成、之所以存在，就是因为和。

二、协和万邦

由二元对立，必然导致二元冲突。二元冲突是全面的，不仅有政治的、经济的、军事的冲突，也有文化的冲突。这种文化冲突，就是亨廷顿所谓的“文明冲突”。他认为冷战之后，政治认同将以文明为基础，最危险和最主要的战争是爆发在文明断层线上的战争。

针对这样一种“文明冲突”论，张立文构建了“和合学”的理论体系。1996 年，张立文的《和合学概论》出版，其副标题即是“21 世纪文化战略的构想”。和合学的“和”是和生、和处、和睦、和谐、和平；和合学的“合”是结合，是合作。“和合”即要以和善、和生、和处的心态，与他者合作，以实现和睦、和谐与和平。

如何处理国与国之间的关系？中国古代先贤的智慧是“协和万邦”。“协和万邦”出自《尚书·尧典》，其文曰：

> 曰若稽古，帝尧曰放勋，钦、明、文、思、安安，允恭克让，光被四表，格于上下。克明俊德，以亲九族。九族既睦，平章百姓。百姓昭明，协和万邦。黎民于变时雍。

孔颖达解释说：“言尧能名闻广远，由其委任贤哲，故复陈之。言尧之为君也，能尊明俊德之士，使之助已施化。以此贤臣之化，先令亲其九族之亲。九族蒙化已亲睦矣，又使之和谐显明于百官之族姓。百姓蒙化皆有礼仪，昭然而明显矣，又使之合会调和天下之万国。其万国之众人于是变化从上，是以风俗大和，能使九族敦睦，百姓显明，万邦和睦，是‘安天下之当安者’也。”①“协和万邦”即是以平等、公正、温和的态度对待一切国家。

姜广辉指出：“‘协和万邦’的整体和谐观就是中国文化对于人类文明的永久性价值。”尧是中国古代最贤明的君主。“尧的德行之大者，在于能‘协和万邦’。这是中国文化的整体和谐观的表现。从一个大的时段来看，由上古的天下万邦，到春秋时代的数十诸侯国，再到战国七雄，最后由秦统一天下。统一是中华民族发展的历史趋势。但在如何统一的问题上，却一直有两种路线：一种是‘以德服人’，一种是‘以力服人’。前者主要依靠涵化融合的方法；后者则主要通过战争兼并的方法。而作为中国文化主流的儒家的价值观，肯定‘以德服人’的路线，而否定‘以力服人’的路线。中国文化的整体和谐观不仅体现为先贤的哲学理念，更主要的是体现在上古以来的历史发展过程中，它作为一种民族精神、文化传统存续着，而不仅是某家某派的哲学观点而已。”②

自 20 世纪 80 年代改革开放以来，我们对外交往的一个基本思路是韬光养晦，这在当时无疑是明智的。但是必须承认，在韬光养晦的过程当中，我们总是在被动

---

① （汉）孔安国传，（唐）孔颖达疏：《尚书正义》，北京大学出版社 2000 年版，第 31 页。

② 姜广辉：《中国文化“协和万邦”思想的基本准则》，《光明日报》2000 年 10 月 10 日。

地应对着各种挑战，我们从来没有拿出自己的一个完整的思路，一种文化战略、一种经济战略、一种对于世界格局的我们自己的态度、我们自己的说法。近年来，中国推动“一带一路”建设。“一带一路”建设，不仅是我们应对世界的态度，而且是中国面对世界所应该具备的态度。“一带一路”建设本身是一个经济发展战略，但又不是一个纯粹的经济发展战略，其中有很多文化的因素。我们要向世界表明：我们与沿海、沿路各国的交往，是以和平为基础、以合作为基本方式、以发展为基本目标的交往；我们与沿海、沿路各国的交往，谋求的是“和合”，是以“和”为基础的“合”，是通过“合”以达到“和”。我们要向世界表明：中国人自古以来，在处理民族关系、国际关系、国际交往方面，一直是以“和合”为基本理念的，“和合”是中国文化最为深层的理念。从《尚书》里讲的“协和万邦”，到汉代的和亲、唐代的和亲，到明代的郑和下西洋，我们的基本态度就是“协和万邦”。汉代、唐代、明代，是中国历史最强盛的时代；当时的中国，也是世界上最强大的国家。在我们最强盛、最强大的时代，我们没有欺凌弱小的民族与国家。我们过去不会，我们将来也不会。我们今天应当大力宣扬、宣导“和合”的文化战略。我们要向世界宣扬：“和合”是中国文化最根本性的内核。中国的发展是一种和平发展，中国的发展给世界带来的是机遇，而不是挑战，更不是威胁。美国人一直讲中国“威胁论”，如果我们只是被动地说我们没有威胁，我们不会给世界构成威胁，这样的声音是非常软弱无力的。我们必须拿出自己的具体行动来，用中国话语，宣讲一个中国故事。

中国话语、中国故事，要求我们制造出一套词汇。这些年来张立文提出“和实力”。什么是“和实力”？“和合”、“协和万邦”是中国话语，“一带一路”是中国故事。如何讲好中国故事？如何使用中国话语讲好中国故事？我们应当有自己的词汇，而不只是简单地重复别人所使用的词汇。西方人基本的思想观念是对立、是矛盾、是冲突、是战争，与此相应而有了约瑟夫·奈所谓的“软实力”，有了希拉里·克林顿的“巧实力”。“软实力”当然是相对于“硬实力”而言的。但是，这些都是冷战思维以及冲突性思维才可能有的话语。不管是硬、是软，还是巧，都是冲突对立、你死我活这样一种绝对对立的思维理路。我们所要宣扬的是“和合”。我们要向世界表达：中国文化最根本性的因素是“和合”；中国处理对外关系的基本理路是“和合”，是“协和万邦”。我们要向世界表明：“一带一路”建设，正是以“和合”为基本理念的中国故事。与这一中国故事相适应，以“和合”的文化理念为基础，我们也要配备一种实力，这种实力就是“和实力”。“和实力”是以经济、军事为基础、以“和合”文化为支撑、以“和合”思想为导向的国家综合实力。“和实力”是和平发展的实力，是合作共赢的实力，也是维护和平的实力。

“一带一路”建设，这是中国故事；“和合”、“协和万邦”，这是中国话语；“和实力”，这是中国词汇。如何用中国词汇、中国话语讲好中国故事，如何让世界人民、特别是沿海、沿路国家人民了解中国、理解中国，这是一项重要而又迫切的任务。如果我们仍然按照西方人的一套话语，仅仅只是在应对他们所提出的问题，我们会使自己一直处在一个被动的地位。

第六节　宇宙和美

“天人同构”是中国人最基本的宇宙意识。天人同构，天人一体，天人合一，是中国人对于整个宇宙的总观点、总看法。天人同构的宇宙意识对中国文化产生了广泛而深远的影响，也是中国人面对整个自然界时所具有的一种基本的认识与态度。

一、天人同构的宇宙意识

人生在世，无时无刻不在与两种东西打交道：一是人，一是物。一种文化不管多么古老，抑或多么年轻，最早产生的莫不是关于人、关于物以及关于人—物关系这三个方面的知识系列，而一种文化的所谓个性、特点也集中地表现在这三个方面。

中西两种文化是在不同的历史背景下发育成长起来的。在它们发育、成长的幼年时代，由于相距遥远、交通不便，两种文化绝少交流、渗透与影响，以至于在相当长的历史时期内，它们遗传和保持着各自的个性和特征。

关于物，西方人是把它当成完全独立的对象来看待的。西方人所留意与关心的是物的结构、物的基质，是不同物的特征。古希腊哲学家最早探讨的哲学问题，就是物质的基质问题。泰勒斯的“水”，阿那克西曼德的“无限定”，阿那克西米尼的“气”，赫拉克利特的“火”，恩培多克勒的水、火、土、气“四元素”，德谟克利特的“原子”，亚里士多德的“原初物质”……莫不是关于构成物质的基质的学说。在西方人眼里，物就是物，物是独立于人身之外并与人完全不同的实体。探索并发现物的结构、本质及变化规律，使物服务于人、造福于人，是西方人对于物的基本态度。

这种基本态度也许根源于古希腊人的生活环境。古希腊三面环海，有着蜿蜒曲折的海岸线，但内陆多山，可耕地不多，交通亦不便利。这种地理环境决定了古希腊人的生活主要依赖捕鱼、手工业及海上贸易。这种生活方式使得古希腊人不得不认真地对待自然，去认识自然，探索自然的奥秘。所以他们一贯强调和推崇人的坚强、英勇，强调人探索自然和战胜自然的精神。古希腊是西方文明的摇篮。在这种思想的支配下，本体论和认识论一直是西方哲学的重心，也正是在这种思想的支配下，西方的自然科学不断发展。

中国则不同，中国文化的发祥地是周代（包括春秋战国）的黄河中下游广阔的平原地区。这种地理环境决定了中国人的主要生产部门是农业。比起捕鱼、手工业和商业，农业对自然环境有很大的依赖性，受自然气候、自然环境的影响非常大。所以，比起西方人，中国人更强调人对于自然的依附性、依赖性，更注重人与自然的协调与一致。中国人对于自然的认识，重点不在于自然物的结构、基质，而在于自然物对于人的作用、影响，在于自然物的功能、自然物同人的关系。

中国人似乎从来没有把物孤立起来，从而对其作理性的科学的分析，而总是从人的角度、从物对于人的作用和功能的角度、从人与物的关系的角度来考察物。比起西方人，中国人更强调知识的“经世致用”，“经世致用”重点关注社会政治与人伦关系，即所谓“修身、齐家、治国、平天下”。而亚里士多德所说的：行德不过使人成为良好的公民，而知德则使人成为完善的人，从而为求知而求知。这种理论在中国人看来是非常奇怪的，也是基本没有市场的。正因如此，名家学派的名辩之学、墨家学派的逻辑之学，虽然在春秋战国时期很活跃，但由于远离“经世致用”之道，所以秦以后就几乎消失了。

在中国，很早就出现了“五行”学说。“五行”也确曾被当作“五材”（构成物质的五种基本材料、基质），周太史史伯就说："和实生物，同则不继……故先王以土与金木水火杂，以成百物。"（《国语·郑语》）但"五材"说在"五行"理论的发展历程中，并不占主导地位。且即使在史伯那里，也不是用自然科学的眼光来看待"五材"。他在讲了上述话之后，紧接着就说："是以和五味以调口，刚四支以卫体，和六律以聪耳，正七体以役心，平八索以成人，建九纪以立纯德，合十数以训百体。"虽是讲物，其用心还在于讲人。《尚书大传》解释"五行"云："水火者，百姓之所饮食也；金木者，百姓之所兴作也；土者，万物之所资生也。是为人用。""是为人用"才是问题的根本所在。"五行"说之发轫，正在于强调五物对于人的亲密作用。《尚书·洪范》最早提出"五行"，其着重点就在于它们的性能："五行：一曰水，二曰火，三曰木，四曰金，五曰土。水曰润下，火曰炎上，木曰曲直，金曰从革，土爰稼穑。"所谓润下、炎上、曲直、从革、稼穑，讲的正是五物的自然之性。董仲舒说："行者行也，其行不同，故谓之五行。"（《春秋繁露·五行相生》）中国人提出"五行"，主要不是为了解释物质的构成，而是因为水、火、木、金、土，是人类生活中绝对不可离开的东西，是和人类生活建立密切关系的东西。

如果说古希腊的"原子论"和"元素说"等所注重的是物的结构、基础，那么中国的"五行"说则更看重物的功能与作用；如果说西方人对于物的态度是一种理性的分析和认识，那么中国人对于物的态度则是一种经验的直观与感悟；如果说西方人注重对于物本身的考察与认识，那么中国人则更强调对于物与人的关系的体察与把握；如果说西方人强调人对于自然的认识、改造和征服，那么中国人则更突出人对于自然的依附、依赖与服从。

中国古代并非没有关于物质构成的理论，但与西方不同，中国人即使在探索物的构成时，其立足点仍然是人。中国人总是以人的眼光，以"人化"的眼光，而不是以纯科学的眼光来看待自然。中国人总是习惯于把自然看成和人相类、相近，甚或完全相同的东西。如果说西方人从理性的分析入手，从而注重事物之间的差异，那么，中国人则从经验的直观着眼，更突出和强调事物之间的类同。

在中国人看来，自然界之一切，包括人，都是由一种流荡不息的东西——"气"，凝聚化合而成的。"气"是构成万事万物的基本材料。这并非某一家某一派的观点，而是为各家各派所接受，贯穿中国哲学的始终。

“气”这个字，在中国出现甚早。商代甲骨文中已有“气”这个字。不过商代的气，只是泛指气体状态的存在物，还不具有哲学意味。至西周末年，气与阴阳和合而为阴气、阳气，人们开始认为自然界是阴阳化合交泰的整体。周太史伯阳父用阴阳之气来解释地震，认为“夫天地之气，不失其序。若过其序，民乱之也。阳伏而不能出，阴迫而不能蒸，于是有地震。”（《国语·周语上》）其后秦国名医医和更用六气来解释疾病，认为“天有六气，降生五味，发为五色，徵为五声，淫生六疾。”（《左传·昭公元年》）至诸子蜂起，“气”这个概念已经成为一个地道的哲学范畴，已经在各家思想中扎了根，并最终流变为中国哲学的一个基本范畴。

老子说：“万物负阴而抱阳，冲气以为和。”（《老子》四十二章）“阴”、“阳”即阴、阳二气。庄子说：“人之生，气之聚也。聚则为生，散则为死，……通天下一气耳。”（《庄子·知北游》）荀子说：“水火有气而无生，草木有生而无知，禽兽有知而无义，人有气、有生、有知、亦有义，故最为天下贵也。”（《荀子·王制》）王充说：“天地，含气之自然也。”（《论衡·谈天》）杨泉说：“盖气，自然之体也。”（《物理论》）“气陶化而播流，物受气而含生。”（《蚕赋》）葛洪说：“自天地至于万物，无不须气以生者也。”（《抱朴子·至理》）张载说：“凡可状皆有也，凡有皆象也，凡象皆气也。”（《正蒙·乾称》）朱熹标举“理”，但并不忽视“气”，认为“天地之间，有理有气。理也者，形而上之道也，生物之本也；气也者，形而下器也，生物之具也”（《答黄道夫》）。王廷相说：“天内外皆气，地中亦气，物虚实皆气，通极上下，造化之实体也。”（《慎言》）直至清代，王夫之、方以智仍然持“气”成万物的观点。王夫之说：“天人之蕴，一气而已。”（《读四书大全说·尽心上》）方以智说：“一切物皆气所为也，空皆气所实也。”（《物理小识·气论》）“虚固是气，实形亦气所凝成者。”（《物理小识·四行五行说》）可以说，“气”是“生物之具”，自然界的一切都是由“气”凝聚化合而成的，这是中国人传统的、基本的观点。

自然界的万事万物，包括人在内，都是由“气”化生而成的，物与人从根本上来讲，是相容、相通的，这是中国古人对于整个自然的基本观点。由于物都是由“气”构成的，而“气”的根本特性是流荡往复、永无止息，所以中国人并不像西方人那样，把物看成完全死寂的东西，看成各个部件的随意堆积或拼凑，而是看成像人体一样充满生机与活力的生命体。大则整个宇宙，小则一座山、一汪水、一抹云、一块石，在中国人看来，其间无不流荡着“气”，充满着无限的生机与活力。西方人即使对人，也作静观地对待，把他看成物；中国人即使对物，也作动情地观照，把它看成人，并从中发现只有在人身上才会有的东西。中国古代哲人总是不遗余力地谋求人与天、社会与自然的统一与融合。

在中国古代人看来，人之为人，并不是因为他是天地间普通一物，而是因为他是天地神化的杰作。人是宇宙自然的缩影、副本。董仲舒说：“人生于天而取化于天。”（《春秋繁露·阳尊阴卑》）如果说整个自然界是一个大宇宙，那么人本身则是一个小宇宙。人副天数，天人同构。所以“为生不能为人，为人者天也。人之人本于天，天亦人之曾祖父也。此人之所以乃上类天也。人之形体，化天数而成；人之血气，化天志而仁；人之德行，化天理而义；人之好恶，化天之暖清；人之喜怒，化天之寒暑；人之受命，化天之四时。”（《春秋繁露·为人者天》）人之形体化天而成，人之性情、意识、德操也莫不化天而成。人非自然而生，而是天地生人，是天地按照自己的形象化生了人。这显然是一种神学的目的论，现在看来是非常荒唐的，但这种比附确实抓住了与自然的某些外部联系，这在科学还不昌明的古代，自然有着很大的蒙骗性。将自然与人加以比附，用自然以喻人，是中国古代人一种惯用的方法。张载说：“天地之塞吾其体，天地之帅吾其性。”（《西铭》）王夫之说：“在天有五辰，在人有五官。”（《尚书引义》）然而问题的关键似乎还不在于这种比附本身，而在于这种比附所隐含的不把自然看成与人对立、与人为敌的对象，而是看成与人相亲相善、与人和睦共处的物象，而是从哲学的高度认识人的无机的身体。

认为物和人由一种材料（气）构成，物也像人一样是充满生机与活力的，是有生命的，人并不是独立于自然之外的个体，其本身就是自然的一部分，自然也不是与人为敌的异己的力量，其本身就是人的无机的身体。整个自然界的一切都是富有生命的，都是气韵流荡、生机盎然的，物与人从根本上来讲，是相类相通的。天人同构，天人一体，天人合一，这就是中国人对于整个宇宙的总观点、总看法。

二、万物平等的生态观念

天下万事万物从何而来，道家认为从道而来。道是万事万物的本根、本原。

《老子》第二十五章讲：

> 有物混成，先天地生。寂兮寥兮，独立而不改，周行而不殆，可以为天地母。吾不知其名，强字之曰道，强为之名曰大。

有一个天地诞生之前就已经存在的东西。它是天地得以产生、得以形成的原始的存在，是先于天地而在的存在，这个存在就是所谓的“道”。道不是一般的存在，更不是具体物的存在，道的基本品性是“大”。这里所谓的“大”，不是大小的大，而是无以复加的大，是无限之大，是无以类比的大。这样的大，其实也就是“太”，太就是无以复加。老子之后有了“太极”的概念。“极”本来就是到了极限，到了极处，在“极”之上再加上一个“太”字，那就是极之极了。但道不是太，也不是极，也不是太极，道更在太极之上。庄子就曾说，道“在太极之上而不为高”（《庄子·大宗师》）。太极是可以言说的极限，而道更在太极之上。人们只有领会太极，才可能领会道；人们只有站在太极处，才可以知晓道。而道之上什么都没有，道之先什么都不存在。

道如何演化成为天地万物的呢?《老子》第四十二章讲：

> 道生一，一生二，二生三，三生万物。万物负阴而抱阳，冲气以为和。

“道生一”，一者，太极也。太极分而为阴阳，此即所谓“一生二”；阴阳交互感应而形成既阴既阳的和，由此而有阴、阳、和，此即所谓“二生三”；万物就是由阴、阳、和三者交互感应和合而成的，此即所谓“三生万物”。所以，《淮南子》说：“道始于一，一而不生，故分而阴阳，阴阳合和而万物生。”（《淮南子·天文训》）天地万物都是由道化生而成的，人也是万物中的一物，这是道家关于宇宙演化的基本观点。

既然天地万物都是由道化生的，那么物与物之间就无高低贵贱的差分。庄子即明确表示：“以道观之，物无贵贱；以物观之，自贵而相贱；以俗观之，贵贱不在己。”（《庄子·秋水》）物是物，人也是物，人只是天下万物中的一物。既是物，人并不比其他任何物更为高贵。庄子说："万物一齐。"（《庄子·秋水》）从道家的观点看，万物天然齐一，万物天然平等，每一物有每一物存在的意义，每一物有每一物存在的价值，任何一物并非因为有利于他物或有利于人才有存在的价值和意义。《列子·说符》曰：

> 齐田氏祖于庭，食客千人。中坐有献鱼雁者，田氏视之，乃叹曰："天之于民厚矣！殖五谷，生鱼鸟以为之用。"众客和之如响。鲍氏之子年十二，预于次，进曰："不如君言。天地万物与我并生，类也。类无贵贱，徒以小大智力而相制，迭相食；非相为而生之。人取可食者而食之，岂天本为人生之？且蚊蚋噆肤，虎狼食肉，非天本为蚊蚋生人、虎狼生肉者哉？"

天地万物，与人并生，非相为而生之。人因为生存，取可食之物而食之，取可用之物而用之，但可食之物、可用之物并非为人而生，如蚊蚋啮人肌肤、吸人血汗，不可谓人为蚊蚋而生一样。

人可以利用天下之物，但不可以任意残害天下之物，不能认为任意利用天下之物为理所当然，更不可认为天下之物本来就是供人使用的。因为人只是天下万物中之一物，没有什么力量授予人任意役使天下他物的权力。人只是天下万物中之一物，不仅不是天下的主人，不是天下万物的主人，甚至也不是天下的管家，不是天下万物的管家。人在对待他物（包括资源和环境）的态度上，应当心存敬畏，应当心存忌惮。人与天下万物的关系不是统治与被统治、奴役与被奴役、征服与被征服的关系，而是兄弟般亲善、友爱、和谐相处的关系。

即使说，人在天下万物之中能力最强，但能力最强却不能成为役使他物的理由，相反，能力最强者更应当为天下和谐、和平作出最大的贡献，并因此而承担最大的责任。而事实却是：人类并没有真正承担起自己应有的责任，反而为这个世界带来了深重而巨大的破坏乃至于灾难。环境污染、空气污染、水质污染、水土流失、物种灭绝等等，人类为这个世界带来的灾难还少吗？

不仅如此，工业化更加剧了人与他物之间的紧张关系。牛不再被当作牛，而是被当作牛肉或牛奶的生产者；鸡不再被当作鸡，而是被当作鸡肉或鸡蛋的生产者。

一头肉牛可能从出生到被宰杀，从来没有见过蓝天。它们一个挤着一个，没有转身的余地，在不见天日的牛棚里为牛场主生长牛肉，它们唯一的使命就是为牛场主生长更多更好的牛肉。奶牛的生长环境与状态并不比肉牛的生长环境与状态更好。肉牛的使命是长肉，奶牛的使命是产奶。在一些奶牛场里，奶牛由于没有空间做充足的运动，已经不能站立，而必须依靠吊带把它们吊起来。这样的牛还是牛吗？确实，在牛场主的心目中，不管是肉牛还是奶牛，它们只是产肉或产奶的机器，它们根本就不是牛，它们从来也没有被当作牛看待。人有人道，牛有没有牛道？如此对待牛，是不是太不牛道了。人不能正确地对待牛，不能友善地对待其他生物，也没能正确地认识和对待人类自己。只有当人把牛真正当成牛，对牛尽牛道，对一切生命心存敬畏，充分认识生命的神奇与伟大，人类才有可能找到自己在宇宙间的正确位置。佛教戒学第一戒即“不杀生”，其深层根源正在这里。人只是自然界的普通的一物，人类没有凌驾他物之上、欺凌他物的权利。

人类曾经不无自负地说：“人是世界上最高贵的动物。”“人是理性的动物。”“人是会说话的动物。”“人是制造并使用工具的动物。”“人是社会的动物。”“人是符号的动物”。但不容否认的是：“人是最为残忍的动物。”“人是制造垃圾的动物。”人真的是最为残忍的动物，人真的为这个世界制造了太多的垃圾，人真的为这个世界带来了太多的灾难，这是人类全体应当深刻反省的。

前文一再强调，即使人在世界上能力最强，但能力最强不能成为役使他物、破坏世界的理由。相反，能力最强因此而应当承担更大的责任，并且人类也应当为自己所制造的垃圾、所制造的破坏承担应有的责任。地球生物共同体应当通过一项宣言，对人类的行为作出谴责，并要求人类作出应有的补偿。这是当今人类所应当具有的意识，是从道家思想中所开发出来的意识。有了这种意识，才可能维持、维护天下长久的和谐与和平。其实，庄子所向往的正是这样一种人与万物和谐共处的和平景象：

> 至德之世，其行填填，其视颠颠。当是时也，山无蹊隧，泽无舟梁；万物群生，连属其乡；禽兽成群，草木遂长。是故禽兽可系羁而游，乌鹊之巢可攀援而窥。夫至德之世，同与禽兽居，族与万物并。（《庄子·马蹄》）

万物群生，禽兽成群，人与禽兽同居，禽兽可系羁而游，乌鹊之巢可攀援而窥。天地万物皆由道而化生，“万物负阴而抱阳，冲气以为和”。人与他物天然和平共处，自然界本来是如此和谐而和睦，只是由于人类过分使用暴力，方才破坏了自然界的和谐与和睦。

人类不应只对自己说，“我们只有一个地球，地球是我们唯一的家，让我们来爱护自己的家园，为了我们的子孙，而爱护我们的家园”，而应当从道家思想中开发出一种意识：人只是万物中的一物，人对待他物应当心存敬畏、心存忌惮，人类不只应为了人类自身着想，而是要为天下万物的和谐与和睦着想，要为自然界的和谐与和平承担最大的责任。

天地万物由道而化生。对于人而言，既由道而化生，既与天下诸物和处共在，也就要自觉遵守道的原则，遵守自然界的生态法则，遵守自然界的生态伦理。自然界最高、最根本的生态伦理是什么？以道家的观点看，就是“道”。老子讲：

> 人法地，地法天，天法道，道法自然。(《老子》第二十五章)

人法地，而地法天，天更法道，所以人不仅要法地、法天，而且理所当然地，也要法道。

“人法地。”地者为何？作为与天相对的存在，地当是指地球、地理以及地理环境。《老子》一书讲地的文字并不多。第三十九章讲：“地得一以宁。”宁是地的基本特性，“人法地”，当然也要效法地的宁，亦即地的宁静、坦然。此外，老子亦讲到水。

> 上善若水。水善利万物而不争，处众人之所恶，故几于道。(《老子》第八章)

水有两个特点，一是“利万物”，即给万物带来好处，二是“不争”、处低。在老子看来，水因为有这样两个特点，故最接近于道。水离不开地，同时水还是地的最主要、最重要的构成因素。水的利万物而不争的特性可以看作地之理。“人法地”，也就要效法地利万物而不争的品性。

“地法天。”天者何若？天不只是头顶上的天空，也包括一切天然现成的事物。与少言地不同，老子多言及天。《老子》一书言“地”者有19次，而言“天”者达92次之多，其中言“天下”者60次，言“天道”、“天之道”者有7次。“天下”谓天下之物、天下之人。而天道如何？老子讲：

> 天之道，不争而善胜，不言而善应，不召而自来，绁然而善谋。（《老子》第七十三章）
>
> 天之道，损有余而补不足。（《老子》第七十七章）
>
> 天之道，利而不害。（《老子》第八十一章）

“天之道”，是天地间最根本的准则、法则，而这一最根本的法则，在老子看来就是“不争”，就是“不言”，就是“损有余而补不足”，就是“利而不害”。“人法地”，而“地法天”，人不仅应以地为法，亦当以天为法，亦当“法天”。人以“法天”的态度对待自然界，所应当具有的基本操守就是“利而不害”，就是利万物而不是害万物。

“天法道。”道是万事万物的本根、本原，也是万事万物所应遵守、维护的根本。老子说：“道者，万物之奥。善人之宝，不善人之所保。”（《老子》第六十二章）“奥”既是含藏，也是庇护。道是万事万物得以生养的根本，也是万事万物所应守护的根本。庄子说：

> 夫道有情有信，无为无形；可传而不可受，可得而不可见；自本自根，未有天地，自古以固存；神鬼神帝，生天生地；在太极之先而不为高，在六极之下而不为深，先天地生而不为久，长于上古而不为老。（《庄子·大宗师》）

道最为高深、最为极端，因而不可明言，亦不可细言。老子说：“道可道，非常道。”（《老子》第一章）可道之道，并非常道，常道不可道。“天法道”，而道不可道，道不可见、不可言。但道又体现于、显现于万事万物之中，体现于、显现于事事物物的兴、盛、衰、毁的变化之中，并且天之道、地之道、一物之为一物之道均是道的具体显现，所以，遵道、守道、法道，首先即要遵天之道、遵地之道，即要法天之道、法地之道。所以，道教经典《阴符经》曰："观天之道，执天之行，尽矣。"

"法道"一方面可以通过法地之道、法天之道得到彰明，另一方面也可以通过"道法自然"而得到彰明。"道法自然"，即道以自然为法。但在老子哲学中，"自然"并非实存的事物，并非实体性存在。"自"为自己，"然"为样态。"自然"亦即自生、自化、自成、自本自根。"自然"一词在中国古代，并不具有自然界之自然之义，而是自以为然、自得其然、自己使自己成其为如此而无外力强迫之义。老子讲：

> 天长地久。天地所以能长且久者，以其不自生，故能长生。(《老子》第七章)

天地所以能长久存在，就是因为他们不自私其生。不自私其生，就是"自然"。相反，自私自利，就是不自然。"不自生"，不自私其生，是天地的品格，是天地"自然"的表现。人以天地为法，就应当效法这种品格，就应当效法这种精神。庄子曰：

> 牛马四足，是谓天；落马首，穿牛鼻，是谓人。故曰："无以人灭天，无以故灭命，无以得殉名。谨守而勿失，是谓反其真。"(《庄子·秋水》)

"无以人灭天"，人类不应该为所欲为，应当切实遵守自然界的法则，遵守"道"所昭示的法则，"谨守"自己的道。

自然界的一切本来是自然而天成的，人类为了自身狭隘的利益，而破坏了自然界本来的秩序，破坏了自然界本来的生态平衡与生态和谐，这是人类应当彻底反省的。人类对待自然界、对待自然物应当从"自私其生"的态度转化为"利而不害"的态度。人类应当认真地向自己提出一个问题：我们人类到底为宇宙、为自然界的一切事物带来了什么？如今人类面对自然界，所需要做的正是真切而真正地爱护自然界的一山一水、一草一木，并且不是出于人类自身利益的考虑，不是以占有者的身份和姿态，而是作为自然界事物兄长的身份和姿态，真诚无私地爱护自然界的事事物物。

人类何以会对他物、对自然界的其他事物采取占有、征服，以至于毁坏的做法和态度？这主要源于人类自身欲望的极度膨胀，源于人类的贪欲与不知足。老子针对此种情况，提出人类应当知常、知止、知足，应当“为而不争”。

“知常”即了解、把握、守住事物的根本、事物的真、事物的常。老子曰：

> 致虚极，守静笃。万物并作，吾以观复。夫物芸芸，各归其根。归根曰静，静曰复命。复命曰常，知常曰明。不知常，妄作凶。（《老子》第十六章）

事事物物样态各异，随时而变，顺时而枯、而荣、而盛、而衰，然其根本则是静而常安。静而常安不仅是万事万物的根本，亦是万事万物的命。因为有这一根本，因为有如此的命，事物才得以存在，得以生发，得以成长，得以繁荣。所以万物都要“归其根”，都要“复命”。“归根”即回归至生命的本根，“复命”即复归性命的本真。而性命的本真则是静，“静曰复命”。能够守护住性命的本真，即是“知常”。“复命曰常，知常曰明”。守护住自身性命的本真（亦即静），是谓“知常”。“知常”即“守静”，“守静”即“知常”，“知常”为“明”。“明”谓明了、明白、明达。反之，“不知常，妄作凶”。不“知常”，不能“守静”，任意作为，那一定是非常凶险的。

老子接着说：

> 知常容，容乃公，公乃全，全乃天，天乃道，道乃久，没身不殆。（《老子》第十六章）

“知常”则包容，包容则公正，公正则周全，周全则同乎天，同乎天则同乎道，同乎道则可以维持久远，并且永远没有危害、没有危险。殆，即危险、危害，“没身不殆”，即永生永世没有危险、没有危害。人们追求“没身不殆”，追求永世安详，然而“没身不殆”的关键是“知常”，而“知常”即“守静”。

庄子进一步发挥了老子的思想，在庄子看来：

> 夫虚静恬淡寂漠无为者，天地之本，而道德之至。(《庄子·天道》)

虚静恬淡，是天地的根本，也是道德修为所要达到的终极之境。人首先要守住这一根本，没有守住这一根本，则要通过修为抵达这一根本。

在道家看来，人的心性本来是虚静恬淡的。《淮南子》说："人生而静，天之性也；感而后动，性之害也。"（《淮南子·原道训》）又说："水之性真清，而土汨之；人性安静，而嗜欲乱之。"（《淮南子·俶真训》）人之天性本来清静，外在之物，引发了人的欲望，使人产生过分的追求，从而迷失了自己的本性。老子讲：

> 五色令人目盲，五音令人耳聋，五味令人口爽，驰骋畋猎令人心发狂，难得之货令人行妨。(《老子》第十二章）

庄子也讲：

> 且夫失性有五：一曰五色乱目，使目不明；二曰五声乱耳，使耳不聪；三曰五臭熏鼻，困惾中颡；四曰五味浊口，使口厉爽；五曰趣舍滑心，使性飞扬。此五者，皆生之害也。(《庄子·天地》)

人类对于外物的追求，应当有一个限度，适可而止。对于个体而言，是如此；对于人类总体而言，也是如此。放纵欲望，任意作为，不仅使人"行妨"，使人"心发狂"，而且一定会给人带来巨大的危害。正因为如此，《文子》曰："古之为道者，理性情，治心术，养以和，持以适。"（《文子·九守·守易》）"养以和"，即保持心性的平和；"持以适"，即维持心性的中和与调适。

保持心性的平和、中和与调适，是道家对于身心性命的基本态度。这一基本态度固然基于道家对于道的基本理解，即道本来就是"虚静恬淡寂漠无为"的，但同时也体现了道家对于人生的基本态度。在道家看来，保持这一人生态度本不是一个问题，因为人生本来就是如此，本来就应当如此。人所应遵守的根本原则是道，而道所昭示的就是如此。所以，为何如此不是问题，如何如此才是问题。

如何才能保持心性的平和、中和与调适？道家的基本态度是“知止”、“知足”。保持心性的虚静、平和、和适，是谓“知常”；而如何保持心性的虚静、平和、和适，则需要有“知止”、“知足”的态度。所以，道家在“知常”之外，又提倡“知止”与“知足”。

“知止”即知人的认识以至于人的能力、人的行为的界限、限度。老子说“知止不殆”（《老子》第四十四章），又说“知止可以不殆”（《老子》第三十二章）。庄子更为明确地指出：“吾生也有涯，而知也无涯。以有涯随无涯，殆已！”（《庄子·养生主》）人要不使自己入于危险之境，即要知晓自己行为的限度，即要为自己的行为划定一个限度。

“知止”之外，道家还讲“知足”。“知足”，即知晓满足。“知足”的反面是贪，是永不满足的贪得无厌。贪是人类最大的弱点，也是人类罪恶最大的根源。佛教将贪当作“三毒”之首。贪是从负面讲的，“知足”是从正面讲的。要克服贪，就要“知足”。老子说：“祸莫大于不知足，咎莫大于欲得。”（《老子》第四十六章）人因为行为不当，会招致各种各样的祸，但各种祸中最大的祸则在于“不知足”。因为“不知足”不仅是祸，并且必然招致其他的祸，如佛教所讲“三毒”的其他二毒——痴与嗔，都是由贪所引发的。因为“祸莫大于不知足”，所以，老子讲“知足不辱”（《老子》第四十四章），“知足”者不会陷于屈辱，又讲“知足者富”（《老子》第三十三章），懂得“知足”，才是一个富人。富人并非一定非常富有，而是要有一种“知足”的态度。《论语》中孔子称赞卫公子荆，就是因为其知足。

> 子谓卫公子荆，“善居室。始有，曰：‘苟合矣。’少有，曰：‘苟完矣。’富有，曰：‘苟美矣。’”（《论语·子路》）

卫国公子荆很懂得知足，家始富有，感觉甚是良好；后有增加，感觉生活原来如此丰富；再有增加，感觉生活竟是这般美好。真正富有的人，是因为他们总是很知足。其实，富有不在将来，不在明天，就在当下。人在任何时候，都要有一种知足的态度。

知止、知足而外，老子提倡“为而不争”。“圣人之道，为而不争。”（《老子》第八十一章）“争”即争夺，争夺是千方百计、施出一切手段，将他人的东西或所有权未明的东西据为己有，是贪得无厌的具体表现；而“为”则是依靠自己的努力，获得自己所应该得到的。老子反对“争”，但老子并不反对“为”。老子赞扬水：“水善利万物而不争”。水有两种品质，一是利万物，二是不争。人向水学习，就应当“利而不害”，“为而不争”。《老子》一书最后一章第八十一章最后的两句话是：“天之道，利而不害；圣人之道，为而不争。”“利而不害”，“为而不争”，是老子哲学的根本，是老子哲学的最后归宿，而且还都是水德的具体表现。“上善若水。水善利万物而不争，处众人之所恶，故几于道。”（《老子》第八章）人们以道为法，而道不可见，水则“几于道”，最接近于道。因此，人们以道为法，首先应当以水为法，首先应当向水学习。以水为法，向水学习，就应当“利而不害”，就应当“为而不争”。

人以知常、知止、知足、“为而不争”为基本的人生态度，自然可以处理好与万物的关系，自然不会以征服、占有、毁灭的态度对待其他物类。所以，人类首先应当守住自己的“道”，首先应当端正自己的人生态度，这是生态文明的基础，也是处理人与自然关系的前提。

第六章　竞争博弈的基本理念

从哲学上来说，这个世界上的事物性质各异，各类事物之间不只是多元的和谐共存关系，在它们之间，也存在着基本的竞争博弈关系。竞争博弈是以自身的存在为前提、以未来的发展为导向，而与对手展开竞争的较量。要想在这场较量中立于不败之地，乃至于取得胜利，必须要掌握竞争博弈的基本理念，遵循竞争博弈的基本原则。

生存中的每个人都有权利追求自己的目标。从每个人自己的角度来说，这些目标可能都有其正当合理的地方，乃至于是理所当然的。而问题在于，这些目标之间却有可能发生冲突。从每一个人他自己的角度来说，也许都没有做错什么。然而，当人们皆在其各自正确的道路上一路狂奔，最终却无可挽回地到达一个相互冲突相互矛盾，乃至于相互仇恨的境地。这就是亚里士多德在《诗学》里所描述的最经典的悲剧模式：每一个人都有自己情有可原的动机和意图，但汇聚到一起之后成了笼罩在每一个人头上的不幸。

博弈论中的囚徒困境也是这样的一个例子。当每一名囚徒为确保自己的利益而作出选择时，无形中他却出卖了包括自己在内的所有人的利益。个人的理性之所以会导致集体利益受损的结果，其原因在于人与人之间的不信任。因而，竞争博弈虽然强调在竞争中立于不败之地的原则，但为了大家生活在一起的这个共同体形成优良的秩序，更需要坚持竞争博弈的基本原则与理念。

第一节　自力更生

在竞争关系中，没有永恒的朋友，只有永恒的利益。竞争的各方面为着自己的利益而采用一切可以采用的手段。要想在这样的竞争环境中立足，就不能幻想对手会手下留情，而必须自力更生。然而，这并不是现实社会的全部，只是竞争博弈的基本理论假设。事实上，如果每个人都以自己的利益为最高原则，那么整个社会必将陷入囚徒困境那样的自相矛盾。因此，我们强调自力更生，并不意味着每个人都是孤立的利益体，而是强调人之所以成一个人，须自立，而不是依赖别人。

一、人是他自己的作品

人是什么？当我们这样发问的时候，首先追问的是人作为动物中的一种，但又区别于其他动物，那么人与其他动物的界线与分际在哪里呢？

很久以前，我们的先民就已经发出这样的追问了。这意味着人作为理智存在者对自我认识与理解的深化。在二千多年前的古希腊，对人的本质是什么的追问构成了西方哲学爱智传统的一个永恒主题。柏拉图的对话作品中记载，苏格拉底向人们发问：人是什么？有人说是两足无毛的动物。结果苏格拉底弄来一只拔光了毛的鸡，问他：这是人吗？这说明这个人给出的定义并没有抓住人的本质。

对于古希腊人来说，人是一种逻各斯（Logos）动物。逻各斯的原意是指说话，后来也引申为道理、理性等含义。也就是说，人是会说话的动物，也是有理性的动物。人是介于动物与神之间的存在者。神是纯粹理性的存在，而动物没有理性，而人既有神的理性，也有与动物一样的各种欲望与激情。人存在的任务就在于发展自己的理性，用理性驯服欲望，培育德性。这也意味着，人虽然有其先天的禀赋，有神性也有兽性，而关键在于自己的哪一方面得到充分的扩充与发展：如果发展了自己的理性与德性，则能成为杰出的人，一个真正自由的人；如果是自己的激情与欲望占了上风，对于古希腊人来说，就是被自己欲望控制的奴隶罢了。

在华夏传统中，我们的先人对人的先天本质和现实存在都有充分的认识。用以规定人的先天本质与现实本质的概念叫作“性”。孟子以人的先天本质为性，认为人性即善，若不能达致善，非人也。而荀子以现实本质为性，认为人生而有欲，其性恶，因此须要通过学习礼义以化之，使之改恶迁善，是谓“化性起伪”，其中伪者，人为也。

对于孟子来说，人天生就具有善良的本性，但还需要使这种善良的本性不断得以扩充，因而也需要通过学习与修身来达成现实人的本性。孟子与荀子的不同在于：孟子认为人本有是非、羞恶、恻隐、辞让之心，如果后天不修身涵养，人的这些善的本性就会丧失掉，即“放失其心”；而荀子则认为，善性是人生下来所没有的，是后天所培养出来的，而人存在的使命就是改变其初恶而迁于礼义。孟子与荀子理论的始点虽然不同，但殊途同归，都要人成就其礼义之身、良善之性。这种成就，需要外在环境的熏陶、师长的教导，和朋友之间的相互砥砺，但最重要的还要依靠自己，依靠发自内心地改过迁善，不妄自菲薄，自强自立，不断地修身。从这个意义上来说，人就是他自己的作品。

儒家以修身为人生最根本的追求，并认为它是济事成物的起点，即所谓成人或成己。成人是基本的要求，进而期望成贤成圣。在中国传统中，一个人从童蒙长大成人，要举行一个隆重的仪式来纪念这个人生成长中的重要时刻，这就是男子的冠礼与女子的笄礼。在举行冠礼与笄礼之后，方可谓之成人。

成己，即成就自身，包含了从成人以至成圣的提升。令现代人感到奇怪的是，在中国传统思想中，成己与成物是相统一的，或者说，成己则能成物，成物而后成己。所谓己身究竟意味着什么？我们反观自照，在想象己身时，想到了什么呢？己身并不是西方哲学所说的先验自我。先验自我只是个理论虚构，若不以实实在在的当下自我去充实它，它就什么也没有。一个人的德性成就到什么程度，就有什么样的自我。因而己身就是一个人所能成就的东西。《中庸》指出：“诚者非自成己而已也，所以成物也。成己，仁也；成物，知也。性之德也，合外内之道也，故时措之宜也。”一个人的修身并不是自我冥思，而往往通过成物体现出来。儒家强调内外一致，一个人的修身要通过其德行表现出来。孝，就表现为对父母的孝行；信，就表现为对承诺的践行；仁，就表现为对他人、对万物的成就。因而这里的“物”，包括德行、功业与万物。

人的存在与其他任何事物的存在都有不同。一个物件一旦被做成，就是一个既定的存在，就只能黏滞地守着自己。虽然它也会发生改变，但这种改变却不能从根本上改变它的性质。它不能使自己由丑陋变成美丽，不能使自己由低微成为高贵，所以，物件的存在只有一个现在，它没有自己的未来。它只能被动地、如此地存在着，除了如此地守着自己而外，它没有别的办法，没有别的作为。

人却不同。人不仅现在存在着，而且有一个绵延的未来。人的存在是一个指向未来的存在。萨特说："人首先是存在——人在谈得上别的一切之前，首先是一个把自己推向未来的东西。"[①] 人是一个从现在一直绵延到未来的存在。"不管人现在看上去是什么样子，他总有个未来要形成，总有个童贞的未来在等待他。"[②] 今天的穷光蛋明天可能成为百万富翁，今天的百万富翁明天可能成为穷光蛋。一切都存在于流变之中。人，既不能使时间凝固，也不能使自己不发生改变。人是一个开放的存在，他不能像物一样固守着自己不放。不管他愿意不愿意，他总要不断地接受未来，他总要不断地接受改变。只要他存在，那么，一切都还没有决定，一切都还没有终结，一切都有待未来加以改变。过去的已经烟消云散，现在也必将成为过去。人一次次被确定，无情的时间又一次次将确定拉开而重新给予确定。没有固守，没有停歇，没有永恒。这一切都意味着人的一种未完成性，都意味着人永远只是一件未完成的作品。

一堆木头经受一次"变革"而成为桌子，一堆铁块经受一次"变革"而成为机器，形式上的固化使它们只能黏滞地守着自己。所以，物件的造就是一次性的。这之后，直至毁灭之前，它将不会再遭受剧烈的激变。动物的情形也与物件类似。动物的本领得之于遗传更多于得之于后天。一只老虎只需任其自然发展，它就一定会成为一只凶猛的野兽；一只羚羊不管如何刻苦训练，也不能使自己战胜老虎；一只蜜蜂不管怎样嗡嗡地叫个不停，也不能使自己成为一个哲学家。动物在没有来到世界上之前，就已经被确定好了，它只能按照自己的逻辑发展，动物的存在只是一种命定的存在。

人则不同。人成为什么或不成为什么，并不是通过一次剧烈的激变就宣告完成

---

① [法]萨特：《存在主义是一种人道主义》，周煦良、汤永宽译，上海译文出版社1988年版，第8页。

② [法]萨特：《存在主义是一种人道主义》，周煦良、汤永宽译，上海译文出版社1988年版，第13页。

的。某种偶然的机遇尽管会使一些人的地位发生根本性的改变。比如一个傻瓜忽然有一天被人推上皇位；在政治权利的争斗中，一个最平庸的人物忽然间走上前台。但是，没有人保证他能够将皇位坐得安稳，没有人能够保证他在政治上创造出伟大的业绩。尽管一个人可以为另一个人安排好职位，但却不能为他安排好未来。你的父亲可以让你上最好的大学，但他却不能使你在专业上取得好的成绩；你的父亲可以让你学音乐，但他却不能使你成为真正的音乐家。一切似乎都已经决定好了，一切实际上又没有决定。

人，每天都在重新开始，每天都在重塑一个新的自我。一个人，只要存在，他就没有结束，他就没完没了地要迎接无数个未来。从现实的角度讲，每个人的每一天都有一个未来；从可能的角度讲，每个人的每一天都有无数个未来。未来是什么？虽然说不清，但它必定要向人走来。人是一种被未来窥视着并走向未来的存在。人既无权力驱赶未来，不让未来接近，人也就无权力宣布自己已经完成，任何人都不能。任何人都不能说：好了，我已经完成了。人永远都是一个永不知足的浮士德，人永远都在重新开始，永远都要做继续完成自己的工作。正像西西弗永远不能完成自己的劳作，正像阿基里斯永远追不上乌龟，人永远都在做自己，人却永远不能将自己做成。

人是未完成的作品。这就是人，这就是人的历史境遇。人其实没有宿命，如果说有宿命，这就是人的宿命。

人是未完成的作品，人永远都处于不断地创造之中。在人的创造之中，人仍然显示出与其他事物的不同。其他事物总是被创造、被制定。一个书柜、一把椅子、一支钢笔、一盏台灯，在其制作过程中，凝结了制作者的意念，它是制作者意图的一种外在体现，是一个被设定的对象。不管在制作者那里，还是在使用者那里，它都是完全被动的。它自己不能使自己成为什么，也不能要求使自己成为什么或不成为什么。一把椅子不能要求制作者将其制成一把太师椅或是其他什么椅，它不能选择自己的形式，也不能选择自己的颜色。它不能要求使用者如何对待它，它不能要求使用者把它放在书桌旁而不是餐桌旁，它不能要求使用者只把它当成展品而不是实用品。对于这一切，它都没有任何发言权。

人却不同，人虽为父母所生，但父母造就了我们的身体却不能造就我们的灵魂，父母生下我们却不能决定我们。父母对于一个人的作用不同于一个制作者对于一把椅子的作用，父母不能像制作一件器物那样制作一个真正属于自己的孩子。器物是制成的，而人是生成的。在人的生成过程中，父母只是将我们带到这个世界，而路该如何走，却要依靠我们自己。父母只完成了这件产品的一半，而剩下的一半却只能依靠我们自己。

米夏埃尔·兰德曼说："大自然也用性格和才智的某些素质来装备个体，但是，个体怎样利用这些自然倾向，他希图成为怎样一种人，这在某种多少可确定的范围内是他自己的事。人没有受命'成为他现在这样的人'。相反，一切均发生在他自身之中……人已认识到他的最伟大和最美好的任务在于仿效他自己选择的模型（或者没有任何模型），并按照他自己的准则来建设他的生活。"① 在这个世界上，只有人无法找到自己的制造者，因为人是一个自造者，是自己把自己造成的。

人自己做成了自己，自己造就了自己，人是他自己的作品。在人身上，制作者和被制作者、工具与产品，完全是合一的。一个人成为什么或不成为什么，完全是由他自己一手造成的。萨特说："是懦夫把自己变成懦夫，是英雄把自己变成英雄。"② 你的行为塑造了你自己，你的行为制作了你自己，你就是你自己的作品。"一个人投入生活，给自己画了像，除了这个画像外，什么都没有。"③ 一个人，要存在，只能以一种方式而存在，那就是以自己的行动来存在。一个人，只存在于自己的行动当中，他是被自己的行动胶着住了的存在。卑鄙的人采取了卑鄙的行动，卑鄙的行动塑造了卑鄙的人。在此之前，则空无所有。或者说，一个人一生当中只能采取一种行动，就是创造自己的行动。因为人的任何活动从本质上来讲，都在或多或少地创造着他自己，都是一种创造自己的活动。"一个人不多不少就是他的一系列行径，他是构成这些行径的总和、组织和一套关系。"④ 一个人选择了某种生

---

① ［德］米夏埃尔·兰德曼：《哲学人类学》，张乐天译，上海译文出版社 1988 年版，第 6—7 页。

② ［法］萨特：《存在主义是一种人道主义》，周煦良、汤永宽译，上海译文出版社 1988 年版，第 20 页。

③ ［法］萨特：《存在主义是一种人道主义》，周煦良、汤永宽译，上海译文出版社 1988 年版，第 19 页。

④ ［法］萨特：《存在主义是一种人道主义》，周煦良、汤永宽译，上海译文出版社 1988 年版，第 19 页。

活，生活也就这样选定了他。人的存在并不是一个限定的存在，并不是一个已然的存在，更不是一个当然的存在，人只有通过自己的行动才能取得自己的存在。在这个世界上，只有人才是人的主人，只有你自己才是你自己的主人。

二、人能依靠的只有他自己

从自然的超人的角度讲，不管一个人本身如何，是伟大还是渺小，是正直还是邪恶，是善良还是恶毒，总带有一点悲剧色彩。因为一个人无论如何，总不能逃离他自己。人以行动来生存，任何人在任何条件下都不能逃离行动。因为无论怎样，人总要采取行动。逃离行动，不采取行动，仍然是一种行动。

人，是一首宏伟悲壮的歌，而奏响这首歌的却只是你自己；人，是一本打开了就再也合不上的书，而这本书的下文该怎么写，却完全只能依靠你自己。

在社会生活中，我们可以相信自己的亲人和朋友，甚至我们需要相信自己的亲人和朋友。因为如果我们什么人都不相信，人们之间没有互信，那么良好的社会生活秩序是无法建立起来的，人与人之间的关系将极为恶劣，每个人都退回到自己内心狭小的城堡，将他人拒之门外，最终将使每个人的生活都不堪忍受。

然而，道理虽然如此，或者说理应如此，但这只是问题的一个方面，另一方面，虽然别人可能会帮助你，但那也只是帮助，只是辅助，更主要的仍然必须依靠自己，你必须自力更生。特别是在竞争博弈中，不能过多地期望他人，不能将希望寄托在他人身上，更不能依赖他人。

在春秋末年，晋国的国政把持在六卿的手中。六卿是指范氏、中行氏、智氏、韩氏、赵氏、魏氏六个世袭卿族。后来范氏、中行氏被诛灭，只剩下智氏、韩氏、赵氏、魏氏四卿，其中又以智氏最为强大。当时智氏的宗主为智伯，他成为晋国执政后，欲灭同列卿位的赵、魏、韩三家，最终取代晋国。智伯先胁迫韩康子、魏桓子一起攻打赵氏，发动晋阳之战。当时赵氏的宗主为赵襄子，是个老谋深算的厉害角色。智、韩、魏三家联军虽然人多势众，但赵家军依托晋阳城坚固的城墙坚守，联军始终未能攻克。智伯见强攻无效，便改用水攻的战术。他切断了晋阳城的通道，打开汾河的堤坝，灌淹晋阳城。大水很快淹没了晋阳城。过了很久之后，城内生活变得非常困难，粮食即将断绝，晋阳形势极为严峻。

赵襄子在危机之时，果断采取分化瓦解联军、策反还击的对策。他派张孟谈暗地去见韩康子、魏桓子，对他们说:“臣闻‘唇亡则齿寒’，今知伯帅二国之君伐赵，赵将亡矣，亡则二君为之次矣。”韩康子与魏桓子担心地说：“我知其然。夫知伯为人也，麁中而少亲，我谋未遂而知，则其祸必至，为之奈何？”张孟谈曰：“谋出二君之口，入臣之耳，人莫之知也。”韩康子与魏桓子听说后打消了疑虑，于是与张孟谈约定日期共举大事对付智伯。智伯的属臣智过碰到了张孟谈，认为韩、魏两氏可能倒戈，马上报告智伯，建议速杀韩康子及魏桓子，或者以重贿收买二人身边谋臣。但智伯并不重视，未采纳智过的建议。到了约定日期的那天夜里，韩、魏军队秘密出动，杀死守河堤的智吏，突然决堤放水反灌智军。智军因忙于救水而陷于混乱，韩、魏军急从两翼进攻，赵襄子则亲率精锐从正面出城反击，大败智军，擒获智伯，遂解晋阳之围。赵、韩、魏三卿杀智伯而三分其地，灭族智氏，从此形成“三家分晋”的局面。

智氏本是四卿中最强大的势力，结果灭亡得最快，其原因就在于智伯过于相信韩、魏两家。而对于赵、韩、魏来说，最担心的就是强大的智氏对他们各个击破，在这样的形势下，他们必然会抓住时机联合起来消灭最强大的智氏。

对于竞争博弈来说，只有在均衡的条件下，才有可能取得和解。而智伯一家独大，想打破这个均衡，但是自身的实力又不足以同时灭掉其他三家，结果是自己反被赵、魏、韩联手给消灭了。这就告诉我们，在竞争博弈中，各方皆以自身利益为根本出发点，而不可能结成永久的信任关系，最终还是要靠自己的实力才能取得竞争的优势。

战国时期的七国争雄也是竞争博弈的经典例子。战国中期，以西方的秦国与东方的齐国最为强盛。其他五国在共同面对强敌的压力下，也在苏秦、公孙衍等政治说客们的推动下，逐渐组成了共同对付齐、秦二国的战略联盟，是谓合纵。连横则是秦与齐拉拢一些国家，共同进攻另外一些国家。这样，合纵与连横的双方各自达到相互制衡。然而，各国急功近利，往往为了眼前小利而忘了长远的安危，而屡屡违背当初的誓盟。

合纵与连横变化无常。公孙衍、张仪、苏秦等人游说于各个国家，合纵既可以对齐，又可以对秦；连横则既可以联秦，也可以联齐。那时候，各国为了自身利益，时而加入“合纵”，时而加入“连横”，反复无常，这就是所谓的“朝秦暮楚”。后来，因为秦国的势力不断强大起来，成为东方六国的共同威胁，于是合纵成为六国合力抵抗强秦，连横则是六国分别与秦国联盟，以求苟安。秦国的连横活动，目的是为了破坏六国间的合纵，各个击破。

最典型的例子是张仪离间齐楚联盟。强大的齐国与楚国的联盟对秦而言，当然不是什么好事。因此，秦派张仪入楚游说，离间齐楚。张仪到楚国收买了贵族靳尚等，然后向楚怀王许诺，愿献出秦地六百里，只要楚与齐断交。而楚怀王利令智昏，不听屈原等忠臣的劝告，遂与齐断交。当楚向秦讨取土地时，张仪却说是六里地，而不是六百里。楚怀王闻言才发觉上当受骗了，一怒之下举兵攻秦。结果，秦军在丹阳大败楚军，俘楚主将屈匄以下七十余人，进而占领汉中，加强了关中和巴蜀的联系，免除了楚对秦本土的威胁，使秦国国力更加强盛。

齐国也乘机与秦结盟，联合魏、韩进攻楚国，在垂沙大败楚军，宛、叶土地被魏、韩占领，使楚大受挫伤。公元前 299 年，楚怀王被张仪邀请相会于秦，结果再次受骗，被扣押在秦，后郁郁而终。

楚怀王的例子活生生地向我们表明了这样一个道理，即在博弈竞争中，各方无不急功近利而不可信赖。楚怀王之所以听信张仪之言，何尝不是出于对齐国的不信任？他想站在秦国的一方，让秦国去削弱齐国，自己坐收渔人之利。只不过，楚怀王打错了算盘，秦国算计的是楚国而不是齐国。

虽然，长久、互信的盟友关系是最大利好，然而，现实中的竞争各方却往往不能相信彼此，都想壮大自己而算计对方。当各方都心怀算计，那看似坚固的联盟就不攻自破了，因而也就造成了谁都不可真正信赖的后果。

第二节　自强不息

孔子的学生曾子说:“士不可以不弘毅，任重而道远。仁以为己任，不亦重乎？死而后已，不亦远乎？”（《论语·泰伯》）朱熹解释说：“弘，宽广也。毅，强忍也。非弘不能胜其重，非毅无以致其远。”“仁者，人心之全德，而必欲以身体而力行之，可谓重矣。一息尚存，此志不容少懈，可谓远矣。”[①] 人生是漫长的，也是充满艰难困苦的，人需要有一种精神，一种勇敢的精神，一种持之以恒的精神，一种自强不息的精神。

作为竞争者，对自己的首要要求就是自强。《周易》云：“天行健，君子以自强不息。”天的品格是刚健、生生不息，是君子所效法的对象。民国时期，梁启超在清华大学任教，曾给当时的清华学子作了《论君子》的演讲。他在演讲中希望清华学子能继承中华传统美德，并引用了《周易》上的“自强不息”、“厚德载物”来激励他们。此后，清华人便把“自强不息”、“厚德载物”八个字写进了校训。

一、人必须依靠自己获得自己所需要的

在竞争博弈中，往往不是敌人打败了自己，而是自己打败了自己，是自己孤军奋斗的辛酸与疲惫打败了自己。在这个时候，就要不断地勉励自己，给自己鼓气，坚持到底。英国作家塞缪尔·斯迈尔斯（Samuel Smiles）写了一部书，书名叫作《自助者天助》。塞缪尔·斯迈尔斯是19世纪英国著名作家、成功学开山鼻祖，也是著名的社会改革家，被誉为催人奋发向上的“人类精神导师”、“励志和自助之父”。我们常说的“自助者天助”，即来自他的名言：“Heaven helps those who help themselves 。”

一个人要想在竞争博弈中立足，要想获得成功，必须依靠自己，通过自身的努力奋斗，去取得自己所需。正如塞缪尔·斯迈尔斯所说的自助者天助，如若一个人连自己都不相信，自己不主动去努力，而一味地消极等待，可以想见其结果是什么。天上不会掉馅饼，天下也没有免费的午餐。

要努力奋斗，首先要有自立的勇气，要有信心。司马迁说：“昔西伯拘羑里，演《周易》；孔子厄陈、蔡，作《春秋》；屈原放逐，著《离骚》；左丘失明，厥有《国语》；孙子膑脚，而论兵法；不韦迁蜀，世传《吕览》；韩非囚秦，《说难》《孤愤》；《诗》三百篇，大抵贤圣发愤之所为作也。”（《史记·太史公自序》）信心能使人产生勇气面对现实，不管你处在什么环境中，只要有信心，你就会泰然处之。信

① （宋）朱熹：《四书章句集注》，中华书局1983年版，第104页。

心也是非常重要的人格魅力。如果你有坚定的信心，就会对你周围的人产生很大的影响，你就会吸引人们的注意，就会使人们支持你。信心使你对自己的未来充满期待，是自我激励的力量源泉。而自信，需要坚持。很多时候，人们的自信心会在外界强大的压力下而磨灭。那么，这时候就需要你坚持属于自己的那份执着。自信是成功者必备的素质，这不仅需要掌握相当的知识，更需要坚持下去的勇气与毅力。

其次，必须自我完善，培养成功所需要的各项素质，学习知识，提高修养，积累经验。自信，不是一句口号，它源自于自身的力量。力量，源自于博学的知识、丰富的经验、坚强的意志与高贵的人格。而在这些能力中，尤其需要强调的是学习能力。只有通过不断的学习，革新自我，才能跟上时代的步伐。

德国一位名叫格勒特·拉赫纳的女商人被《明镜》周刊评为“德国最强有力的女老板”、“欧洲最重要的女商人”。格勒特·拉赫纳出身贫寒，15 岁时因交不起学费而去一家名叫客万乐的邮购公司做学徒。格勒特·拉赫纳特别地好学。她刚进这家公司时，整天忙碌地工作，常常工作到深夜。但是，几年下来，她发现自己在能力与学识上一点进步都没有。格勒特·拉赫纳深深地意识到：在这个竞争激烈的社会，没有专门的技术和能力是不行的。于是她开始从工作中挤出时间来上培训班，自学与工作相关的各种专业知识。最终，她通过努力，成为公司的老板，并把这家公司发展为欧洲乃至世界都非常重要的物流企业。在她 75 岁寿辰时，她无限感慨地说：“若不是我努力地学习，我就不会有今天这样的成绩，我这一辈子靠的就是学习、学习、再学习。”

第三，奋斗需要找准目标。首先需要远大的志向来激励自己努力。曾子曰：“士不可以不弘毅，任重而道远。仁以为己任，不亦重乎？死而后已，不亦远乎？”（《论语·泰伯》）没有一个远大的目标，一个人就不可能有所作为。而且，不仅要有远大的目标，更重要的是，要把远大的目标细化为一个个具体的、当下可实行的小目标。没有具体实行路径的目标等于没有目标。人生就像一次旅行，如果你不知道前进的目标，或目标不明确，那么就有可能因迷失方向而随遇而安，随波逐流，甚至半途而废。树立的目标无论是成为什么样的人，还是成就什么样的事，都应尽量清晰和明确。否则，很容易受到外界干扰而偏离原来的方向，最终仍是一无所成。任何一个目标的实现都需要有时间的限制，无限期的要求，就等于没有任何要求。

没有期限的要求，目标就有可能随着时间的推移而淡忘、转移，甚至消失。

特别需要注意的是，在竞争博弈中，不要只把赚钱当作目标。成功者往往都是那些为社会作出重大贡献的人，金钱只是附带的东西。他们执着于自己的事业，直到成为一种习惯而获得社会的赞誉，最后取得成功。所谓远大的理想，绝不只是自己私人的事情，而是要把自己的命运与自己所要从事的事业结合起来。而自己所要从事的事业，一定是与国计民生相关。与人类未来的发展相关。这样才有意义。

近世名臣林则徐有言："苟利国家生死以，岂因祸福避趋之。"林则徐之所以成为林则徐，成为名垂青史的一代名臣，不在于他做了多高的官，而在于他舍私为公的精神，在于他为国为民做的那些事。正所谓，思想有多远，我们就能走多远。

第四，奋斗需要讲究策略。不是说自己勤勤恳恳，就一定有收获，只有在目标与方法都正确的前提下，这句话才有意义。从竞争博弈的角度来讲，同行并不一定就是冤家。虽然俗话说"同行是冤家"，但也正因为是同行，才更有可能相互促进。有人说邻家开一样的店，就构成了竞争关系，两家的关系终究好不了。其实，事实未必如此。在激烈的生意场上，一般的经营者生意规模小，资金也不充裕，容易被残酷的市场竞争所淘汰。在这种情况下，只依靠自己单枪匹马上阵搏杀，肯定会碰得头破血流，惨败而归。非己不智，其势然也。若能与同行联合起来，在条件上达到某种默契，然后联手创业，才有可能壮大彼此的实力。世界上没有永远的朋友，也没有永远的敌人。竞争对手也一样是这个道理。自己奋斗与联系同盟并不矛盾，这只是一个策略问题。结成同盟，要善于运用策略，不是说要一味地依赖别人。它的理想的结果是双赢。

另外，竞争也要学会退守策略。勇往直前的进取精神固然可嘉，但须审时度势，不可一味地蛮干。《周易》中有遁卦。这个卦是异卦（下艮上乾）相叠。乾为天，艮为山。天下有山，山高天退。阴长阳消，小人得势，君子退隐，明哲保身，伺机救天下。在事业上，时运不佳，应考虑退隐，勿与不正派的人同流合污。但不是消极逃避，而是为保存实力，总结经验，把握时机，待机而出。切忌贸然行事，造成不必要的损失，同时勿为眼前小利禄所诱惑。在经商时，市场进入衰落的状况，行情不佳，这时决不可执意追求，盲目投入，而应沉着冷静，坚持商业道德，远离小人、奸商，保存自己的实力，等待市场行情好转，再图发展。

人生在世，难免遇到阻碍。在无法前进之时，在唯有退避才能亨通的困难处境之中，就应该果断而有计划地撤退，以保存和蓄养力量，等待时机再转入进攻。人生好比上战场，有前进也有撤退。君子应该用战略目光看待人生，不要被一时的退败弄得灰心丧气。应当清醒地知道，退却和前进一样，都是生活中不可缺少的组成部分。退却可以保存有限的能量，使人有机会体味生活的另一面，让生命的力量得以积蓄，以便将来可以有更大的发展。

二、生命不息、奋斗不止

奋斗，是一种精神，更是一种人生姿态。大凡伟大的人生，无不是奋斗而来。尤其是当一个人处于逆境时，只有靠奋斗，才能找到出路；而在顺境里，守成之时，一旦松懈下来，放松警惕，也易遭失败。因此，奋斗不是人生某个阶段的主题曲，而是全部人生的主旋律。孟子云：

> 舜发于畎亩之中，傅说举于版筑之间，胶鬲举于鱼盐之中，管夷吾举于士，孙叔敖举于海，百里奚举于市。故天将降大任于斯人也，必先苦其心志，劳其筋骨，饿其体肤，空乏其身，行拂乱其所为，所以动心忍性，曾益其所不能。人恒过，然后能改；困于心，衡于虑，而后作；征于色，发于声，而后喻。入则无法家拂士，出则无敌国外患者，国恒亡。然后知生于忧患，而死于安乐也。（《孟子·告子下》）

孟子的这段话，千百年来，不知激励了多少仁人志士。是的，一个人只有像孟夫子这样，具有担当意识，把困难看成是上天对自己的考验与磨砺，他才能破土而出，茁壮成长，终成栋梁之材。“生于忧患而死于安乐”更是值得所有人警觉，困境中奋斗易，而在安乐中仍然保持原来的志气难。

老子说：“胜人者有力，自胜者强。”（《老子》第三十三章）能够战胜他人那是有力的表现，而真正的强者是能战胜自己的人。能战胜自己的人，就是具有超强意志力的人，就是能够努力奋斗并持之以恒的人。《吕氏春秋·先己》也说：“欲胜人者，必先自胜。”

《周易》六十四卦中有一卦，曰“恒”。其卦辞曰：“恒，亨，无咎，利贞。利有攸往。”《彖传》解释说：“恒，久也。刚上而柔下，雷风相与，巽而动，刚柔皆应，恒。恒，‘亨，无咎，利贞’，久于其道也。天地之道，恒久而不已也。‘利有攸往’，终则有始也。日月得天而能久照，四时变化而能久成，圣人久于其道而天下化成。观其所恒，而天地万物之情可见矣。”恒卦之所以亨、无咎、利贞，就是因为“久于其道”，就是因为能坚持其道而不放弃，就是因为有始有终。有始有终，即久，是长久坚持而不放松。所以，恒卦的卦义就是“久”。“恒，久也。”天地之道恒久而不已，日月因为得天而能恒久，四时因为变化而能恒久，君子亦应效法天地，坚守、坚持而持之以恒。程颐解释说：

> 恒者，常久也。恒之道可以亨通，恒而能亨，乃无咎也。恒而不可以亨，非可恒之道也，为有咎矣。如君子之恒于善，可恒之道也；小人恒于恶，失可恒之道也。恒所以能亨，由贞正也，故云利贞。[①]（《周易程氏传》卷三）
>
> 恒之道，可致亨而无过咎，但所恒宜得其正，失正则非可恒之道也，故曰久于其道。其道，可恒之正道也。不恒其德，与恒于不正，皆不能亨而有咎也。[②]（《周易程氏传》卷三）

恒之所以能恒，并且亨而利贞，就是因为其贞正。恒虽贵在坚持、坚守，但所坚持、坚守的是贞，是正，是善，如其不正而恶，则失去了恒的意义。

《周易》中还一有卦为“明夷”。其卦辞曰：“明夷，利艰贞。”明夷的卦象是离下坤上。离为明，坤为地。明入地里，其明灭矣。又，离者文明之象，坤者柔顺之象，于人而言，为内有文明之德，而外能柔顺。《彖传》曰：“‘利艰贞’，晦其明也。内难而能正其志，箕子以之。”程颐解释说：

① （宋）程颢、程颐：《二程集》，王孝鱼点校，中华书局 1981 年版，第 860 页。
② （宋）程颢、程颐：《二程集》，王孝鱼点校，中华书局 1981 年版，第 861 页。

君子当明夷之时，利在知艰难而不失其贞正也。在昏暗艰难之时，而能不失其正，所以为明君子也。[①]（《周易程氏传》卷三）

明夷之时，利于处艰戹而不失其贞正，谓能晦藏其明也。不晦其明，则被祸患，不守其正，则非贤明。箕子当纣之时，身处其国内，切近其难，故云内难。然箕子能藏晦其明，而自守其正志，箕子所用之道也，故曰箕子以之。[②]（《周易程氏传》卷三）

“明夷”卦的卦理是“内难而能正其志”，“处艰戹而不失其贞正”。其代表性人物就是箕子。

箕子，名胥余，殷商末期人，是文丁的儿子、帝乙的弟弟、纣王的叔父，官太师，封于箕，爵为子，故称箕子。箕子佐政时，见纣王进餐必用象箸，深感纣王过于奢侈，叹曰：“彼为象箸，必为玉杯；为杯，则必思远方珍怪之物而御之矣。舆马宫室之渐自此始，不可振也。”后纣愈加奢靡，旦夕饮酒作乐而不理政。箕子屡谏，纣不听。有人劝箕子离去，箕子曰：“为人臣，谏不听而去，是彰君之恶而自说于民，吾不忍为也。”于是箕子披发佯狂为奴，随隐而鼓琴以自悲。纣见此，以为箕子真疯而囚禁之。武王灭商建周后，命召公释放箕子，向箕子询治国之道。而箕子不愿做周的顺民，带领遗老故旧一批人从今胶州湾东渡到朝鲜，创立了箕子王朝。箕子与微子、比干，在殷商末年齐名，并称“殷末三仁”，见于孔子《论语·微子》“微子去之，箕子为之奴，比干谏而死，殷有三仁焉。”

明末清初思想家张履祥说：“吾人生于天地之间，当为可有不可无之人。以一家而论一家不可无，一乡而论一乡不可无，以至一国天下皆然。所谓其生也荣，其死也哀，方不负父母生我之意。今人志卑气弱，说及此际，则以为必非人之所能为。噫！人特不为耳。孟子曰：‘若夫豪杰之士，虽无文王犹兴。’孔子、孟子生于衰周之际，何尝有父兄师友之成就？乃孔子祖述尧舜，宪章文武，孟子则愿学孔子，遂为百世之师。所谓豪杰之士，无文犹兴者，此也，乃孔子之所以为孔子者，

① （宋）程颢、程颐：《二程集》，王孝鱼点校，中华书局 1981 年版，第 878 页。
② （宋）程颢、程颐：《二程集》，王孝鱼点校，中华书局 1981 年版，第 879 页。

不过曰：'焉不学，而亦何常师之有？'孟子之所以为孟子者，亦不过曰：'私淑诸人。'人苟有兴起之意，而不欲以凡民自处，前言往行，可以私淑者何限？并世之贤，可以师资者无穷。乘此年富力强，奋然有为，何患不到圣贤地位？人过三十、四十，去日苦多，不免日暮途远之忧，习染既深，又有难以自新之虑。若少年未尝入世，即能从事于此，譬之璞玉为圭璋，以素丝为文绣，于成也，何有？杨子曰：'晞颜亦颜徒，要在用心刚。'愿贤者勉之。"①

梁启超说："人之生也，与忧患俱来，苟不尔，则从古圣哲，可以不出世矣。种种烦恼，皆为我练心之助；种种危险，皆为我练胆之助；随处皆我之学校也。我正患无就学之地，而时时有此天造地设之学堂以饷之，不亦幸乎！我辈遇烦恼遇危险时，作如是观，未有不洒然自得者。凡办事必有阻。其事小者，其阻力亦小；其事愈大，其阻力亦愈大。阻力者乃由天然，非由人事也。故我辈惟当察阻力之来而排之，不可畏阻力之来而避之。譬之江河，千里入海，曲折奔赴，遇有沙石则挟之而下，遇有山陵则绕越而行，要之必以至海为究竟。办事遇阻力者，当作如是观，至诚所感，金石为开，何阻力之有焉！苟畏而避之，则终无一事可办而已。何也？天下固无无阻力之事也。"（《养心语录》）人生中总有这样那样的困难，遇到困难，当勇力克服困难，而不是绕着困难而躲避。

宋代的史学家欧阳修在《新五代史》中写道："忧劳可以兴国，逸豫可以亡身，自然之理也。故方其盛也，举天下之豪杰，莫能与之争；及其衰也，数十伶人困之，而身死国灭，为天下笑。夫祸患常积于忽微，而智勇多困于所溺，岂独伶人也哉！"后唐庄宗为父报仇打天下的时候，何其壮哉！而当立国之后，沉溺于享乐之中，一代英豪，竟死于伶官戏子手下，令人叹惜。

欧阳修以鲜活的史实，一再证实孟子所谓"生于忧患而死于安乐"。欧阳修也一再地强调："忧劳可以兴国，逸豫可以亡身，自然之理也。"为什么历史总是这么惊人地相似？难道我们不应从中知道些什么吗？我们应该懂得，奋斗绝不只是那些贫寒之士所需要做的事情，也是那些守业者应该拥有的能使国家长治久安之利器。而对于那些事业尚未成的志士来说，他们更需要的是鼓励，需要坚守自己的

---

① 张履祥：《杨园先生全集》卷十三，《答颜孝嘉》。

理想。

清代文学家蒲松龄的一副对联写得好："有志者，事竟成，破釜沉舟，百二秦关终属楚；苦心人，天不负，卧薪尝胆，三千越甲可吞吴。"上联用的是项羽破釜沉舟、大破秦兵的典故，说明做事要有项羽那种拼搏到底、义无反顾的决心。下联用的是越王勾践卧薪尝胆、灭吴雪耻的典故，表示要学越王勾践刻苦自励、发愤图强的毅力。

蒲松龄撰下此联，是要激励自己在读书和创作上，像这两位人物有不达目的绝不罢休的精神。做任何事情，有了决心和毅力，还会不成功的吗？天不负这位有志者，蒲松龄怀着矢志不渝的决心，穷毕生精力著书，取得了卓著的成就，不仅在诗文、辞赋、戏曲、俚曲等方面均有佳作，一部《聊斋志异》更是为古典文学树起了一座丰碑。

此联中，越王勾践的成与败都具有非常深刻的警示意义。春秋末年，吴、越都处于江浙一带，吴大而越小。其时吴王阖闾刚刚耀武中原，成为霸主。吴越两国一向不和。公元前 496 年，越王允常去世，其子勾践继位。吴王阖闾想乘越国丧乱之际发兵攻越，不料却遭到越国军民同仇敌忾，奋力抵抗，招致大败。吴王阖闾负伤死在归途中。伐人丧期，在道德上最是让人不齿，吴王阖闾的失败，岂不宜哉？

其子夫差继承王位，三年潜心备战，一心报仇。于公元前 494 年，率大军杀向越国。越军几乎全军覆没，越王勾践逃到会稽山，派使者向吴国屈辱求和。按照吴国的要求，越王勾践带着夫人和大臣范蠡去吴国服苦役。勾践给阖闾看坟，给夫差喂马，还给夫差脱鞋，服侍夫差上厕所。勾践夫妇与范蠡三人受尽嘲笑和羞辱，但为了复国，他们都忍下来了。三年苦役期满，吴王放勾践回国。勾践君臣相见，抱头痛哭，立志雪耻复仇。勾践回国后，时刻不忘在吴国受辱的情景。他睡觉时，躺在乱柴草之上，夜夜不得安眠，睁眼便是励精图治，早日报仇。他还在自己的屋里挂了一只苦胆，每顿饭前都要尝尝苦味，提醒自己时时不忘在吴国的苦难和耻辱经历。勾践身着粗布，顿顿粝食，跟百姓一起耕田播种；勾践夫人则带领妇女养蚕织布，发展生产。夫妻二人与百姓同甘共苦，激励了全国上下，齐心努力，奋发图强，早日灭吴雪耻。

勾践又采用大臣文种的建议，贿赂吴王，麻痹对方；收购吴国粮食，使之粮库空虚；赠送木料，耗费吴国人力物力兴建宫殿；散布谣言，离间吴国君臣，害死伍子胥；施用美人计，消磨夫差精力，使其不问政事，加速吴亡。其中美人计最为厉害，夫差在美人西施美色的迷惑下，按照越国的心愿和设想的步骤，一步步走向灭亡。公元前482年，勾践乘夫差去黄池会盟，偷袭吴国成功，吴国只好求和。后来越国再次起兵，灭掉吴国，夫差自杀身亡。

但好景不长，勾践此人，可与共患难，却不可共富贵。先是范蠡离去，后有文种因邀功而被勾践杀害。贤臣皆去，越国变得飞扬跋扈起来。因此，越国的强大也只是昙花一现，很快又陷入了内乱之中。这让许多历史人物都感叹，守成比创业更难啊。难就难在，功成名就之后，意志容易被酒色消磨，而志气也因此而堕落，失去了进取心。

古今虽时势不同，而其道理一也。今天的人要想取得成功，不断地进取，就要学习古人的节操与德行。号称“中国第一相”的管仲，就是从穷困到得志，成功之后没有失掉警觉，继续努力，终致齐桓“九合诸侯，一匡天下”的霸业。

管仲出身寒微，年轻时开始经商。商人在那时被认为是最低贱的职业。管仲经历了许多磨难，一直没有施展才华与抱负的机会，还因打仗逃跑被人讥笑。后来好不容易做了公子纠的师傅。但时运不佳，齐襄公去世，公子争位，齐国发生内乱。召忽和管仲带着公子纠逃到了鲁国。公子小白（即齐桓公）率先夺取了国君之位，公子纠争位失败被杀。召忽自杀身亡，管仲没有自杀，而是被进了监狱。在好友鲍叔牙的推荐下，也多亏了齐桓公的大度，管仲终于踏上了齐国的政坛，开始施展他的才华。管仲的成功绝不是偶然的。管仲具有经天纬地之才，却又谦虚谨慎。他在德行修养上，从细微的事情做起，施惠于百姓而不求回报；他肩负着重任而行动肃敬，功劳大而言辞和顺。他总能忍受生活的贫困、事态的曲折，做事总是三思而后行。他的治国理论和行政经验都是后人宝贵的历史财富。

美国的心理学家保罗·史托兹教授在综合来自当今世界数十位著名科学家的研究成果的基础上，提出了“顺境需要EQ，逆境需要AQ，即逆境商数。”AQ就是逆境商或挫折商，简称“逆商”。简单地说，就是当面对逆境与挫折时，不同的人对待逆境或挫折产生的不同反应，这种反应能力就是逆商。保罗·史托兹教授用这个概念来衡量人们克服不顺境遇时的应对智力与能力。他在《让逆商克服逆境》一书中指出，面对逆境，有的人努力奋争，百折不挠；有的人浅尝辄止，一番争取之后，偃旗息鼓；有的人一陷入困境，就心怀恐惧，绕着问题走。不同的态度导致了不同的结局，或是到达理想的彼岸，或是缩手缩脚，碌碌无为。

当然，逆商只是一个宽泛的概念，其实要说明的道理就是，人只有在逆境中奋发图强，才能有所作为。逆商作为一个心理学概念的提出，其意义就在于使得人奋斗的意志从抽象变得具体起来，可测验，可培养，可修正，加深了人对自身的理解。逆商只是一个心理科学中的术语，并不能让我们因此就变得强大起来，而只是向我们揭示出心理规律。最终还是需要我们自己在历练中成长起来，坚定自己的志向而为之奋斗。

第三节　捍卫权利

竞争博弈绝不只是私人之间的事情，它首先要以社会正义为前提。竞争博弈需要以健全的公平竞争的社会机制为基础，而公平的竞争机制需要法律来规范和保障。法律赋予竞争者各项权利，以保障公正的社会秩序，防止任何欺压行为。

“权”之本义，是“秤锤”。汉语“权利”，古代指“权势及货财”，如《荀子·君道》的“接之以声色、权利、忿怒、患险，而观其能无离守也”；也被用来指有钱有势的人，譬如《旧唐书·崔从传》“从少以贞晦恭让自处，不交权利，忠厚方严，正人多所推仰”；或者指谓权衡利害，譬如《商君书·算地》“夫民之情，朴则生劳而易力，穷则生知而权利。易力则轻死乐用，权利则畏法而易苦”。严复是第一个将西方“right”这一权利观念引入中国的人。“right”意义上的“权利”，指公民依法律规定所应享有的不可剥夺的权力与利益，应当足以保障独立的个体作为人的基本尊严。现代意义上的权利，是指法律赋予人实现其利益的一种力量，是法律赋予权利主体作为或不作为的许可或认定。权利通常包含权能和利益两个方面。权能是指权利能够得以实现的可能性，它并不要求权利的绝对实现，只是表明权利具有实现的现实可能；利益则是权利的另一主要表现形式，是权能现实化的结果。权能具有可能性，利益具有现实性。

一、维权是正义的

“人权”这一概念是意大利诗人但丁在《论世界帝国》一书中首先提出的，但他对这一概念的内容没有具体阐述。在英国资产阶级革命时期和启蒙运动时期，一些思想家借用自然法的理论，提出了“自然权利”和“天赋人权”的概念，美国《独立宣言》和法国《人权宣言》则以法律的形式将“人权”加以固定。

较早具体论述“天赋人权”的是荷兰政治思想家格劳秀士（Hugo Grotius）。格劳秀士认为，“自然权利是正当的理性命令，它根据行为是否和合理的自然相谐合，而断定其为道德上的卑鄙，或道德上的必要，并从而指示该一行为是否为创造自然的神所禁止或所命令。”[①] 格劳秀士认为自然权利具有三重含义：第一，自然权利是与自然和理性相谐合的。“‘权利’一字所指示的，只不过是所谓公道而已。”[②] 这种公道，在社会关系、人与人的关系上，体现为公平、平等，所以公道的权利在人与人的关系上体现为“平等权”。第二，自然权利具有道德属性，指人们在占有某些物品时，具有正当性，是与正义相符合的。这样一种占有权又称为“物权”或“特授权”。“一般公民，称这种特授为每一个人自己的所有权……这种权利也包括了我们对付他人的权力，如父亲对于他的儿子，及主人对于他的奴仆的权力。这种权力，还包括财产权在内，同时这权力，有的是完全的，有的是不完全的。关于后一种不完全的权，乃是指有运用或占有某种物品的权，但不能作为自己的财产，也没有把物品让渡给别人的权力，有如债主在债户未偿清以前对于抵押品的权利那样。”[③] 第三，自然权利还包括财物的主人有要求他人偿还所欠财物的权利，这种权利与负债的一方有偿还所欠财物的义务相适应。格劳秀士认为，在自然权利中，财产权是最基本、最主要的权利。“这自然权利不仅和离人类意志独立存在的事物相关，而且和由人类意志的运用必然追随而来的许多事物也有关。例如，现在使用的

---

① 引自：《从文艺复兴到十九世纪资产阶级哲学家政治思想家有关人道主义人性论言论选辑》，商务印书馆1966年版，第222—223页。

② 引自：《从文艺复兴到十九世纪资产阶级哲学家政治思想家有关人道主义人性论言论选辑》，商务印书馆1966年版，第220页。

③ 引自：《从文艺复兴到十九世纪资产阶级哲学家政治思想家有关人道主义人性论言论选辑》，商务印书馆1966年版，第221页。

财产，最初，也是人类意志中的一种创造品，但是，当财产权成立之后，一人若违反另一人的意志而掠夺他的财产，即为自然法所禁止。”[①] 掠夺他人财产是神所憎恶的，靠不义之财而变为富有是一种罪孽。

斯宾诺莎认为，人类具有天赋的生存权利。因为既然人类具有自我保存的天性，那么，按照这一天进行的谋取生存的活动，便是最高的天赋权利。但是，斯宾诺莎认为，个人的自然权利并不是平等的，自然权利的大小与个人自我保存的力量成正比。“个人的天然之权不是为理智所决定，而是为欲望和力量所决定。”[②] 在社会中与在自然中一样，有多大的力量便享有多大的权利。在自然中，“鱼是天造地设地在水中游泳，大鱼吞小鱼；因此之故，鱼在水中快乐，大鱼有最大的天赋之权吞小鱼。”[③] 在社会中，也是一样，“所以每个个体有最高之权为其所能为；换言之，个体之权达于他所规定的力量的最大限度”。[④] 承认天赋人权，而又认为天赋人权是不平等的，实际上是承认了社会生存竞争中弱肉强食的合理性。

卢梭认为，自由、平等的权利是人类首要的既不可转让，也不能出卖的天赋权利。“放弃自己的自由，就是放弃做人的资格，就是放弃人类的权利，甚至是放弃自己的责任。”[⑤] 而“财产是政治社会的真正基础，是公民订约的真正保障”。[⑥] 在卢梭看来，财产权起源于劳动，私有财产的最初形成，是由于人们加入了劳动的结果。“一般说来，要认可对于某块土地的最初占有者的权利，就必须具备下列条件：首先，这块土地还不曾有人居住；其次，人们只能占有为维持自己的生存所必需的数量；第三，人们之占有这块土地不能凭一种空洞的仪式，而是要凭劳动与耕耘。”[⑦] 卢梭认为，在自然状态下，人们对财富的占有权只是一种“据有”或“享用”的权利。人们在订立契约时，不仅把他们的自身和全部力量奉献给了共同体，而且把他

---

① 引自：《从文艺复兴到十九世纪资产阶级哲学家政治思想家有关人道主义人性论言论选辑》，商务印书馆 1966 年版，第 223 页。

② [荷兰]斯宾诺莎：《神学政治论》，温锡增译，商务印书馆 1963 年版，第 213 页。

③ [荷兰]斯宾诺莎：《神学政治论》，温锡增译，商务印书馆 1963 年版，第 212 页。

④ [荷兰]斯宾诺莎：《神学政治论》，温锡增译，商务印书馆 1963 年版，第 212 页。

⑤ [法]卢梭：《社会契约论》，何兆武译，商务印书馆 2003 年修订第 3 版，第 12 页。

⑥ [法]卢梭：《社会契约论》，何兆武译，商务印书馆 2003 年修订第 3 版，第 27 页。

⑦ [法]卢梭：《社会契约论》，何兆武译，商务印书馆 2003 年修订第 3 版，第 28 页。

们据有的财富也交给了共同体。“集体在接受个人财富时远不是剥夺个人的财富，而只是保证他们自己对财富的合法享有，使据有变成为一种真正的权利，使享有变成为所有权。”[①] 所有权是国家法律所确保的一种合法权利，而每个财产所有者的财富都是国家财富的一部分，私有者保管个人的财富也等于个人为国家保管公共财产。“他们的权利受到国家全体成员的尊重，并受到国家的全力保护以防御外邦人；所以可以说，他们是获得了他们所献出的一切。”[②]

法国启蒙思想家狄德罗（Denis Diderot）认为，自由是人类首要的天赋的自然权利。“自由是天赐的东西，每一个同类的个体，只要享有理性，就有享受自由的权利。”[③] 但是这种自由权并不是随心所欲，并不是任意侵犯他人的合法权利，而是依据正义和公共意志进行活动的自由权。“权利是正义的根据和基本理由。……正义是把原来属于各人的仍旧属于各人的义务。”[④] 国家权力是人民根据契约赋予的，国家必须运用手中的权力来维护公民的利益，当然，公民也必须依法向国家尽自己的义务。狄德罗强调，人们虽然拥有天赋的自由的权利，但是，“没有一个人从自然得到支配别人的权利。”[⑤] 因为天赋权利是不能转让的，在政治生活中，人民不会也不可能把自己完全毫不保留地交给另一个人来支配，因此，政府的权力是有限的，其权限应以法律为依据，必须有利于社会，有利于人民。即使是君主政体，其权力也是有限制的。“君主从他的臣民本身取得支配他们的权威；这种权威是受自然法和国家法限制的。自然法和国家法乃是臣民服从政府或者必需政府的条件。这些条件中的一个条件，就是：只有凭着臣民的选择和同意，才有支配他们的权柄和权威，君主决不能运用这种权威来破坏那个使他获得权威的法规或契约。”[⑥] 君主一旦

① [法]卢梭：《社会契约论》，何兆武译，商务印书馆 2003 年修订第 3 版，第 29 页。

② [法]卢梭：《社会契约论》，何兆武译，商务印书馆 2003 年修订第 3 版，第 29 页。

③ 引自：《从文艺复兴到十九世纪资产阶级哲学家政治思想家有关人道主义人性论言论选辑》，商务印书馆 1966 年版，第 452 页。

④ 引自：《从文艺复兴到十九世纪资产阶级哲学家政治思想家有关人道主义人性论言论选辑》，商务印书馆 1966 年版，第 446 页。

⑤ 引自：《从文艺复兴到十九世纪资产阶级哲学家政治思想家有关人道主义人性论言论选辑》，商务印书馆 1966 年版，第 452 页。

⑥ 引自：《从文艺复兴到十九世纪资产阶级哲学家政治思想家有关人道主义人性论言论选辑》，商务印书馆 1966 年版，第 453 页。

违反法律而为所欲为，侵权了人民天赋的权利，他便丧失了支配臣民的资格。

所谓维权，就是公民利用法律武器来维护自身的合法权益。竞争博弈只有在一个正义、平等的公民社会中才能有效地进行，否则就是霸权与垄断，就是欺压。在一个不公正的社会里，人们的合法权益得不得合法的保障时，人们就会采取法律之外的手段来争取自身生存的权利。在这样的情况下，社会就会发生动乱。动乱状态下，无论是国家、社会团体，还是公民，都不可能正常地生存与生活。因而建设法制社会，以法律手段保护社会各方的合法权利，是任何社会活动正常进行的前提条件，也是竞争博弈的前提条件。

法制社会，也必定意味着，当公民的合法权利受到侵犯时，公民可以通过合法的手段来维护自己的权利，也就是维权。在《论语》中，有人问孔子："以德报怨何如？"孔子即回答道："以直报怨，以德报德。"孔子敏锐地觉察到，通过"以直报怨"的方式来矫正不公正的现象，是非常重要的，否则社会公正何在？

如果说以德报怨是一种宽恕，那么这将是对德的不公平、不宽容。如果是这样，人们为什么还要行善而不是作恶呢？因此，一个公正的社会，必须伸张善良者的权益，而坚决惩罚作恶的人，让他们为自己给社会造成的伤害付出相应的代价。只有这样，才能制止犯罪行为。因此，维权是正义的，也是非常必要的。合法权利不维护，侵权行为就得不到应有的惩罚，社会正义的天平就倾斜了。良善者的忍气吞声是对犯罪的纵容。

在人类历史上，最古老的维权当属复仇。虽然在现代法制社会，私自复仇是法律所不容许的，而在古代社会，复仇是惩罚犯罪、维护正义的重要方式。因此我们看到，在古代各大文明中，复仇不仅是合法的，还是正义的。当然，即便在古代，复仇也遵循一定的程序。

在《春秋》一书中，凡有复仇之事，孔子必大书特书，以张复仇之义。《春秋》中充满着对不义的愤怒与热血的报复。儒家的伦常要求每个人都根据自己的身份而行事，要求合乎礼仪，即所谓"君君臣臣、父父子子"。而当礼仪被打破时该怎么样？必须要有相应的矫正机制。复仇就是其中一种，尤其是当社会法律不起作用的时候。而我们知道，古代是礼制社会，法制发挥作用的空间不像现在这么大。

当有人违背礼制以上凌下而侵犯了他人，便埋下了仇恨的种子。这时的受害者，已经从温情脉脉的伦常关系中的人，变成了赤裸裸的凭血性本能行事的人，而要以非常手段惩罚犯罪，以维护礼制的平衡。公羊家在《春秋》经中礼赞复仇，是肯定在天下无道的时代个人可以凭借一己之力来恢复历史中的正义。

古代社会崇尚复仇，自然有其时代的背景。我们知道，在春秋、战国及秦汉之际，天下无道，政治失序，诸侯相灭，君臣相杀，社会生活中缺乏最基本的公义，故灭人之国、绝人之世、杀人之父、残人之子者比比皆是。社会中的怨毒仇恨极深，且往往不能通过合法的政治力量来解除，而社会中的怨毒仇恨如果不化解，人们将无法在极度不公的社会中生活。为解决这一问题，公羊家提出了大复仇说，赞同通过复仇的方式来恢复社会正义。

《礼记·曲礼》以礼制规定了复仇的合法性："父之雠，弗与共戴天。兄弟之雠，不反兵。交游之雠，不同国。"雠即仇也。唐代著名思想家韩愈和柳宗元也都曾经撰文，讨论通过复仇来维护社会正义的问题。

武则天时，徐元庆之父被时任下邽县尉的赵师韫所杀。徐元庆多年后抓住机会杀了身居高位的赵师韫为父报仇。当时社会舆论争论的焦点是，徐元庆是杀害朝廷要员的罪犯，还是为父报仇的孝子？陈子昂提议："出宜正国之法，置之以刑，然后旌其闾墓，嘉其徽烈，可使天下直道而行。"这似乎是一个两全之策。而柳宗元则反驳道："诛其可旌，兹谓滥，黩刑甚矣；旌其可诛，兹谓僭，坏礼甚矣。"显然，礼制与法律相矛盾，这是不应该的。

柳宗元提出的解决办法是："《春秋公羊传》曰：'父不受诛，子复仇可也；父受诛，子复仇，此推刃之道，复仇不除害。'今若取此以断两下相杀，则合于礼矣。"并对此案评价道："且夫不忘仇，孝也；不爱死，义也。元庆能不越于礼，服孝死义，是必达理而闻道者也。夫达理闻道之人，岂其以王法为敌仇者哉？"柳宗元根据事实判断徐元庆的父亲是无辜的，含冤而死，那么赵师韫就是杀父仇人了，徐元庆的复仇就合情合理。当然，如果赵师韫是依法处决徐元庆之父，那么徐元庆当然是不能找官府复仇了。

在现代社会，无论父亲是否冤死，都应向公安机关报案，经由检察院向法院提出刑事诉讼。也就是说，在现代社会，如果涉及刑事犯罪，实属无法调解的，维权必须通过法律途径，而不能私自了断。根据我国现行法律，公民维权的途径有以下几方面：

（一）和解

（二）调解

（三）到工商等部门申诉

（四）申请仲裁

（五）法院起诉

公民与组织法人通过法律手段来维护自身合法权益，不仅是合法的，而且也是维护社会法律秩序、制止犯罪的重要途径。如果人民群众有什么重大问题不能解决，在法律之外，还可以通过信访的方式向上级政府反映问题。准确地说，信访是指公民、法人或者其他组织采用书信、电子邮件、传真、电话、走访等形式，向各级人民政府、县级以上人民政府工作部门反映情况，提出建议、意见或者投诉请求，依法由有关行政机关处理的活动。这是除法律以外的又一种解决问题的办法，是一种比较直接的利益表达形式。

《中华人民共和国宪法》第四十一条规定："中华人民共和国公民对于任何国家机关和国家工作人员，有提出批评和建议的权利；对于任何国家机关和国家工作人员的违法失职行为，有向有关国家机关提出申诉、控告或者检举的权利，但是不得捏造或者歪曲事实进行诬告陷害。"这些规定，可以看作是信访的宪法依据。

但要注意，信访要遵循国家信访制度的各项规定。国务院1996年《信访条例》把《宪法》第四十一条所说的"向有关国家机关提出申诉、控告或者检举"，具体化为"信访人的信访事项应当向依法有权作出处理决定的有关行政机关或者其上一级行政机关提出"。注意：是行政机关，而不是任何机关；是有权机关或者其上一级机关，而不是任何一级政府。2005年新《信访条例》也基本上维持了这一规定："信访人采用走访形式提出信访事项，应当向依法有权处理的本级或者上一级机关提出。"

在我国当前，社会矛盾依然广泛存在。不少人为解决问题，越过了相应的行政机关，而直接到中央反映问题，这就违背了信访工作的程序。虽然其情可悯，然而维权还是要遵循基本的法律程序。不依法律程序办事，给国家机关和个人都会制造麻烦，反而不利于问题的反映与解决。

2009 年曾发生过这样一件维权纠纷案。原告叫罗彩霞，她在 2004 年高考失利，复读了一年，考取天津师范大学。然后她 2009 年 3 月在申请办理开通网上银行时被拒绝，才发现自己的姓名和身份证等信息已被同学王佳俊冒用。原来早在 2004 年，王佳俊就伪造身份假冒罗彩霞上了贵州师范大学。于是罗采霞以侵犯姓名权、受教育权为由向天津市西青区人民法院提起民事诉讼，起诉王佳俊、王峥嵘、贵州师范大学等 7 个单位和个人。但三次申请立案均被拒。

到 2009 年 7 月，罗彩霞大学毕业时，因其姓名和身份信息被冒用，以致她本人无法办理毕业证、教师证等相关证件。2009 年 10 月，湖南省邵阳市北塔区人民法院对王佳俊冒名顶替罗彩霞上大学一案作出一审公开宣判。王佳俊的父亲王峥嵘身为公安干警，犯伪造国家机关证件罪被法院判处有期徒刑 2 年。在这个案件中，如果罗彩霞因为惧怕王峥嵘的权势，而选择忍气吞声，那就不仅是她的合法权益受损，而且还纵容了犯罪。

在竞争博弈中，维护自身的合法权益，不仅是为了自身利益，也是对犯罪分子的威慑，有助于营造风清气正的社会道德环境，营造公平正义的竞争平台。

二、合法权益不可剥夺

对罗彩霞一案，海南大学法学院教师王琳评论道：“‘罗彩霞事件’被媒体曝光以后，舆论大哗。但社会舆论的分析多指向权力的腐败，而较少关注权利的救济。对权力的警惕和对权力滥用的鞭笞无疑是必要的，只是，权力若已腐败，本身即意味着它不惧批评，也不怕鞭笞。只有让权力滥用者在法律上得到应有的惩治，权力才会有所收敛。”

国家公权力本来是用来为人民服务的，但若权力得不到制衡，权力滥用之后得不到惩治与矫正，那么权力就会从维护社会秩序的工具变成加害社会的一种恶。保护公民的合法权益是国家的职责所在，公民的合法权益不可剥夺。

公民所拥有的基本权利，根据不同的分类，可以包括自由权与社会权，又可分为公民权利、政治权利、社会权利，以及 20 世纪以来多次重新定义的基本人权。自近代以来，许多具有历史意义的经典文献具体而清晰地阐述了这些基本权利。著名的《人权宣言》于 1789 年 8 月 26 日在法国颁布。《人权宣言》以美国的《独立宣言》为蓝本，采用18世纪的启蒙学说和自然权论，宣布自由、财产、安全和反抗压迫是天赋的不可剥夺的人权，人们具有言论、信仰、著作和出版自由，阐明了司法、行政、立法三权分立的原则，法律面前人人平等，私有财产神圣不可侵犯。

《人权宣言》这样写道：

> 在权利方面，人们生来是而且始终是自由平等的。除了依据公共利益而出现的社会差别外，其他社会差别，一概不能成立。
>
> 任何政治结合的目的都在于保护人的自然的和不可动摇的权利。这些权利即自由、财产、安全及反抗压迫。
>
> 自由就是指有权从事一切无害于他人的行为。因此，各人的自然权利的行使，只以保证社会上其他成员能享有同样权利为限制。此等限制仅得由法律规定之。
>
> 任何人在其未被宣告为犯罪以前应被推定为无罪，即使认为必须予以逮捕，但为扣留其人身所不需要的各种残酷行为都应受到法律的严厉制裁。
>
> 意见的发表只要不扰乱法律所规定的公共秩序，任何人都不得因其意见、甚至信教的意见而遭受干涉。
>
> 自由传达思想和意见是人类最宝贵的权利之一；因此，各个公民都有言论、著述和出版的自由，但在法律所规定的情况下，应对滥用此项自由负担责任。
>
> 私人财产神圣不可侵犯，除非当合法认定的公共需要所显然必需时，且在公平而预先赔偿的条件下，任何人的财产不得受到剥夺。

自近代人权思想与观念产生以来，人们对人权的理解也在发展、变化。17、18世纪资本主义上升时期仅限于人人生而平等、自由等权利；19世纪后人权逐步从政治领域扩大到经济、文化、社会等领域；20世纪50年代以后随着民族解放运动的发展，突破了传统人权概念，从个人人权发展到集体人权，增加了民族自决权、和平权、环境权等内容。

我们一般把“消极的权利”（negative rights），即保护公民自由免遭侵犯的权利，称为第一代人权；把“积极的权利”（positive rights），即由国家采取积极行动来配合实现的权利，称为第二代人权。20世纪60年代以来，随着国际格局的演变，发展中国家异军突起，在反对殖民压迫的民族解放运动中出现了包括民族自决权、发展权、和平权、环境权、自然资源权、人道主义援助权等提法，这些权利从国内保护扩展到国际保护，要求在维持和平、保护环境和促进发展等领域加强国际合作，因此被称为“第三代人权”。

这些都是国际社会所公认的人权基本内容，至于具体每个国家的公民具有什么样的合法权益，需要参照每个国家的宪法和法律规定。

在我国，《中华人民共和国宪法》中的第二章规定了我国公民所具的基本权利及其相对应的义务。在基本人权方面，我国宪法规定：“国家尊重和保障人权。”“中华人民共和国公民的人身自由不受侵犯。任何公民，非经人民检察院批准或者决定或者人民法院决定，并由公安机关执行，不受逮捕。禁止非法拘禁和以其他方法非法剥夺或者限制公民的人身自由，禁止非法搜查公民的身体。”“中华人民共和国公民的住宅不受侵犯。禁止非法搜查或者非法侵入公民的住宅。”

在政治权利方面，我国宪法规定：“中华人民共和国公民在法律面前一律平等。”“中华人民共和国年满十八周岁的公民，不分民族、种族、性别、职业、家庭出身、宗教信仰、教育程度、财产状况、居住期限，都有选举权和被选举权。”

除了人身自由之外，“中华人民共和国公民有言论、出版、集会、结社、游行、示威的自由。”“中华人民共和国公民有宗教信仰自由。任何国家机关、社会团体和个人不得强制公民信仰宗教或者不信仰宗教，不得歧视信仰宗教的公民和不信仰宗教的公民。”“中华人民共和国公民的通信自由和通信秘密受法律的保护。除因国家安全或者追查刑事犯罪的需要，由公安机关或者检察机关依照法律规定的程序对通信进行检查外，任何组织或者个人不得以任何理由侵犯公民的通信自由和通信秘密。”

宪法是国家的根本大法，一切法律法规以及一切机关团体都要以宪法为依据。我们国家的宪法赋予了我国公民比较充分的自由权利，那么作为公民，也要履行法律所规定的各项义务。尤其是当公民的权益被侵犯时，公民不仅有权利维护自身的合法权益，还要勇于与恶势力作斗争，为营造公平、公正的社会环境尽自己的一份力。特别是当自己的权益被公权力侵犯时，要勇于抗争。我国宪法规定："中华人民共和国公民对于任何国家机关和国家工作人员，有提出批评和建议的权利；对于任何国家机关和国家工作人员的违法失职行为，有向有关国家机关提出申诉、控告或者检举的权利……对于公民的申诉、控告或者检举，有关国家机关必须查清事实，负责处理。任何人不得压制和打击报复。由于国家机关和国家工作人员侵犯公民权利而受到损失的人，有依照法律规定取得赔偿的权利。"

第四节　严守法律

万事万物都要遵循一定的准则，按照一定的轨道运行。竞争博弈也必须遵守法律，才能建立竞争博弈的公共平台。如果没有法律的约束，一切社会都将冲出轨道而失去秩序，更谈不上公平的竞争博弈了。因此，竞争博弈要以严守法律为前提，法律的目的不是限制或废除自由，而是保护自由，而是维护正常的社会秩序。

一、法律是秩序的保障

什么是法律？西方近代的主权论者认为，法律就是主权者的命令。他们认为，只有先确立一个至高无上的主权者来对社会发号施令且臣民皆不得违抗，才能建立起良好的社会秩序。然而，这只是指出了法律不可违反的强制性，并没有揭示出法律自身的内在本质。现代的法律思想家倾向于认为法律是社会规则的集合，而人们的社会行为需要在一定规则的指导下才能有序地展开。这种法是规则的理解要比法是命令的定义深刻很多。

我们玩一种游戏，必须先约定其规则，否则这个游戏既没有意义，也无法进行下去。法律就是我们社会生活的规则。社会生活中有各种各样的规则，比如道德准则、礼仪习俗，等等。有些规则可能只是对自我的要求，大凡涉及公共秩序的规则，就属于宽泛意义上的法律了。这些规则一般由国家法律明文规定，对全体公民一视同仁，没有人能超脱于法律秩序之外。

就其外在作用来说，法律是秩序的保障，即法律是所有人都不可违抗的命令；就其内在作用而言，法律要建立社会秩序，而不仅仅是维护秩序。在竞争博弈中，法律不只是要求竞争博弈中的行为遵守某种规范，法律本身还参与建构了竞争博弈的行为准则。

法律对于社会秩序的保障，一方面在于法律的强制力确保了所有人必须遵守法律，更重要的一面在于，法律本身具有良善的特点，具有道德意识，能够建立良好的社会秩序。法律的法在古文中写作“灋”。东汉许慎的《说文解字》中说：“灋，刑也。平之如水，从水；廌，所以触不直者；去之，从去。”水旁代表着公平，像水是平的一样。廌即獬豸，神话传说中的一种神兽。据说它能辨别曲直，在审理案件时，会能用角去触理曲的人。从这个解释中可以看出，法的含义有二：一是公平，二是正直。

《管子·心术上》说：“法者，上之所以一民使下也。”法的基本特点是统一的标准，共同的行为准则。《管子·禁藏》也说：“法者，天下之仪也。”仪，就是标准，就是尺度。

战国时期，商鞅在秦国推行法制，在他看来：

> 法令者，民之命也，为治之本也，所以备民也。为治而去法令，犹欲无饥而去食也，欲无寒而去衣也，欲东而西行也，其不几亦明矣。一兔走，百人逐之，非以兔为可分以为百，由名分之未定也。夫卖兔者满市，而盗不敢取，由名分已定也。故名分未定，尧、舜、禹、汤且皆如骛焉而逐之；名分已定，贪盗不取。……故圣人必为法令置官也，置吏也，为天下师，所以定名分也。名分定，则大诈贞信，巨盗愿悫，而各自治也。故夫名分定，势治之道也；名分不定，势乱之道也。故势治者不可乱，势乱者不可治。夫势乱而治之，愈乱；势治而治之，则治。故圣王治治，不治乱。（《商君书·定分》）

在商鞅看来，法令是治国安民的根本。一兔走，所以会百人逐之，是因为其名分未定，即所有权未定。街市卖兔者满市，而盗不敢取，是因为名分已定，即所有权明确。所以，法令就是确定名分的。名分定，为势治之道；名分不定，为势乱之道。

此外，法律也为人的行为确定了标准。慎到说：

法虽不善，犹愈于无法，所以一人心也。夫投钩以分财，投策以分马，非钩策为均也。使得美者，不知所以德；使得恶者，不知所以怨，此所以塞愿望也。故著龟，所以立公识也；权衡，所以立公正也；书契，所以立公信也；度量，所以立公审也；法制礼籍，所以立公义也。凡立公，所以弃私也。明君动事分功必由慧，定赏分财必由法，行德制中必由礼。故欲不得干时，爱不得犯法，贵不得逾亲，禄不得逾位，士不得兼官，工不得兼事。以能受事，以事受利。若是者，上无羡赏，下无羡财。(《慎子·威德》)

法律是人的行为准则，无此准则，国必混乱。

韩非认为，法律是治国安邦必备的利器，甚至提出要实行严刑重罚。“无捶策之威，衔橛之备，虽造父不能以服马；无规矩之法，绳墨之端，虽王尔不能以成方圆；无威严之势，赏罚之法，虽尧舜不能以为治。今世主皆轻释重罚严诛，行爱惠，而欲霸王之功，亦不可几也。故善为主者，明赏设利以劝之，使民以功赏而不以仁义赐；严刑重罚以禁之，使民以罪诛而不以爱惠免。是以无功者不望，而有罪者不幸矣。”(《韩非子·奸劫弑臣》)

北宋的李觏认为，民众所服从的不是君，而是法令。君所坚守的不是国土，只是法令。“民之所从，非从君也，从其令也。君之所守，非守国也，守其令也。君端免乎奥阼之位，而民被坚执锐，履肠涉血，赴死万里者，令使之也。君夙驾乎囿游之中，而民居处笑语如不知者，令不及故。是民从令非从君也。”(《李觏集·安民策第六》)民从令非从君，所表达的基本意思就是法律是公意的体现，而非私意的表达。

在西方，中世纪的著名神学家阿奎那把法分为四类，即永恒法、自然法、人法和神法。

永恒法是上帝的理性，这是最高的法，是其他一切法律的本原。自然法和人法都要服从永恒法。自然法是上帝指导与管理人类行为的法，是上帝的理性在人类理性中的体现，适用于全体人类。人法是统治者颁布的法律，包括万民法和市民法，它是自然法的特殊运用。神法，即教会法，包括《圣经》中的《新约》与《旧约》，以及教会的规定，这是上帝赋予人类的法律。人法必须接受神法的指导。

其中除了人法之外，自然法对西方社会的影响至为重要。近代思想家的社会改革思想不无出于其对自然法的理解，都要尊自然法为最高的规范。比如霍布斯、洛克、卢梭等伟大思想家都将其思想规定比附于自然法。古希腊与古罗马的人们更是直接以自然为准则来指导自己的生活。

古希腊人区分了自然的与人为的，比如习俗就是人为建立的。而所有的人为都是对自然的模仿。自然代表完美理性的准则，因而自然的就是最高的道德，也是最高的法律。所有对人为法的评价，应以其与自然法的一致性为标准。违反自然的都是不正义的，因而一部非正义的法律根本就不是法律。自然法不仅是以道德价值衡量不同法律的标准，并且还是确定法律主张的先决要素。在古希腊人看来，是自然理性要求他们追求德性，其具体的内容包括节制、勇敢、慷慨、公正等。

在中国传统中，同样也是以高于人的天道来规范现实中的人。老子说："人法地，地法天，天法道，道法自然。"（《老子》第二十五章）而对于儒家来说，所谓人法天地，就是效法天地之德、天地之义。这天地之德之义不是老子所说的自然而然，而是有圆智、有义方的，也是刚健有为的。总的来说，人道要效法天道，服从天道。现世中的统治者以替天行道自居，所以自称天子。如果天子不能替天行道，那么他的天子之位也就做到头了。

中国古代社会秩序的最高准则乃是天道，人道是根据天道而设的，现世中的法律创制则是为了维护符合天道的伦常秩序。从这个意义上说，法律是人世间生活秩序的最高保障。人之所以需要法律，就其根本来说，在于人本身所具有的弱点。不只在于人具有作恶的可能性，还在于人出于无知而导致的无序。荀子对人类社会为什么需要法律秩序有过精准的表达，他说："礼起于何也？曰：人生而有欲，欲而不得，则不能无求；求而无度量分界，则不能不争；争则乱，乱则穷。先王恶其乱也，故制礼义以分之，以养人之欲，给人之求，使欲必不穷于物，物必不屈于欲，两者相持而长，是礼之所起也。"（《荀子·礼论》）荀子所说的礼，就相当于今天的法。从诸多方面来看，人类行为都需要法律的指导与维护。

洛克认为，没有绝对的、无制约的自由。"自由并非像罗伯特·菲尔麦爵士所告诉我们的那样：'各人乐意怎样做就怎样做，高兴怎样生活就怎样生活，而不受任何法律束缚的那种自由'。"[①] 洛克认为这种没有法律约束的自由是不存在的。他虽然赞赏自然状态，认为自然状态是一种"完备无缺的自由状态"，但他并不认为自然状态是一种毫无约束的状态：自然状态"却不是放任的状态。在这状态中，虽然人具有处理他的人身或财产的无限自由，但是他并没有毁灭自身或他所占有的任何生物的自由。"[②] 在人们脱离自然状态，订立契约而建立国家、制定法律以后，自由只能是"在他所受约束的法律许可范围内，随其所欲地处置或安排他的人身、行动、财富和他的全部财产的那种自由。"[③] 自由是受法律约束的，是法律范围内的自由。"凡在社会状态中想夺去那个社会或国家的人们的自由的人，也一定被假设为企图夺去他们的其他一切，并被看作处于战争状态。"[④] 如果允许损害社会、国家、他人自由的自由，那人与人必然处于战争状态。"法律按其真正的含义而言，与其说是限制还不如说是指导一个自由而有智慧的人去追求他的正当利益，它并不在受这法律约束的人们的一般福利范围之外作出规定。假如没有法律他们会更快乐的话，那么法律作为一件无用之物自己就会消灭。"[⑤] 法律是保护自由的。"法律的目的不是废除和限制自由，而是保护和扩大自由。"[⑥] 自由以服从法律为前提。"哪里没有法律，那里就没有自由。这是因为自由意味着不受他人的束缚和强暴，而哪里没有法律，那里就不能有这种自由。但是自由，正如人们告诉我们的，并非人人爱怎样就可怎样的那种自由（当其他任何人的一时高兴可以支配一个人的时候，谁能自由呢？）。"[⑦] "所以，自由的第一个内容就是遵守法律，依法行事。"[⑧]

卢梭认为，法律是全体人民对全体人民所作出的规定。正义是存在的，但是正义需要法律的保护。

---

① [英]洛克：《政府论》下篇，叶启芳、瞿菊农译，商务印书馆 1964 年版，第 16 页。
② [英]洛克：《政府论》下篇，叶启芳、瞿菊农译，商务印书馆 1964 年版，第 6 页。
③ [英]洛克：《政府论》下篇，叶启芳、瞿菊农译，商务印书馆 1964 年版，第 36 页。
④ [英]洛克：《政府论》下篇，叶启芳、瞿菊农译，商务印书馆 1964 年版，第 13 页。
⑤ [英]洛克：《政府论》下篇，叶启芳、瞿菊农译，商务印书馆 1964 年版，第 35—36 页。
⑥ [英]洛克：《政府论》下篇，叶启芳、瞿菊农译，商务印书馆 1964 年版，第 36 页。
⑦ [英]洛克：《政府论》下篇，叶启芳、瞿菊农译，商务印书馆 1964 年版，第 36 页。
⑧ [英]洛克：《政府论》下篇，叶启芳、瞿菊农译，商务印书馆 1964 年版，第 36 页。

> 毫无疑问，存在着一种完全出自理性的普遍正义；但是要使这种正义能为我们所公认，它就必须是相互的。然而从人世来考察事物，则缺少了自然的制裁，正义的法则在人间便是虚幻的；当正直的人对一切人都遵守正义的法则，却没有人对他也遵守时，正义的法则只不过造成了坏人的幸福和正直的人的不幸罢了。因此，就需要有约定和法律来把权利与义务结合在一起，并使正义能符合于它的目的。①

国家政治共同体的本质就在于自由与服从二者的统一。在政治共同体内，人们既是自由的而又要服从法律。法律是公共意志的表现，服从法律就是公民服从自己的意志。人们订立契约而建立国家，每个公民在国家中享有公民的权利，同时也相应地承担公民的义务。而服从法律就是公民最基本的义务。如果公民只享有权利而不承担义务，这显然是不公平、不正义的。不正义的行为是不被允许的。允许不正义，是不正义的。“因而，为了使社会公约不至于成为一纸空文，它就默契地包含着这样一种规定——唯有这一规定才能使得其他规定具有力量——即任何人拒不服从公意的，全体就要迫使他服从公意。这恰好就是说，人们要迫使他自由。”② 权利、义务、法律、自由，这一切是交织在一起的，是结合在一起的。法律不是限制人的自由，而是要保护人正当的自由。“我们无须再问应该由谁来制订法律，因为法律乃是公意的行为；我们既无须问君主是否超乎法律之上，因为君主也是国家的成员；也无须问法律是否会不公正，因为没有人会对自己本人不公正；更无须问何以人们既是自由的而又要服从法律，因为法律只不过是我们自己意志的记录。”③

孟德斯鸠更为明确地指出：“政治自由并不是愿意做什么就做什么。在一个国家里，也就是说，在一个有法律的社会里，自由仅仅是：一个人能够做他应该做的事情，而不被强迫去做他不应该做的事情。”④ 应该做的事情，就是法律许可的事；不应该做的事情，就是法律禁止的事情。“自由是做法律所许可的一切事情的

---

① [法] 卢梭：《社会契约论》，何兆武译，商务印书馆 2003 年修订第 3 版，第 45 页。
② [法] 卢梭：《社会契约论》，何兆武译，商务印书馆 2003 年修订第 3 版，第 24—25 页。
③ [法] 卢梭：《社会契约论》，何兆武译，商务印书馆 2003 年修订第 3 版，第 47 页。
④ [法] 孟德斯鸠：《论法的精神》上册，张雁深译，商务印书馆 1961 年版，第 154 页。

权利；如果一个公民能够做法律所禁止的事情，他就不再有自由了，因为其他的人也同样会有这个权利。”[①] 孟德斯鸠认为，人们不能为自由而自由，自由不是目的自身。“哲学上的自由，是要能够行使自己的意志……政治的自由是要有安全。”[②] 在孟德斯鸠看来，“一个公民的政治自由是一种心境的平安状态。这种心境的平安是从人人都认为他本身是安全的这个看法产生的。要享有这种自由，就必须建立一种政府，在它的统治下一个公民不惧怕另一个公民。”[③] 要使一个公民不惧怕另一个公民，就要建立法制，惩办罪犯。建立法制，就是为了保护全体公民的权益不受侵犯。

就法律的作用而言，法律首先具有指引的作用。它为人们的行为提供一个既定的模式，从而引导人们在法所允许的范围内从事社会活动。因而法的积极作用在于引导人们正确地从事社会活动，保证社会秩序的正常运转。同时，法律具有强制矫正作用。法律实施在很大程度上依赖于人们的自觉遵守，但是如果有人违反了法律，那么法律就要发挥它的矫正作用，对违法犯罪者施予惩戒，使遭到破坏的社会秩序得以恢复。对竞争博弈来说，只有在法律的威严之下，人们戒于法律的权威，不妄作，才能保障竞争博弈的正常秩序。

二、自觉遵守法律

法律的生命在于遵守。要严格按法律办事，要严格遵守法律。在韩非看来，依法办事，就是在法律面前人人平等。“法不阿贵，绳不挠曲。法之所加，智者弗能辞，勇者弗敢争。刑过不避大臣，赏善不遗匹夫。故矫上之失，诘下之邪，治乱决缪，绌羡齐非，一民之轨，莫如法。属官威民，退淫殆，止诈伪，莫如刑。刑重则不敢以贵易贱，法审则上尊而不侵；上尊而不侵则主强而守要，故先王贵之而传之。”（《韩非子·有度》）其中“法不阿贵，绳不挠曲”，“刑过不避大臣，赏善不遗匹夫”，是从执法方面讲的，是从国家机构层面讲的。

国家要做的、执法部门要做的是严格执法，是法律面前人人平等。而个人要做

① ［法］孟德斯鸠：《论法的精神》上册，张雁深译，商务印书馆 1961 年版，第 154 页。
② ［法］孟德斯鸠：《论法的精神》上册，张雁深译，商务印书馆 1961 年版，第 188 页。
③ ［法］孟德斯鸠：《论法的精神》上册，张雁深译，商务印书馆 1961 年版，第 155—156 页。

的，是自觉遵守法律。在这方面，古希腊哲学家苏格拉底（Sokrates）为我们做出了榜样。在苏格拉底看来，公民必须维护法律的尊严，法律就是公民与国家签订的契约，遵守法律就是遵守契约。苏格拉底认为：正义要求自己必须服从母邦的命令。“如果你不能说服你的母邦，你就应该按它的命令行事，忍耐地服从它加于你的任何惩罚。”[①] 苏格拉底被人诬告而身陷囹圄，学生们奋力营救，安排他出逃，但被他毅然拒绝，认为这有损于国家法律的尊严。在苏格拉底看来：“一个人只要找到了他在生活中的位置，无论这是出于对自己有利还是出于服从命令，我相信为了荣誉，他会正视危险，不惜付出生命和一切。”[②] 苏格拉底认为，违反法律就是违反契约，虽然自己是被冤枉的，但也要无条件服从法律。

德国哲学家黑格尔（Friedrich Hegel）认为，法律从本质上来讲是公民理性的体现。从某种意义上说，法律是一种限制。“社会和国家当然产生了限制，但这种限制只是限制了纯属兽性的情感和原始的本能；就好像在一个比较更进步的阶段，便是限制了放纵和热情考虑的意图。这一种限制，乃是真正的——合理的和依照概念的自由的意识和意志所由实现的手段。”[③] 人们往往把法律看成是对自由的限制。但这种限制是必要的。“我们应当把这种限制看作是解放的必要条件。社会和国家正是‘自由’所实现的情况。”[④] 在法治国家，每个人依法享有一定的自由和权利，但享有这种自由与权利必须以不侵害他人的自由和权利为前提。“每个人在涉及他人自由的时候，务必限制自己的自由；国家是种相互限制的一种必要条件；而法律本身就是限制。”[⑤] 法律体现的是公民的理性，而理性是公民自由的先决条件。“在一个真正按照理性来划分生活各部门的国家里，一切法律和措施都只是按照自由的本

---

① [古希腊]柏拉图：《苏格拉底的最后日子——柏拉图对话集》，余灵灵、罗林平译，上海三联书店1988年版，第100页。

② [古希腊]柏拉图：《苏格拉底的最后日子——柏拉图对话集》，余灵灵、罗林平译，上海三联书店1988年版第59页。

③ 引自：《从文艺复兴到十九世纪资产阶级哲学家政治思想家有关人道主义人性论言论选辑》，商务印书馆1966年版，第682页。

④ 引自：《从文艺复兴到十九世纪资产阶级哲学家政治思想家有关人道主义人性论言论选辑》，商务印书馆1966年版，第674页。

⑤ 引自：《从文艺复兴到十九世纪资产阶级哲学家政治思想家有关人道主义人性论言论选辑》，商务印书馆1966年版，第681页。

质的规定来实现自由。既然如此，所以每个公民都发现这种制度恰恰是他个人理性的实现，在服从这些法律时，不是把它们当作外人，而是把它们当作心腹。”①

让公民们普遍地遵守法律不是无条件的。其中一个重要条件是法制健全、司法公正。如果缺乏起码的司法公正，公民的权益得不得保障，那么就很难指望公民自觉遵守法律。

一般认为，法治国家的重要特点是：（1）法治国家的基本目的在于通过法律保障人权与抑制公共权力的滥用，使法成为规范社会生活的唯一准则；（2）法治国家的法必须为良法；（3）公布一部宪法确立权力分立以限制国家权力的集中；（4）赋予并保证公民免受他人侵犯或国家非法干涉的基本权利；（5）确立普遍的司法原则，即国家和社会生活的任何行为与纠纷都可以通过司法的途径来解决；（6）司法独立的审判制度和禁止刑法溯及既往。

只有以良法为前提的法治秩序，才能确保长治久安。此外，法治的制度与公民良好的道德品质，二者缺一不可。比如切蛋糕，一块蛋糕几个人来分，怎么分才能保证大家分到的蛋糕一样大呢？最好的办法就是让切蛋糕的人，最后来选他所分得的蛋糕，这样就能促使他把每一块蛋糕都分得尽量均匀。但是，如果切蛋糕的人与第一个拿蛋糕的人勾结起来，先切一块最大的让他选，然后两个人私分，这又怎么办？也许有人会说，那不能让切蛋糕的人知道其他人选蛋糕是怎样的次序。然而在现实当中，社会利益这一块大蛋糕是由权力部分来切的，他们知道怎样切对谁有好处。根据人民主权原则，切蛋糕最重要的是要为人民服务，保护更广大人民群众的权益，然而事实却未必如此公正。

法律，它不能仅仅停留在字面上，停留在白纸上，而是要深入人心，成为人们指导自己行为的准则。只有这样，才是真正的法。那么这就有两个要求，首先法一定是良法，是公正的、道德的，因而能为所有人认可。只有这样，法才不是光写在纸上，才能刻入人们的心中。其次法律的实施要有保障，一切违法的行为都应当得以惩罚与纠正，否则的话，这法律仍然只是一纸空文。

---

① 引自：《从文艺复兴到十九世纪资产阶级哲学家政治思想家有关人道主义人性论言论选辑》，商务印书馆 1966 年版，第 532 页。

对于公民自己来说，一定要有法律意识，使自己的行为时时合乎规范。法律的实施，不只是靠国家的推行，也要靠公民内心对法律的敬畏。在竞争博弈中，保护法律，不只是国家的责任，也是全体公民的义务。

第七章　共生与竞争的和谐均衡

一方面，人与人、人与外在事物，是一种共生的关系，由共生而共在，而和处，而合作，而和谐，而和睦，而和平；另一方面，人与人、人与外在事物，又有竞争的关系，因为有竞争，所以有冲突，有对抗，有斗争。就大体而言，中国文化强调共生、共在、和处、和谐、合作，西方文化强调竞争、对抗、斗争。而世界局势的发展、世界事态的发展，已经使东方与西方、中国与世界连成一片，各种交往、交流日益加强，在此情势下，虽然不能无视文化、文明之间的差异，但更要看出，差异并非不可调和，更应在差异中寻求均衡。

第一节　共生与竞争的均衡

人与人的关系，人与物的关系，一方面是共生的关系，一方面又有竞争。共生与竞争，虽然不同，但却并非不可相容。

一、共生并非否定矛盾

我们所谈论的广义上的“共生”，其实是一种均衡的状态，与中国传统思想中的“和”相近。在中国传统文化中关于“和”的共生思想很多：孔子提出“和为贵”。老子讲“知和曰常”，以和为恒常的标准。《易传》认为只有人才能“与天地参”，和谐相处而共生。《中庸》说“喜怒哀乐之未发，谓之中；发而皆中节，谓之和。中也者，天下之大本也；和也者，天下之达道也。”中是万事万物生育发展的根本，各种各样的事物统一共生，在保持自我生存的同时也兼顾他物的生存，保持一种共存的状态，实现各自发展又相互补益，这就是世界存在的根本道理。万事万物本来是一种共生的状态。正是在共生状态中，万事万物才能各展其个性特色，相互衍生和发展，到位但不越位，在共存中实现共同生成；正是在共生状态中，万事万物方才富有活力而又有序，生生不息，经久不衰。

中国传统文化中所强调的“天人合一”的思想是先哲们对于人与自然共生问题作出的深刻思考。“天人合一”思想是中国传统文化的精髓之一，它的形成和发展源于人们长期的实践体认。它概括了人与天地的包含性共生关系：人生存于天地之间，与天道相合，没有天地的存在，也就不可能有人的生存。

庄子在《齐物论》中指出“天地与我并生，而万物与我为一”，认为在道的视角下，人与天地并生，天地与人与万物同处平等地位。《易传·序卦》里也解释了天地万物与人的共生关系：“有天地，然后有万物；有万物，然后有男女。”从根本上说，天地、万物和人类不仅是共生的，而且这种共生还是历史性的过程。天地生万物，万物育人类。人的存在同于天地万物，人类要得以生存，就要保护好自然万物，保护人类的唯一家园。

王充说：“人，物也，万物之中有智慧者也。其受命于天，禀气于元，与物无异。”（《论衡·辨祟》）人在事物之中，人既是物，又与物有所不同。人与万物的不同之处，在于人是有智慧的；人“与物无异”，是因为人与物一样来源于自然界，都要服从自然规律。

张载把人与自然、人与社会的共生关系明确扩大提升，强调“人但物中之一物耳”。“民，吾同胞。物，吾与也。”（《正蒙·乾称》）所有的民众，都是我同胞的兄弟姐妹；所有的事物，山川河流、草木虫鱼、飞禽走兽，都是与人一样的生命体的存在。

然而，“和”与“共生”并不是没有差异、没有矛盾的“同”。“和而不同”才是“和”与“共生”的本质内涵。因为“和实生物，同则不继”，就是说事物之间只有保持异质差异性，才可能发展进步。如果只有单一性的同质同类的事物，永远一成不变，则谈不上发展，也不会有任何的进步和变化。“和”内含着共生的意义，但“和”绝不是无原则地一味地附和，更不是人云亦云。所谓“君子和而不同，小人同而不和”。“共生”是事物的多种因素并存，是互补基础上的统一，是统一体内多种因素的差异与协调，是对立面的统一，是各种关系之间的良性循环与发展。互利则共生，互损则俱灭。“共生”并不否认差异，否认竞争，但它不同于对立的竞争关系，不是强者压制弱者、弱者躲避强者，不会导致强者更强、弱者更弱的恶性循环。

我们国家的外交政策的纲领性原则是“和平共处五项原则”。和平共处五项原则的具体内容是：“互相尊重主权和领土完整、互不侵犯、互不干涉内政、平等互利、和平共处。”它的核心是“求同存异”。

1953 年底，中国政府同印度政府就两国在西藏地区的关系问题进行谈判。12 月 31 日，在同印度政府代表团谈话时，周恩来首次提出按照“互相尊重领土主权、互不侵犯、互不干涉内政、平等互惠、和平共处”五项原则，处理两国关系。1954 年 4 月 29 日，中印双方签署《中印关于中国西藏地方和印度之间的通商和交通协定》，将和平共处五项原则写入序言。这是和平共处五项原则第一次写入正式的国际文件。同年 6 月，周恩来又先后访问印度和缅甸，并与时任印度总理尼赫鲁、时任缅甸总理吴努分别发表联合声明，双方一致同意以和平共处五项原则作为指导中印、中缅两国关系的基本原则。声明中说：“两国总理重申指导两国关系的和平共处五项原则，并且感到在他们与亚洲以及世界其他国家的关系中，也应该适用这些原则。如果这些原则不仅适用于各国之间，而且适用于一般国际关系中，它们将形成和平与安全的坚固基础。”

和平共处五项原则的基本思想是：“各国不分大小强弱，不论其社会制度如何，是可以和平共处的。各国人民的民族独立的自主权利是必须得到尊重的。各国人民都应该有选择其国家制度和生活方式的权利，不应受到其他国家的干涉。”《中庸》有句名言：“万物并育而不相害，道并行而不相悖”。这反映的是国与国之间的相处之道，同样也是人与人、人与自然之间的相处之道。

张立文指出：“和合创新法不是一方消灭一方、一方打倒一方的单一法、唯一法，而是‘万物并育而不相害，道并行而不相悖’的互补法、双赢法。任何事情，包括国与国、民族与民族、种族与种族、宗教与宗教之间的交往相处，都要以此为原则。并育并行，就是共同发育，共同前进，互动互补，相得益彰，而不是我吃掉你、你吃掉我的单育单行，单育单行则会导向衰落和毁灭。并育并行所遵守的原则是‘不害’、‘不悖’。不害不悖就能互补、双赢地创造优美境界。相害相悖地不断斗争，只能两败俱伤，百害而无利。”[①]

二、竞争不是你死我活

人存在于社会中，人与人、人与社会，在实践中总是相互作用的。竞争是不同主体为了实现有利于自己的目的而进行的相互争胜的活动，也是对共同期望的有限资源的争夺过程。竞争贯穿于自人类社会产生以来的整个人类历史进程之中，也贯穿于个体或群体的生存和发展过程中，它是人类实践生活中相互作用的基本形式之一。在人类实践活动中，不同主体的各方面的需要或利益不可能同时均衡地得到满足，因而势必使某些有限的社会资源成为人们共同追求和争夺的目标，从而相互之间形成竞争。可以说，竞争作为客观事实，是每个人在日常生活和现实生存中所要面对的，也体现在人们活动的方方面面。而一般意义上对竞争的理解，是从达尔文进化论中“物竞天择，适者生存”的角度解释的，是在偏向否定性、对抗性层面把竞争理解为有你无我、你死我活的斗争。这种理解是片面的。竞争不等于斗争。主体应当通过正当的、平等的、合理合法的、人道的手段和方式实现自己的目标，使自己得到提升并不断壮大；而不应当不择手段，不应当通过打压对手而提升和壮大自己。正如休谟所言：“高尚的竞争是一切卓越才能的源泉。”良性竞争说到底是一种人道的竞争，其基本原则是：自己生存，也让别人生存，在竞争中分优劣；自己发展，也让别人发展，在发展中比高下。

全球饮料巨头可口可乐公司与百事可乐公司，这两个竞争对手在双方激烈的竞争中正突出了这种效果。百事可乐与可口可乐都盯死了对方，只要对方一有新动作，另一方肯定也会有新花样。可口可乐早在 20 世纪 20 年代便在古巴用飞机在空中喷出烟雾，画出“COCA-COLA”字样，可惜因为缺少经验而失败，百事可乐在 1940 年更是一下租了 8 架飞机，飞了 14.5 万公里，在美国东西两海岸城市，以机尾喷雾，写下百事可乐的广告。可口可乐当然要及时反击，为强化国民第一饮料的形象，可口可乐赞助了 1939 年的纽约世界博览会，并请名人啜饮，将其照片刊在

① 张立文：《和合方法的诠释》，《中国人民大学学报》2002 年第 3 期。

杂志封面。但相比之下，百事可乐的宣传广告方式更有创意。他们专门设计了一套卡通片，而且还创作了一首看似极普通却风靡全美的广告歌曲。两大巨头在竞争中可谓不遗余力，使出浑身解数来击败对手，但结果却是二者都有了长久的发展。在这种良性竞争的环境下，企业才会有生机和活力，才能不断地克服困难，共同发展，一直向前。

另一方面，竞争与合作是密不可分的。“竞争共生”与“互利共生”同属于“共生”系统。竞争与合作是相互联系辩证统一的。竞争存在于合作之中，合作以竞争为前提。没有合作的竞争是软弱无力的或是破坏性的；而没有竞争激励的合作，是没有活力和生命力的。不能重竞争而轻合作，也不能重合作而排斥竞争。缺乏竞争的合作没有动力，而缺乏合作的竞争必然混乱。只有竞争与合作并存，才能使竞争双方扬长避短，共同提高。毛泽东曾指出，要在斗争中求团结，在团结中求斗争。说的就是竞争与合作之间的紧密关系，二者并不矛盾。竞争双方不应该把对手视为冤家对头，不能对其“欲除之而后快”。否则就会偏离初衷，失去竞争的本意：竞争的目的是为了提升自己，而不是为了打倒对方。

我们社会主义国家本质同样体现了竞争与合作的统一。要解放和发展生产力，就必须充分调动人民群众的积极性和创造性，提高劳动生产率。这就必然要引入竞争机制，鼓励合理合法的公平竞争。而要消灭剥削、消除两极化，实现共同富裕，又离不了各种方式的合作。国家允许一部分人先富起来，也是鼓励合法竞争并承认竞争所形成的收入差别的合理存在。同时，国家又采取各种措施促使先富带后富、扶贫帮困、对口支援、互助互利，推进共同富裕，这也是竞争与合作的统一。现阶段实行以公有制为主体多种所有制经济共同发展的经济制度，也体现了竞争与合作的统一。我国积极参与国际经济竞争与合作，与多国建立面向21世纪的各类合作伙伴关系和睦邻互信的外交关系等等，都可以从竞争与合作的统一中得到合理的理解。

总之，在当今的时代背景下，竞争绝不是你死我活。我们应该提倡公平竞争、文明竞争，要敢于竞争，积极合作，在竞争中合作，合作中竞争。

三、竞争与合作的均衡

人类社会与自然环境的资源承载力、环境容纳总量在一定时空范围内是恒定的，但其分布是不均匀的。整个系统中的个体关系既有互斥性，又有互补性。个体力图伸展其个性，发展过程中出现与其他个体的矛盾，因此，处于同一环境中的人，势必形成个性之间的冲突。群体的势力力图伸展，而群体间面临的问题也难以和解，因此，处于同一环境中的群体，少不了相互间的冲突。个人力求自由，群体力图整合，因此，也会形成个体与群体间的冲突。

但个体为了生存和发展，又必须与其他个体合作。社会系统已经形成，个体不可能不依靠社会而自足。小到生活的需求的实现，大到对灾害、突发事件的应对，个体都无法脱离他人而存在。社会群体也是如此，无论经济、政治、文化，以及其他领域，个体与个体之间、个体与群体之间、群体与群体之间都需要合作，这种互补性让共生成为可能。

在共生的大环境下，个体都享有生存和发展的权利，但是并不能实现所有个体的均衡发展，个体或群体的成功与否取决于与其他个体或群体的竞争，以及环境所给的机会。而竞争也并非是在已定市场内的你死我活，更不是两败俱伤。竞争是一种唤醒，是一种相互助长，结果是双方都得到提升，得到发展。两种事物在竞争中存在着共同生长点时，就可以共生；或者是同一事物能给不同经营者同时带来好处的时候，就可以共生。

共生并无定式，在实践中创新思维可以创造出多种形式的共生。所以，共生反对不公平的竞争，如垄断竞争，而提倡合法竞争、公平竞争，提倡机会均等。在无数竞争对手的此消彼长中，形成一个整体的平衡。由此，所谓共生，一方面指竞争对手间的合作与竞争，另一方面指整个体系的平衡与发展。

传统文化中有很多思想可以很好地阐释共生与竞争的平衡，我们看太极图，太极图是阴阳鱼的环抱，它体现了阴阳的构成合力。从图形的环抱成圆可以看出，阴阳的关系并非绝对对立，而是阴中有阳，阳中有阴。太极图所揭示的义理是：世界可以分为阴阳，阴阳不是分离而是和抱；阴中不是只有阴，阳中也不是只有阳，二者相互包含；阴阳的这种状态构成了事物的运动变化与发展。

从共生与竞争的角度来看，竞争双方也不是相互对立的，竞争中蕴含合作的可能，在竞争与合作中达到一个良性的发展性的共生。《周易·系辞上》说："一阴一阳谓之道。"因为世间一切事物都是由两个方面相辅而相成的，是在合作中而生生不息的。

《周易》中的比卦也蕴含亲密团结、真诚合作的深意。程颐说："比，亲辅也。人之类，必相亲辅，然后能安。故既有众，则必有所比，比所以次师也。为卦，上坎下坤。以二体言之，水在地上，物之相切比无间，莫如水之在地上，故为比也。又众爻皆阴，独五以阳刚居君位，众所亲附，而上亦亲下，故为比也。"①（《周易程氏传》卷一）比卦的卦辞曰："比，吉，原筮，元永贞，无咎。不宁方来，后夫凶。"程颐解释说："比，吉道也。人相亲比，自为吉道。故《杂卦》云：'比乐师忧'。人相亲比，必有其道，苟非其道，则有悔咎，故必推原占决，其可比者而比之。"②（《周易程氏传》卷一）朱熹说："比，亲辅也，九五以阳刚居上之中而得其正，上下五阴，比而从之，以一人而抚万邦，以四海而仰一人之象。故筮者得之，则当为人所亲辅。"③ 比卦的义理是比辅，亦即相互间的协助、协作。《彖传》曰："比，吉也；比，辅也，下顺从也。'原筮，元永贞，无咎。'以刚中也。'不宁方来，'上下应也。'后夫凶'，其道穷也。"程颐解释说：

> 比吉也，比者吉之道也。物相亲比，乃吉道也。比辅也，释比之义，比者相亲辅也。下顺从也，解卦所以为比也。五以阳居尊位，群下顺从以亲辅之，所以为比也。推原筮决相比之道，得元永贞而后可以无咎。所谓元永贞，如五是也，以阳刚居中正，尽比道之善者也。以阳刚当尊位为君德，元也。居中处正，能永而贞也。卦辞本泛言比道，《彖》言元永贞者，九五以刚处中正是也。人之生，不能保其安宁，方且来求附比。民不能自保，故戴君以求宁；君不能独立，故保民以为安。不宁而来比者，上下相应也。以圣人之公道言之，固至诚求天下之比，以安民也。以后王之私言之，不求下民之附，则危亡至矣。故上下之志，必相应也。在卦言之，上下群阴比于五，五比其众，乃上下应也。众必相比，而后能遂其生。天地之间，未有不相亲比而能遂者也。若相从之志不疾而后，则不能成比，虽夫亦凶矣。无谓亲比，困

① （宋）程颢、程颐：《二程集》，王孝鱼点校，中华书局 1981 年版，第 737 页。

② （宋）程颢、程颐：《二程集》，王孝鱼点校，中华书局 1981 年版，第 738 页。

③ （宋）朱熹：《周易本义》，廖名春点校，中华书局 2009 年版，第 65 页。

屈以致凶。穷之道也。[①]（《周易程氏传》卷一）

“比”卦所昭示的道理是相比、相辅、相应，“比”有团结的意思。团结起来，相互辅助，相互照应，就可共同发展，共同繁荣。

《孙子兵法》看似通篇言战，但其真谛却是以战促和、合作共生、和解共赢。历史的经验证明：真正领悟先哲精髓的人，才可以在激烈的市场竞争中从容应对，而欲独霸者仅能得逞一时。

肯德基和麦当劳应该说是一对老冤家。他们的成功秘诀就是竞争与共生的平衡。虽然，从表面上来看麦当劳无疑是肯德基最大的竞争对手，而肯德基也是麦当劳的劲敌。可是，如果我们仔细分析的话，便不难发现：麦当劳的成功，肯德基功不可没。而没有麦当劳，肯德基的发展也不会有今天的这样的规模。基本上全世界只要有肯德基的地方，就可以看见麦当劳的身影。而相同的是只要看见麦当劳，肯德基就有迹可寻。从表面上看，这是麦当劳与肯德基之间的一种竞争策略，但是，市场数据调研显示，肯德基开在了麦当劳的旁边并不会使麦当劳的客户量减少，反而会增加。很简单的一个道理，经常吃麦当劳的人也会去吃肯德基，而经常吃肯德基的人偶尔也会去吃麦当劳。时间一长，此区域的人气将会增加，双方都会有更好的生意。另外，无论哪家要在一个新的地区开店，都要做很多的前期调查，但是如果有一家开在某个地区，他们中的另外一家就省去了前期调研的麻烦。

现代经济活动有赖于各系统的相互支撑。在社会化大生产和多元化大发展的“生态系统”中，个体不可能独立于这个开放的系统之外。无论是人与人、群体与群体、人与社会、社会与自然，相对竞争都是生存发展的必然趋势，符合自然属性。另一方面，合作共生也是社会文明进步、减少内耗的永恒动力。文明意义的竞争就需要团队互助、友情激励、信息交流和资源共享，从而在良性竞争中实现各自的适度效益和互动循环。剔除狭隘的排他性竞争，直面广阔的兼容性合作，实现共生与竞争的均衡。

以共生共赢为发展基础，以公平竞争为自然法则，是先哲的智慧遗产，也是为

---

① （宋）程颢、程颐：《二程集》，王孝鱼点校，中华书局 1981 年版，第 738—739 页。

历史所检验的科学的发展道路。以差异和个性为前提，以理解和宽容为原则，以共生和双赢为目标，通向马克思所企盼的“自由人联合体”。作为统一的生存共同体的人类，缔结成“自由人联合体”，人与自然建立起合乎人与自然本性的共生、共荣的生存关系。德国哲学家海德格尔（Martin Heidegger）说过：“世界向来已经总是我和他人共同分有的世界。此在的世界是共同世界。‘在之中’就是与他人共同存在。他人的在世界之内的自在存在就是共同此在。”[①] 人在实质上是一种“共生”的人，在“共生”中以正当平等的良性竞争实现利益，从而达到双赢甚至是多赢。

第二节 权利与责任的均衡

权利是为道德、法律或习俗所认定为正当的利益、主张、资格、力量或自由。公民最终的法律武器就是公民权利。责任，就其本意而言，是指个体对自身分内事务的体验及由此引发的相应社会行为。它是社会成员乃至人类群体之间关系生成与维系的重要前提。权利与责任两者紧密相连，享有权利同时意味着承担责任，承担责任往往正是因为享有某种权利。

一、权利与义务并存

公民是享有权利的行为主体，没有权利的公民不叫公民，而是奴隶。唯有公平的法律得到贯彻执行，而不是一纸空文，才能在国家与公民之间，公民与公民之间，提供最有力的秩序保障，也才能真正保护公民的权利。

在伦理道德层面责任与义务相近，从法律上来讲则有所不同。义务，乃一种拘束状态，包括作为与不作为拘束状态。而责任是义务之不履行之“担保”，也就是说，如果义务得到履行，则不发生责任问题。但任何义务背后均应有责任为“担保”，否则义务在法律上没有任何意义。责任担保义务的实现以国家强制力为后盾，通过诉权的方式来发挥作用。因此，责任以义务的存在为前提，但责任本身并不是

① [德]海德格尔：《存在与时间》，陈嘉映、王庆节译，生活·读书·新知三联书店 2014 年版，第 138 页。

义务，而是违反义务所应承担的后果。

权利和义务是密切相连的。任何权利的实现，总是以义务的履行为条件。法学上的义务是一个与权利相对应的概念。说某人享有或拥有某种利益、主张、资格、权力或自由，是说别人对其享有或拥有之物负有不得侵夺、不得妨碍的义务。若无人承担和履行相应的义务，权利便没有意义。所以，一项权利的存在，意味着一种让别人承担和履行相应义务的观念和制度的存在。如果说权利表示的是以“要求”、“获取”或“做”为表现形式的“得”，那么，义务所表示的就是相应的以“提供”、“让与”或“不做”为表现形式的“予”。

从权利推导相应的义务，是现代权利话语的一般逻辑。但是，从根上讲，权利乃是从道德义务里推导出来的。人权就是从每个人对同类所必须承担的相互尊敬、平等相待的道德义务里推导出来的一种制度理性。而权利与义务也并不是简单的对应关系，有些义务缺乏相应的权利；有些权利则缺乏相应的义务承担者，很多问题缺乏可诉性或司法上的可主张性。

按照客观的社会运行规律，一部人类史，就是一部生产发展史，这是从物质财富的生产和再生产的角度得出的结论。人类只有不断地进行生产才能维持自身的生存。从对社会产品的总体而言，生产是付出劳动的义务，消费则是权利，即享受劳动产品的权利。人类历史是生产与消费交织在一起的历史，也是权利与义务融合在一起的历史。正是在这种意义上，而且仅仅在这种意义上，自从有了人类社会，就有了权利和义务。权利与义务是历史的、具体的，而不是永恒的、抽象的。不过，在人类社会发展的不同阶段，个人可以从他人、从社会那里换取什么并相应地给予什么，是很不相同的，这便形成了权利与义务关系的不同历史形态。

权利与义务虽在概念界定上，是两个对立的范畴，但任何一方都不可能孤立地存在和发展，它们的存在和发展都必须以另一方的存在和发展为条件。从这个意义上说，权利和义务是相互依存的，不讲义务的权利不但不能实现，反而会歪曲权利的性质。不讲权利的义务，那就成为额外的负担，履行义务也就缺少了内在动力，结果也无法保证义务的完成。权利与义务任何一方都不能孤立地存在或起作用，而是相互对应、相互依存、相互转化，紧密地存在或起作用。依据黑格尔的理论，任何一项权利都必然伴随着一个或几个保证其实现的义务，而不管这个义务是权利人自己的还是他人的，有其一，必有其二，无其二，其一就毫无意义。权利义务是互为存在的条件，缺少任何一方，另一方便不复存在。这就像婚姻关系中的男女，缺少任何一方，婚姻关系便无法结成一样，夫为妻而存，妻为夫而在。那么权利人在一定条件下要承担义务，义务人在一定条件下要享受权利，法律关系中的同一人既是权利主体又是义务主体。在具体法律关系中，权利与义务又是互相包含的。权利的范围就是义务的界限，同样，义务的范围就是权利的界限。因而权利主体超越义务主体去从事"超法义务"或"法外义务"是非法主张，义务主体有理由拒绝接受。另一方面，权利主体有资格要求义务主体不折不扣地履行义务，以保障其权利和意志的实现。

权利与义务同时产生，相互对立又相互依存、相互转化，既对立又统一。权利和义务的关系，类同于物理学中的作用力与反作用力的关系，而不同于哲学中的物质与意识的关系。权利与义务在逻辑时序上不分起始与后续，不能说先有权利后有义务；在相互作用上不分本原与派生，不能说权利是源义务是流。法律上规定一项权利，同时预示着关系的对方有了相应的义务；规定一项义务，同时预示着关系的对方有了相应的权利。一部权利的立法同时也是一部义务的立法。不是说国家在公布一项权利宣言的同时也必须公布一项义务宣言，而是一项权利宣言，同时就是一部义务宣言。权利与义务本来就交织在一起，它们本来就是统一的，不分先后、不分源流、不分第一性和第二性。没有孤立、片面的权利，也没有孤立、片面的义务。

二、享有权利必承担义务

没有无义务的权利，也没有无权利的义务。要认真行使权利，就要严格地履行义务。权利与义务由分离逐步走向统一，是人类社会文明不断发展与提高的一个重要标志。正确地把握权利与义务的关系，不能只片面地强调权利而忽视义务。无义务的权利是抽象的、非现实的、没有保障的权利。一方的义务总是因对对方权利的承认、肯定和保障其实现而设定的，一方的权利则又总是以另一方对契约义务的忠实履行为前提的。权利人要享有权利就必须履行义务。

在今天的法律关系中，一个人既是权利主体又是义务主体，既可以享受权利，义要为此承担义务。个人相对于他人的权利是义务主体，相对于他人的义务又是权利主体。只有人人认真地履行义务，才能使人人充分地享有权利。失去人人对义务的履行，权利就会形同虚设，法律就会成为一纸空文。从这个意义上讲，权利的实现是取决义务的履行的，不自觉履行义务就无法获得相应的权利。更重要的是，在一个人人平等的社会，人们享有平等的社会地位，享有平等法律所赋予的权利、责任与义务，决定了你不能平白无故地向谁白要什么，谁也不会平白无故地白给你什么，要获得权利就必须付出义务。

中国传统文化中的“以礼入法”，主要是在强调人的义务。“礼”不是一般的礼仪规矩，而是对人的社会和政治角色及行为规范的严格规定。“礼”规定了一个人在处理与他人关系方面的准则，在一个人人遵守“礼”的规定的社会里，一个人对其他人尽到了“礼”的义务，其他人也会同样对他尽到“礼”的义务。中国传统文化是通过突出义务来实现权利的。把中国社会中的个人联系在一起的不是权利，而是义务。社会不是规定个人应当享有的权利，然后由他自己依法要求和捍卫这些权利，而是给个人规定一系列义务，通过相互尽义务的方式使每个人享受权利。例如，父慈、子孝、君仁、臣忠，这都是中国古代社会对于父、子、君、臣的义务规定。通过各自尽到自己应尽的义务，父亲和儿子也都分别实现了自己的权利。儿子得到父亲的关怀，不是作为儿子的权利规定下来，而是作为父亲的义务规定下来。同样，得到儿子的孝顺，不是作为父亲的权利规定下来，而是作为儿子的义务规定下来。

中国传统文化的“义务承担”表现在社会的各个方面。在个人修为方面，要求“富贵不能淫、贫贱不能移、威武不能屈”，要求“克己复礼”；对待长辈，要求尊老、敬老、养老，“老吾老以及人之老”；朋友之间，要求诚实守信，“与朋友交言而有信”；为官者，要清正廉洁，“乐民之乐，忧民之忧”，要仁政爱民，“为政以德”；对父母，要孝敬；对国家，要忠诚；对社会，要担当。“天下兴亡，匹夫有责”，“先天下之忧而忧，后天下之乐而乐”，“鞠躬尽瘁，死而后已”。

这种“义务承担”，从反方面确保了“权利享有”，实际上还是说明权利与义务的合一性，享受权利必须履行义务，履行了义务就能够享受到权利。

三、担当义务必享受权利

正确把握权利与义务的关系，不能片面强调权利而忽视义务，也不能片面地强调义务而忽视权利。如果说无义务的权利是抽象的、非现实的、没有保障的权利，那么没有权力内容和利益指归的义务，则是空洞的无意义的义务。

人的任何活动都与利益相关，他人的、集体的、社会的利益也绝不是互不相干，而一定是有机地联系在一起的。例如，当前公民道德建设重点之一的诚信问题。诚信虽然表现为一种义务要求，但其实质则是对诚信对象权利的承认与尊重。作为一种起到联结人类心理的纽带作用的诚信，在维护和促进人们通过相互交往、进行交换活动、取得共同利益方面的作用是不容忽视的，人人都可以在诚信的社会环境中获利，也会在失信的社会环境里遭殃。因此，我们就不能仅仅看到诚信是一种义务，而且还要看到它是对诚信对象权利的承认和尊重，它是不允许“老实人吃亏”，更不允许“不老实的人占便宜”的。必须将个人权利的维护与个人履行义务的必要性有机地结合起来。

“权利的维护与履行义务的结合”，类似于西方社会传统强调的“权利伸张”。海洋文明造成了人们的“权利伸张”。相对中国的农耕文明，海洋文明的资源较贫乏，由于不依托土地，收获不稳定，外部资源的获取一般采取两种途径，一是商业贸易，二是武力征服。商业贸易中必备条件就是交易双方的人身是自由和平等的，这种权利的不断的伸张，逐渐发展到财产权、自由权、家庭权、选举权等公民权。所以西方的思想是开放的，外张的。

契约社会的形成促进了“权利伸张”的发展。随着生产力的发展，封建社会的衰亡和资本主义的发展，西方国家传统的人身束缚、土地束缚、行会束缚和等级制度逐渐消失。个人作为自由的和独立的行为者出现在历史舞台上，并逐渐形成了以个人为中心的社会结构和价值观念。每个人都是一个自我中心的主体，无数孤立的个人为了自身的利益，通过契约的形式结合成社会。把这些孤立的个人联结起来的是契约。西方社会就是通过权利关系把一个个孤立的、原子式的个人联合为社会。权利实际上是一条界线，是在“你的”和“我的”之间所划出的一条界线。西方社会的传统就是通过划分权利来调节社会成员之间利益关系的。同时，契约的发展也促进了西方民商法的高度发达。社会契约通过尊重他人权利来实现社会义务，使个人权利的行使者同时承担义务。这与中国的传统文化正好相反。人们通过法律和习俗规定，个人拥有一系列必须受到别人尊重的权利，如"私有财产神圣不可侵犯"。在不侵犯他人权利的情况下，个人可以无限制地追求自己的利益。只要每个人都专注于追求自己的利益，同时尊重他人的权利，那么社会就可以顺畅地运行。

中西方文明的巨大差异性，造成人对于权利、义务取向的巨大差异。但正如黑格尔所说："在对立中，有差别之物并不是一般的他物，而是与它正相反对的他物；这就是说，每一方只有在它与另一方的联系中才能获得它自己的〔本质〕规定，此一方只有反映另一方，才能反映自己。另一方也是如此；所以，每一方都是它自己的对方的对方。"① 权利与义务的关系正是如此。权利与义务是对等的，是互为条件的，有什么样的权利就有什么样的义务，有什么样的义务就有什么样的权利。

对于当今社会而言，权利、义务不能偏废一方。社会应该是一个对自己的权利和义务负有责任的整体。一个组织合理的正义的国家，应该体现社会组织的本质和合理的伦理秩序，努力实现权利和义务统一的平等、民主、公正的合理状态。而对于我们每一个人而言，应该自觉地、积极地为争取坚持正义的权利而斗争，同时忠实地履行与这种权利相一致的义务。

第三节　和生与自由的均衡

和生，即和谐共生。中国人重视"和"、倡导"和"、追求"和"。西方人重视和强调自由，认为自由是人类最基本的价值原则，自由根植于人的本性，每一个理性的主体都会自觉地追求自由。但自由与和生并不矛盾，不是说中国人不重视自由，不是说西方人不重视和生。中国人也重视自由，西方人也重视和生。和生与自由不是对立的，是相容并且相得益彰的。

---

① ［德］黑格尔：《小逻辑》，贺麟译，商务印书馆 1980 年版，第 254—255 页。

一、和生不否认自由

人生而自由，自由是人的神圣权利。在精神上，人享有绝对自由，可以自由思考、可以自由选择。但是，一旦面对世界进行实际选择，就受到环境的限制，如果将选择付诸实践，所受限制更多，只有相对自由。

和谐共生是人的基本存在方式，任何人都生活在人与人、人与自然的共生系统之中。共生关系不只存在社会某个方面，而是遍布人类社会的经济、政治、文化、社区、社群、家庭等所有领域，其表现更是形形色色，千姿百态。没有共生，也就没有人的存在。而人与人之间的关系具有双重性：既互相排斥，又相互依赖。与动物相比，人的自主性极高，同时社会性极强。自主性要求独立，社会性要求关联。独立与关联，两种相反的倾向，彼此纠缠永无休止，于是，自由便成了“烦扰着几乎整个人类”的问题。每个人都希望占有更多自由，所以人与人之间会出现冲突。然而，个人生存所需的许多自由只有通过别人给予才能得到，所以人与人之间还存在互相依赖的一面。

自由有绝对自由与相对自由之分，共生关系也有优劣之分。所谓绝对自由，简言之，随心所欲也。人根据自己的意志，要想啥就想啥，要说啥就说啥，要做啥就做啥，不受任何限制，形成的关系就是为了绝对个人自由你死我活的斗争关系。所谓相对自由，简言之，受限制之自由也。人为了生存必须依赖于自然，与自然建立共生关系。怎样建立共生关系？与自然交往是不能随心所欲的，因为自然也有“意志”，也有自我运行的法则。在大自然面前，人的绝对自由必然“相对化”，必然受到一定限制，变为相对自由。人为了生存，必须依赖社会，与他人及组织建立共生关系。怎样建立共生关系？与他人交往是不能随心所欲的，因为他人及组织也有“意志”。在他人及组织面前，人的绝对自由必然“相对化”，而成为相对自由。人追求自由，而有些自由的实现依赖共生关系。例如，要实现结婚自由，必须与异性建立共生关系——结婚；要实现买卖自由，必须与对方建立共生关系——做买卖；要实现劳动自由，必须与对方建立共生关系——劳动关系。关系即限制，共生关系会限制人的自由，但同时也保证了人的自由。和谐共生就是达到相对最优化：人们在合理的度之内分享资源；人人得以自由发展，从而推动整体发展。

因此，和生与自由比较而言，是两个不同的方向，相对而言，自由意味着对立面的阙如。辩证地看，自由强调的是矛盾的主要方面，是以个人为本位的，侧重于自治、独立、发展、解放与斗争。而和生是以整体为本位，侧重于秩序、稳定、化解、和解与协作。和生是对立统一的高层境界，它强调的是矛盾双方的“和而不同”，强调双方之间差异的相容性。可以说，和生概念本身就兼顾了矛盾的双方，体现了更博大的胸襟。主张和生并不意味着对自由的抛弃，自由与和生是具有一致性的，应当把自由纳入和生的价值内涵之中来。和生是自由的存在形式，是自由追求的境界。

从自由与和谐的一致性来看，自由所表征的是人的主动性、能动性和创造性的充分发挥，是主体地位的充分肯定；但自由的这些表征的背后正是和谐——人与人和人与自然的和谐。没有这种和谐，自由就是片面的、抽象的和缺乏生命力的，甚至是不可能的。从这个意义上说，真正的、完美的自由本身就包含着和谐，或者说它就是一种确立了人的主体性的和谐。同时，和谐既是人的感性需要，又是人的理性需要。准确地说，马克思主义的自由概念本身就包含着个人自由与社会和谐两个方面，是两者的有机结合。和谐与自由的一致，既表现在和谐为自由划定了界限，也表现在自由是和谐的内在本质要求，两者统一于社会历史性中。

二、和生的世界也是自由的世界

和生与自由是具有一致性的。自由所表征的是人的主动性、能动性和创造性的充分发挥，是主体地位的充分肯定，而自由的表征背后正是和生——人与人和人与自然的和谐共生。没有和生，自由就是片面的抽象的和缺乏生命力的，甚至是不可能的。从这个意义上来说，真正完美的自由，本身就包含着和生，或者说就是一种确立了人的主体性的和生。和生是人与人之间和人与自然之间达到融合协调和平衡的一种关系状态。它既是人的感性需要，又是人的理性需要。从感性需要来看，没有和生，人就不可能从生活中和自然环境中感受到美、快乐和希望，就难以享受幸福。从理性需要来看，没有和生，人就不可能行使和享受自由，发挥其主体性，甚至会导致危及人类的生存。和生不仅是自由存在的必要条件，而且是自由的存在形式——真正的和生本身就是自由的境界。

以我们社会主义国家为例，和生世界的最终方向和目标，就是发展、扩大每个人的自由，直至达到自由王国。每个人的自由发展是一切人的自由发展的条件。给所有的人提供真正的充分的自由，人将成为自己本身的主人——“自由的人”。另一方面，自由是达到和生的必要手段、途径。没有自由的和谐不是真正的和谐。密尔在《论自由》中说，在不妨碍他人的情况下，个人的自由发展既有利于个人的福利，也有利于社会的福祉。所以，每个人在无害于他人的前提下，都应该被允许自由地发挥自己的个性和意愿，发展自己聪明才智，在互利中达到和谐。

自由同时又促进了和谐的发展，使和生从一种短时间的平衡成为一种长时间的稳定。和谐共生的社会，不是一潭死水，而应该是充满活力和创造力的社会，而创造又离不开自由。自由能激发人的创造激情。自由意味着选择。既然有选择，就不可能选择做无创造性的事情。无创造性的事情是重复的事务，是按部就班的琐事，这样的行动只能占有“时间”，而不能形成“历史”，或者说只是“事务”而不是“故事”。人的生活本意并不是要过这样的日子，自由不是用来混的，自由的价值就在于它把“时间”变成“历史”，而人也只有当他把属于他的时间变成历史的时候，这个人才存在——在历史中的存在才是存在，如果存在没有历史性就只不过是自然存在。从个人的角度看，历史 / 生活 / 存在是同一件事情，而自由的意义就在于把历史 / 生活 / 存在做成同一件事情。因此，自由必须投入在创造性的生活中才真正成为现实，否则永远是抽象的可能性。

良好的社会形态给个人自由以充分合理的发展空间，而个人自由发展是社会总体发展的先决条件。把每个人的创造力整合，就能推动和谐世界不断向前发展，所以自由也是和谐共生的本质要求。和生的世界必然是自由的世界。

三、个体性自由与整体性和生

一方面来讲，自由意味着人可以追求其认为美好的价值，是对人自身选择的尊重，但这并不意味着一个人可以自私自利，不意味着在追求自由的过程中可以把其他人当作自己的手段。绝对自由不存在，因为人必须生活于共生关系之中。

人要生存，必须种植（仅以种植为例）。要获得种植的自由，必须认识自然，与自然共生。人要生存，必须进入社会。要获得社会中的自由，必须认识社会，与社会共生。共生得好，自由多；共生得不好，自由少。因此，斯宾诺莎的泛神论自由观和黑格尔的绝对精神自由观，有一定的合理性。斯宾诺莎在《论理学》说："凡是仅仅由自身本性的必然性而存在，其行为仅仅由它自身决定的东西叫做自由。"[①] 为什么？因为"一切事物都受神的本性的必然性所决定而以一定方式存在和动作。"黑格尔在《小逻辑》中谈道："必然性的真理就是自由。"为什么？因为"无疑地，必然作为必然还不是自由；但是自由以必然为前提，包含必然性在自身内，作为被扬弃了的东西。一个有德行的人自己意识着他的行为内容的必然性和自在自为的义务性。由于这样，他不但不感到他的自由受到了妨害，甚且可以说，正由于有了这种必然性与义务性的意识，他才首先达到真正内容充实的自由，有别于刚愎任性而来的空无内容的和单纯可能性的自由。"[②] 然而，如何认识"必然性"是人类的一大难题。老子曰："道可道，非常道。""必然性"是"常道"，任何可道之道，皆非"常道"。因此，如果将"必然性的真理就是自由"绝对化，那么这种自由观就异化为自由的牢笼，用教条主义禁锢个人的选择自由。

所以，只有在平等地对待他人，并真切地体悟到自己只能存在于与他人的全面联系中时，一个人才能是自由的。一个人不能脱离他人，也不能脱离由自己与他人共同结成的集体和社会而存在。自由主义所包含的个人自主、自决内容，也就是通常所谓的个人主义，承认个人的思想和行为属于自己，个人是自己的主人，不是他人意志的工具或对象，不受制于他不能控制的力量或原因；但个人自主行动的范围，必须要终止于其他人自主行动范围的界限上。自由的一个突出特征就是其无害性，自由仅仅意味着有权从事无害于他人的行为，每一个人的自由的行使，都必须同时保证社会上的其他成员都能享有同样的自由。可见，自由内在地必然要求每个人的自由的共存，而不能以牺牲他人的自由为代价来满足一己之私利。同时，和谐社会中的自由是在民主制度框架下的自由，必须尊重更多的他人的选择。和谐社会中的自由，必须是与责任相统一的自由，责任是自由的题中应有之义。

自由的概念只能存在于与他人、社会的关联之中，这表明了自由与责任具有同

---

① [荷兰] 斯宾诺莎：《伦理学》，贺麟译，商务印书馆 1983 年版，第 4 页。

② [德] 黑格尔：《小逻辑》，贺麟译，商务印书馆 1980 年版，第 323 页。

一性。亚里士多德指出："道德依乎我们自己，做恶也是依乎我们自己。因为我们有权力去做的事，也有权力不去做。"[①] 一个人的行动是其选择的结果，他在行动时能够做出不同于他实际做的事情，这也就意味着行动者具有理性和责任能力。尼采认为，自由就是一个人有自我责任的意志。萨特认为，自由使人注定一生要不断地做选择，人是注定要受自由之苦的，他必须为他所做的每一件事负责。可见，自由是个人与社会的统一，也是意志与行动的统一。自由的意志和行为规定了人作为理性的存在，也就意味着人必须承担其行为的后果。自由和自律是一致的。

罗尔斯认为，自由可以参照三个方面的因素来解释：自由的行动者，自由行动者所摆脱的各种限制和束缚，自由行动者自由决定去做或不做的事情。一个对自由的完整解释提供了上述三个方面的有关知识。因此，对自由的一般描述可以具有以下形式："这个或那个人（或一些人）自由地（或不自由地）免除这种或那种限制（或一组限制）而这样做（或不这样做）。"[②] 各种社团和自然人可能是自由的或不自由的，限制的范围包括由法律所规定的各种义务和禁令以及来自舆论和社会压力的强制性影响。在这些情形中，自由是制度的某种结构，是规定各种权利和义务的某种公开的规范体系。"当个人摆脱某些限制而做（或不做）某事，并同时受到保护而免受其他人的侵犯时，我们就可以说他们是自由地做或不做某事的。"[③] 例如，如果我们设想良心自由是由法律规定的，当个人可以自由地追求道德、哲学、宗教方面的各种兴趣（利益），且法律并不要求他们从事或不从事任何特殊形式的宗教或其他活动，同时其他人也有不干涉他人的法律义务时，个人就具有这种良心自由。自由总是和某种制约、限制联系在一起的。

另一方面，整体的和生必然要保护个体的自由。和生，本是至上的自然生存法则。世界的本源在于多样性，因为万物同生同长，生态平衡，才有了和谐的自然，这是优胜劣汰选择的结果。而之所以常有不和谐现象发生，是因为人类强力行为的

① [古希腊]亚里士多德：《尼各马可伦理学》，周辅成主编：《西方伦理学名著选辑》上卷，商务印书馆 1964 年版，第 36 页。

② [美]罗尔斯：《正义论》，何怀宏、何包钢、廖申白译，中国社会科学出版社 1988 年版，第 192 页。

③ [美]罗尔斯：《正义论》，何怀宏、何包钢、廖申白译，中国社会科学出版社 1988 年版，第 192 页。

干涉。对于自然界而言，人类最大的罪过，就在于破坏了本有的平衡。事实上，自然界的和谐法则，本来也同样适用于社会，整体的和生不能干涉个体的自由。

以网络言论为例，网上思想言论繁多，但我们不必因此惊慌失措，因为网民有选择的权利，也有辨明是非的能力，哪些是优秀的哪些是劣质的，优胜劣汰的自然法则会作出决定。应该“坚持正确的舆论导向”，既要反对网络谣言，反对不良信息的传播，也要保证真实的消息及时发出。错误的东西人民会认识和反思，正确的东西也能经得起考验。

总的来说，个体的自由与整体性和生是一个事物的两个层面，个人自由不能越界从而破坏整体性和生，而和生的环境也必须保障个体的自由发展，个体性自由与整体性和生的统一，才可能实现真正的自由与真正的和生。

第四节　和处与平等的均衡

个体之间的和谐共处之所以能够产生，是因为有平等做其基础。因为平等意味着互相尊重，因此而易于建立互信与合作；平等意味着互相理解、谅解，进而导致互相宽容、友爱，不致兵戎相见；平等意味着消弭嗔恨、仇视，有助于从思想观念上消除战争产生的根源；平等还意味着消除根深蒂固的人类中心主义，树立与自然和谐共生的理念。所以，没有平等，无所谓和处。

一、要和处先要平等

平等权所主张和保护的是权利的平等，而不是结果的平等。权利的平等始终是人类的一个重要理想和目标。因为世界上不可能存在绝对的平等，尤其不存在结果的绝对平等。当自由实实在在地存在着的时候，它只能是平等的自由和权利，即所有人能享受同等的自由和权利。平等的权利即公平的待遇，指的是人们在若干方面享有得到平等对待的权利，而不管他们之间存在什么样的差别。平等的结果要求人们在分配结果上不应当有差别，而平等的权利并不排斥结果的差别。平等并不是经济上的平均主义。平均主义的道德观会破坏私有财产和社会道德。人既然在能力上是不平等的，在社会中就会表现为个体之间的差异，多样性与复杂性是文明社会的重要标志。

平等权是公民的一项基本权利，同时也是宪法的原则，就其适用范围而言，平等权适用于人们生活的一切领域，表现为政治生活的平等、经济生活的平等、社会生活的平等与文化生活的平等。每一领域的平等原则通过具体的平等权适用而得到体现。例如，男女平等是我国的一项宪法原则，它具体表现为男女平等权，适用于男女平等的所有领域，任何违犯男女平等原则的行为都要受法律或行政责任的追究。

平等权所主张和保护的是权利的平等，而不是结果的平等。罗素所谓“丰富多彩乃是幸福之源”中的“丰富多彩”就是结果不平等的体现。那么一个结果不平等的社会又如何得到安宁并得以发展？这就需要“和”来指引和规范了。什么是和？西周末年，周太史史伯与郑桓公谈论西周末年政局时，提出“和实生物，同则不继”的观点，指出西周将灭，就是因为周王“去和而取同”，去直言进谏的正人，而信与自己苟同的小人。史伯第一次区别了“和”与“同”的概念，他说：“以他平他谓之和，故能丰长而物归之。若以同裨同，尽乃弃矣。”（《国语·郑语》）“以他平他”，是以相异和相关为前提的，相异的事物相互协调并进，就能发展；“以同裨同”，则是相同事物的叠加，其结果只能是窒息生机。换言之，所谓和谐就是不相同的事物能在一起不仅和平共处而且彼此相生、相济、相互促进，由此而“日新，日日新，又日新”。

中国传统的儒、释、道三教融合的文化，在某种意义上说，就是一种倡导“和”的文化。儒家的“和而不同”以及“己立立人、己达达人”的原则，以及儒学体系中的一些基本观念，是历经几千年变迁和社会实践而被证明有利于人类生存发展及社会进步的精神财富。其中，儒家以“天人合一,万物一体”之“和”为最高境界，倡导人与自然、人与社会、人与人的和谐相处，这对于当今社会环境污染日益严重、自然资源日趋耗尽、生态危机日显突出的现状来说，无疑具有重大意义。“民本”理论，肯定天地之间人为贵，国家社会民为本，就是肯定了人的生存权、发展权，肯定了人民的自主权利。“中庸”思想强调“执两用中”。所谓“执两”，就是了解形势、把握全局；所谓“用中”，就是恰到好处、解决矛盾、谋求永续发展。这种既强调民本，又强调中庸的思想，对于解决南北差距、贫富差距日益扩大的世界难题，无疑也是有着重要借鉴、参考意义的。儒家历来以“诚”为道德之本、行为之源，并且强调言行一致、知行合一。这也正是现代社会或所谓“后现代社会”的人们永远需要的基本价值观与人生哲学。而道家的“自然”、“逍遥”的精神，其指向也是一种“和”的生命存在，以及一种与天地万物和谐共处精神追求。

和谐共处的社会的实现，达到人与人之间的和谐、社会结构之间的和谐以及人与自然的和谐，首先要实现人与人之间的平等、民主、公正、公平。

从一方面来看，作为自然属性的人是造化的生物，天然地享有生存和行动的自主权。任何人的生存权、政治权利等所有的权利和义务都是一样平等的，在尊严和权利上一律平等。人类之所以会形成社会，是因为人在生产和生活中有必要相互协作，因为相互协作可以取得比个体生产和生活更高的效率。社会的协作本质就是一种平等的契约关系，就是“我为人人，人人为我”的公正平等的社会的关系，是“利他”与“利我”的完美统一的平等关系。平等即人们在社会上处于同等的地位，在政治、经济、文化各方面享有同等的权利。人人有平等机会参与本国公务的权利并对社会负有相应的义务。民主社会承认社会中的每个成员之间的关系是平等的，认为人生来就是平等的，具有国际人权公约规定的一切民主自由的权利，谋求在国家和社会中的一切人的权利一律相同，谋求利益和自身发展的机会均等。

平等包括政治平等、经济平等、种族平等等内容。政治平等是指所有人无论党派、经济地位、社会地位与文化程度，在参与国家政治与社会事务时权利的平等；经济平等指人人有权享有财产权和运用财产谋取经济利益的权利，人人有权享有为谋取经济利益而与他人合作，并与合作者平等地进行分配决策的权利，人人有权享有免于饥饿疾病、受到社会救助的权利等；种族平等是指所有种族（包括民族）权利的平等。1974 年耶鲁大学校董事会董事欧文·米勒说得好：“我们无法估计这些才华横溢的学生会在什么地方出现。他们可能来自农场或贫民窟，他们的父母可能极其富有，也可能一贫如洗，但耶鲁有责任发现他们，无论他们现在何处，是男是女，是哪一族、哪种肤色，是哪国公民。”

另一方面来说，和谐共处从本质上是由平等与权利保障造就的结果和状态。权利平等的确立和实现，会使人与人之间的关系呈现和谐状态。因为在这种制度下，统治与被统治、奴役和被奴役、压迫与被压迫、剥削与被剥削的不平等关系被消灭，阶级与阶级之间、人与人之间的根本矛盾和冲突被消除，从而实现了人人平等，人人权利和义务平等，即人与人之间的平等关系。人与人之间的平等关系，会造就人与人之间的和谐、融洽关系。人与人之间的权利和义务的平等关系，必然导致人与人之间的和谐共处关系。权利的一致性、人民目的的一致性、平等的一致性、价值观的一致性，决定并主导着社会发展目标和发展方向。和谐共处，就其内涵层面来看，包括人与人之间关系的平等、协调与和谐，阶层与阶层之间关系的平等、协调与和谐，人与社会之间关系的协调与和谐，人与组织之间关系的和谐，人与自然之间关系的和谐。我们要以人为本，全面、协调与和谐地发展人与社会和自然的关系。

我们要建设社会主义和谐社会，就需要真正实行平等。每一个人的权利平等并受到法律保护，人与人之间只有职位区分，没有卑微与高贵的区分。在工作生活的方方面面，人与人之间谦虚祥和。不管阶级民族、不论男女老少、不分是何政党，任何人都可自由地发表看法并得到社会的重视和了解。爱护自然保护环境，自然界的生命与人类生命一样应该得到尊重，合理开发利用自然，达到人与人、人与自然的和谐共处。

二、人人平等与相互和处

在我国传统思想中，道家的文化心态独具一格，具有更大的包容性和开放性，较之其他各家更具有平等意识。道家的平等思想，概括起来可归结为两点：一是关于人这类存在内部，即人与人之间的平等，二是关于人与自然或人与天之间的平等。

在人与人的平等问题上，道家首先从人的生理条件和性别特征方面论及了人性平等问题。《庄子》一书塑造了许多形体残缺而精神完美以及形体健全而精神残缺的人物形象。从中反映了先天的生理差异不会也不应该影响人与人之间后天的人性平等。其次在性别平等方面，道家讲求虚静柔顺、慈让不争、纯真质朴。老子认为，宇宙万物包括人都是阴阳统一体，阴阳和合生万物，每种事物的阴阳轻重不同，但都是阴中有阳，阳中有阴，二者不可偏废。就人来说，男人阳性多于阴性，女人则相反。所以，男人的阳刚之力胜于女人，女人的阴柔之力胜于男人，即双方各有优胜处。从这一层面理解，道家并不像其他学派那样偏重于男性主导的阳尊阴卑的思想，而是暗含着男女平等思想的萌芽。

其次，道家的人与人平等思想涉及了人格平等问题。儒家强调“治人”者与“治于人”者在意志、尊严、权利、地位上的种种不平等。而庄子认为，在理想的“至德之世”根本不存在君子小人之分，他对世俗的君子小人之分嘲讽道：“天之小人，人之君子；天之君子，人之小人。”（《庄子·大宗师》）庄子指出，世人所谓君子与小人的区别是，前者以身殉天下而后者以身殉利。但从究竟意义上说，这两者没有分别，他们只是“事业不同，名声异号，其于伤性以身为殉，一也。”（《庄子·骈拇》）他们都是自然天性的异化者，其间不存在人格上的高低贵贱之别。

当然，道家也有自己所崇尚的人格，如老子崇尚“圣人”，庄子崇尚“真人”。但老庄所谓“圣人”、“真人”与儒家所谓“圣人”、“君子”不同，他们并非指世俗道德的体现者和功名利禄的拥有者。相反，他们是世俗道德和功名利禄的超脱者，是真正领悟生命本质和宇宙精神的人。老子说：“圣人处无为之事，行不言之教，万物作焉而不辞，生而不有，为而不恃，功成而弗居。夫唯弗居，是以不去。”（《老子》第二章）庄子说：“圣人不从事于务，不就利，不违害，不喜求，不缘道，无谓有谓，有谓无谓，而游乎尘垢之外。”（《庄子·齐物论》）“古之真人，不逆寡，不雄成，不谟士。若然者，过而弗悔，当而不自得也。若然者，登高不慄，入水不濡，入火不热。是知之能登假于道也若此。古之真人，其寝不梦，其觉无忧，其食不甘，其息深深。真人之息以踵，众人之息以喉。屈服者，其嗌言若哇。其耆欲深者，其天机浅。古之真人，不知说生，不知恶死。其出不忻，其入不距。翛然而往，翛然而来而已矣。”（《庄子·大宗师》）道家之所谓“圣人”、“真人”比一般人拥有更多的精神自由，却并不比一般人拥有更多的尊严和荣誉，并不比一般人高贵，境界的差异并不影响其人格的平等。

第三，道家关于人与人平等的思想包含了人的社会地位平等这一内涵。老子曾以“损有余而补不足”的“天之道”来论证人的收入均等、财富均衡的合理性，批判了当时存在的“损不足以奉有余”的极不平等的分配制度，并指出这种不平等产生的根源是统治者的贪婪和掠夺。政治上的平等首先应是社会成员的意志平等，那种“以死惧之”的恐吓和暴力行为应当消除。同时，政治上的平等离不开道德法律上的公平，那种“窃钩者诛，窃国者为诸侯”的不公平现象应当消除。并且，政治上的平等应该有相应的制度和秩序保障。而当时的政治制度“礼”所保障的恰恰是政治上的不平等而非平等，因为它将社会成员区分为高低不同的等级，并赋予每个等级以不同的政治地位和权利义务。人与人之间要取得政治平等，就必须消灭“礼”这一等级制度以及由它所维系的等级秩序，代之以“自然”这一法式，让社会按照“法自然”的自然秩序运行。所以，老子认为，社会不应有统治者而只能有管理者，管理者应无为而治，即以自身的“无为”、“无事”、“好静”对社会生活加以引导而不加干预。“我无为而民自化，我好静而民自正，我无事而民自富，我无欲而民自朴。”（《老子》第五十七章）“太上，下知有之；其次，亲而誉之。”（《老子》第十七章）最好的管理者，是他虽管理着社会，可人们却感觉不到他的存在。

人与人之间的平等是和谐共处的基本前提，只有相互之间平等相待，和睦相处，才能建立起和谐的人际关系和社会环境。

三、众生平等和谐共处

道家平等思想第二方面的内容是论述了天与人的平等问题。在中国哲学史上，“天”最早是作为“至上神”的代名词出现的。这种理解在商周时期十分普遍，与这种理解相关联，在天人关系问题上，当时大多数人都认为天能主宰人，人应顺从天。所以，“天”往往又与“命”相关联。天命观念在商周时期非常流行，至春秋时期，孔子仍在宣扬“畏天命”及“死生有命，富贵在天”的天命论。即使是主张人与人之间彻底平等的墨子，一接触到天人关系问题，也未能把平等原则贯彻到底，而是为人类制造了一个主宰者“天志”。孔子主张“畏天命”，墨子主张“尚天志”，在这些观念中，天与人是不平等的，这是基于天主宰人，人受宰于天的不平等。

先秦时期还存在着另一种不平等的天人观，即荀子提出的以人制服天、以天服务人。一般认为，荀子对天人关系的理解达到了先秦时期的最高水平，但从天人是否平等这一角度来看，荀子的认识是有偏失的。他过分强调天人之分，强调“物畜而制之”，“制天命而用之”，即把天与物看作是人类改造、控制、征服和利用的对象。他固然纠正了孔墨“畏天命”和“尚天志”的偏颇，但他所谓“制天命”、“裁万物”的主张，同样有失偏颇，他和孔墨一样，没有平等地理解和解决天人关系问题。

在先秦时期，真正能以平等的眼光看待天人关系的只有道家。道家同时超越了上天主宰人及以人制服天这两种不平等的天人观，在中国思想史上第一次论及了天人平等问题。

一方面，道家认为人并不比天渺小，人的地位并不比天低微。老子有“四大”之说，认为：“道大，天大，地大，人亦大。域中有四大，人居其一焉。”（《老子》第四十二章）老子特意将人从宇宙万物中凸显出来，力图以此使人们能正视人类自身的力量，也就是力图以天人平等思想来纠正以天主宰人的不平等观念。老子之后，庄子以其“天地与我并生，而万物与我为一”（《庄子·齐物论》）的博大胸襟继续弘扬了天人平等思想。他认为人与天地万物同根同源，都根源于“道”，源出于“道”的每一种存在都有自己独特的价值。所谓“物固有所然，物固有所可”，它们不因特性或形态的不同而有高低优劣之分。“万物一齐，孰短孰长”，物与物平等齐一。“厉与西施，”“道通为一”，人与人平等齐一。并且，“天与人不相胜”，天与人也平等齐一。同时，老庄还从人生的角度强调了人不为物役的问题。他们认为，人既是人，就应保持人的特性即人性，不要因自身的贪欲而人为降低自己的地位，把自己变成物的奴隶。道家着重从自然的角度理解人，即把人看作与天地万物同等重要、同样伟大的存在。但另一方面，又没有把人的地位抬得过高，他们既反对以天主宰人，也反对以人征服天。老子赞美过人的伟大，同样也赞美过“道”及天地的伟大。庄子则认为，人类与其他物类一样都只是宇宙中的一种存在，既无优劣之分，也无贵贱之别。道家进一步指出，要尊重所有物种的生存权利。其他物种的生存意志同人类自身的生存意志一样，应该得到同等的尊重。而要真正平等地对待万物，还须尊重万物的自由和天性。庄子痛斥了人类套马首、穿牛鼻的不道德行为，认为这是在残害牛马的本性，在剥夺它们的自由。“牛马四足，是谓天；落马首，穿牛鼻，是谓人。故曰：无以人灭天，无以故灭命，无以得殉名。”（《庄子·秋水》）

总而言之，中国传统文化中的平等和处思想有利于缩小当今社会生活中存在的贫富强弱之间的不平等，增进人类和平，使人类社会和自然界万事万物都能和谐共处，良性发展。纵观当今世界，各地仍然存在着以大压小、以强凌弱、以富欺贫的情形，冲突与战争仍不断发生。这除了受到强烈的占有欲驱使外，也受到了同样强烈的统治欲的驱使。而经济上非正当的占有欲和政治上的统治欲，都是受思想上的不平等意识支配的。这种意识构成了人类社会平等与和平事业发展的阻力，应当逐步消除。而在这一过程中，平等和处思想对现实很有启发意义，人与人之间应该和平共处，平等相待，国与国之间的冲突，即使不得已而发生，也应避免武力，并将武力之外的冲突限制在最小的范围内。另一方面，天人平等、人与物平等思想在今天的作用尤为显要，启迪我们重新认协调人类与自然的关系，从而帮助我们建立起人文环境与自然环境的相互协调的和谐的生存环境。在当今，人口膨胀、环境恶化、资源枯竭、物种锐减种种全球性问题日趋严重的形势下，我们亟须矫正人类与自然的关系。而在这一方面，平等和处思想也有积极的启发和指导作用。

“平等和处”，要求我们平视宇宙间的一切存在，尊重每一物种的生存权利。它启迪我们应该考虑人类与自然之间的伦理问题，寻求人类与自然之间的相处之道，以此规范人类对自然的价值取向和行为操作，并引导人类在高度文明的基础上回归自然。

第五节　和达与博爱的均衡

人在关注自身的同时，还有着对他人处境的关怀以及对他人发展的支持。“己欲立而立人，己欲达而达人。”这种“和达”的群体性价值诉求是人的独特之处，也是人类社会能够不断发展并实现共同繁荣的关键。而和达精神的落实，靠的是博爱的精神与态度；博爱精神的树立，需要具有和立、和达的意识。

一、博爱必得有和立、和达的意识

孔子曰：“泛爱众而亲仁。”韩愈曰：“博爱之谓仁。”博爱就是爱一切人。

仁的本义是什么？《说文解字》说：“仁，亲也，从人从二。”《中庸》说：“仁者人也，亲亲为大。”孟子说：“亲亲，仁也。”（《孟子·告子下》）亲亲是以血缘关系为基础的，而孝悌就是仁的基础。《论语·学而》载有子的话说：“孝弟也者，其为仁之本与！”现在从郭店楚墓出土的竹简中看到的仁字的写法，给我们一个启示。

该字上身下心，是形与神的结合，是灵与肉的统一。

孔子将仁从爱亲人推广到爱其他人。这是一个飞跃，即所谓推己及人。孟子和董仲舒继承孔子的思想并加以发扬，都论述了同样的思想。爱得越远越伟大，爱的人越多越光荣。中国优秀的仁爱传统对现代也有很深刻的影响。白求恩不远万里来到中国，支持中国人民的正义斗争。因为"不远万里"，所以显得特别伟大，所以白求恩成为中国人民最崇敬的外国人之一。中国军队优待俘虏，保证不称霸，承诺不首先使用核武器，都是实行仁爱原则的现代表现。

仁有两条原则，一是"己欲立而立人，己欲达而达人"（《论语·雍也》），二是"己所不欲，勿施于人"（《论语·颜渊》）。自己要有独立人格，也要允许别人有独立人格；自己成立，也要允许别人成立。自己想要发展，也要允许别人发展。自己不想要的，也不要强加于别人。这是两千年前提出的适合每一个人的处世原则，是具有普适性的共同的世界伦理原则。

从个体层面上看，只有为他人的发展创造良好的条件，使得他人可以通过努力实现自身的立和达，个人才会有更好的发展。如果只考虑自己发展，不关心甚至是阻碍他人发展，那么这就与博爱无关，与仁无关了。个体层面如此，国家层面也是这样。在世界舞台上，有的国家只考虑本国的发展，无视他国的利益，本国的发展以损害他国的发展为条件。这就是国际关系中广为人诟病的单边主义、霸权主义，只会激起其他国家的反感和抵触。因此，国家之间也应坚持和立、和达的原则，本国要发展，也帮助和促进他国的发展，最终实现世界的共同发展。21 世纪人类发展的趋势就是全球一体化和经济全球化。

经济全球化，并不是只让少数人和少数国家富裕，而是应让多数人和多数国富裕，最后达到让所有的人和所有的国家都富裕的目的。

据统计，目前世界发展不均衡的状况已经极其严重：1% 的最富有的人口享有 57% 的财富，而 80% 的最贫穷人口仅占有 16% 的财富。正是这种状况，导致了大范围的暴力局面。所以，如果少数人与绝大多数人、少数国家与绝大多数国家的贫富差距越来越大，那么经济全球化就不仅没有一点现实意义，并且毫无价值可言，而且最终也难以形成，更难以发展与繁荣。消除贫困，实现共同富裕，应是经济全球化的最大价值、最大追求与最高理想。

在经济全球化时代为消除贫困、实现共同富裕，儒学无疑可以发挥重要的作用。孔子所提倡的“仁学”体系博大精深，其要义即在于“爱人”。他所要爱的人，绝非只爱自己和家人以及少数的人，而是同时也爱广大的人民。他的“爱人”的外延极其广泛，大大超越了爱自己、爱家人、爱国人这样的范围。孔子爱全天下的人，即“泛爱众”。他对天下人一视同仁，“四海之内，皆兄弟也”。孔子的“仁爱”思想，实质上就是一种“博爱”思想。正如韩愈所诠释的那样，“博爱之谓仁”。孔子的“仁爱”思想，自然也是“以人为本”的思想。孟子的“民为贵”的思想，是对孔子“仁爱”思想的继承与发展。孔子既爱自己，又爱他人，充分体现于他所说的“己欲立而立人，己欲达而达人”，以及《易传》所说的“自强不息”与“厚德载物”。孔子不仅希望自己能立足于社会，通达于社会，而且希望别人和自己一样也能立足于社会，通达于社会。不言而喻，这当然包括了孔子希望自己和他人在经济上也能立足于社会，发达于社会。孔子并不安于贫穷，他曾说：“富而可求也，虽执鞭之士，吾亦为之。”（《论语·述而》）他本人既然如此，也就不会主张让他人贫穷。因为，他的原则是“己所不欲，勿施于人”。孔子反对贫富不均，“不患寡而患不均”。他提出了“庶”、“富”、“教”的治国与建国的三要素与步骤。其核心则是“富民”，让众人都富裕起来，走共同富裕的道路。孔子与儒学，是在经济全球化时代，通过平等与公平竞争原则，以实现互利互惠共赢，努力创造一个没有贫困、共同富裕的美好世界的不可或缺的思想文化的重要资源。

二、和立、和达以至于和爱

儒家的忠恕之道是社会和谐的道德基础。忠恕之道是儒家思想的重要组成部分，它在“仁者爱人”和“推己及人”的理论前提下，提出了两条“为仁之方”，即“己欲立而立人，己欲达而达人”和“己所不欲，勿施于人”。孔子讲忠，就是忠信，诚恳以待人；讲恕，就是宽恕，宽厚以待人。这是处理人己关系的两条基本原则，它要求人们在处理发展和显达等问题时、在考虑自己时，当先考虑他人。也就是说，自己想有所树立，也当使他人有所树立；自己将有所显达，也当使他人有所显达。在处理自己不想为不愿为的问题时，也不要施之于他人。这就是个体与群体协调和谐的问题。社会在发展，居于社会发展中的每一个个体，自然也在发展，也有追求，当然也在分化，个体发展的不平衡是绝对的。个体的立与达，与社会其他成员的立与达，自然形成差距，带来矛盾。儒学的“己欲立而立人，己欲达而达人”，要求社会成员充分考虑他人的利益，共同发展，共同显达，便体现了社会协调发展的基本要求。可见，儒家的忠恕之道提倡的基本道德精神，就是将心比心，推己及人。推己之爱心以爱人，推己之恕心以恕人。以此来构建全球伦理，以此来推动全社会协调发展，这将大大有利于人类的和平共处。

“仁者爱人”倡导的是一种社会共生观。“仁”是中国传统文化中的核心概念，是围绕人与人之间的社会共生关系展开的。先秦哲人很早就认识到人的社会性，并提出了“群”的概念。荀子说：“人……力不若牛，走不若马，而牛马为用。何也？曰：人能群，彼不能群也。”（《荀子·王制》）揭示了人的社会共生关系这一本质，即人的存在和发展必须依赖于群体和他人，否则难以生存，人与人、人与社会之间的关系是相互依赖、彼此共生的。如何才能达到人际关系的和谐，儒家提出了“仁爱”的思想，强调人们在相互交往中要有仁爱之心，对他人要关心和尊重，并将其视为做人最基本的准则。

“己欲立而立人，己欲达而达人。”这个“己”当然可能是个体、群体、国家，甚至人类，这就需要人们有不断超越狭隘的个人主义、地方主义、民族主义和人类中心主义的气魄，具有宽广无私的胸怀、强烈的社会责任感去对待他者的积极态度。这就需要将心比心，推己及人，设身处地，既为自己着想，也要考虑到别人的死活和处境。这也是人与人相处的最起码原则和做人的底线。

墨子又进一步提出“兼相爱，交相利”的主张。“视人国若视其国，视人之家若视其家，视人之身若视其身”，即在人际交往中要以“一视同仁”的博爱之心去对待他人、他家、他国和他类，并且要把“爱”行为和人的利益结合起来。“兼相爱，交相利”，就是要把爱充分落实，要有给对方带来实际益处的切实行动，从而更加深刻地揭示了爱的实质所在，即爱就是对他人、他家、他国和他物的自身利益的尊重和维护，至少能以不损害他者利益为底线。

世界要和平，人民要安宁，国家要发展，社会要进步，这是时代的潮流。因此中国文化遗产中的仁爱之心、忠恕之道、相爱相利的行为准则对我们建构共生理念、解决全球性的社会危机和人类矛盾，以及维护世界和平有着极大的借鉴价值。

孔子说："君子和而不同，小人同而不和。"（《论语·子路》）孔子说"君子"，表达的是肯定的态度；孔子说"小人"，表达的是反对和否定的态度。什么叫"和"？什么叫"同"？多种成分有机组合在一起，叫"和"；同一种成分相加，叫"同"。例如水加水，还是水，淡而无味，不可口；盐盐相加，只是一种咸味，咸得发苦，也不可口。只有把咸、酸、苦、辣、甜，各种味道合理搭配，才能做出可口的汤。前者都是"同"，而后者是"和"，只有这样一种"和"，所做的汤才可能可口。音乐也是这样，只有一个音调，十分刺耳难听，不但不是一种享受，而且是有害健康的噪声。五音相互配合，奏出美妙的乐章，令人心旷神怡。前者是"同"，而后者是"和"。同样的道理，在一个团体中，成员如果全是一种性格，或者有一个绝对权威，其他人全都无条件地服从他，这些情况都是"同"，都不利于事业的发展，也不利于内部关系的协调。各种不同性格的人，不同性别、不同民族、不同年龄、不同国家、不同意见的人组合在一起，共同生活，合作办事，优势互补，这就是"和"。儒家说"和为贵"，认为"和"是最好的、最理想的状况。

如何才能维持一个团体的"和"？就个体而言，自己要有独立性，发展自己的特点，使自己成为"和"的团体中的一个重要角色。如果没有自己的特点，个性消失了，一切都等同于别人，那就是"同"。坚持"和"的原则，需要认真做到以下三个方面：首先，要善于独立思考，要敢于说出自己的见解，有自己的特点、个性，不隐瞒自己的观点，胸怀坦荡。其次，要允许别人有自己的个性和见解，尊重别人的意见，不搞"顺我者昌，逆我者亡"的霸道行为，与别人以人格平等的方式共存。再次，要善于合作，善于协调关系。人人都有不同的看法，应平心静气地摆事实、讲道理，进行认真的讨论、辩论，相互启发，逐渐取得共识。如果一时不能取得共识，可采取求同存异的办法处理矛盾，协调关系。这就是"和"。"和"是不同的意见经过协调，达成一致。这种一致是采纳了各种意见中的合理成分，因此它是比较全面、更加合理的，是一个人无法达到的。只要大家都有这种君子之风，都能坚持和而不同，那么人们就可以在和谐的社会环境中生活，通过自强不息的努力，在公平竞争中得以发展，而社会也会由于不断地选择最佳方案，取得较大进步。"和"可以使全世界形成一个有机和谐的整体。中国政府提出的处理国际关系的和平共处五项原则，就是根据"和"的精神而创造的。中国传统中的所谓"礼尚往来”、所谓“互利互惠”，都贯穿着这种精神。总之，人际关系、国际关系、人与自然的关系，都可以而且应该贯彻“和”的原则。

博爱不仅要发于心，更要落实于行。在个体层面上，只有真正为他人考虑，使他人实现自身进步，实现自身通达。在国家层面上，只有真正为他国考虑，使他国实现自身发展。这样才能实现不同味道之间的协调，调制出可口的美味，这样才能实现不同音符之间的协调，演奏出华丽的乐章。人与人才能组成和谐的社会、国与国才能组成和谐的世界，最终从“和立、和达”到“和爱”。

三、和爱既是仁爱，也是博爱

和爱的中心思想，既是仁爱的，也是博爱的，它体现了“仁者爱人”和“博施济众”的社会共生观。博爱与仁爱合而为一则为和爱，它标志着道德意识的勃发，衡量着人的道德素养。

“仁”是儒家思想的内核，也是其最高道德境界。仁的核心是“爱人”。孔子所谓爱人，是爱一切人。但孔子的爱是有等差的，对于不同人，“仁爱”含义不一。如“父慈，子孝，兄良，弟悌，夫义，妇听，长惠，幼顺，君仁，臣忠”，每个人由于身份不同，角色各异，所以我们对他们的爱应有差异。由于血缘亲情是仁爱的根源，“父子有亲”是血缘的根本，所以“孝悌”是仁爱的起点。“孝悌也者，其为人之本与。”子女在家孝顺父母，出门才能尊重长辈。只有这样，才能由此及彼，由亲到疏去爱其他人。可见，孔子的仁爱虽然是爱一切人，但有亲疏远近、等级差别之分。孟子与孔子一样，也强调仁爱的血缘亲情，主张爱有等差。《孟子·尽心上》所说的“亲亲而仁民，仁民而爱物”，就是爱有等差的典型表述。

“博爱”是中国传统思想，它最早见于《鬻子》：“先之以博爱，陈之以德义；先之以敬让，道之以礼乐。”博爱的意思，是爱及于同类。爱及于同类，要求将他人作为与自己平等的主体对待。作为爱的对象，其人同样是具有人格尊严和基本人权的权利主体。博爱之中含有平等之意。将被爱者作为同类对待而施爱，方为博爱。仁学所主张的博爱，是爱天下之人。仅爱一身，不为博爱；仅爱一家之人，不为博爱；仅爱同阶级之人，不为博爱；仅爱本国之人，不为博爱。博爱是爱世上一切人。博爱之博具有世界普遍性。仁爱要广及人类，这是自孔子以来传统仁学所坚持的一项原则。孔子说仁者爱人，此言爱心及于一切人方才为仁。爱心仅及于部分人，不为仁。仁的确切含义在于爱的是“人”，而不是人的特定身份。仁爱之爱是不受家庭、阶级、国家等所限的爱。爱家人，如果仅是因为其为家人而爱之，此非仁爱之爱，而是身份之爱。

博爱精神来自于不忍人之心。不忍人之心也就是不害人之心。孟子说：“人皆有所不忍，达之于其所忍，仁也。……人能充无欲害人之心，而仁不可胜用也。”（《孟子·尽心下》）扩充仁爱之心，将一切人都作为人来敬爱，博爱由此而生。博爱即是仁。韩愈根据《孝经》所言，明确指出：“博爱之谓仁”。将仁等同于博爱的思想起源于孔子，确立于孟子。孟子特别注意仁的世界普遍性。孟子说：“不仁而得国者，有之矣；不仁而得天下者，未之有也。”（《孟子·尽心下》）仁在本质上是博爱天下之人。仁必博爱的思想在墨子的仁学理论中得到了充分的阐发。墨子主张仁爱应当是爱天下之人。“爱人者引为博焉”。爱天下之人，爱天下之百姓，这是墨子所阐明的天志。顺天之意，就在于“兼爱天下之人”。墨子强调仁者不仅博爱周爱天下之人，而且应当兴天下之利。注重仁的超国家、超种族和超阶级的世界普遍性。仁爱之心在于博爱，而仁爱之施自然会由近及远，由亲及疏。

“博爱”也是基督教伦理所宣扬的核心道德规范，其含义是爱一切人，没有等差，一视同仁，含义明确。中国传统社会是宗法社会，以血缘亲情为核心，讲究由亲及疏，先内后外。“仁爱”中包含“博爱”，“仁民爱物”，“万物一体”的博爱就属于“仁爱”，有一个与“博爱”类似的概念即“泛爱”，《论语·学而》中的“弟子入则孝，出则悌，谨而信，泛爱众而亲仁”。因此，韩愈将孔孟之“仁”与墨家“兼爱”相融合，并以“博爱”释“仁”，也是有根据的，而在传统文化语境中仁爱与博爱可以统一为和爱。

“和爱”强调仁爱与博爱的相通。具有深刻的人性意识和丰富的社会观念。和爱思想建立在突出和尊重人的地位的基础上。社会人与自然人的区别之关键在于人的“人伦”关系，也就是人的社会性，就是人化本质。和爱思想将人视为目的而不是手段。它强调的是人性的正面，是道德创造的精神本源。这种可以维系文明社会人际关系的原则，发端于“仁—孝悌”这种基本的人伦感情，所谓“亲亲为仁”。父母兄弟是人类最基本的人际关系。“孝悌”既具有很强的自然血缘特征，又使父母兄弟的关系具有了人文特征。和爱思想又强调人们将爱施予有血缘关系的人之后，再将爱推及其他人身上。“老吾老及人之老，幼吾幼及人之幼”。“己欲立而立人，己欲达而达人”，“己所不欲、勿施于人”。然后发展到“泛爱众”，“爱物”，以及“民胞物与”的博爱思想。在国与国、宗教与宗教、社群与社群之间矛盾冲突、局部战争频仍的今天，我们应该将和爱思想当作全球的普遍伦理，作为解决人类纷争的准绳，作为建立人类行为规范的共同基础。和爱思想的超时代价值和意义不仅在于它能建立一套人伦道德规范（当然要注入时代精神），成为协调社会伦理关系的准则，使社会在保持稳定中求得发展，而且能为日趋多元化的人类社会带来真正的和平与幸福，实现人类社会“和而不同”、“不同而和”的真正的和谐共生。

儒家文化研究的新收获

——写在《孔子文化与人类发展》丛书编后

期盼已久的《孔子文化与人类发展》丛书终于出版了，实在可喜可贺！作为一个伴随着丛书从孕育到问世全过程的参与者，深感这套丛书来之不易。

丛书主编徐九庆博士是本丛书编写的倡导者、设计者与组织者。记得他正式提出要编写孔子文化研究丛书始于2010年。是时，刚入不惑之年的他在坚持为国兴学育才的同时，还热情弘扬儒家文化，努力构建大学精神，引领青年价值理性，并带领全校师生多维度、多形式地开展着儒家文化进校园活动。

在这场有意义、有规模、有广度、有深度的儒家文化进校园活动中，有几项主要内容。一是孔子铜像落成典礼。现矗立于我们学校金龙校区中央高达5.3米（含底座）的孔子铜像是香港孔教学院汤恩佳博士捐赠的。2009年10月30日，学院举行了隆重的揭幕仪式，该仪式有全国政协原副主席厉无畏，民革中央原副主席何丕洁，汤恩佳博士，儒学研究名家、中国人民大学孔子研究院院长张立文教授，台湾政治大学董金裕教授，新加坡国立大学陈荣照教授等150多名海内外嘉宾参加。在恭立孔子铜像的同时，学院还在校园内增立了曾参、孟子、朱熹、胡适、唐君毅等历代文化先贤和儒学代表人物塑像。与此同时，学院内的广场、桥梁、校舍等也先后以明德、正心和仁义礼智信等儒家经典语录命名。二是举办儒家文化大讲堂，开设传统文化经典导读等特设课程并编写出版教材，为新生举办成人仪式、编创演出《大哉，孔子》等大型歌舞，将儒家文化进校园活动多维度、多形式向前推进。三是成立孔子研究院和举办儒学国际研讨会。2009年10月30日至31日，重庆信息技术职业学院与中国孔子研究院（山东曲阜）、中国人民大学孔子研究院、重庆孔子研究会、香港孔教学院等联合举办了“儒家文化与青年精神”国际学术研讨会。全国政协原副主席厉无畏等领导和来自海内外的150多名专家学者出席会议。张立文教授、罗安宪教授、汤恩佳博士、董金裕教授、陈荣照教授、雷原教授等数十名专家学者作大会学术发言。这次学术会议得到了重庆市社科联等单位的大力支持并荣获市社科联颁发的优秀组织奖。在此次会议期间，还举行了重庆万州孔子研究院研究员特聘活动，研究院院长徐九庆为张立文等10余名儒学名家颁发了聘书。这些重要的学术活动及会后选编的会议论文集，尤其是对开拓儒学研究新领域、铸造现代大学灵魂、引领青年价值理性的执着求索，直接导发了徐九庆编著孔子文化研究丛书的决心和行动。

为充分论证本套丛书编写的必要性、科学性和可行性。在徐九庆主持下，孔子文化研究丛书编写方案论证会于2012年6月16日在徐九庆创建的德澳集团重庆总部召开。中国孔子研究院副院长张文科教授，中国孔子研究院信息联络部部长齐金江研究员，西南政法大学俞荣根教授等专家应邀出席。会议充分肯定了丛书编写的学术价值和现实意义。并将丛书总名定为“孔子文化与人类发展”，将首批分册暂定为《和谐共生与竞争博弈》《东方孔子与西方上帝》《东方民本与西方民主》《中国书院与现代大学》《传统家庭与现代社会》等五部，并定于同年9月28日在第五届世界儒学大会期间于中国孔子研究院举办丛书编写招标与签约仪式。会议一致建议本丛书主编由徐九庆担任，重庆信息技术职业学院常务副院长陶德宗教授协助徐九庆组织编务工作和担任主审。徐九庆在本次论证会上也强调，孔子是中国的，也是世界的、人类的。用全人类的眼光、世界的眼光思考研究儒家文化是中国乃至世界有识之士的责任担当和时代重托。我们要努力以一流的学术成果向全球展示中国儒家文化的普世价值和生命意义。会后，以丛书主编和编委会名义向海内外相关高校及科研机构发布了丛书编写招标公告。

2012年9月28日，是本丛书编写之路上又一个重要节点，是时，第五届世界儒学大会正在孔子家乡召开。在世界儒学大会与中国孔子研究院的大力支持下，《孔子文化与人类发展》丛书编写签约仪式在中国孔子研究院泰山学者会议厅隆重举行，第五届世界儒学大会部分代表见证了这一签约仪式。首批与主编签约的专家及所认领的编写分册是《和谐共生与竞争博弈》（罗安宪），《东方孔子与西方上帝》（杨朝明）、《传统家庭与现代社会》（曾振宇）。《孔子文化与人类发展》丛书编写的大幕就此正式拉开，编委会与各分册作者之间也开始了多方面的编写联系。

自彼时以降，五年过去，弹指一挥间。在这期间，丛书的编写虽在共同努力推进，但进度确实有些缓慢，困难和问题也不时出现。其间主要是工研矛盾。本丛书的签约作者皆正值盛年和事业巅峰，不仅担负着从本科至博士的多层次教学任务、多项目的科研教改，而且还有着较多的学术活动、社会活动和行政管理事务，多方奔忙，压力很大。因此，投放到本丛书编写上的时间与精力便自然不足。这大约也是中年学者普遍面临的困境。到 2017 年，丛书中有《和谐共生与竞争博弈》、《孔子之道与中国信仰》（系最初的《东方孔子与西方上帝》改名而成）、《传统家庭与现代社会》三部先后完成撰写，另外两部因多种原因未能完成。为此主编决定，在今年先出版已完稿的三部，并开始了严格的统稿工作和多方面的出版准备。

在丛书出版之际，写下这些编写过程中的脉络和片段，意在增进大家对本丛书编写意图、编写目的、编写初衷和编写过程的了解。

《孔子文化与人类发展》丛书就要和读者见面了，我们期盼着大家，尤其是青年朋友的阅读、喜欢与批评。

我们的愿景是，努力推进优秀的传统文化、时代文化和世界文化的三江汇流，坚持以文化人和以德立人，构建现代大学灵魂，引领青年价值理性，使之在前行之路上不陷于迷乱和茫然。从这个意义上说，我们这套丛书也是专为青年朋友而编写的。

本丛书的编写，一直得到了张立文教授、汤恩佳博士、董金裕教授、陈荣照教授、俞荣根教授、雷原教授、张文科教授、蔡方鹿教授、李禹阶教授、鲜于煌教授、齐金江教授等儒学名家的关心、指导和支持，特向他们表示崇高敬意和衷心感谢！尤其要衷心感谢各位作者和编务人员的创造性工作与辛勤劳动！并向支持本书出版的当代中国出版社和责任编辑袁又文先生表示敬意和感谢！

陶德宗

2018 年 7 月